Z

BIBLIOTHÈQUE
LATINE-FRANÇAISE

PUBLIÉE

PAR

C. L. F. PANCKOUCKE.

PARIS. — IMPRIMERIE DE C. L. F. PANCKOUCKE,
Rue des Poitevins, n. 14.

ŒUVRES

COMPLÈTES

D'OVIDE

TRADUCTION NOUVELLE

Par MM. Th. Burette, Caresme, Chappuyzi,
J. P. Charpentier, Gros, Héguin de Guerle,
Mangeart, Vernadé.

TOME TROISIÈME.

PARIS
C. L. F. PANCKOUCKE
MEMBRE DE L'ORDRE ROYAL DE LA LÉGION D'HONNEUR
ÉDITEUR, RUE DES POITEVINS, N° 14

M DCCC XXXVI.

L'ART D'AIMER

TRADUCTION NOUVELLE

PAR M. HÉGUIN DE GUERLE

PROFESSEUR AU COLLÈGE ROYAL DE LOUIS-LE-GRAND.

AVERTISSEMENT DU TRADUCTEUR.

Il appartenait sans doute au poète qui avait si bien chanté les amours, à ce galant Ovide,

> Enfant gâté des Muses et des Grâces,
> De leurs trésors brillant dissipateur,
> Et des plaisirs savant législateur,

de donner des leçons de *l'art d'aimer*, qu'il avait appris par expérience, et dans lequel il savait joindre l'exemple au précepte.

Les commentateurs ne sont point d'accord sur le véritable titre de cet ouvrage, qui, selon les uns, est *Ars amatoria*; selon les autres, *Ars amandi*. Ces derniers se fondent sur ce qu'Ovide lui-même dit dans le premier vers de son poëme :

> Si quis in hoc *artem* populo non novit *amandi*.

Mais cela ne prouve rien ; car les règles de la poésie latine ne lui permettaient pas de faire entrer dans un vers hexamètre ces mots : *ars amatoria*. Tel est cependant l'intitulé du plus ancien manuscrit de la Bibliothèque royale ; et François Jurétus, Joseph Scaliger, Claude Putéanus, Eutychès le Grammairien, Sénèque, dans ses *Controverses*, Aurelius Victor, dans la *Vie d'Auguste*, Fréculphe, livre VIII de ses *Chroniques*, enfin tous les scoliastes, ne le désignent pas autrement. J'ai donc préféré ce titre, adopté par le savant Heinsius, et qui répond mieux d'ailleurs au but de ce poëme, qui n'est pas d'enseigner à aimer, car nul n'a besoin de maître pour cela ; mais d'enseigner à faire l'amour, ce qui est bien différent.

Autre difficulté. En supposant même qu'Ovide ait intitulé son poëme *Ars amandi*, comment doit-on rendre ces mots en français ? Tous les anciens interprètes, et M. de Saint-Ange lui-même, les ont traduits par *l'art d'aimer*. « Mais, dit M. Domergue[1], c'est une traduction fautive, » et voici la raison qu'il en donne : « Tous les gérondifs ne sont que des cas du participe futur passif en *dus, da, dum*, ainsi que l'établit le savant commentateur de la *Minerve de Sanctius*. Tout gérondif a donc une signification passive. Alors, *ars amandi*, où il faut sous-entendre *sui*, signifie littéralement *l'art de soi devant être aimé, l'art de se faire aimer, l'art d'inspirer de l'amour, l'art de plaire.* »

Voilà quatre titres pour un : nous n'avons que l'embarras du choix. Procédons par ordre : 1° *l'Art de soi devant être aimé* est littéral sans doute, mais n'est pas français ; 2° *l'Art de se faire aimer*, répond exactement au latin ; mais il y a différentes manières de se faire aimer ; on se fait aimer de ses parents, de ses amis, par sa bonté ; de ses égaux, par sa politesse, par son amabilité ; de ses inférieurs, par des manières affables ; de tous, par sa générosité : ce titre est donc trop vague, trop peu spécial ; 3° *l'Art d'inspirer de l'amour* est plus positif, mais trop long pour un titre ; 4° *l'Art de plaire* : ce titre est gracieux ; c'est celui que M. Pirault-des-Chaumes a cru devoir donner à sa traduction en vers dont nous aurons bientôt l'occasion de parler ; et puis Voltaire a dit dans un joli quatrain à Gentil Bernard :

> Au nom du Pinde et de Cythère,
> Gentil Bernard est averti
> Que *l'Art d'aimer* doit, samedi,
> Venir diner chez *l'Art de plaire*.

[1] *Solutions grammaticales*, page 491.

Mais ces vers me rappellent que Bernard a composé, sur le même sujet qu'Ovide, un poëme un peu oublié aujourd'hui, mais qui eut du succès dans son temps ; et ce poëme, il l'a intitulé : *l'Art d'aimer*. Cependant Bernard ne traduisait pas, et rien ne le forçait à adopter ce titre plutôt qu'un autre : ces mots, *l'art d'aimer*, étaient donc consacrés par l'usage pour exprimer *l'art de faire l'amour* ; or, l'usage,

Quem penes arbitrium est, et jus, et norma loquendi,

l'usage est la loi suprême du langage. Horace l'a dit : suivons l'avis d'Horace, et ne donnons pas à cette vaine discussion de mots plus d'importance qu'elle n'en mérite.

Une question plus grave se présente. Quelques censeurs rigoristes ont prétendu que *l'Art d'aimer* était un ouvrage tout-à-fait immoral. Sans doute il y a dans ce poëme certains passages que l'on voudrait pouvoir en retrancher, des tableaux où, sortant des bornes de la galanterie, Ovide semble emprunter les pinceaux de l'Arétin ; mais ces passages sont peu nombreux ; et si les images qu'ils présentent sont un peu trop vives, du moins l'expression en est toujours décente. On me reprochera peut-être de n'avoir pas gazé ces détails dans ma traduction, de ne les avoir pas montrés dans ce demi-jour qui convient aux mystères de Vénus ; mais alors, que devenait la fidélité scrupuleuse qui est le premier devoir du traducteur ? Que dirait-on d'un graveur, qui, en copiant un tableau du Corrège ou de l'Albane, couvrirait les nudités du peintre ? D'ailleurs, comme l'a judicieusement remarqué l'auteur des *Études sur la littérature romaine*[1] : « Aujourd'hui cette licence de langage, cette liberté de tableaux a moins d'inconvéniens peut-être. Non que ce soit, comme on l'a dit, un grand signe d'amélioration dans nos mœurs, que ce regard indifférent et froid que nous promenons sur des peintures trop vives, sur

---

[1] M. Charpentier, dans un article sur ma traduction de *Pétrone*. Voir le *Journal général de l'instruction publique* du jeudi 23 juillet 1835.

des images irritantes; mais du moins, dans ces contemplations indiscrètes, nous apportons une pensée plus grave que celle qu'on y apportait autrefois : nous sommes assez sages ou assez vieux pour ne point nous émouvoir au spectacle des folies, des excès, des débauches romaines, et pour n'y chercher que des jouissances d'antiquaires. »

Mais, dira-t-on encore, vous êtes moins scrupuleux sur cet article que les Romains, qui pourtant ne l'étaient guère ; car ce poëme, dont la lecture n'offre, selon vous, aucun danger, a été la cause de l'exil d'Ovide? A cela je répondrai que *l'Art d'aimer* a pu être le prétexte, mais non pas la cause de la disgrâce de notre poëte. Quel en est donc le véritable motif? je l'ignore; et, jusqu'à ce jour, on n'a présenté sur ce sujet que des conjectures dont je n'ai ni le temps ni l'intention d'examiner le plus ou moins de probabilité.

Le lieu même de l'exil d'Ovide n'est pas bien déterminé. Les uns placent la ville de *Tomes*, où il fut relégué, en Bulgarie, sur un bras de la mer Noire, dans l'emplacement qu'occupe maintenant la ville de *Babadaji*, ou plutôt celle de *Tomiswar*, dont le nom rappelle celui de l'ancienne *Tomes*. D'un autre côté, on rapporte que, lorsqu'en 1789 le fameux Potiemkin, le ministre tout-puissant de Catherine II, vint mettre le siège devant Akerman, sur les bords du Dniester, il entendit parler du *Iagoul Ovidouloni* (lac d'Ovide) qui se trouvait dans le voisinage. Le pays fut ajouté à la domination russe, *pour l'amour d'Ovide sans doute ;* et Catherine, dit-on, fut plus flattée de la découverte des lieux où ce grand poëte était mort, que d'une importante victoire.

Quoi qu'il en soit, le poëme de *l'Art d'aimer* a été, sous le rapport littéraire, l'objet de jugemens passionnés, tant de la part de ses admirateurs que de celle de ses détracteurs. Jules Scaliger prétend « que *les Amours* et *l'Art d'aimer* n'offrent que des obscénités, sans sel, sans goût, sans aucune bonne qualité ; que ce n'est qu'un fatras, qu'un tissu de sottises. » Celui-là, comme on voit, n'y va pas de main morte en fait de critique. Denis Lambin dit positivement qu'*Ovide est un mauvais auteur latin*, et avoue qu'il a long-temps professé sans avoir osé expliquer Ovide, parce que l'opinion s'était répandue et accréditée que *son style était bas et rampant, et qu'il n'avait ni pureté, ni élégance*. Ovide, dépourvu d'élégance ! Mais, Denis Lambin, vous ne l'aviez donc pas lu ? Jamais poète, au contraire, ne fut plus élégant ; il l'est même beaucoup trop ; et il eût été plus juste de dire qu'il manquait de simplicité, de vérité. C'est le défaut que lui reproche Quintilien, qui le trouve élégant et fleuri à l'excès, trop amoureux de son bel esprit, mais cependant louable en bien des endroits : *Laudandus in partibus*.

La Harpe, qui, en général, a très-mal jugé les anciens, préfère *l'Art d'aimer* de Bernard à celui d'Ovide. Je ne ferai pas à ce dernier l'injure de comparer son ouvrage à celui du poète français : il y a entre eux toute la distance d'un tableau plein de vie et de chaleur, à une pâle et froide copie. Bernard n'est qu'un versificateur habile, à la diction élégante et correcte ; mais sans imagination, sans invention : Ovide est un poète, et un très-grand poète, dans toute l'acception du mot.

Écoutons maintenant ses admirateurs. Velleius Paterculus lui accorde la perfection de l'art : *Naso perfectissimus in forma operis sui*. Daniel Heinsius va plus loin, et même trop loin : il le met au dessus de tous les poètes. « Partout, dit-il, il embellit la morale, il inspire l'amour des devoirs, et substitue les charmes durables de la vertu à la beauté de la figure. » Qui veut trop prouver, ne prouve rien. C'est ce qui est arrivé aussi à Schrévélius, qui dit, dans une note de sa belle édition d'Ovide : « Le poëme de *l'Art d'aimer* est tellement admirable, que, bien loin qu'il ait dû motiver l'exil du poète, il devait au contraire lui mériter les premiers honneurs et des récompenses publiques. » Non, malgré la richesse d'idées et de poésie qu'il a déployée dans cet ouvrage, Ovide ne méritait pas pour cela d'être couronné au Capitole ; son vaste et admirable poëme des *Métamorphoses* le rendait à coup sûr bien plus digne d'un pareil honneur. Mais le chantre des *Amours* n'avait pas l'ambition de ceindre son front du laurier des triomphateurs ; il le dit lui-même, à la fin du second chant de son poëme :

> Finis adest operi. Palmam date, grata juventus,
> Sertaque odoratæ myrtea ferte comæ.

Il n'aspirait, on le voit, qu'à la couronne de myrte ; et sans doute il la reçut des mains de sa Corinne.

Le *Remède d'amour*, dont j'offre la traduction à la suite de celle de *l'Art d'aimer*, est un complément naturel de cet ouvrage. En effet, après nous avoir montré, dans le premier de ces poëmes, comment on gagne le cœur d'une femme, comment on en triomphe, et comment l'on garde sa conquête, Ovide a dû prévoir le cas où les préceptes de son art seraient infructueux, soit pour obtenir l'amour d'une belle, soit pour le conserver. C'est donc aux amans malheureux, à ceux qui sont dédaignés ou trahis par leur maîtresse, que s'adresse le *Remède d'amour*. Hippocrate des cœurs, Ovide invoque Apollon à son double titre de dieu de la poésie et de la médecine, et compare agréablement sa lyre à la lance d'Achille, qui guérissait les blessures qu'elle avait faites.

Quelques critiques préfèrent le *Remède d'amour* à *l'Art d'aimer*; ils en trouvent le sujet plus neuf, plus original : je ne suis pas de cet avis. A l'époque où Ovide composa son *Art d'aimer*, c'était encore un sujet vierge, auquel les Grecs n'avaient pas touché ; c'était l'*intactum carmen* d'Horace[1]. Depuis, cet ouvrage a été traduit et imité dans toutes les langues, tandis que le *Remède d'amour*, confondu parmi les petits poëmes d'Ovide, n'était guère connu que de ceux qui li-

---

[1]. Il est vrai qu'Athénée, livre IV, fait l'éloge des *Leçons érotiques* de Protagoride ; Diogène-Laërce parle aussi d'un *Art d'aimer* de Zénon le Stoïque : mais sans doute ces ouvrages n'avaient aucun rapport avec celui d'Ovide, ou ils étaient inconnus de son temps ; car il en aurait fait mention, lui qui parle si souvent de ses émules en poésie, de Tibulle, de Properce, de Gallus, de Callimaque, de Philétas, etc.

saient les œuvres complètes de ce poète, c'est-à-dire d'un très-petit nombre de lecteurs. Voilà, selon moi, ce qui a donné lieu à l'opinion erronée, que cette production était plus neuve, plus originale que le poëme dont elle n'est en quelque sorte qu'un appendice.

Quant à la manière dont les deux sujets sont traités, c'est, dans le *Remède d'amour,* comme dans *l'Art d'aimer,* la même pauvreté d'invention dans le plan, la même richesse d'imagination dans les détails. Ce sont les mêmes qualités, les mêmes défauts de style; le même luxe de pensées et d'images; mais aussi la même manie de reproduire plusieurs fois la même idée, de la présenter successivement sous toutes ses faces; en un mot, c'est toujours Ovide, le plus bel esprit, mais non pas le plus grand poète du siècle d'Auguste.

Je n'ai que peu de choses à dire des *Cosmétiques;* ce n'est qu'un fragment de l'ouvrage qu'Ovide avait composé sur ce sujet. Encore ne sommes-nous pas bien sûrs que le peu qui nous en reste ne soit pas fort altéré, fort corrompu, et qu'il n'y ait pas de vers interpolés par des mains étrangères. C'est du moins l'opinion de Dominicus Marius et de Mycillus.

Toutes les traductions en prose de *l'Art d'aimer* et du *Remède d'amour* publiées jusqu'à ce jour sont d'une faiblesse et d'une nullité reconnues. J'ai signalé plus haut l'injustice des détracteurs d'Ovide; mais on est forcé de convenir que les critiques les plus acharnés lui ont fait moins de tort que ses traducteurs. Sans parler de Martignac, dont la version, passable peut-être pour l'époque où il la publia, est illisible aujourd'hui; sans parler de l'abbé de Marolles, qui, semblable aux Harpies, a gâté tous les auteurs latins qu'il a touchés; j'ai sous les yeux une traduction de *l'Art d'aimer* et du *Remède d'amour,* publiée en 1660, et qui est un modèle achevé de ridicule. On en jugera par l'intitulé qui est ainsi conçu : *Les livres d'Ovide de l'Art d'aimer, du Remède d'amour,* RENDUS FORT HONNÊTES DANS LA VERSION, EN NE FAISANT QUE CHANGER PEU DE CHOSE DANS LA FORCE DE L'EXPRESSION ET LE VÉRITABLE

SENS DE L'AUTEUR, POUR L'EXPLIQUER A LA FIN DE L'AMOUR DE LA PHILOSOPHIE. C'était sans doute une intention fort louable et fort édifiante de la part du traducteur, que de transformer en préceptes de sagesse les leçons de galanterie que renferme *l'Art d'aimer*; mais cette tâche n'était pas facile à remplir, et l'interprète d'Ovide, en voulant le métamorphoser en un philosophe du portique, l'a rendu méconnaissable.

Je passerai sous silence les autres traductions en prose de *l'Art d'aimer*; il n'en est pas une seule dont on puisse supporter la lecture. C'est partout la même platitude de style, la même ignorance du latin comme du français : il semble que leurs auteurs aient pris à tâche de travestir Ovide, et non de le traduire. Cependant celle qu'a publiée, en 1803, M⁰. F. S. A. D. L......, se fait remarquer par un peu plus d'élégance dans l'expression; mais c'est aux dépens de la fidélité : il saute à pieds joints sur les difficultés, et sa version fourmille de grossiers contre-sens.

Le poëme d'Ovide a été plus heureusement reproduit dans les traductions en vers. Celle qui a paru à Amsterdam, en 1757, sans nom d'auteur, n'est pas sans mérite. La versification en est faible et diffuse, mais facile et naturelle, et l'on y trouve des passages bien rendus.

Celle de M. de Saint-Ange ne répond pas à ce qu'on avait droit d'attendre du célèbre traducteur des *Métamorphoses*. Le style en est souvent lourd et prosaïque; mais elle se distingue par une assez grande fidélité, mérite rare dans les traductions en vers.

Il me reste à parler de la version poétique de ce poëme que M. Pirault-des-Chaumes a donnée en 1818. Les liens d'amitié qui m'unissent depuis quinze ans à ce docte et spirituel jurisconsulte, qui se délasse par la culture des lettres des fatigues du barreau, ne me permettent pas de dire tout le bien que je pense de son travail; mais pour mieux en faire apprécier le mérite, je renvoie le lecteur aux fragmens assez nombreux que j'en ai donnés dans mes notes. J'ai aussi emprunté à M. Pirault-des-Chaumes plusieurs remarques sur le texte, que j'ai distinguées des miennes par les initiales P. D. C.

Le choix d'un bon texte est, parmi les devoirs d'un traducteur, un des plus importans : c'est le fil conducteur qui le guide à travers le dédale des difficultés que l'on a sans cesse à surmonter, lorsque l'on fait passer dans une langue moderne les ouvrages des auteurs anciens, si long-temps défigurés par l'ignorance des copistes et l'incurie des éditeurs. J'ai pris pour base de mon travail le texte de Daniel Heinsius, réputé jusqu'à ce jour le plus correct. Son commentaire, revu avec tant de soin et d'érudition par M. Amar, dans la Collection des *Classiques latins* de Lemaire, m'a été aussi d'un grand secours pour l'intelligence des passages obscurs et difficiles.

Qu'il me soit permis maintenant de donner ici quelques explications sur le système que j'ai cru devoir adopter, tant dans cette traduction que dans celles de *Claudien* et de *Pétrone* qui l'ont précédée.

Il y a deux manières de traduire. La plus facile, et celle qui produit souvent le plus d'effet à la lecture, c'est de se bien pénétrer de son texte, et de le rendre ensuite en français en conservant autant que possible la couleur du style de l'auteur qu'on reproduit, mais sans s'astreindre toutefois à une exactitude littérale, et surtout sans se croire obligé à suivre pas à pas le mouvement de sa phrase. Nous devons à cette méthode toutes ces traductions connues sous le nom de *Belles infidèles* : telles sont celles de Suétone, par La Harpe ; de Lucain, par Marmontel ; de Virgile, par Desfontaines (cette dernière, toutefois, plus infidèle que belle); et même les traductions de Juvénal, par Dussault, et de Pline le Jeune, par de Sacy, avant qu'elles eussent été remaniées et presque refaites par M. Jules Pierrot.

M. Gueroult, au commencement de ce siècle, a fait révolution dans l'art de traduire. Il a prouvé, surtout dans ses *Extraits de Pline*, que l'on pouvait joindre l'élégance à la fidélité la plus scrupuleuse, conserver une allure libre et dégagée, sans cependant s'écarter jamais de son texte; enfin reproduire un auteur ancien dans une langue moderne aussi exactement que le permet la différence des idiomes. Tels sont les devoirs que je me suis imposés dans mes trois traductions. Peut-être m'objectera-t-on que ce système, bon avec un prosateur, ne peut convenir avec un poète comme Ovide; peut-être dira-t-on que, copiste servile, et trop occupé à calquer les linéamens de mon modèle, je n'ai rendu ni la grâce de sa touche, ni la vivacité de son coloris. Mais si, à défaut d'autre mérite, on m'accorde celui de la fidélité, j'aurai atteint le but que je me suis proposé, et je n'ambitionne pas d'autre éloge.

HÉGUIN DE GUERLE.

LIVRE Ier.

P. OVIDII NASONIS
ARTIS AMATORIÆ

LIBER PRIMUS.

Si quis in hoc artem populo non novit amandi,
  Me legat; et lecto carmine doctus amet.
Arte citæ veloque rates remoque moventur,
  Arte leves currus : arte regendus Amor.
Curribus Automedon lentisque erat aptus habenis :
  Tiphys in Hæmonia puppe magister erat.
Me Venus artificem tenero præfecit Amori :
  Tiphys et Automedon dicar Amoris ego.
Ille quidem ferus est, et qui mihi sæpe repugnet;
  Sed puer est; ætas mollis et apta regi.
Phillyrides puerum cithara perfecit Achillem,
  Atque animos placida contudit arte feros.
Qui toties socios, toties exterruit hostes,
  Creditur annosum pertimuisse senem.
Quas Hector sensurus erat, poscente magistro

L'ART D'AIMER

DE

P. OVIDE

LIVRE PREMIER.

Jeunes Romains, si parmi vous quelqu'un ignore l'art d'aimer, qu'il lise mes vers, qu'il s'instruise, et qu'il aime.

Aidé de la voile et de la rame, l'art fait voguer la nef agile; l'art guide les chars légers; l'art doit aussi guider l'amour. Automédon, habile écuyer, sut manier les rênes flexibles; Tiphys fut le pilote du vaisseau des Argonautes. Moi, Vénus m'a donné pour maître à son jeune fils : on m'appellera le Tiphys et l'Automédon de l'Amour. L'Amour est un farouche enfant, souvent même il me résiste; mais c'est un enfant; cet âge est un mol argile, qu'on façonne aisément. Chiron éleva le jeune Achille aux sons de la lyre, et, par cet art paisible, dompta son naturel féroce. Celui qui tant de fois fit trembler ses ennemis, qui tant de fois effraya même ses compagnons d'armes, on le vit, dit-on, craintif devant un faible vieillard et docile à la voix de son maître, tendre au châtiment ces mains dont Hector devait sentir le poids. Chiron fut le précepteur du fils

Verberibus jussas præbuit ille manus.
Æacidæ Chiron, ego sum præceptor Amoris.
  Sævus uterque puer; natus uterque Dea.
Sed tamen et tauri cervix oneratur aratro,
  Frenaque magnanimi dente teruntur equi.
Et mihi cedet Amor; quamvis mea vulneret arcu
  Pectora, jactatas excutiatque faces.
Quo me fixit Amor, quo me violentius ussit,
  Hoc melior facti vulneris ultor ero.
Non ego, Phœbe, datas a te mihi mentior artes;
  Nec nos aeriæ voce monemur avis :
Nec mihi sunt visæ Clio Cliusque sorores,
  Servanti pecudes vallibus, Ascra, tuis.
Usus opus movet hoc : vati parete perito.
  Vera canam : cœptis, mater Amoris, ades!

Este procul vittæ tenues, insigne pudoris;
  Quæque tegis medios, instita longa, pedes.
Nos Venerem tutam, concessaque furta, canemus;
  Inque meo nullum carmine crimen erit.
Principio, quod amare velis, reperire labora,
  Qui nova nunc primum miles in arma venis.
Proximus huic labor est, placitam exorare puellam.
  Tertius, ut longo tempore duret amor.
Hic modus; hæc nostro signabitur area curru :
  Hæc erit admissa meta terenda rota.

de Pélée ; moi, je suis celui de l'Amour : Achille et l'Amour, tous deux enfans rétifs, tous deux fils d'une déesse. Mais on soumet au joug le front du fier taureau ; le coursier généreux broie en vain sous sa dent le frein qui l'asservit : moi aussi, je réduirai l'Amour, bien que son arc blesse mon cœur, et qu'il secoue sur moi sa torche enflammée. Poursuis, Amour ! plus tes traits sont aigus, plus tes feux sont brûlans, plus ils m'excitent à venger mes blessures.

Je ne chercherai point, ô Phébus, à faire croire que je tiens de toi l'art que j'enseigne : ce n'est point le chant des oiseaux qui me l'a révélé ; Clio et ses sœurs ne me sont point apparues, comme à Hésiode, lorsqu'il paissait son troupeau dans les vallons d'Ascra. L'expérience m'a dicté ce poëme ; amans, obéissez au poète instruit par l'expérience. La vérité préside à mes chants ; toi, mère des Amours, seconde mes efforts !

Loin d'ici, bandelettes légères, symboles de la pudeur, et vous, robes traînantes, qui cachez à moitié les pieds de nos matrones ! Je ne chante que des plaisirs sans dangers, que des larcins permis : mes vers n'auront rien de coupable.

Soldat novice, enrôlé depuis peu sous le drapeau de Vénus, ton premier devoir est de chercher avec soin celle que tu veux aimer ; le second, de fléchir la belle qui t'a su charmer ; le troisième, de rendre ton amour durable. Voilà le triple sujet que je vais traiter, la carrière que mon char va parcourir, le but qu'il doit atteindre.

Dum licet, et loris passim potes ire solutis,
 Elige, cui dicas : Tu mihi sola places.
Hæc tibi non tenues veniet delapsa per auras :
 Quærenda est oculis apta puella tuis.
Scit bene venator, cervis ubi retia tendat :
 Scit bene, qua frendens valle moretur aper.
Aucupibus noti frutices : qui sustinet hamos,
 Novit quæ multo pisce natentur aquæ.
Tu quoque, materiam longo qui quæris amori,
 Ante frequens quo sit disce puella loco.
Non ego quærentem vento dare vela jubebo;
 Nec tibi, ut invenias, longa terenda via est.
Andromedan Perseus nigris portarit ab Indis,
 Raptaque sit Phrygio Graja puella viro :
Tot tibi tamque dabit formosas Roma puellas,
 Hæc habet, ut dicas, quidquid in orbe fuit.
Gargara quot segetes, quot habet Methymna racemos;
 Æquore quot pisces, fronde teguntur aves;
Quot cœlum stellas, tot habet tua Roma puellas :
 Mater et Æneæ constat in urbe sui.
Seu caperis primis et adhuc crescentibus annis;
 Ante oculos veniet vera puella tuos :
Sive cupis juvenem ; juvenes tibi mille placebunt.
 Cogeris voti nescius esse tui.
Seu te forte juvat sera et sapientior ætas;

Tandis que, libre encore de tout lien, tu peux disposer de ton cœur, choisis celle à qui tu diras : Toi seule as su me plaire. Un nuage complaisant ne la descendra pas du ciel entre tes bras : la belle qui te convient, tes yeux doivent la chercher. Le chasseur sait où il doit tendre ses filets aux cerfs, il sait dans quel vallon le sanglier farouche a sa bauge. L'oiseleur connaît les broussailles propices à ses gluaux ; et le pêcheur, la ligne à la main, n'interroge que les eaux poissonneuses. Toi qui cherches l'objet d'un amour durable, apprends aussi à connaître les lieux les plus fréquentés par les belles. Tu n'auras point besoin, pour les trouver, de mettre à la voile, ni d'entreprendre de lointains voyages. Que Persée ramène son Andromède des climats de l'Indien, brûlé par le soleil; que le berger phrygien aille jusqu'en Grèce ravir son Hélène : Rome seule t'offrira d'aussi belles femmes, et en si grand nombre, que tu seras forcé d'avouer qu'elle réunit dans son sein tout ce que l'univers a de plus aimable. Autant le Gargare compte d'épis, Méthymne de raisins, l'Océan de poissons, les bocages d'oiseaux, le firmament d'étoiles, autant notre Rome compte de jeunes beautés : Vénus a fixé son empire dans la patrie de son cher Énée.

Si, pour te captiver, il faut une beauté naissante, encore à la fleur de ses ans : une fille, vraiment novice, viendra s'offrir à tes yeux ; si tu préfères au bouton la rose épanouie ; parle, mille jeunes femmes s'empresseront de te plaire. Tu n'auras que l'embarras du choix. Mais peut-être un âge plus mûr, plus raisonnable, a pour

Hoc quoque, crede mihi, plenius agmen erit.
Tu modo Pompeia lentus spatiare sub umbra,
 Quum sol Herculei terga Leonis adit:
Aut ubi muneribus nati sua munera mater
 Addidit, externo marmore dives opus.
Nec tibi vitetur, quæ, priscis sparsa tabellis,
 Porticus auctoris Livia nomen habet.
Quaque parare necem miseris patruelibus ausæ
 Belides, et stricto stat ferus ense pater.
Nec te prætereat Veneri ploratus Adonis;
 Cultaque Judæo septima sacra Syro.
Neu fuge linigeræ Memphitica templa juvencæ:
 Multas illa facit, quod fuit ipsa Jovi.
Et fora conveniunt, quis credere possit? amori;
 Flammaque in arguto sæpe reperta foro.
Subdita qua Veneris facto de marmore templo
 Appias expressis aera pulsat aquis.
Illo sæpe loco capitur consultus Amori;
 Quique aliis cavit, non cavet ipse sibi.
Illo sæpe loco desunt sua verba diserto;
 Resque novæ veniunt, causaque agenda sui est.
Hunc Venus e templis, quæ sunt confinia, ridet:
 Qui modo patronus, nunc cupit esse cliens.
SED tu præcipue curvis venare theatris:
 Hæc loca sunt voto fertiliora tuo.

toi plus d'attraits? alors, crois-moi, la foule sera encore plus nombreuse. Lorsque le soleil entre dans le signe du Lion, tu n'auras qu'à te promener à pas lents sous le frais portique de Pompée, ou près de ce monument enrichi de marbres étrangers que fit construire une tendre mère, joignant ses dons à ceux d'un fils pieux. Ne néglige pas de visiter cette galerie qui, remplie de tableaux antiques, porte le nom de Livie, sa fondatrice : tu y verras les Danaïdes conspirant la mort de leurs infortunés cousins, et le monstre, leur père, tenant à la main une épée nue. N'oublie pas non plus ces fêtes où Vénus pleure son cher Adonis, et les solennités que célèbre tous les sept jours le Juif syrien. Pourquoi fuirais-tu le temple de la génisse de Memphis, de cette Isis qui, séduite par Jupiter, engage tant de femmes à suivre son exemple? Le barreau même (qui pourrait le croire?) est propice aux amours : plus d'une flamme s'est allumée dans l'antre de la chicane. Là où, près du temple de marbre consacré à Vénus, la fontaine Appia, repoussant l'air qui comprime ses eaux, jaillit en brillante cascade ; là, souvent un grave jurisconsulte se laisse prendre à l'amour; et celui qui défendit les autres ne peut se défendre lui-même; là, souvent la parole manque à l'orateur le plus éloquent : de nouveaux intérêts l'occupent; il est forcé de plaider sa propre cause. De son temple voisin, Vénus rit de son embarras : naguère patron, il n'aspire plus qu'à être client.

Mais c'est surtout au théâtre qu'il faut tendre tes filets : le théâtre est l'endroit le plus propice à tes vœux.

Illic invenies, quod ames, quod ludere possis,
   Quodque semel tangas, quodque tenere velis.
Ut redit itque frequens longum formica per agmen,
   Granifero solitum quum vehit ore cibum;
Aut ut apes, saltusque suos et olentia nactæ
   Pascua, per flores et thyma summa volant :
Sic ruit in celebres cultissima femina ludos;
   Copia judicium sæpe morata meum.
Spectatum veniunt, veniunt spectentur ut ipsæ :
   Ille locus casti damna pudoris habet.

Primus sollicitos fecisti, Romule, ludos,
   Quum juvit viduos rapta Sabina viros.
Tunc neque marmoreo pendebant vela theatro;
   Nec fuerant liquido pulpita rubra croco.
Illic, quas tulerant nemorosa Palatia, frondes
   Simpliciter positæ; scena sine arte fuit.
In gradibus sedit populus de cespite factis;
   Qualibet hirsutas fronde tegente comas.
Respiciunt, oculisque notant sibi quisque puellam,
   Quam velit, et tacito pectore multa movent.
Dumque, rudem præbente modum tibicine Thusco,
   Ludius æquatam ter pede pulsat humum;
In medio plausu, plausus tunc arte carebat,
   Rex populo prædæ signa petenda dedit.

Tu y trouveras telle beauté qui te séduira, telle autre que tu pourras tromper, telle qui ne sera pour toi qu'un caprice passager, telle enfin que tu voudras fixer pour toujours. Comme, en longues colonnes, les fourmis vont et reviennent sans cesse chargées de grains, leur nourriture ordinaire; ou comme un essaim d'abeilles, lorsqu'elles ont trouvé, pour butiner, des pâturages aromatiques, voltigent sur la cime du thym et des fleurs; telles, et non moins nombreuses, on voit des femmes éblouissantes de parure courir aux spectacles les plus fréquentés : leur multitude a souvent tenu mon choix en suspens. Elles y viennent bien moins pour voir que pour être vues : c'est un écueil funeste pour la chaste pudeur.

Romulus, tu mêlas le premier aux jeux publics les soucis de l'amour, lorsque l'enlèvement des Sabines consola tes sujets de leur long veuvage. Alors la toile, en rideaux suspendue, ne décorait pas des théâtres de marbre; le safran liquide ne rougissait pas encore la scène. Alors des guirlandes de feuillage, dépouille des bois du mont Palatin, étaient l'unique ornement d'un théâtre sans art. Sur des bancs de gazon, disposés en gradins, était assis le peuple, les cheveux négligemment couronnés de verdure.

Déjà chaque Romain regarde autour de soi, marque de l'œil la jeune fille qu'il convoite, et roule dans son cœur mille pensers divers. Tandis qu'aux sons rustiques d'un chalumeau toscan un histrion frappe trois fois du pied le sol aplani, aux applaudissemens d'un peuple qui ne les vendait pas alors, Romulus donne à ses sujets le signal de l'enlèvement. Soudain ils s'élancent; leurs cris annoncent leur dessein, et leur main avide saisit les

Protinus exsiliunt, animum clamore fatentes;
   Virginibus cupidas injiciuntque manus.
Ut fugiunt aquilas, timidissima turba, columbæ,
   Utque fugit visos agna novella lupos :
Sic illæ timuere viros sine more ruentes.
   Constitit in nulla, qui fuit ante, color :
Nam timor unus erat; facies non una timoris.
   Pars laniat crines : pars sine mente sedet :
Altera mœsta silet; frustra vocat altera matrem :
   Hæc queritur; stupet hæc : hæc manet; illa fugit.
Ducuntur raptæ, genialis præda, puellæ;
   Et potuit multas ipse decere pudor.
Si qua repugnarat nimium, comitemque negarat;
   Sublatam cupido vir tulit ipse sinu.
Atque ita : Quid teneros lacrymis corrumpis ocellos?
   Quod matri pater est, hoc tibi, dixit, ero.
Romule, militibus scisti dare commoda solus.
   Hæc mihi si dederis commoda, miles ero.
Scilicet ex illo solemnia more theatra
   Nunc quoque formosis insidiosa manent.
Nec te nobilium fugiat certamen equorum :
   Multa capax populi commoda Circus habet.
Nil opus est digitis, per quos arcana loquaris :
   Nec tibi per nutus accipienda nota est.
Proximus a domina, nullo prohibente, sedeto :

jeunes vierges. Ainsi que des colombes, troupe faible et craintive, fuient devant un aigle; ainsi qu'un tendre agneau fuit à l'aspect du loup; ainsi tremblèrent les Sabines, en voyant se jeter sur elles ces farouches guerriers. Tous les fronts ont pâli : l'épouvante est partout la même, mais les symptômes en sont différens. Les unes s'arrachent les cheveux, les autres tombent sans connaissance; celle-ci pleure et se tait; cette autre appelle en vain sa mère : près de la faiblesse qui supplie, l'effroi cherche en vain des paroles. L'une reste immobile, l'autre fuit. Les Romains cependant entraînent les jeunes filles, douce proie destinée à leurs plaisirs. Plus d'une s'embellit encore du fard de la pudeur. Si quelqu'une se montre trop rebelle, et refuse de suivre son ravisseur, il l'enlève, et la pressant avec amour sur son sein : « Pourquoi, lui dit-il, ternir ainsi par des pleurs l'éclat de tes beaux yeux? Ce que ton père est pour ta mère, moi, je le serai pour toi.... » O Romulus! toi seul as su dignement récompenser tes soldats : à ce prix, je m'enrôlerais volontiers sous tes drapeaux. Depuis, fidèles à cette coutume antique, les théâtres n'ont pas cessé, jusqu'à ce jour, d'offrir des pièges à la beauté.

N'oublie pas l'arène où de généreux coursiers disputent le prix de la course; ce Cirque, où se rassemble un peuple immense, est très-favorable aux amours. Là, pour exprimer tes secrets sentimens, tu n'as pas besoin de recourir au langage des doigts, ou d'épier les signes, interprètes des pensées de ta belle. Assieds-toi près

Junge tuum lateri, quam potes, usque latus:
Et bene, quod cogit, si nolit, linea jungi;
    Quod tibi tangenda est lege puella loci.
Hic tibi quæratur socii sermonis origo :
    Et moveant primos publica verba sonos.
Cujus equi veniant, facito studiose requiras.
    Nec mora; quisquis erit, cui favet illa, fave.
At quum pompa frequens cœlestibus ibit eburnis,
    Tu Veneri dominæ plaude favente manu.
Utque fit, in gremium pulvis si forte puellæ
    Deciderit, digitis excutiendus erit;
Et, si nullus erit pulvis, tamen excute nullum.
    Quælibet officio causa sit apta tuo.
Pallia si terræ nimium demissa jacebunt,
    Collige, et immunda sedulus effer humo.
Protinus officii pretium, patiente puella,
    Contingent oculis crura videnda tuis.
Respice præterea, post vos quicumque sedebit,
    Ne premat opposito mollia terga genu.
Parva leves capiunt animos : fuit utile multis,
    Pulvinum facili composuisse manu.
Profuit et tenui ventum movisse tabella;
    Et cava sub tenerum scamna dedisse pedem.
Hos aditus Circusque novo præbebit amori,
    Sparsaque sollicito tristis arena foro.

d'elle, côte à côte, le plus près que tu pourras : rien ne s'y oppose ; le peu d'espace te force à la presser, et lui fait, heureusement pour toi, une loi de le souffrir. Cherche alors un motif pour lier conversation avec elle, et ne lui tiens d'abord que les propos usités en pareil cas. Des chevaux entrent dans le Cirque : demande-lui le nom de leur maître ; et, quel que soit l'écuyer qu'elle favorise, range-toi aussitôt de son parti. Mais, lorsqu'en pompe solennelle s'avanceront les statues d'ivoire des dieux de la patrie, applaudis avec enthousiasme Vénus, ta protectrice. Si, par un hasard assez commun, un grain de poussière volait sur le sein de ta belle, enlève-le d'un doigt léger. — Il n'y a rien, dis-tu? ôte-le toujours : tout doit servir de prétexte à tes soins empressés. Le pan de sa robe traîne-t-il à terre? relève-le ; et fais en sorte qu'aucune ordure ne puisse le souiller. Déjà, pour prix de ta complaisance, ton œil furtif a pu voir sa jambe, sans qu'elle s'en offense. Tu dois en outre faire attention aux spectateurs assis derrière elle, de peur qu'un genou trop avancé ne l'incommode. Un rien suffit pour gagner un sexe frivole : que d'amans ont fait leur chemin près d'une belle, en arrangeant un coussin d'une main prévenante, en agitant l'air autour d'elle avec un léger éventail, ou en plaçant un tabouret sous ses pieds délicats !

Toutes ces facilités, ton amour naissant peut les trouver aux jeux du Cirque, et dans cette triste arène, rougie du

Illa sæpe puer Veneris pugnavit arena :
 Et qui spectavit vulnera, vulnus habet.
Dum loquitur, tangitque manum, poscitque libellum;
 Et quærit, posito pignore, vincat uter;
Saucius ingemuit, telumque volatile sensit :
 Et pars spectati muneris ipse fuit.

QUID? modo quum belli navalis imagine Cæsar
 Persidas induxit Cecropidasque rates?
Nempe ab utroque mari juvenes, ab utroque puellæ
 Venere; atque ingens orbis in urbe fuit.
Quis non invenit, turba quod amaret in illa?
 Eheu, quam multos advena torsit Amor!

ECCE parat Cæsar domito, quod defuit, orbi
 Addere : nunc, Oriens ultime, noster eris.
Parthe, dabis pœnas : Crassi gaudete sepulti,
 Signaque barbaricas non bene passa manus.
Ultor adest; primisque ducem profitetur in annis,
 Bellaque non puero tractat agenda puer.
Parcite natales, timidi, numerare Deorum :
 Cæsaribus virtus contigit ante diem.
Ingenium cœleste suis velocius annis
 Surgit; et ignavæ fert male damna moræ.
Parvus erat, manibusque duos Tirynthius angues
 Pressit; et in cunis jam Jove dignus erat.

sang des gladiateurs : sur cette même arène l'amour aussi se plaît à combattre; et tel qui regardait les blessures d'autrui, s'est senti blessé lui-même. Tout-à-l'heure, il parlait du spectacle, il pariait pour tel ou tel athlète, il touchait la main de son adversaire, et, déposant le gage du pari, s'informait du parti vainqueur. Maintenant, il soupire, un trait rapide a percé son cœur; et d'abord simple spectateur du combat, il en est une des victimes.

N'est-ce pas ce qu'on a vu naguère, lorsque César nous offrit l'image d'un combat naval, où parurent les vaisseaux des Perses luttant contre ceux d'Athènes? A ce spectacle la jeunesse des deux sexes accourut des rivages de l'un et de l'autre océan : Rome, en ce jour, semblait être le rendez-vous de l'univers. Qui de nous, dans cette foule immense, n'a pas trouvé un objet digne de son amour? combien, hélas! furent brûlés d'une flamme étrangère!

Mais César se dispose à achever la conquête du monde : contrées lointaines de l'Aurore, vous subirez nos lois; tu seras puni, Parthe insolent! Mânes des Crassus, réjouissez-vous! et vous, aigles romaines, honteuses d'être encore aux mains des Barbares, votre vengeur s'avance! A peine à ses premières armes, il promet un héros; enfant, il dirige déjà des guerres interdites à l'enfance. Esprits timides, cessez de calculer l'âge des demi-dieux : la vertu, dans les Césars, n'attend pas les années. Le feu céleste qui les anime devance les temps, et s'indigne, impatient des lenteurs d'un tardif accroissement. Hercule n'était encore qu'un enfant, et déjà ses mains étouffaient des serpens : il fut, dès son berceau, le digne fils de Jupiter. Et toi, toujours brillant des grâces de l'enfance, Bacchus, que tu fus grand à cet âge,

Nunc quoque qui puer es, quantus tum, Bacche, fuisti,
　Quum timuit thyrsos India victa tuos!
Auspiciis animisque patris, puer, arma movebis;
　Et vinces animis auspiciisque patris.
Tale rudimentum tanto sub nomine debes;
　Nunc juvenum princeps, deinde future senum.
Quum tibi sint fratres, fratres ulciscere laesos;
　Quumque pater tibi sit, jura tuere patris.
Induit arma tibi genitor patriaeque tuusque :
　Hostis ab invito regna parente rapit.
Tu pia tela feres, sceleratas ille sagittas :
　Stabunt pro signis jusque piumque tuis.
Vincuntur causa Parthi; vincantur et armis.
　Eoas Latio dux meus addat opes.
Marsque pater, Caesarque pater, date numen eunti!
　Nam Deus e vobis alter es : alter eris.
Auguror en; vinces; votivaque carmina reddam,
　Et magno nobis ore sonandus eris.
Consistes; aciemque meis hortabere verbis.
　O desint animis ne mea verba tuis!
Tergaque Parthorum, Romanaque pectora dicam;
　Telaque, ab averso quae jacit hostis equo.
Qui fugis, ut vincas, quid victos, Parthe, relinquis?
　Parthe, malum jam nunc Mars tuus omen habet.
Ergo erit illa dies, qua tu, pulcherrime rerum,

lorsque l'Inde tremblante s'inclinait devant tes thyrses vainqueurs!

Jeune Caïus, c'est sous les auspices de ton père, c'est animé du même courage que tu prendras les armes; les auspices et le courage de ton père te donneront la victoire : un tel début convient au grand nom que tu portes. Aujourd'hui prince de la jeunesse, tu le seras un jour du sénat. Frère généreux, venge l'injure faite à tes frères; fils reconnaissant, défends les droits de ton père. C'est ton père, c'est le père de la patrie qui t'a mis les armes à la main; tandis que ton ennemi a violemment arraché le trône à l'auteur de ses jours. La sainteté de ta cause triomphera de ses flèches parjures : la Justice et la Piété se rangeront sous tes drapeaux. Déjà vaincus par le droit, que les Parthes le soient aussi par les armes; et que mon jeune héros, aux richesses du Latium, ajoute celles de l'Orient! O Mars! ô César! dont le sang coule dans ses veines! l'un de vous est déjà dieu, l'autre un jour doit l'être : votre fils va combattre; soyez-lui propices!... Je lis dans l'avenir : oui, tu vaincras, Caïus; mes vers acquitteront les vœux que je fais pour ta gloire, et s'élèveront pour te chanter au ton le plus sublime. Je te peindrai debout, animant tes phalanges au combat. Puissent alors mes vers ne pas être indignes de ton courage! Je dirai le Parthe tournant le dos, et le Romain opposant sa poitrine aux traits que l'ennemi lui lance en fuyant. Toi qui fuis pour vaincre, ô Parthe, pourquoi laisser la victoire au vaincu? Parthe, désormais pour toi Mars n'a plus que de funestes présages.

Il viendra donc ce jour, ô le plus beau des mortels! où,

Quatuor in niveis aureus ibis equis!
Ibunt ante duces, onerati colla catenis,
  Ne possint tuti, qua prius, esse fuga.
Spectabunt laeti juvenes, mixtaeque puellae;
  Diffundetque animos omnibus ista dies.
Atque aliqua ex illis quum regum nomina quaeret,
  Quae loca, qui montes, quaeve ferantur aquae;
Omnia responde : nec tantum si qua rogabit;
  Et quae nescieris, ut bene nota, refer.
Hic est Euphrates, praecinctus arundine frontem :
  Cui coma dependet caerula, Tigris erit.
Hos facito Armenios : haec est Danaeia Persis :
  Urbs in Achaemeniis vallibus ista fuit.
Ille, vel ille, duces; et erunt, quae nomina dicas :
  Si poteris, vere : si minus, apta tamen.
DANT etiam positis aditum convivia mensis :
  Est aliquid, praeter vina, quod inde petas.
Saepe illic positi teneris adducta lacertis
  Purpureus Bacchi cornua pressit Amor.
Vinaque quum bibulas sparsere Cupidinis alas,
  Permanet, et capto stat gravis ille loco.
Ille quidem pennas velociter excutit udas :
  Sed tamen et spargi pectus amore nocet.
Vina parant animos, faciuntque caloribus aptos :
  Cura fugit multo diluiturque mero.

traîné par quatre chevaux blancs, tu t'avanceras dans nos murs! Devant toi marcheront, le cou chargé de chaînes, les généraux ennemis : ils ne pourront plus, comme naguère, chercher leur salut dans la fuite. Tous les cœurs se livreront à l'allégresse; et de joyeux essaims de jeunes garçons et de jeunes filles viendront, confondus ensemble, assister à ce spectacle. Alors, ô mon élève, si quelque belle te demande le nom des rois vaincus; quels sont ces pays, ces montagnes, ces fleuves dont on porte en trophée les images? réponds à tout; préviens même ses questions : débite avec assurance ce que tu sais, et ce que tu ne sais pas. Voici l'Euphrate, au front ceint de roseaux ; ce vieillard à la chevelure verdâtre, c'est le Tigre; ceux-là... suppose que ce sont les Arméniens. Cette femme représente la Perside; cette ville s'élevait naguère dans les vallées de l'Achéménie; ce captif, cet autre, étaient des généraux; et, ce disant, tu les désigneras par leurs noms, si tu le peux, ou, s'ils te sont inconnus, par quelque nom barbare qui leur convienne.

La table et les festins offrent aussi près des belles un facile accès, et le plaisir de boire n'est pas le seul qu'on y trouve. Là, souvent l'Amour, enluminé du jus de la treille, presse dans ses faibles bras l'amphore de Bacchus. Dès que ses ailes sont imbibées de vin, le petit dieu, trop pesant pour s'envoler, reste immobile à sa place. Mais bientôt il secoue ses ailes humides, et malheur à celui dont le cœur est atteint de cette brûlante rosée! Le vin dispose l'âme à la tendresse et la rend propre à s'enflammer; les soucis disparaissent, noyés dans le vin. Alors viennent les ris; alors le pauvre tient la corne d'abondance. Plus de chagrins, d'inquiétudes; son front se déride, son cœur s'épanouit, sous l'influence de

Tunc veniunt risus; tunc pauper cornua sumit :
　Tunc dolor et curæ, rugaque frontis abit.
Tunc aperit mentes, ævo rarissima nostro,
　Simplicitas; artes excutiente Deo.
Illic sæpe animos juvenum rapuere puellæ;
　Et Venus in vinis, ignis in igne fuit.
Hic tu fallaci nimium ne crede lucernæ :
　Judicio formæ noxque merumque nocent.
Luce Deas cœloque Paris spectavit aperto,
　Quum dixit Veneri : Vincis utramque, Venus.
Nocte latent mendæ, vitioque ignoscitur omni;
　Horaque formosam quamlibet illa facit.
Consule de gemmis, de tincta murice lana;
　Consule de facie corporibusque diem.
Quid tibi femineos cœtus, venatibus aptos,
　Enumerem? numero cedet arena meo.
Quid referam Bajas, prætextaque litora velis,
　Et, quæ de calido sulfure fumat, aquam?
Hinc aliquis vulnus referens in pectore, dixit :
　Non hæc, ut fama est, unda salubris erat.
Ecce suburbanæ templum nemorale Dianæ,
　Partaque per gladios regna nocente manu.
Illa quod est virgo, quod tela Cupidinis odit;
　Multa dedit populo vulnera, multa dabit.
Hactenus, unde legas quod ames, ubi retia ponas,

Bacchus, et la franchise, aujourd'hui si rare, en bannit l'artifice. Souvent, à table, une jeune femme captive notre âme : Vénus dans le vin, c'est le feu dans le feu. Défie-toi alors de la clarté trompeuse des flambeaux : pour juger de la beauté, la nuit et le vin sont de mauvais conseillers. Ce fut au jour, à la clarté des cieux, que Pâris examina les trois déesses, et dit à Vénus : « Tu l'emportes sur tes deux rivales. » La nuit efface bien des taches ; on excuse alors bien des imperfections ; à minuit il n'est point de femme laide. C'est en plein jour qu'on apprécie les pierres précieuses et les étoffes de pourpre, c'est en plein jour aussi qu'il faut juger le visage et la taille d'une femme.

Comment nombrer tous les lieux où se rassemblent les belles, ces lieux propices aux conquêtes amoureuses? J'aurais plus tôt compté les sables de la mer. Parlerai-je de Baïes, de ses rivages toujours couverts de nacelles, de ses bains où bouillonne et fume une onde sulfureuse? Plus d'un baigneur, atteint d'une blessure nouvelle, a dit en les quittant : « Ces eaux vantées ne sont point aussi salubres qu'on le dit. » Voici, non loin des portes de Rome, au sein d'un bois, le temple de Diane : c'est le glaive à la main, c'est par le meurtre qu'on y acquiert l'empire du sacerdoce. Fière de sa virginité, implacable ennemie de l'Amour, la déesse a blessé, et blessera encore bien des cœurs !

Jusqu'ici ma Muse, portée sur un char aux roues iné-

Præcipit imparibus vecta Thalia rotis.

Nunc tibi, quæ placuit, quas sit capienda per artes,
  Dicere præcipuæ molior artis opus.
Quisquis ubique viri, dociles advertite mentes;
  Pollicitisque favens vulgus adeste meis.
PRIMA tuæ menti veniat fiducia, cunctas
  Posse capi; capies : tu modo tende plagas.
Vere prius volucres taceant, æstate cicadæ;
  Mænalius lepori det sua terga canis;
Femina quam juveni blande tentata repugnet;
  Hæc quoque, quam poteris credere nolle, volet.
Utque viro furtiva Venus, sic grata puellæ.
  Vir male dissimulat : tectius illa cupit.
Conveniat maribus, ne quam nos ante rogemus;
  Femina jam partes victa rogantis agat.
Mollibus in pratis admugit femina tauro :
  Femina cornipedi semper adhinnit equo.
Fortior in nobis, nec tam furiosa libido.
  Legitimum finem flamma virilis habet.
Byblida quid referam, vetito quæ fratris amore
  Arsit, et est laqueo fortiter ulta nefas?
Myrrha patrem, sed non quo filia debet, amavit;
  Et nunc obducto cortice pressa latet;
Illius et lacrymis, quas arbore fundit odora,
  Ungimur; et dominæ nomina gutta tenet.

gales, t'a enseigné l'art de choisir une maîtresse. Maintenant, elle va t'apprendre par quels stratagèmes tu captiveras celle qui t'a charmé. C'est ici le point le plus important de mes leçons. Amans de tous pays, prêtez à ma voix une oreille attentive; puissent mes promesses trouver un auditoire favorable!

Sois d'abord bien persuadé qu'il n'est point de femmes qu'on ne puisse prendre; tends seulement tes filets : elles y tomberont. Le printemps cessera d'entendre le chant des oiseaux, l'été celui de la cigale; le lièvre chassera devant lui le chien épouvanté, avant qu'une femme résiste aux tendres sollicitations d'un jeune amant. Celle qui semble le plus rebelle à tes feux, les partage en secret. Les amoureux larcins n'ont pas moins d'attraits pour les femmes que pour nous. L'homme sait mal déguiser ses désirs; la femme dissimule avec plus d'adresse. Si les hommes s'entendaient pour ne plus faire les premières avances, bientôt nous verrions à nos pieds les femmes vaincues et suppliantes. Dans les molles prairies, la génisse mugit d'amour pour le taureau; la cavale hennit pour le coursier superbe. Plus mâle dans le cœur de l'homme, l'Amour y est moins violent, et ne s'écarte jamais des lois de la nature. Citerai-je Byblis, qui brûla pour son frère d'une flamme incestueuse, et, suspendue à un gibet volontaire, se punit courageusement de son crime? Myrrha, qui conçut pour son père des sentimens trop tendres, et maintenant cache sa honte sous l'écorce qui la couvre? Arbre odoriférant, les larmes qu'elle distille nous servent de parfums et conservent le nom de cette infortunée.

Forte sub umbrosis nemorosæ vallibus Idæ
 Candidus, armenti gloria, taurus erat;
Signatus tenui media inter cornua nigro :
 Una fuit labes; cetera lactis erant.
Illum Gnosiadesque Cydoneæque juvencæ
 Optarunt tergo sustinuisse suo.
Pasiphae fieri gaudebat adultera tauri :
 Invida formosas oderat illa boves.
Nota cano : non hoc, centum quæ sustinet urbes,
 Quamvis sit mendax, Creta negare potest.
Ipsa novas frondes, et prata tenerrima tauro
 Fertur inadsueta subsecuisse manu.
It comes armentis; nec ituram cura moratur
 Conjugis : et Minos a bove victus erat.
Quo tibi, Pasiphae, pretiosas sumere vestes?
 Iste tuus nullas sentit adulter opes.
Quid tibi cum speculo montana armenta petenti?
 Quid toties positas fingis inepta comas?
Crede tamen speculo, quod te negat esse juvencam.
 Quam cuperes fronti cornua nata tuæ!
Sive placet Minos, nullus quæratur adulter;
 Sive virum mavis fallere, falle viro.
In nemus et saltus thalamo regina relicto
 Fertur, ut Aonio concita Baccha Deo.
Ah! quoties vaccam vultu spectavit iniquo,

Un jour, dans les vallées ombreuses de l'Ida, paissait un taureau blanc, l'orgueil de son troupeau. Son front était marqué d'une petite tache noire, d'une seule, entre les deux cornes ; tout le reste de son corps avait la blancheur du lait. Les génisses de Gnosse et de Cydon se disputaient à l'envi ses caresses. Une femme !... Pasiphaé ! se glorifiait d'être son amante : elle voyait d'un œil jaloux la beauté des vaches, ses rivales. C'est un fait avéré : la Crète, si fière des cent villes qu'elle renferme, la Crète, toute menteuse qu'elle est, ne peut le nier. On dit que Pasiphaé, de sa main accoutumée au sceptre, dépouillait les arbres de leurs tendres feuillages, les prés de leurs herbes nouvelles, pour les offrir à son taureau chéri. Attachée à ses pas, rien ne l'arrête : elle oublie son époux : un taureau l'emporte sur Minos ! Que te sert, insensée ! d'étaler tes plus brillans atours ? Ton amant est insensible à leur éclat. Pourquoi, le miroir à la main, suivre les troupeaux jusqu'au sommet des montagnes ? Pourquoi sans cesse rajuster l'édifice de ta coiffure ? Ah ! du moins, crois-en ton miroir : il te dira que tu n'es pas une génisse. Oh ! combien tu voudrais que la nature eût armé ton front de cornes ! si Minos t'est cher encore, renonce à tout amour adultère ; ou, si tu veux tromper ton époux, que ce soit du moins avec un homme. Mais non, transfuge de sa couche royale, elle court de forêts en forêts, pareille à la Bacchante pleine du dieu qui l'agite. Que de fois, jetant sur une génisse des regards courroucés, elle s'écria : « Qu'a-t-elle donc pour charmer le maître de mon cœur ? Voyez comme, pour lui plaire, elle bondit sur l'herbe tendre ! la brute ! elle croit sans doute en paraître plus aimable ? » Elle dit ; et, par son ordre, arrachée du nombreux trou-

Et dixit : Domino cur placet ista meo!
Adspice, ut ante ipsum teneris exsultet in herbis;
　Nec dubito, quin se stulta decere putet.
Dixit; et ingenti jamdudum de grege duci
　Jussit; et immeritam sub juga curva trahi :
Aut cadere ante aras commentaque sacra coegit :
　Et tenuit læta pellicis exta manu.
Pellicibus quoties placavit numina cæsis,
　Atque ait, exta tenens : Ite, placete meo!
Et modo se Europen fieri, modo postulat Io :
　Altera quod bos est; altera vecta bove.
Hanc tamen implevit, vacca deceptus acerna,
　Dux gregis; et partu proditus auctor erat.
CRESSA Thyesteo si se abstinuisset amore;
　O quantum est, uni posse placere viro!
Non medium rupisset iter, curruque retorto
　Auroram versis Phœbus adisset equis.
Filia purpureos Niso furata capillos,
　Puppe cadens celsa, facta refertur avis.
Qui Martem terra, Neptunum effugit in undis,
　Conjugis Atrides victima dira fuit.
Cui non defleta est Ephyrææ flamma Creusæ?
　Et nece natorum sanguinolenta parens?
Flevit Amyntorides per inania lumina Phœnix :
　Hippolytum pavidi diripuistis, equi.

peau, l'innocente génisse allait courber sa tête sous le joug, ou, dans un sacrifice supposé, tombait aux pieds des autels; et, joyeuse, touchait les entrailles de sa rivale. Que de fois, immolant de semblables victimes, elle apaisa le prétendu courroux des dieux, et, les mains rouges de sang : « Allez maintenant, dit-elle, allez plaire à mon bien-aimé! » Tantôt, elle voudrait être Europe; tantôt, elle envie le sort d'Io; car un taureau porta l'une, l'autre fut une véritable génisse. Cependant, abusé par le simulacre d'une vache d'érable, le roi du troupeau couvrit Pasiphaé; et le fruit qu'elle mit au jour trahit l'auteur de sa honte.

Si Érope eût su se défendre d'aimer Thyeste (n'est-ce donc pas assez pour une femme de plaire à son époux?), le dieu du jour, au milieu de sa course, n'eût point fait rebrousser chemin à ses coursiers, et ramené son char du couchant à l'aurore. La fille de Nisus, pour avoir dérobé à son père le cheveu fatal, tombe du haut d'un vaisseau, en oiseau transformée. Échappé aux dangers de la terre et de l'onde, vainqueur de Mars et de Neptune, le fils d'Atrée périt d'une mort tragique sous le poignard de son épouse. Qui n'a donné, Créüse, des larmes à ton infortune? Qui n'a détesté les fureurs de Médée, de cette mère souillée du sang de ses enfans? Phénix, tes yeux sont arrachés de leur orbite, et tu pleures encore! jeune Hippolyte, tu meurs, mis en pièces par tes chevaux épouvantés! Quelle fureur, ô Phinée! arme tes mains contre les yeux de tes enfans?

Quid fodis immeritis, Phineu, sua lumina natis?
　Poena reversura est in caput ista tuum.
Omnia feminea sunt ista libidine mota;
　Acrior est nostra, plusque furoris habet.
Ergo age, ne dubita cunctas superare puellas:
　Vix erit e multis quae neget una tibi.
Quae dant, quaeque negant, gaudent tamen esse rogatae.
　Ut jam fallaris, tuta repulsa tua est.
Sed cur fallaris, quum sit nova grata voluptas,
　Et capiant animos plus aliena suis?
Fertilior seges est alienis semper in agris;
　Vicinumque pecus grandius uber habet.
Sed prius ancillam captandae nosse puellae
　Cura sit : accessus molliat ista tuos.
Proxima consiliis dominae sit ut illa, videto;
　Neve parum tacitis conscia fida jocis.
Hanc tu pollicitis, hanc tu corrumpe rogando;
　Quod petis, e facili, si volet illa, feres.
Illa legat tempus, medici quoque tempora servant,
　Quo facilis dominae mens sit et apta capi.
Mens erit apta capi tunc, quum laetissima rerum,
　Ut seges in pingui luxuriabit humo.
Pectora dum gaudent, nec sunt adstricta dolore,
　Ipsa patent; blanda tum subit arte Venus.
Tum, quum tristis erat, defensa est Ilios armis:

tremble! le même châtiment va retomber sur ta tête. Tels sont, chez les femmes, les excès d'un amour effréné; plus ardentes que les nôtres, leurs passions vont jusqu'à la fureur.

Courage donc! présente-toi au combat avec la certitude de vaincre; et, sur mille femmes, une à peine pourra te résister. Qu'une belle accorde ou refuse une faveur, elle aime qu'on la lui demande. Fusses-tu repoussé, un tel refus est pour toi sans danger : mais que dis-je? un refus! on ne résiste pas aux attraits de la nouveauté : le bien d'autrui a pour nous plus d'attraits que le nôtre : la moisson nous semble toujours plus riche dans le champ du voisin, et son troupeau plus fécond.

Mais ton premier soin doit être de lier connaissance avec la suivante de la belle que tu courtises : c'est elle qui te facilitera l'accès de la maison. Informe-toi si elle a l'entière confiance de sa maîtresse, si elle est la fidèle dépositaire de ses secrets plaisirs. Promesses, prières, n'épargne rien pour la gagner : ton triomphe alors sera facile; tout dépend de sa volonté. Qu'elle prenne bien son temps (c'est une précaution qu'observent les médecins); qu'elle profite du moment où sa maîtresse est d'une humeur plus facile, plus accessible à la séduction. Ce moment, c'est celui où tout semble sourire à ses vœux, où la gaîté brille dans ses yeux comme les épis dorés dans un champ fertile. Quand le cœur est joyeux, quand il n'est point resserré par la douleur, il s'épanouit : c'est alors que Vénus sait habilement s'insinuer dans ses plus secrets replis. Tant qu'Ilion fut plongée dans le deuil, ses armes repoussèrent les efforts

Militibus gravidum læta recepit equum.
Tum quoque tentanda est, quum pellice læsa dolebit :
Tum facias, opera ne sit inulta tua.
Hanc matutinos pectens ancilla capillos
Incitet; et velo remigis addat opem.
Et, secum tenui suspirans murmure, dicat :
Ut puto, non poteris ipsa referre vicem.
Tum de te narret; tum persuadentia verba
Addat; et insano juret amore mori.
Sed propera, ne vela cadant, auræque residant.
Ut fragilis glacies, interit ira mora.

Quæris, an hanc ipsam prosit vitiare ministram?
Talibus admissis alea grandis inest.
Hæc a concubitu fit sedula; tardior illa :
Hæc dominæ munus te parat, illa sibi.
Casus in eventu est : licet hæc indulgeat ausis;
Consilium tamen est abstinuisse meum.
Non ego per præceps et acuta cacumina vadam :
Nec juvenum quisquam, me duce, captus erit.
Si tamen illa tibi, dum dat, recipitque tabellas,
Corpore, non tantum sedulitate, placet;
Fac domina potiare prius; comes illa sequatur.
Non tibi ab ancilla est incipienda Venus.
Hoc unum moneo, si quid modo creditur arti,
Nec mea dicta rapax per mare ventus agit;

de la Grèce; et ce fut dans un jour d'allégresse qu'elle reçut dans ses murs ce cheval dont les flancs recélaient des bataillons armés. Tu peux encore tenter une attaque, lorsque ta belle gémit de l'affront qu'elle a reçu d'une rivale : il lui faut un vengeur; et c'est en toi qu'elle doit le trouver. Le matin, à sa toilette, en arrangeant ses cheveux, la suivante irritera son courroux ; pour te servir, elle s'aidera de la voile et de la rame, et dira tout bas, en soupirant : Je doute que vous puissiez rendre la pareille à l'ingrat qui vous trahit. C'est l'instant propice pour parler de toi : qu'elle emploie en ta faveur les discours les plus persuasifs; qu'elle jure que tu meurs d'un amour sans espoir. Mais qu'elle se hâte; car, si le vent tombe, la voile se détend. Semblable à la glace fragile, le courroux d'une belle est de courte durée.

Mais, diras-tu, ne serait-il pas à propos de courtiser d'abord la suivante? Il y a de grands risques à courir dans une entreprise de cette nature. Il est telle soubrette que ce moyen rendra plus soigneuse de tes intérêts, telle autre dont il ralentira le zèle : l'une te ménagera les faveurs de sa maîtresse; l'autre, plus égoïste, te gardera pour elle-même. Tout dépend du succès : quoiqu'un pareil moyen réussisse parfois à qui l'ose tenter, mon avis est de s'en abstenir. Je ne veux point te conduire à travers des précipices et des rochers aigus; la jeunesse qui me prend pour guide ne s'égarera jamais sur mes pas. Si cependant l'aimable messagère qui remet tes billets et te rapporte les réponses, te charme, non moins par sa beauté, que par son zèle à servir ton amour, tâche d'abord de posséder la maîtresse : et qu'ensuite la soubrette ait son tour. Il ne faut point débuter par des amours si vulgaires. Mais,

Aut non tentaris, aut perfice : tollitur index,
  Quum semel in partem criminis ipsa venit.
Non avis utiliter viscatis effugit alis :
  Non bene de laxis cassibus exit aper.
Saucius arrepto piscis teneatur ab hamo.
  Perprime tentatam; nec, nisi victor, abi.
Tum neque te prodet communi obnoxia culpæ;
  Factaque erunt dominæ dictaque nota tibi.
Sed bene celetur : bene si celabitur index,
  Notitiæ suberit semper amica tuæ.

TEMPORA qui solis operosa colentibus arva,
  Fallitur, et nautis adspicienda putat :
Nec semper credenda Ceres fallacibus arvis;
  Nec semper viridi concava puppis aquæ :
Nec teneras semper tutum captare puellas.
  Sæpe, dato melius tempore, fiet idem.
Sive dies suberit natalis, sive kalendæ,
  Quas Venerem Marti continuasse juvat :
Sive erit ornatus, non ut fuit ante, sigillis,
  Sed regum expositas Circus habebit opes;
Differ opus : tunc tristis hiems, tunc Pleiades instant :
  Tunc tener æquorea mergitur Hœdus aqua :
Tunc bene desinitur : tunc, si quis creditur alto,
  Vix tenuit laceræ naufraga membra ratis.

si tu as quelque foi dans l'art que j'enseigne, si mes paroles ne sont point le vain jouet des vents, il est surtout un avis sur lequel je dois insister : ne tente point l'aventure, à moins de la pousser à bout. Une fois de moitié dans le crime, elle n'en sera point la délatrice. L'oiseau dont les ailes sont engluées ne peut voler bien loin; le sanglier se débat en vain dans les filets qui l'enveloppent; dès qu'il a mordu à l'hameçon, le poisson ne doit plus t'échapper. Si tu as attaqué la place, force les retranchemens, et ne t'éloigne qu'après la victoire. Alors, complice de ta faute, elle n'osera te trahir; et, par elle, tu sauras tout ce que fait et dit ta maîtresse. Mais surtout sois discret! si tu caches bien tes intelligences avec la suivante, l'intérieur de ta belle n'aura plus pour toi de mystères.

C'est une erreur de croire que les cultivateurs et les pilotes soient les seuls qui doivent consulter la saison la plus convenable à leurs travaux. Comme on ne peut pas en tout temps confier la semence à une terre infidèle, ni livrer la poupe recourbée aux hasards d'une mer orageuse; il n'est pas toujours sûr d'attaquer une jeune beauté. Souvent on parvient mieux à son but en attendant une occasion plus propice. Évite, par exemple, le jour de sa naissance, ou celui des calendes, que Vénus se plaît à prolonger pour Mars, son amant. Quand le Cirque est orné, non pas comme autrefois de figures en relief, mais quand il étale à nos regards les dépouilles des rois vaincus; alors il faut différer tes desseins; alors approchent et le triste hiver, et les Pléiades orageuses; alors le Chevreau craintif se plonge dans l'Océan. C'est le moment du repos : quiconque ose affronter alors les dangers de la mer, ne pourra qu'avec peine sauver les

Tu licet incipias, qua flebilis Allia luce
 Vulneribus Latiis sanguinolenta fuit :
Quaque die redeunt, rebus minus apta gerendis,
 Culta Palæstino septima festa viro.
Magna superstitio tibi sit natalis amicæ;
 Quaque aliquid dandum est, illa sit atra dies.
Quum bene vitaris, tamen auferet : invenit artem
 Femina, qua cupidi carpat amantis opes.
Institor ad dominam veniet discinctus emacem :
 Expediet merces teque sedente suas.
Quas illa, inspicias, sapere ut videare, rogabit;
 Oscula deinde dabit; deinde rogabit, emas.
Hoc fore contentam multos jurabit in annos :
 Nunc opus esse sibi, nunc bene dicet emi.
Si non esse domi, quos des, causabere nummos;
 Littera poscetur, ne didicisse juvet.
Quid? quasi natali quum poscit munera libo,
 Et, quoties opus est, nascitur ipsa sibi?
Quid? quum mendaci damno mœstissima plorat,
 Elapsusque cava fingitur aure lapis?
Multa rogant reddenda dari : data reddere nolunt.
 Perdis; et in damno gratia nulla tuo.
Non mihi, sacrilegas meretricum ut prosequar artes,
 Cum totidem linguis, sint satis ora decem.

débris de son vaisseau naufragé. Attends, pour tenter un premier essai, ce jour à jamais funeste où le sang des Romains rougit les flots de l'Allia ; ou ce jour consacré au repos, que fête chaque semaine l'habitant de la Palestine. Que l'anniversaire de la naissance de ton amie t'inspire une sainte horreur, et regarde comme néfaste tout autre jour où tu seras obligé de lui faire un présent. Tu auras beau chercher à l'éviter, elle t'arrachera quelque cadeau : une femme sait toujours trouver les moyens d'attraper l'argent d'un amant passionné. Je vois entrer chez ta maîtresse, qu'il connaît pour une dépensière, un de ces colporteurs à la robe traînante : il étale devant vous toutes ses marchandises; et la belle, en vantant ton goût, t'engage à les examiner : puis elle te donne un baiser; puis enfin elle te prie de lui acheter quelque chose. « Cela, dit-elle, me suffira pour plusieurs années; j'en ai besoin aujourd'hui, et vous ne pourrez jamais l'avoir à meilleur marché. » En vain tu allègueras que tu n'as pas chez toi l'argent nécessaire pour cet achat : on te demandera un billet. Tu voudrais bien alors ne savoir pas écrire! Combien de fois encore te demandera-t-elle un cadeau pour le jour de sa naissance! Et cet anniversaire se renouvellera aussi souvent que ses besoins. Combien de fois, désolée d'une perte imaginaire, viendra-t-elle, les yeux en pleurs, se plaindre qu'une pierre fine est tombée de ses boucles d'oreilles? C'est ainsi qu'en agissent ces dames : elles vous demandent une foule de choses qu'elles doivent vous rendre plus tard; mais une fois qu'elles les tiennent, vous les réclamez en vain. C'est autant de perdu pour vous, sans qu'on vous en ait la moindre obligation. Quand j'aurais dix bouches et autant de langues, je ne pourrais suf-

Cera vadum tentet, rasis infusa tabellis :
 Cera tuæ primum nuntia mentis eat.
Blanditias ferat illa tuas, imitataque amantum
 Verba, nec exiguas, quisquis es, adde preces.
Hectora donavit Priamo, prece motus Achilles :
 Flectitur iratus voce rogante Deus.
Promittas facito : quid enim promittere lædit?
 Pollicitis dives quilibet esse potest.
Spes tenet in tempus, semel est si credita, longum :
 Illa quidem fallax, sed tamen apta Dea est.
Si dederis aliquid, poteris ratione relinqui :
 Præteritum tulerit, perdideritque nihil.
At quod non dederis, semper videare daturus :
 Sic dominum sterilis sæpe fefellit ager;
Sic, ne perdiderit, non cessat perdere lusor,
 Et revocat cupidas alea sæpe manus.
Hoc opus, hic labor est, primo sine munere jungi :
 Ne dederit gratis, quæ dedit, usque dabit.
Ergo eat; et blandis peraretur littera verbis;
 Exploretque animos, primaque tentet iter.
Littera Cydippen, pomo perlata, fefellit;
 Insciaque est verbis capta puella suis.

Disce bonas artes, moneo, Romana juventus;

fire à énumérer tous les manèges infâmes de nos courtisanes.

Tâte d'abord le terrain par un billet-doux écrit sur des tablettes artistement polies : que ce premier message lui apprenne l'état de ton cœur ; qu'il lui porte tes tendres complimens; surtout qu'il imite à s'y méprendre le ton passionné des amans ; et, quel que soit ton rang, ne rougis pas de descendre aux plus humbles prières. Touché de ses prières, Achille rendit à Priam les restes d'Hector. La colère même des dieux cède aux accens d'une voix suppliante. Promettez, promettez, cela ne coûte rien : tout le monde est riche en promesses. L'espérance, lorsqu'on y ajoute foi, fait gagner bien du temps! c'est une déesse trompeuse, mais on aime à être trompé par elle. Si tu donnes quelque chose à ta belle, tu pourras être éconduit par intérêt : elle aura profité de tes largesses, et n'aura rien perdu. Aie toujours l'air d'être sur le point de donner; mais ne donne jamais. C'est ainsi qu'un champ stérile trompe souvent l'espoir de son maître; qu'un joueur ne cesse de perdre, dans l'espoir de regagner ce qu'il a perdu, et que sa main cupide ressaisit toujours le fatal cornet. Le grand art, le point difficile, c'est d'obtenir les faveurs d'une belle sans lui avoir fait encore aucun présent : alors, pour ne pas perdre le prix de ce qu'elle a donné, elle ne pourra plus rien refuser. Qu'il parte donc ce billet conçu dans les termes les plus tendres, qu'il sonde ses dispositions, et te fraye le chemin de son cœur. Quelques lettres, tracées sur un fruit, trompèrent la jeune Cydippe : en les lisant, par mégarde, elle se trouva prise par ses propres paroles.

Jeunes Romains, suivez mes conseils : livrez-vous à

Non tantum, trepidos ut tueare reos :
Quam populus, judexque gravis, lectusque senatus;
  Tam dabit eloquio victa puella manus.
Sed lateant vires, nec sis in fronte disertus :
  Effugiant ceræ verba molesta tuæ.
Quis, nisi mentis inops, teneræ declamet amicæ?
  Sæpe valens odii littera causa fuit.
Sit tibi credibilis sermo, consuetaque verba;
  Blanda tamen, præsens ut videare loqui.
Si non accipiet scriptum, illectumque remittet,
  Lecturam spera; propositumque tene.
Tempore difficiles veniunt ad aratra juvenci;
  Tempore lenta pati frena docentur equi :
Ferreus adsiduo consumitur annulus usu :
  Interit adsidua vomer aduncus humo.
Quid magis est saxo durum? quid mollius unda?
  Dura tamen molli saxa cavantur aqua.
Penelopen ipsam, perstes modo, tempore vinces.
  Capta vides sero Pergama; capta tamen.
Legerit, et nolit rescribere; cogere noli.
  Tu modo blanditias fac legat usque tuas :
Quæ voluit legisse, volet rescribere lectis;
  Per numeros venient ista gradusque suos.
Forsitan et primo veniet tibi littera tristis;
  Quæque roget, ne se sollicitare velis.

l'étude des belles-lettres. Par elles, non-seulement vous deviendrez les protecteurs de l'accusé tremblant ; mais, après avoir conquis les suffrages du peuple, du juge austère et de l'élite du sénat, votre éloquence triomphera sans peine du cœur d'une jeune beauté. Mais toi, mon élève, cache bien tes moyens de séduction, et ne va pas d'abord déployer ta faconde. Que toute expression pédantesque soit bannie de tes tablettes. Quel autre qu'un sot peut écrire à sa maîtresse sur le ton d'un déclamateur ? Une pareille lettre a suffi bien souvent pour inspirer une invincible antipathie. Que ton style soit naturel ; ton langage simple, mais pressant ; et qu'en te lisant on croie t'entendre. Si elle refuse ton billet, et te le renvoie sans le lire, espère toujours qu'elle le lira, et persiste dans ton entreprise. L'indomptable taureau s'accoutume au joug avec le temps, avec le temps on force le coursier rétif à obéir au frein. Le fer s'use à la longue par un constant usage, et le soc est rongé chaque jour par la terre qu'il déchire. Quoi de plus dur que le rocher ? de plus fluide que l'eau ? cependant elle parvient à creuser les rocs les plus durs. Persiste donc ; et avec le temps tu vaincras Pénélope elle-même. Troie résista long-temps, mais fut prise à la fin. Elle te lit sans daigner te répondre ? libre à elle. Fais seulement en sorte qu'elle continue à lire tes billets doux : puisqu'elle a bien voulu les lire, elle voudra bientôt y répondre : tout viendra par degrés et en son temps. Peut-être recevras-tu d'abord une fâcheuse réponse, par laquelle on t'ordonnera de cesser tes poursuites. Elle craint ce qu'elle demande, et désire que tu persistes, tout en te priant de n'en rien faire. Poursuis donc ; et bientôt tu seras au comble de tes vœux.

Quod rogat illa, timet: quod non rogat, optat, ut instes.
  Insequere; et voti postmodo compos eris.
INTEREA, sive illa toro resupina feretur;
  Lecticam dominæ dissimulanter adi :
Neve aliquis verbis odiosas adferat aures,
  Quam potes, ambiguis callidus abde notis.
Seu pedibus vacuis illi spatiosa teretur
  Porticus, hic socias tu quoque junge moras.
Et modo præcedas facito; modo terga sequaris :
  Et modo festines, et modo lentus eas.
Nec tibi de mediis aliquot transire columnas
  Sit pudor, aut lateri continuasse latus.
Nec sine te curvo sedeat speciosa theatro :
  Quod spectes, humeris adferet illa suis.
Illam respicias, illam mirere licebit;
  Multa supercilio, multa loquare notis.
Et plaudas, aliquam mimo saltante puellam;
  Et faveas illi, quisquis agatur amans.
Quum surgit, surgas; donec sedet illa, sedebis.
  Arbitrio dominæ tempora perde tuæ.
SED tibi nec ferro placeat torquere capillos;
  Nec tua mordaci pumice crura teras.
Ista jube faciant, quorum Cybeleia mater
  Concinitur Phrygiis exululata modis.
Forma viros neglecta decet : Minoida Theseus

Cependant, si tu rencontres ta maîtresse couchée dans sa litière, approche-toi d'elle, comme sans y penser; et, de peur que quelque passant ne prête à vos discours une oreille indiscrète, explique-toi le mieux que tu pourras par des signes inintelligibles pour tout autre. Promène-t-elle sous un vaste portique ses pas incertains? tu dois t'y promener avec elle. Tantôt hâte-toi de la devancer; tantôt, rallentissant ta marche, suis de loin ses pas. Ne rougis pas même de sortir de la foule pour la rejoindre, ou de marcher côte à côte auprès d'elle. Ne souffre pas surtout que, sans toi, elle se montre au théâtre dans tout l'éclat de sa beauté. Là, son cou d'albâtre ne t'offrira-t-il pas le spectacle le plus agréable pour tes yeux? là, tu pourras la contempler, l'admirer à loisir; là, tu pourras lui parler et du geste et de l'œil. Applaudis l'acteur qui représente une jeune fille, applaudis encore plus celui qui joue le rôle de l'amant. Se lève-t-elle, lève-toi; tant qu'elle est assise, reste assis. Enfin qu'elle soit le seul arbitre de l'emploi, ou plutôt de la perte de ton temps.

D'ailleurs renonce au futile plaisir de friser tes cheveux avec le fer chaud, ou de polir avec la pierre-ponce les inégalités de ton épiderme. Laisse de pareils soins à ces prêtres efféminés qui hurlent sur le mode phrygien des chants en l'honneur de Cybèle. La simplicité est la parure qui convient à l'homme. Thésée, enlevant

Abstulit, a nulla tempora comtus acu :
Hippolytum Phædra, nec erat bene cultus, amavit;
　Cura Deæ, silvis aptus, Adonis erat.
Munditiæ placeant : fuscentur corpora Campo :
　Sit bene conveniens, et sine labe toga :
Linguaque ne rigeat : careant rubigine dentes;
　Nec vagus in laxa pes tibi pelle natet :
Nec male deformet rigidos tonsura capillos :
　Sit coma, sit docta barba resecta manu.
Et nihil emineant, et sint sine sordibus ungues :
　Inque cava nullus stet tibi nare pilus.
Nec male odorati sit tristis anhelitus oris,
　Nec lædant nares virque paterque gregis.
Cetera lascivæ faciant, concede, puellæ :
　Et si quis male vir quærit habere virum.

Ecce suum vatem Liber vocat : hic quoque amantes
　Adjuvat; et flammæ, qua calet ipse, favet.
Gnossis in ignotis amens errabat arenis,
　Qua brevis æquoreis Dia feritur aquis.
Utque erat a somno tunica velata recincta,
　Nuda pedem, croceas irreligata comas;
Thesea crudelem surdas clamabat ad undas,
　Indigno teneras imbre rigante genas.
Clamabat, flebatque simul; sed utrumque decebat :

Ariane, ne songeait pas à régler avec l'aiguille les boucles de sa chevelure; Phèdre brûla pour Hippolyte, quoique son extérieur fût négligé; Adonis, cet hôte sauvage des forêts, gagna le cœur d'une déesse. Aime la propreté : ne crains pas de hâler ton teint par les exercices du Champ-de-Mars. Que tes vêtemens soient bien ajustés; n'y souffre aucune tache. Ne laisse aucune aspérité sur ta langue, aucun tartre sur l'émail de tes dents. Que ton pied ne nage pas dans une chaussure trop large. Garde-toi que, coupés de trop près, tes cheveux ne se dressent sur ton front d'une manière désagréable; mais qu'une main savante coupe et tes cheveux et ta barbe. Que tes ongles ne soient pas trop longs, et qu'ils soient exempts de toute ordure ; que l'on ne voie aucun poil sortir de tes narines velues; surtout que ton haleine n'infecte pas l'air autour de toi, et qu'aucune partie de ton corps n'exhale cette odeur fétide qui rappelle le mâle de la chèvre. Quant aux détails minutieux de la toilette, abandonne-les aux jeunes coquettes, ou à ces hommes, la honte de leur sexe, dont ils recherchent les faveurs.

Mais qu'entends-je? c'est Bacchus : il appelle son poète; favorable aux amans, il protège les feux dont il brûla lui-même. Ariane errait éperdue sur les plages désertes de l'île de Naxos, toujours battue des flots de la mer. A peine échappée au sommeil, elle n'était vêtue que d'une tunique flottante; ses pieds étaient nus, sa blonde chevelure flottait en désordre sur ses épaules, et des torrens de larmes inondaient ses joues : elle redemandait aux flots le cruel Thésée; les flots restaient sourds à ses cris. Elle criait et pleurait à la fois; mais (heureux privilège de la beauté!) ses cris et ses

Nec facta est lacrymis turpior illa suis.
Jamque iterum tundens mollissima pectora palmis,
  Perfidus ille abiit : quid. mihi fiet? ait.
Quid mihi fiet? ait : sonuerunt cymbala toto
  Litore, et attonita tympana pulsa manu.
Excidit illa metu, rupitque novissima verba :
  Nullus in exanimi corpore sanguis erat.
Ecce Mimallonides, sparsis in terga capillis;
  Ecce leves Satyri, prævia turba Dei;
Ebrius ecce senex pando Silenus asello,
  Vix sedet; et pressas continet arte jubas.
Dum sequitur Bacchas, Bacchæ fugiuntque petuntque;
  Quadrupedem ferula dum malus urget eques;
In caput aurito cecidit delapsus asello.
  Clamarunt Satyri : surge age, Surge, pater!
Jam Deus e curru, quem summum texerat uvis,
  Tigribus adjunctis aurea lora dabat.
Et color, et Theseus, et vox abiere puellæ;
  Terque fugam petiit; terque retenta metu.
Horruit, ut steriles, agitat quas ventus, aristæ :
  Ut levis in madida canna palude tremit.
Cui Deus, « En adsum tibi cura fidelior, inquit :
  Pone metum : Bacchi, Gnosias, uxor eris.
Munus habe cœlum : cœlo spectabile sidus,
  Sæpe reges dubiam Cressa Corona ratem. »

pleurs ajoutaient encore à ses charmes. « Le perfide ! disait-elle, en frappant à coups redoublés l'albâtre de son sein, le perfide ! il me fuit ! que vais-je devenir ? hélas ! quel sera mon sort ? » Elle disait ; soudain les cymbales et les tambours qu'agite une main frénétique, font retentir au loin le rivage. Frappée d'effroi, elle tombe en prononçant quelques mots entrecoupés, et son sang se glace dans ses veines. Mais voici venir les Mimallonides échevelées et les Satyres légers, avant-coureurs du dieu des vendanges ; voici le vieux Silène, à moitié ivre : suspendu à la crinière de son âne, qui plie sous le faix, il peut à peine se soutenir. Tandis qu'il poursuit les Bacchantes, qui fuient et l'agacent en même temps, et qu'il presse du bâton les flancs du quadrupède aux longues oreilles, l'inhabile cavalier tombe la tête la première. Aussitôt les Satyres de lui crier : Relevez-vous, père Silène, relevez-vous !

Cependant, du haut de son char couronné de pampres, le dieu guide avec des rênes d'or les tigres qu'il a domptés. Ariane, en perdant Thésée, a perdu la couleur et la voix : trois fois elle veut fuir ; trois fois la crainte enchaîne ses pas. Elle frémit, elle tremble, comme la paille légère ou les roseaux flexibles qu'agite le moindre vent. Mais le dieu : « Bannis, lui dit-il, une vaine frayeur, tu retrouves en moi un amant plus tendre, plus fidèle que Thésée : fille de Minos ! tu seras l'épouse de Bacchus. Pour dot je t'offre le ciel ; astre nouveau, ta couronne brillante y servira de guide au pilote incertain. » A ces mots, il s'élance de son char dont les tigres auraient pu l'effrayer ; la terre s'incline sous ses

Dixit; et e curru, ne tigres illa timeret,
  Desilit; imposito cessit arena pedi :
Implicitamque sinu, neque enim pugnare valebat,
  Abstulit : ut facile est omnia posse Deo.
Pars, Hymenæe, canunt : pars clamant, Evie, evoe!
  Sic coeunt sacro nupta Deusque toro.
Ergo, ubi contigerint positi tibi munera Bacchi,
  Atque erit in socii femina parte tori;
Nycteliumque patrem, nocturnaque sacra precare,
  Ne jubeant capiti vina nocere tuo.
Hic tibi multa licet sermone licentia tecto
  Dicere, quæ dici sentiat illa sibi;
Blanditiasque leves tenui perscribere vino,
  Ut dominam in mensa se legat illa tuam;
Atque oculos oculis spectare fatentibus ignem.
  Sæpe tacens vocem verbaque vultus habet.
Fac primus rapias illius tecta labellis
  Pocula; quaque bibet parte puella, bibas.
Et quodcumque cibi digitis libaverit illa,
  Tu pete; dumque petes, sit tibi tacta manus.
Sint etiam tua vota viro placuisse puellæ :
  Utilior votis factus amicus erit.
Huic, si sorte bibes, sortem concede priorem :
  Huic detur capiti dempta corona tuo.
Sive sit inferior, seu par, prior omnia sumat :

pas; pressant sur son sein la princesse éperdue, il l'enlève. Et comment eût-elle résisté? un dieu ne peut-il pas tout ce qu'il veut? Tandis qu'une partie du cortège entonne des chants d'hyménée, et que l'autre crie : Évohé! Évohé! le dieu conduit sa jeune fiancée à la couche nuptiale.

Lors donc que tu seras assis, près d'une jeune femme, à un festin embelli des dons de Bacchus, prie ce dieu, dont les mystères se célèbrent pendant la nuit, de garantir ton cerveau des vapeurs nuisibles du vin. C'est là que tu pourras, à mots couverts, adresser à ta belle de tendres discours, dont sans peine elle devinera le sens. Une goutte de vin te suffira pour tracer sur la table de galantes devises où elle lira l'aveu de ton amour : que tes yeux alors fixés sur ses yeux achèvent de lui dévoiler ta flamme. Sans rompre le silence, l'expression du visage est souvent plus éloquente que la parole. Empare-toi le premier de la coupe qu'elle a portée à sa bouche, et que tes lèvres s'appliquent à la place qu'ont touchée ses lèvres. Saisis les mets que ses doigts ont effleurés, et que ta main, en pressant la sienne, l'avertisse de ce larcin.

Mais c'est surtout au mari de la belle qu'il faut tâcher de plaire : rien ne sera plus utile à tes desseins que son amitié. Si l'on tire au sort la royauté du festin, accorde-lui le premier rang; ôte ta couronne pour en orner sa tête. Qu'il soit ton égal ou ton inférieur, n'importe, laisse-le se servir avant toi; enfin, dans tous tes

Neu dubites illi verba secunda loqui.
Tuta frequensque via est per amicum fallere nomen!
  Tuta frequensque licet sit via, crimen habet.
Inde procurator nimium quoque multa procurat,
  Et sibi mandatis plura videnda putat.

CERTA tibi a nobis dabitur mensura bibendi :
  Officium praestent mensque pedesque suum.
Jurgia praecipue, vino stimulata, caveto,
  Et nimium faciles ad fera bella manus.
Occidit Eurytion stulte, data vina bibendo :
  Aptior est dulci mensa merumque joco.
Si vox est, canta : si mollia brachia, salta;
  Et, quacumque potes dote placere, place.
Ebrietas ut vera nocet, sic ficta juvabit :
  Fac titubet blaeso subdola lingua sono;
Ut, quidquid facies dicesve protervius aequo,
  Credatur nimium causa fuisse merum.
Et, Bene, dic dominae; bene, cum quo dormiat illa :
  Sed male sit tacita mente precare viro.
At, quum discedet mensa conviva remota;
  Ipsa tibi accessus turba locumque dabit,
Insere te turbae; leviterque admotus eunti,
  Velle latus digitis, et pede tange pedem.
COLLOQUIO jam tempus adest : fuge rustice longe
  Hinc pudor : audentem Forsque Venusque juvant.

discours, montre-lui la plus grande déférence. Hélas! le moyen le plus sûr et le plus commun de tromper, c'est de se cacher sous le voile de l'amitié; mais, quoique sûr et commun, ce moyen n'en est pas moins un crime. En amour, le mandataire va souvent plus loin que son mandat, et se croit autorisé à dépasser les ordres qu'il a reçus.

Je vais maintenant te prescrire les bornes que tu dois garder en buvant, pour que ton esprit et tes pieds gardent toujours leur équilibre. Avant tout, évite les querelles qu'engendre le vin, et ne sois pas trop prompt au combat. N'imite pas cet Eurytion dont une stupide intempérance causa la mort : la table et le vin ne doivent inspirer qu'une douce gaîté. Si tu as de la voix, chante; si tes membres sont flexibles, danse; enfin, quels que soient tes moyens de plaire, rends-toi agréable. Une ivresse véritable inspire le dégoût, une ivresse feinte excite le rire. Que ta langue embarrassée sache adroitement bégayer des sons inarticulés, afin que tout ce que tu feras ou diras d'un peu libre trouve son excuse dans de trop fréquentes libations. Bois à la santé de ta maîtresse, bois même à la santé de celui qui partage sa couche; mais, en buvant, maudis, au fond du cœur, son époux. Lorsque les convives quitteront la table, ce moment de confusion t'offrira un facile accès près de ta belle. Mêlé dans la foule, approche-toi d'elle insensiblement, serre sa taille dans tes doigts, et que ton pied rencontre le sien.

Mais voici l'instant de l'entretien. Bannis une sotte timidité : la Fortune et l'Amour sourient à l'audace.

Non tua sub nostras veniat facundia leges :
 Fac tantum incipias : sponte disertus eris.
Est tibi agendus amans, imitandaque vulnera verbis :
 Hinc tibi quæratur qualibet arte fides.
Nec credi labor est; sibi quæque videtur amanda :
 Pessima sit, nulli non sua forma placet.
Sæpe tamen vere cœpit simulator amare;
 Sæpe, quod incipiens finxerat esse, fuit.
Quo magis o faciles imitantibus este, puellæ;
 Fiet amor verus, qui modo falsus erat.

Blanditiis animum furtim deprendere nunc sit,
 Ut pendens liquida ripa subitur aqua.
Nec faciem, nec te pigeat laudare capillos;
 Et teretes digitos, exiguumque pedem.
Delectant etiam castas præconia formæ :
 Virginibus curæ grataque forma sua est.
Nam cur in Phrygiis Junonem et Pallada silvis
 Nunc quoque judicium non tenuisse pudet?
Laudatas ostentat avis Junonia pennas :
 Si tacitus spectes, illa recondit opes.
Quadrupedes, inter rapidi certamina cursus,
 Depexæque jubæ, plausaque colla juvant.
Nec timide promitte : trahunt promissa puellas;
 Pollicitis testes quoslibet adde Deos.
Jupiter ex alto perjuria ridet amantum;

Ne compte pas sur moi pour t'enseigner l'art de parler avec grâce : entame hardiment la conversation ; inspiré par ton cœur, tu seras éloquent. Joue le rôle d'un amant passionné, et que tes discours peignent le mal qui te dévore; enfin, mets tout en usage pour gagner la confiance de ta belle. Tu n'auras pas de peine à la persuader; toute femme se croit aimable; et la plus laide n'est pas mécontente de son visage. Que de fois d'ailleurs celui qui d'abord faisait semblant d'aimer, finit par aimer sérieusement, et passa de l'imitation à la réalité! Jeunes beautés, montrez-vous plus indulgentes pour celui qui feint un amour qu'il n'éprouve pas; et d'un séducteur vous ferez un amant.

Tu peux encore, par d'adroites flatteries, t'insinuer furtivement dans son cœur, comme le ruisseau mine insensiblement son rivage. N'hésite point à louer son visage, ses cheveux, ses doigts arrondis et son pied mignon. La femme la plus chaste est sensible à l'éloge qu'on fait de sa beauté, et la vierge encore novice prend déjà soin des appas dont elle est fière. Pourquoi, sans cela, Junon et Pallas rougiraient-elles encore aujourd'hui de n'avoir point obtenu le prix décerné à la plus belle dans les bois du mont Ida? Voyez ce paon : si vous louez son plumage, il étale sa queue avec orgueil; si vous le regardez en silence, il en cache les trésors. Le coursier dont on tresse la crinière, dont on flatte le cou nerveux, sensible à l'éloge, s'élance comme un trait dans la carrière. Surtout n'épargne point les protestations : les femmes ne résistent point à cet appât. Prends tous les dieux à témoin de tes promesses. Jupiter, du haut des cieux, rit des parjures des amans, et permet qu'Éole les emporte sur ses ailes rapides. Que de

Et jubet Æolios irrita ferre Notos.
Per Styga Junoni falsum jurare solebat
　Jupiter : exemplo nunc favet ipse suo.
Expedit esse Deos : et, ut expedit, esse putemus :
　Dentur in antiquos tura merumque focos.
Nec secura quies illos, similisque sopori
　Detinet : innocue vivite; numen adest.
Reddite depositum : pietas sua fœdera servet :
　Fraus absit : vacuas cædis habete manus.
Ludite, si sapitis, solas impune puellas :
　Hac minus est una fraude tuenda fides.
Fallite fallentes : ex magna parte profanum
　Sunt genus : in laqueos, quos posuere, cadant.
Dicitur Ægyptus caruisse juvantibus arva
　Imbribus, atque annos sicca fuisse novem;
Quum Thrasius Busirin adit, monstratque piari
　Hospitis effuso sanguine posse Jovem.
Illi Busiris : Fies Jovis hostia primus,
　Inquit, et Ægypto tu dabis, hospes, aquam.
Et Phalaris tauro violenti membra Perilli
　Torruit : infelix imbuit auctor opus.
Justus uterque fuit : neque enim lex æquior ulla,
　Quam necis artifices arte perire sua.
Ergo et perjuras merito perjuria fallant :
　Exemplo doleat femina lusa suo.

fois lui-même il jura par le Styx d'être fidèle à Junon ! son exemple suffit pour nous absoudre.

Il importe qu'il y ait des dieux : ouvrons donc notre âme à cette utile croyance : prodiguons sur leurs autels antiques et l'encens et le vin. Les dieux ne sont pas plongés dans un repos indolent et semblable au sommeil. Mortels ! que votre vie soit irréprochable, car la divinité a les yeux sur vous. Rendez le dépôt qui vous fut confié ; tenez religieusement votre promesse ; bannissez la fraude ; que vos mains soient pures de sang humain. Quant aux jeunes filles, vous pouvez, sans cesser d'être sages, les tromper impunément : c'est la seule fraude qui soit permise, la seule dont la probité n'ait point à rougir. Trompez un sexe trompeur : les femmes, pour la plupart, sont une race perfide : qu'elles tombent dans le piège qu'elles-mêmes ont dressé. L'Égypte, dit-on, privée des pluies nourricières qui fertilisent ses campagnes, avait éprouvé neuf années de sécheresse continuelle : Thrasius vient trouver Busiris, et lui découvre un moyen d'apaiser Jupiter : c'est, dit-il, de répandre sur ses autels le sang d'un hôte étranger. « Tu seras, lui répond Busiris, la première victime offerte à ce dieu ; tu seras l'étranger à qui l'Égypte sera redevable de l'eau céleste. » Phalaris fit aussi brûler le cruel Perillus dans le taureau d'airain qu'il avait fabriqué : malheureux auteur, il arrosa de son sang l'ouvrage de ses mains ! Ce fut une double justice. Quoi de plus juste, en effet, que de faire périr par leur propre invention ces artisans de supplices ? Parjure pour parjure ; c'est la règle de l'équité : la femme abusée ne doit s'en prendre qu'à elle-même de la trahison dont elle donna l'exemple.

Et lacrymæ prosunt; lacrymis adamanta movebis:
 Fac madidas videat, si potes, illa genas.
Si lacrymæ, neque enim veniunt in tempore semper,
 Deficiunt, uda lumina tange manu.
Quis sapiens blandis non misceat oscula verbis?
 Illa licet non det, non data sume tamen.
Pugnabit primo fortassis; et, Improbe! dicet.
 Pugnando vinci sed tamen illa volet.
Tantum, ne noceant teneris male rapta labellis;
 Neve queri possit dura fuisse cave.
Oscula qui sumsit, si non et cetera sumet,
 Hæc quoque, quæ data sunt, perdere dignus erit.
Quantum defuerat pleno post oscula voto!
 Hei mihi! rusticitas, non pudor ille fuit.
Vim licet adpelles, grata est vis ista puellis:
 Quod juvat, invitæ sæpe dedisse volunt.
Quæcumque est subita Veneris violata rapina,
 Gaudet; et improbitas muneris instar habet.
At quæ, quum cogi posset, non tacta recessit,
 Ut simulet vultu gaudia, tristis erit.
Vim passa est Phœbe; vis est illata sorori:
 Et gratus raptæ raptor uterque fuit.
Fabula nota quidem, sed non indigna referri,
 Scyrias Hæmonio juncta puella viro.
Jam Dea laudatæ dederat sua præmia formæ,

Les larmes sont aussi fort utiles en amour; les larmes amolliraient un cœur de diamant. Tâche que ta maîtresse voie tes joues baignées de larmes. Si cependant tu n'en peux verser (car on ne les a pas toujours à commandement), mouille alors tes yeux avec la main. Quel amant expérimenté ignore combien les baisers donnent de poids aux plus tendres paroles? Ta belle s'y refuse; prends-les toujours malgré ses refus. Elle commencera peut-être par résister: « Vous êtes un monstre! » dira-t-elle; mais, tout en résistant, elle désire succomber. Seulement, ne va pas, par de brutales caresses, blesser ses lèvres délicates, et lui donner sujet de se plaindre de ta rudesse. Un baiser pris, si tu ne prends pas le reste, tu mérites de perdre les faveurs même qui te furent accordées. Qu'attendais-tu donc, après un baiser, pour l'accomplissement de tous tes vœux? malheureux! ce n'est pas la pudeur qui t'arrêta; c'est une stupide maladresse. — C'eût été lui faire violence, dis-tu? — Mais cette violence plaît tant aux belles! ce qu'elles aiment à donner, elles veulent encore qu'on le leur ravisse. Toute femme, prise de force dans l'emportement de la passion, se réjouit de ce larcin: nul présent n'est plus doux à son cœur. Mais lorsqu'elle sort intacte d'un combat où on pouvait la prendre d'assaut, en vain la joie est peinte sur son visage, la tristesse est dans son cœur. Phœbé fut violée; Ilaïre, sa sœur, le fut aussi: cependant l'une et l'autre aima son ravisseur.

Une histoire bien connue, mais qui mérite d'être rapportée, c'est l'union secrète du fils de Thétis et de la fille du roi de Scyros. Déjà Vénus avait récompensé

Colle sub Idæo vincere digna duas.
Jam nurus ad Priamum diverso venerat orbe;
  Graiaque in Iliacis mœnibus uxor erat.
Jurabant omnes in læsi verba mariti:
  Nam dolor unius, publica causa fuit.
Turpe! nisi hoc matris precibus tribuisset, Achilles
  Veste virum longa dissimulatus erat.
Quid facis, Æacida? non sunt tua munera lanæ:
  Tu titulos alia Palladis arte petas.
Quid tibi cum calathis? clypeo manus apta tenendo est.
  Pensa quid in dextra, qua cadet Hector, habes?
Rejice succinctos operoso stamine fusos;
  Quassanda est ista Pelias hasta manu.
Forte erat in thalamo virgo regalis eodem:
  Hæc illum stupro comperit esse virum.
Viribus illa quidem victa est, ita credere oportet:
  Sed voluit vinci viribus illa tamen.
Sæpe, Mane, dixit, quum jam properaret Achilles:
  Fortia nam posita sumserat arma colo.
Vis ubi nunc illa est? quid blanda voce moraris
  Auctorem stupri, Deidamia, tui?

Scilicet, ut pudor est quondam cœpisse priorem,
  Sic alio gratum est incipiente pati.
Ah! nimia est juveni propriæ fiducia formæ,
  Exspectat si quis, dum prior illa roget!

Pâris de l'hommage rendu à sa beauté, lorsque, sur le mont Ida, elle triompha de ses deux rivales; déjà, venue d'une contrée lointaine, une nouvelle bru ornait la cour du vieux Priam; et les murs d'Ilion renfermaient l'épouse du roi de Sparte. Tous les princes grecs juraient de venger l'époux outragé : car l'injure d'un seul était devenue la cause de tous. Achille cependant (quelle honte, si les prières de sa mère n'eussent été son excuse!), Achille avait déguisé son sexe sous les longs vêtemens d'une fille. Que fais-tu, petit-fils d'Éacus? tu t'occupes à filer la laine! Est-ce là l'ouvrage d'un homme? Pallas t'appelle à la gloire par de plus nobles travaux. Que fais-tu de ces corbeilles? ton bras est fait pour porter le bouclier. Que vois-je! une quenouille dans la main qui doit terrasser Hector! jette loin de toi ces fuseaux, et que cette main vigoureuse brandisse la lance Pélias. Un jour, le même lit avait réuni, par hasard, Achille et la princesse de Scyros; lorsque la perte de sa virginité lui dévoila tout à coup le sexe de sa compagne. Elle ne céda sans doute qu'à la force : je me plais à le croire; mais enfin elle ne fut pas fâchée que la force triomphât. « Reste, » lui disait-elle souvent, lorsqu'Achille impatient de partir avait déjà déposé la quenouille pour saisir ses armes redoutables. Où donc est cette prétendue violence? Pourquoi, Déidamie, retenir par les accens de ta voix caressante l'auteur de ton déshonneur?

Oui, si c'est une honte pour la femme de faire les premières avances, c'est un plaisir pour elle de céder aux attaques de son amant. Certes, il compte trop sur ses avantages personnels, le jeune homme qui se flatte qu'une belle fera la première demande. L'homme doit

Vir prior accedat; vir verba precantia dicat :
   Excipiet blandas comiter illa preces.
Ut potiare, roga : tantum cupit illa rogari.
   Da causam voti principiumque tui.
Jupiter ad veteres supplex heroïdas ibat :
   Corripuit magnum nulla puella Jovem.
Si tamen a precibus tumidos accedere fastus
   Senseris, incepto parce, referque pedem.
Quod refugit, multæ cupiunt : odere, quod instat :
   Lenius instando tædia tolle tui.
Nec semper Veneris spes est profitenda roganti :
   Intret amicitiæ nomine tectus amor.
Hoc aditu vidi tetricæ data verba puellæ :
   Qui fuerat cultor, factus amator erat.
CANDIDUS in nauta turpis color : æquoris unda
   Debet, et a radiis sideris esse niger :
Turpis et agricolæ, qui vomere semper adunco,
   Et gravibus rastris sub Jove versat humum;
Et tibi, Palladiæ petitur cui palma coronæ,
   Candida si fuerint corpora, turpis eris.
Palleat omnis amans : hic est color aptus amanti :
   Hic decet : hoc vultu non valuisse putent.
Pallidus in Lyricen silvis errabat Orion :
   Pallidus in lenta Naïde Daphnis erat.
Arguat et macies animum : nec turpe putaris

prendre l'initiative; c'est à lui d'employer les prières; et ses tendres supplications seront bien accueillies par elle. Pour jouir, il faut la prier : elle veut seulement qu'on la prie. Explique-lui l'origine de ton amour et l'objet de tes désirs. Jupiter abordait en suppliant les anciennes héroïnes; et, malgré sa puissance, nulle d'entre elles ne fit les premiers pas, même pour le grand Jupiter. Si cependant on ne répond à tes prières que par un orgueilleux dédain, n'insiste pas davantage, et reviens sur tes pas. Bien des femmes désirent ce qui leur échappe, et détestent ce qu'on leur offre avec instance. Sois moins pressant, et tu cesseras d'être importun. Il ne faut pas toujours laisser percer dans tes discours l'espoir d'un prochain triomphe; que l'Amour s'introduise auprès d'elle, sous le voile de l'amitié. J'ai vu plus d'une beauté farouche être dupe de ce stratagème, et son ami bientôt devenir son amant.

Un teint blanc ne sied point à un marin : l'eau de la mer et les rayons du soleil ont dû hâler son visage; il ne sied point non plus au laboureur qui, sans cesse exposé aux injures de l'air, remue la terre avec la charrue ou les pesans râteaux; l'athlète qui aspire à la couronne d'olivier rougirait aussi d'avoir une peau trop blanche. De même tout amant doit être pâle : la pâleur est le symptôme de l'Amour, c'est la couleur qui lui convient : que, dupe de ta pâleur, ta maîtresse te croie malade. Orion était pâle, lorsqu'il suivait Lyrice dans les bois; Daphnis, épris d'une indifférente Naïade, était pâle aussi. Que ta maigreur décèle encore les tourmens de ton âme; ne rougis pas même de couvrir ta brillante chevelure du voile des malades. Les veilles continuelles,

Palliolum nitidis imposuisse comis.
Adtenuant juvenum vigilatæ corpora noctes,
　Curaque, et e magno qui fit amore dolor.
Ut voto potiare tuo, miserabilis esto :
　Ut qui te videat dicere possit, Amas!
Conquerar, an taceam mixtum fas omne nefasque?
　Nomen amicitia est : nomen inane fides.
Hei mihi! non tutum est, quod ames, laudare sodali ;
　Quum tibi laudanti credidit, ipse subit.
At non Actorides lectum temeravit Achillis :
　Quantum ad Pirithoum, Phædra pudica fuit.
Hermionen Pylades, quo Pallada Phœbus, amabat :
　Quodque tibi geminus, Tyndari, Castor erat.
Si quis idem sperat; laturas poma myricas
　Speret; et in medio flumine mella petat.
Nil nisi turpe juvat : curæ est sua cuique voluptas :
　Hæc quoque ab alterius grata dolore venit.
Heu facinus! non est hostis metuendus amanti!
　Quos credis fidos, effuge; tutus eris.
Cognatum fratremque cave, carumque sodalem :
　Præbebit veros hæc tibi turba metus.
Finiturus eram; sed sunt diversa puellis
　Pectora : mille animos excipe mille modis.
Nec tellus eadem parit omnia : vitibus illa
　Convenit; hæc oleis; hac bene farra virent.

les soucis et les chagrins qu'engendre un violent amour, maigrissent toujours un jeune amant. Pour voir combler tous tes vœux, ne crains pas d'exciter la pitié. Qu'en te voyant chacun s'écrie : « Il aime ! »

Maintenant, dois-je garder le silence, ou me plaindre de voir partout la vertu confondue avec le crime? L'amitié, la bonne foi, ne sont plus que de vains mots. Hélas ! tu ne pourrais sans danger vanter à ton ami l'objet de ton amour : s'il croit à tes éloges, il devient aussitôt ton rival. Mais, dira-t-on, le petit-fils d'Actor ne souilla point le lit d'Achille; Phèdre ne fut point infidèle, du moins en faveur de Pirithoüs; Pylade aimait Hermione d'un amour aussi chaste que celui de Phébus pour Pallas, que celui de Castor et de Pollux pour Hélène, leur sœur. Compter sur un pareil miracle, c'est se flatter de cueillir des fruits sur la stérile bruyère, ou de trouver du miel au milieu d'un fleuve. Le crime a tant d'appas ! chacun ne songe qu'à son propre plaisir; et celui que l'on goûte, aux dépens du bonheur d'autrui, n'en a que plus d'attraits. O dépravation ! ce n'est pas son ennemi qu'un amant doit craindre. Pour être à l'abri du danger, fuis ceux même qui te paraissent le plus dévoués. Méfie-toi d'un parent, d'un frère, d'un tendre ami : ce sont eux qui doivent t'inspirer les craintes les plus fondées.

J'allais terminer ici ma carrière; mais toutes les femmes ne se ressemblent pas. Leurs humeurs offrent mille nuances diverses : emploie pour les séduire mille moyens opposés. Le même sol ne donne pas toutes sortes de productions : l'un convient à la vigne, l'autre à l'olivier,

Pectoribus mores tot sunt, quot in orbe figuræ :
  Qui sapit, innumeris moribus aptus erit.
Utque leves Proteus modo se tenuabat in undas;
  Nunc leo, nunc arbor, nunc erat hirtus aper.
Hi jaculo pisces, illi capiuntur ab hamis :
  Hos cava contento retia fune trahunt.
Nec tibi conveniat cunctos modus unus ad annos :
  Longius insidias cerva videbit anus.
Si doctus videare rudi, petulansve pudenti,
  Diffidet miseræ protinus illa sibi.
Inde fit, ut, quæ se timuit committere honesto,
  Vilis in amplexus inferioris eat.

Pars superat cœpti, pars est exhausta laboris :
  Hic teneat nostras anchora jacta rates.

celui-ci se couvre de moissons verdoyantes. On voit dans le monde autant de caractères que de figures différentes. Un homme habile saura se plier à cette diversité d'humeurs, semblable à Protée, qui tantôt se transformait en onde légère, tantôt en lion, tantôt en arbre ou en sanglier au poil hérissé. Tel poisson se prend avec le harpon, tel autre avec la ligne, tel enfin reste captif dans les filets du pêcheur. Les mêmes moyens ne réussissent pas toujours : sache les varier selon l'âge de tes maîtresses. Une vieille biche découvre de plus loin le piège qu'on lui tend. Si tu te montres trop savant auprès d'une beauté novice, ou trop entreprenant auprès d'une prude, elle se défiera de toi, et se tiendra sur ses gardes. C'est ainsi que parfois la femme qui craint de se livrer à un homme bien élevé, s'abandonne aux caresses d'un vil manant.

Une partie de ma tâche est achevée; une autre me reste à remplir. Jetons ici l'ancre qui doit arrêter mon navire.

P. OVIDII NASONIS
ARTIS AMATORIÆ
LIBER SECUNDUS.

Dicite, Io, Pæan: et, Io, bis dicite, Pæan:
  Decidit in casses præda petita meos!
Lætus amans donet viridi mea tempora palma:
  Præferar Ascræo Mæonioque seni.
Talis ab armiferis Priameius hospes Amyclis
  Candida cum rapta conjuge vela dedit.
Talis erat, qui te curru victore ferebat,
  Vecta peregrinis, Hippodamia, rotis.
Quid properas, juvenis? mediis tua pinus in undis
  Navigat; et longe, quem peto, portus abest.
Non satis est venisse tibi, me vate, puellam.
  Arte mea capta est: arte tenenda mea est.
Nec minor est virtus, quam quærere, parta tueri:
  Casus inest illic; hic erit artis opus.

L'ART D'AIMER

DE

P. OVIDE

LIVRE DEUXIÈME.

Chantez, répétez en chœur : Io Pæan ! Io Pæan ! J'ai conduit dans vos filets la proie que vous chassiez. Que l'amant, joyeux de son triomphe, couronne mon front d'un vert laurier; que ses louanges m'élèvent au dessus du vieillard d'Ascra et de l'aveugle de Méonie. Son bonheur égale celui du fils de Priam, lorsque, fuyant à toutes voiles la belliqueuse Amyclée, il enlevait l'épouse de son hôte; tel aussi, belle Hippodamie, Pélops, sur son char vainqueur, t'entraînait loin de ta patrie.

Mais quelle ardeur t'emporte, jeune présomptueux? ta nef vogue encore au milieu des ondes, et le port où je te conduis est loin encore ! Ce n'est pas assez que mes vers aient mis ton amante dans tes bras : mon art t'apprit à la vaincre ; mon art doit aussi t'apprendre à garder son cœur. S'il est glorieux de faire des conquêtes, il ne l'est pas moins de les conserver : l'un est souvent l'ouvrage du hasard, l'autre est le chef-d'œuvre de l'art.

Nunc mihi, si quando, Puer et Cytherea, favete :
  Nunc Erato; nam tu nomen amoris habes.
Magna paro : quas possit Amor remanere per artes
  Dicere, tam vasto pervagus orbe puer :
Et levis est, et habet geminas, quibus evolet, alas :
  Difficile est illis imposuisse modum.
Hospitis effugio præstruxerat omnia Minos :
  Audacem pennis repperit ille viam.
Dædalus ut clausit conceptum crimine matris,
  Semibovemque virum, semivirumque bovem;
Sit modus exsilio, dixit, justissime Minos :
  Accipiat cineres terra paterna meos.
Et quoniam in patria, fatis agitatus iniquis,
  Vivere non potui, sit mihi posse mori!
Da reditum puero, senis est si gratia vilis :
  Si non vis puero parcere, parce seni.
Dixerat hæc : sed et hæc, et multo plura licebat
  Dicere; at egressus non dabat ille viro.
Quod simul ac sensit : Nunc, o nunc, Dædale, dixit,
  Materiam, qua sis ingeniosus, habes.
Possidet et terras, et possidet æquora Minos :
  Nec tellus nostræ, nec patet unda fugæ.
Restat iter cœlo : cœlo tentabimus ire.
  Da veniam cœpto, Jupiter alte, meo!
Non ego sidereas adfecto tangere sedes.

L'ART D'AIMER, LIVRE II.

Reine de Cythère, et toi Cupidon, son fils, si jamais vous me fûtes favorables, c'est aujourd'hui surtout que je vous invoque! Et toi aussi, divine Érato, car tu dois ton nom à l'amour. Je médite une grande entreprise : je dirai par quel art on peut fixer l'Amour, cet enfant volage, sans cesse errant dans ce vaste univers : il est léger; il a deux ailes pour s'envoler : comment arrêter son essor?

Minos n'avait rien négligé pour s'opposer à la fuite de Dédale, son hôte; mais l'artiste audacieux sut avec des plumes se frayer une route nouvelle. Dès qu'il eut renfermé dans le Labyrinthe le fruit monstrueux d'un amour infâme, le Minotaure, moitié homme, moitié taureau : « O le plus juste des princes! dit-il à Minos, mets un terme à mon exil; et que ma terre natale reçoive mes cendres! En butte à la rigueur des destins, si je n'ai pu vivre dans ma patrie, qu'il me soit du moins permis d'y mourir! Permets à mon fils d'y retourner, si son père ne peut trouver grâce devant toi; ou, si tu es inexorable envers cet enfant, prends pitié de son vieux père! » Ainsi parla Dédale; mais en vain il essayait, par ce discours et mille autres encore, de fléchir Minos; ce prince s'opposait toujours à son départ. Convaincu de l'inutilité de ses prières : « Voilà, se dit-il à lui-même, une occasion pour moi de déployer les ressources de mon art. Minos règne à la fois sur la terre et sur l'onde; ces deux élémens se refusent à ma fuite. L'air me reste; c'est par là qu'il faut m'ouvrir un chemin. Puissant Jupiter! excuse mon hardi projet! je ne prétends point d'un vol audacieux m'élever jusqu'aux célestes demeures; mais je profite de l'unique voie qui me reste pour fuir un tyran. Si le Styx m'offrait un passage, je traverserais les eaux

Qua fugiam dominum nulla, nisi ista, via est.
Per Styga detur iter : Stygias tranabimus undas.
Sint mihi naturæ jura novanda meæ.
INGENIUM mala sæpe movent : quis crederet unquam,
Aerias hominem carpere posse vias?
Remigium volucres disponit in ordine pennas,
Et leve per lini vincula nectit opus;
Imaque pars ceris adstringitur igne solutis,
Finitusque novæ jam labor artis erat.
Tractabat ceramque puer, pennasque renidens,
Nescius hæc humeris arma parata suis!
Cui pater : « His, inquit, patria est adeunda carinis :
Hac nobis Minos effugiendus ope.
Aera non potuit Minos; alia omnia clausit.
Quem licet, inventis aera rumpe meis.
Sed tibi nec virgo Tegeæa, comesque Bootæ
Ensiger Orion adspiciendus erit.
Me pennis sectare datis; ego prævius ibo.
Sit tua cura sequi; me duce, tutus eris.
Nam sive ætherias vicino sole per auras
Ibimus; impatiens cera caloris erit :
Sive humiles propiore freto jactabimus alas;
Mobilis æquoreis penna madescet aquis.
Inter utrumque vola : ventos quoque, nate, timeto;
Quaque ferent auræ, vela secunda dato. »

du Styx. Qu'il me soit donc permis de changer les lois de ma nature. »

Souvent le malheur éveille l'industrie. Qui jamais eût pensé qu'un homme pût voyager dans les airs ? Dédale cependant se fabrique des ailes avec des plumes artistement disposées ; des fils de lin assurent la solidité de son ouvrage, et la cire amollie au feu en garnit l'extrémité inférieure. Enfin, ce chef-d'œuvre d'un art jusqu'alors inconnu était terminé : le jeune Icare maniait, joyeux, et les plumes et la cire, sans se douter que cet appareil dût armer ses épaules pour la fuite. « Voilà, lui dit son père, les voiles qui nous ramèneront dans notre patrie ; c'est par leur secours que nous échapperons à Minos. En vain ce prince a cru nous fermer tous les chemins ; il n'a pu nous interdire celui de l'air : profite donc de mon invention pour fendre les plaines de l'air. Mais garde-toi d'approcher de la vierge de Tégée ou d'Orion qui, armé d'un glaive, accompagne le Bouvier. Mesure ton vol sur le mien ; je te précèderai ; contente-toi de me suivre : guidé par moi, tu n'as rien à craindre. Car, si nous nous élevions jusqu'aux voûtes éthérées, voisines du soleil, la cire de nos ailes n'en pourrait supporter la chaleur ; si, par un vol trop humble, nous descendions trop près de la mer, nos ailes imprégnées de l'humidité des eaux perdraient leur mobilité. Vole entre ces deux écueils. Redoute aussi les vents, ô mon fils ! suis leur direction, et livre-toi à leur souffle officieux. » Après ces instructions, Dédale ajuste les ailes de son fils, et lui enseigne la manière de s'en servir : ainsi les petits oiseaux

Dum monet, aptat opus puero, monstratque moveri;
 Erudit infirmas ut sua mater aves.
Inde sibi factas humeris adcommodat alas,
 Inque novum timide corpora librat iter.
Jamque volaturus parvo dedit oscula nato;
 Nec patriæ lacrymas continuere genæ.
Monte minor collis, campis erat altior æquis :
 Hinc data sunt miseræ corpora bina fugæ.
Et movet ipse suas, et nati respicit alas
 Dædalus, et cursus sustinet usque suos.
Jamque novum delectat iter; positoque timore,
 Icarus audaci fortius arte volat.
Hos aliquis, tremula dum captat arundine pisces,
 Vidit; et inceptum dextra reliquit opus.
Jam Samos a læva fuerant, Naxosque relictæ,
 Et Paros, et Clario Delos amata Deo.
Dextra Lebynthos erant, silvisque umbrosa Calymne,
 Cinctaque piscosis Astypalea vadis :
Quum puer, incautis nimium temerarius annis,
 Altius egit iter, deseruitque ducem.
Vincla labant; et cera, Deo propiore, liquescit;
 Nec tenues ventos brachia mota tenent.
Territus e summo despexit in æquora cœlo :
 Nox oculis pavido venit oborta metu.
Tabuerant ceræ; nudos quatit ille lacertos;

apprennent de leur mère à voler. Il adapte ensuite à ses épaules celles qu'il s'est réservées, et se balance, en tremblant, dans la route nouvelle qu'il s'est ouverte. Avant de prendre son vol, il donne à son jeune fils un dernier baiser, et ne peut retenir ses larmes paternelles.

Non loin de là, s'élevait une colline, moins haute qu'une montagne, mais qui pourtant dominait la plaine : c'est de son sommet que prennent leur vol nos malheureux fugitifs. Dédale, en agitant ses ailes, a les yeux fixés sur celles de son fils, sans rallentir toutefois sa course aérienne. D'abord la nouveauté de ce voyage les enchante; et bientôt, bannissant toute crainte, l'audacieux Icare prend un essor plus hardi. Un pêcheur les aperçut au haut des airs, tandis qu'armé d'un roseau flexible, il épiait des poissons; et la ligne s'échappa de ses mains. Déjà, ils ont laissé sur la gauche, et Naxos, et Paros, et Délos chère à Phébus : ils ont à leur droite Lébynthe, Calymne ombragée de forêts, et Astypalée environnée d'étangs poissonneux, lorsque le jeune Icare, emporté par la témérité, trop commune, hélas! à son âge, s'éleva plus haut vers le ciel, et abandonna son guide. Peu à peu les liens de ses ailes se relâchent; la cire se fond aux approches du soleil, et ses bras qu'il remue n'ont plus de prise sur l'air trop fluide. Alors, épouvanté, il regarde du haut des cieux l'espace immense qui le sépare de la mer, et l'effroi voile ses yeux d'épaisses ténèbres. La cire avait coulé; en vain il agite ses bras dépouillés; en vain il précipite ses mouvemens : il n'a plus de soutien. Il tombe; et dans sa chute : « O mon père! ô mon père! s'écrie-t-il,

Et trepidat; nec, quo sustineatur, habet.
Decidit; atque cadens, Pater, o pater, auferor, inquit.
Clauserunt virides ora loquentis aquæ.
At pater infelix, jam non pater, Icare, clamat,
Icare, clamat! ubi es? quove sub axe volas?
Icare, clamabat : pennas adspexit in undis.
Ossa tegit tellus; æquora nomen habent.
Non potuit Minos hominis compescere pennas :
Ipse Deum volucrem detinuisse paro.

Fallitur, Hæmonias si quis decurrit ad artes;
Datque quod a teneri fronte revellet equi.
Non facient, ut vivat amor, Medeides herbæ,
Mixtaque cum magicis nænia Marsa sonis.
Phasias Æsoniden, Circe tenuisset Ulixen,
Si modo servari carmine possit amor.
Nec data profuerint pallentia philtra puellis :
Philtra nocent animis, vimque furoris habent.
Sit procul omne nefas : ut ameris, amabilis esto;
Quod tibi non facies, solave forma dabit.
Sis licet antiquo Nireus adamatus Homero,
Naiadumque tener crimine raptus Hylas;
Ut dominam teneas, nec te mirere relictum,
Ingenii dotes corporis adde bonis.
Forma bonum fragile est; quantumque accedit ad annos,
Fit minor; et spatio carpitur ipsa suo.

je suis perdu! » La vague l'engloutit et lui ferme la bouche. Cependant son malheureux père (hélas! il avait cessé de l'être) : « Icare! mon fils! où es-tu? vers quel point du ciel diriges-tu ton vol? Icare! » En vain il appelle.... il aperçoit seulement quelques plumes flottantes sur les ondes. La terre reçut les restes d'Icare; et la mer où il périt a conservé son nom.

Minos ne put empêcher un mortel de fuir avec des ailes factices; et moi j'entreprends de fixer un dieu plus léger que les oiseaux.

C'est une erreur grossière, que d'avoir recours à l'art des sorcières thessaliennes, ou de faire usage de l'hippomanès arraché du front d'un jeune poulain. Les herbes puissantes de Médée, les chants magiques des Marses, ne pourraient faire revivre l'amour. Si les enchantemens avaient ce pouvoir, Médée eût captivé pour toujours le fils d'Éson, Ulysse eût été retenu par Circé. Il est donc inutile de faire boire aux jeunes filles des philtres amoureux : les philtres troublent la raison et n'engendrent que la fureur. Loin de toi ces coupables artifices! sois aimable et tu seras aimé. La beauté du visage, l'élégance de la taille, ne te suffiront point pour cela. Fusses-tu comparable au beau Nirée, jadis tant vanté par Homère; au tendre Hylas, ravi par les coupables Naïades, pour fixer ta maîtresse, et n'en être jamais abandonné, joins les dons de l'esprit aux avantages physiques. La beauté est une fleur périssable; plus les années s'accroissent, plus elle diminue : elle s'altère par sa durée même. Les violettes et les lis entr'ouverts ne fleurissent pas toujours; et la rose une fois tombée, le buisson n'a

Nec violæ semper, nec hiantia lilia florent,
   Et riget amissa spina relicta rosa.
Et tibi jam cani venient, formose, capilli :
   Jam venient rugæ, quæ tibi corpus arent.
Jam molire animum, qui duret, et adstrue formæ :
   Solus ad extremos permanet ille rogos.
Nec levis ingenuas pectus coluisse per artes
   Cura sit; et linguas edidicisse duas.
Non formosus erat, sed erat facundus Ulixes;
   Et tamen æquoreas torsit amore Deas.
O quoties illum doluit properare Calypso;
   Remigioque aptas esse negavit aquas!
Hæc Trojæ casus iterumque iterumque rogabat.
   Ille referre aliter sæpe solebat idem.
Litore constiterant : illic quoque pulchra Calypso
   Exigit Odrysii fata cruenta ducis.
Ille levi virga, virgam nam forte tenebat,
   Quod rogat, in spisso litore pingit opus.
Hæc, inquit, Troja est (muros in litore fecit).
   Hic tibi sit Simois : hæc mea castra puta.
Campus erat (campumque facit), quem cæde Dolonis
   Sparsimus, Hæmonios dum vigil optat equos.
Illic Sithonii fuerant tentoria Rhesi :
   Hac ego sum raptis parte revectus equis.
Pluraque pingebat; subitus quum Pergama fluctus

plus que des épines. Ainsi, bel adolescent, bientôt blanchiront tes cheveux; ainsi les rides viendront sillonner ton visage. Pour relever ta beauté, forme-toi un esprit à l'épreuve du temps : l'esprit est le seul bien qui nous accompagne jusqu'au tombeau. Donne un soin assidu à la culture des beaux arts, à l'étude des deux langues.

Ulysse n'était point beau, mais il était éloquent; et deux déesses éprouvèrent pour lui tous les tourmens de l'amour. Que de fois Calypso gémit de le voir hâter son départ, et prétendit que les flots ne permettaient pas de mettre à la voile! sans cesse elle lui redemandait l'histoire de la chute de Troie, qu'il reproduisait sans cesse sous une forme nouvelle. Un jour, ils étaient arrêtés sur le rivage; la belle Nymphe exigeait qu'il lui racontât la fin cruelle du roi des Odrysiens; Ulysse, avec une baguette légère qu'il tenait par hasard à la main, traça sur le sable mobile l'image du théâtre de la guerre. « Voici Troie, lui dit-il (et il en figure les remparts). Ici coule le Simoïs. Supposez que voici mon camp. Plus loin est une plaine (il la représente) qu'ensanglanta le meurtre de ce Dolon qui, pendant la nuit, voulait ravir les chevaux d'Achille. Là, s'élevaient les tentes de Rhésus, roi de Thrace; c'est par ici que je revins avec les chevaux enlevés à ce prince. » Il esquissait encore, lorsque tout à coup une vague vint effacer Pergame, et Rhésus et son camp tout entier. Alors la déesse : « Partez maintenant, lui dit-elle; confiez votre existence à

Abstulit, et Rhesi cum duce castra suo.
Tum Dea : Quas, inquit, fidas tibi credis ituro,
  Perdiderint undæ nomina quanta, vides!
Ergo age : fallaci timide confide figuræ,
  Quisquis es : aut aliquid corpore pluris habe.
Dextera præcipue capit indulgentia mentes :
  Asperitas odium, sævaque verba movent.
Odimus accipitrem, quia semper vivit in armis,
  Et pavidum solitos in pecus ire lupos.
At caret insidiis hominum, quia mitis, hirundo;
  Quasque colat turres Chaonis ales habet.
Este procul, lites, et amaræ prœlia linguæ :
  Dulcibus est verbis mollis alendus amor.
Lite fugant nuptæque viros, nuptasque mariti;
  Inque vicem credunt res sibi semper agi.
Hoc decet uxores : dos est uxoria lites.
  Audiat optatos semper amica sonos.
Non legis jussu lectum venistis in unum :
  Fungitur in vobis munere legis amor.
Blanditias molles, auremque juvantia verba
  Adfer, ut adventu læta sit illa tuo.
Non ego divitibus venio præceptor Amoris :
  Nil opus est illi, qui dabit, arte mea.
Secum habet ingenium, qui, quum libet, Accipe, dicit.
  Cedimus : inventis plus placet ille meis.

ces eaux perfides qui viennent, sous vos yeux, d'anéantir de si grands noms ! »

Qui que tu sois, n'aie qu'une faible confiance dans les charmes trompeurs de la beauté : joins-y des avantages plus solides. Ce qui gagne surtout les cœurs, c'est une adroite complaisance. La rudesse et les paroles acerbes n'engendrent que la haine. Nous détestons l'épervier qui passe sa vie dans les combats, et le loup toujours prêt à fondre sur les troupeaux timides. Mais l'homme ne tend point de pièges à l'innocente hirondelle, et laisse la colombe habiter en paix les tours solitaires. Loin de toi les querelles et les combats d'une langue mordante : les douces paroles sont l'aliment de l'amour. C'est par des querelles que la femme éloigne son mari, que le mari s'aliène l'esprit de sa femme : ils croient en agissant ainsi se payer d'un juste retour. Permis à eux : les querelles sont la dot que les époux s'apportent mutuellement. Mais une maîtresse ne doit entendre que des paroles aimables. Ce n'est point la loi qui vous mit dans les bras l'un de l'autre : que l'amour soit donc votre unique loi. N'approche de ton amie qu'avec de tendres caresses, qu'avec des sons qui flattent son oreille, afin que ton retour soit pour elle le signal du bonheur.

Ce n'est point aux riches que je viens enseigner l'art d'aimer : celui qui donne, n'a pas besoin de mes leçons. Il a toujours assez d'esprit, s'il peut à volonté dire : *Acceptez ceci.* A lui la palme ! ses moyens de plaire sont plus puissans que les miens. Amant pauvre, c'est

Pauperibus vates ego sum, quia pauper amavi :
　Quum dare non possem munera, verba dabam.
Pauper amet caute : timeat maledicere pauper;
　Multaque, divitibus non patienda, ferat.
Me memini iratum dominæ turbasse capillos :
　Hæc mihi quam multos abstulit ira dies!
Nec puto, nec sensi tunicam laniasse; sed ipsa
　Dixerat, et pretio est illa redemta meo.
At vos, si sapitis, vestri peccata magistri
　Effugite; et culpæ damna timete meæ.
Prœlia cum Parthis, cum culta pax sit amica;
　Et jocus, et causas quidquid amoris habet.
Si nec blanda satis, nec erit tibi comis amanti;
　Perfer, et obdura; postmodo mitis erit.
Flectitur obsequio curvatus ab arbore ramus :
　Frangis, si vires experiere tuas.
Obsequio tranantur aquæ : nec vincere possis
　Flumina, si contra, quam rapit unda, nates.
Obsequium tigresque domat, Numidasque leones :
　Rustica paulatim taurus aratra subit.
Quid fuit asperius Nonacrina Atalanta?
　Succubuit meritis trux tamen illa viri.
Sæpe suos casus, nec mitia facta puellæ
　Flesse sub arboribus Melaniona ferunt.
Sæpe tulit jusso fallacia retia collo :

aux pauvres comme moi que j'adresse mes vers : à défaut de présens, je payais mes maîtresses en belles paroles. Le pauvre doit être circonspect dans ses amours; le pauvre ne doit jamais se permettre aucune invective; il doit endurer bien des choses qu'un amant riche ne souffrirait pas. Je me souviens d'avoir, dans un moment de colère, mis en désordre la chevelure de ma maîtresse : malheureux! combien cet emportement me coûta de privations! Je ne crois pas avoir déchiré sa robe; du moins je ne m'en aperçus point; pourtant elle m'en accusa; et je fus obligé de la remplacer à mes dépens. O mes disciples! plus sages que votre maître, évitez ses fautes, ou craignez comme lui d'en porter la peine. Faisons la guerre aux Parthes; mais soyons en paix avec notre amie; ne songeons qu'au plaisir et à tout ce qui peut exciter l'amour.

Si ta maîtresse se montre rebelle, si elle ne répond pas à ton amour; de la patience, du courage; et bientôt elle s'adoucira. Courbez une branche avec précaution, elle plie; elle rompt, si vous employez d'abord toutes vos forces. Suivez avec précaution le fil de l'eau, vous traverserez un fleuve; mais, si vous luttez contre le courant, vous ne pourrez en venir à bout. La patience triomphe des tigres et des lions de Numidie : le taureau s'accoutume peu à peu au joug de la charrue. Quelle femme fut jamais plus farouche qu'Atalante de Nonacre? et pourtant, toute fière qu'elle était, elle se rendit enfin aux tendres soins de son amant. On dit que Mélanion pleura souvent à l'ombre des forêts son malheur et les rigueurs de sa cruelle maîtresse; que souvent, par son ordre, il porta sur ses épaules de pesans filets; que souvent il perça de ses traits les sangliers redoutables. Il fut même, pour lui plaire, blessé par les

Sæpe fera torvos cuspide fixit apros.
Sensit et Hylæi contentum saucius arcum :
   Sed tamen hoc arcu notior alter erat.
Non te Mænalias armatum scandere silvas,
   Nec jubeo collo retia ferre tuo;
Pectora nec missis jubeo præbere sagittis :
   Artis erunt cauto mollia jussa meæ.
Cede repugnanti; cedendo victor abibis.
   Fac modo, quas partes illa jubebit, agas.
Arguet, arguito; quidquid probat illa, probato :
   Quod dicet, dicas : quod negat illa, neges.
Riserit? adride : si flebit, flere memento.
   Imponat leges vultibus illa tuis.
Seu ludet, numerosque manu jactabit eburnos,
   Tu male jactato, tu male jacta dato :
Seu jacies talos, victam ne pœna sequatur,
   Damnosi facito stent tibi sæpe canes :
Sive latrocinii sub imagine calculus ibit,
   Fac pereat vitreo miles ab hoste tuus.
Ipse tene distenta suis umbracula virgis :
   Ipse face in turba, qua venit illa, locum.
Nec dubita tereti scamnum producere lecto :
   Et tenero soleam deme, vel adde, pedi.
Sæpe etiam dominæ, quamvis horrebis et ipse,
   Algentis manus est calfacienda sinu.

flèches d'Hylée; mais d'autres flèches, hélas! trop connues, avaient déjà percé son cœur!

Je ne te prescris point de gravir, l'arc en main, comme lui, les bois escarpés du Ménale; je ne chargerai point tes épaules de lourds filets; je ne t'ordonne point d'offrir ta poitrine aux flèches d'un ennemi. Non, sois prudent; et les préceptes de mon art n'auront rien pour toi que d'agréable. Ta maîtresse résiste : eh bien, cède; c'est en cédant que tu triompheras. Quel que soit le rôle qu'elle t'impose, sois prêt à le remplir. Ce qu'elle blâme, blâme-le; loue ce qu'elle loue. Ce qu'elle dit, répète-le; nie ce qu'elle nie. Ris, si elle rit; pleure, si elle pleure; en un mot, compose ton visage sur le sien. Mais elle veut jouer; et déjà sa main agite les dés d'ivoire : fais exprès de manquer le coup et passe-lui la main. Si vous jouez aux osselets, pour lui épargner le chagrin d'une défaite, fais en sorte d'amener souvent un malencontreux ambesas. Si un échiquier est votre champ de bataille, il faut que tes pions de verre tombent sous les coups de l'ennemi.

Aie soin de tenir sur elle son ombrelle déployée; de lui frayer un passage, si elle se trouve engagée dans la foule; empresse-toi d'approcher le marche-pied pour l'aider à monter sur son lit; ôte ou mets les sandales à son pied délicat. Souvent aussi, quoique transi de froid toi-même, il te faudra réchauffer dans ton sein les mains glacées de ta maîtresse. Ne rougis point,

Nec tibi turpe puta, quamvis tibi turpe, placebit,
　Ingenua speculum sustinuisse manu.
Ille, fatigatæ perdendo monstra novercæ,
　Qui meruit cœlum, quod prior ipse tulit,
Inter Ioniacas calathum tenuisse puellas
　Creditur, et lanas excoluisse rudes.
Paruit imperio dominæ Tirynthius heros :
　I nunc; et dubita ferre, quod ille tulit.
Jussus adesse foro, jussa maturius hora
　Fac semper venias; nec nisi serus abi.
Occurras aliquo tibi dixerit? omnia differ;
　Curre; nec inceptum turba moretur iter.
Nocte domum repetens epulis perfuncta redibit :
　Tunc quoque pro servo, si vocat illa, veni.
Rure eris, et dicet : Venias, Amor odit inertes :
　Si rota defuerit, tu pede carpe viam.
Nec grave te tempus sitiensve Canicula tardet,
　Nec via per jactas candida facta nives.
MILITIÆ species amor est; discedite, segnes :
　Non sunt hæc timidis signa tuenda viris.
Nox, et hiems, longæque viæ, sævique dolores
　Mollibus his castris, et labor omnis inest.
Sæpe feres imbrem cœlesti nube solutum;
　Frigidus et nuda sæpe jacebis humo.
Cynthius Admeti vaccas pavisse Pheræas

quelle que soit la honte qu'on y attache, de tenir son miroir d'une main complaisante : cette honte, tu en seras dédommagé par le plaisir. Ce demi-dieu qui, en exterminant les monstres que lui opposait une marâtre dont il lassa la colère, mérita l'Olympe qu'il avait soutenu sur ses épaules, Hercule, confondu parmi les vierges d'Ionie, tenait, dit-on, leurs corbeilles et filait avec elles des laines grossières. Quoi! le héros de Tirynthe obéit aux ordres de sa maîtresse; et toi, tu hésiterais à souffrir ce qu'il a souffert?

Si ta belle te donne un rendez-vous au Forum, tâche de t'y trouver avant l'heure prescrite, et ne te retire que fort tard. Si elle t'ordonne de te trouver en tel endroit, quitte tout pour y courir : la foule même ne doit pas ralentir ta marche. Si le soir, au sortir d'un festin, elle appelle un esclave pour l'éclairer jusqu'à son logis, offre-toi aussitôt. Tu es à la campagne, et elle t'écrit : « Venez sur-le-champ; l'Amour hait les retards. » A défaut de voiture, fais la route à pied. Rien ne doit t'arrêter, ni un temps lourd, ni l'ardente Canicule, ni la neige épaisse qui blanchit les chemins.

L'amour est une espèce de guerre : retirez-vous, âmes pusillanimes! l'amant timide n'est point digne de porter nos étendards. La nuit, l'hiver, les longues marches, les douleurs cruelles, les travaux les plus pénibles, il faut tout endurer dans ces camps où semble régner la mollesse. Souvent les nuages fondront sur toi en torrens de pluie; souvent il te faudra, transi de froid, coucher sur la dure. Apollon, lorsqu'il paissait les troupeaux d'Admète, n'avait, dit-on, pour asile qu'une étroite cabane. Qui

Fertur, et in parva delituisse casa.
Quod Phœbum decuit, quem non decet? exue fastus,
 Curam mansuri quisquis amoris habes.
Si tibi per tutum, planumque negabitur ire,
 Atque erit opposita janua fulta sera;
At tu per præceps tecto delabere aperto:
 Det quoque furtivas alta fenestra vias.
Læta erit, ut causam tibi se sciet esse pericli:
 Hoc dominæ certi pignus amoris erit.
Sæpe tua poteras, Leandre, carere puella:
 Tranabas, animum nosset ut illa tuum.
Nec pudor ancillas, ut quæque erit ordine prima,
 Nec tibi sit servos demeruisse pudor.
Nomine quemque suo, nulla est jactura, saluta:
 Junge tuis humiles, ambitiose, manus.
Sed tamen et servo, levis est impensa, roganti
 Porrige fortunæ munera parva tuæ.
Porrige et ancillæ, qua pœnas luce pependit
 Lusa maritali Gallica veste manus.
Fac plebem, mihi crede, tuam: sit semper in illa
 Janitor, et thalami qui jacet ante fores.
Nec dominam jubeo pretioso munere dones:
 Parva, sed e parvis callidus apta dato.
Dum bene dives ager, dum rami pondere nutant,
 Adferat in calatho rustica dona puer.

de nous rougirait du sort dont un dieu n'a pas rougi?
Toi, qui veux rendre durables tes amours, sache te défaire d'un sot orgueil. Si tu ne peux arriver à ta maîtresse par une route sûre et facile, si sa porte est fermée d'une forte serrure, monte sur le toit, descends chez elle par cette route périlleuse, ou bien introduis-toi furtivement par une fenêtre élevée. Elle sera charmée d'apprendre qu'elle est la cause du danger que tu as couru : ce sera pour elle un gage assuré de ton amour. Tu pouvais souvent, ô Léandre, te priver de voir ton amante; mais tu traversais les flots à la nage pour lui prouver ton ardeur.

Ne rougis pas non plus de gagner les bonnes grâces des servantes, selon leur rang, et même des simples valets. Que risques-tu à les saluer, chacun par leur nom, à serrer leurs humbles mains dans tes mains orgueilleuses? Donne (la dépense est légère) quelques petits cadeaux, selon tes moyens, au valet qui te les demande. Offre-s-en aussi à la soubrette, dans ce jour, où, trompés par le travestissement des servantes romaines, les Gaulois payèrent cette erreur de leur vie. Crois-moi, fais en sorte de mettre les gens de ta belle dans tes intérêts : que le portier soit à toi, ainsi que l'esclave qui veille à la porte de sa chambre à coucher.

Je ne t'ordonne point de faire de riches présens à ta maîtresse; offre-lui quelques bagatelles, pourvu qu'elles soient bien choisies et données à propos. Lorsque la campagne étale ses richesses, lorsque les branches d'arbres plient sous le poids des fruits, qu'un jeune esclave

Rure suburbano poteris tibi dicere missa;
   Illa vel in Sacra sint licet emta via.
Adferat aut uvas, aut quas Amaryllis amabat;
   At nunc castaneas non amat illa nuces.
Quin etiam turdoque licet, missaque corona,
   Te memorem dominae testificere tuae.
Turpiter his emitur spes mortis, et orba senectus.
   Ah pereant, per quos munera crimen habent!

Quid tibi praecipiam teneros quoque mittere versus?
   Hei mihi! non multum carmen honoris habet!
Carmina laudantur : sed munera magna petuntur.
   Dummodo sit dives, barbarus ipse placet.
Aurea nunc vere sunt secula! plurimus auro
   Venit honos : auro conciliatur amor.
Ipse, licet Musis venias comitatus, Homere;
   Si nihil adtuleris, ibis, Homere, foras.
Sunt tamen et doctae, rarissima turba, puellae :
   Altera non doctae turba, sed esse volunt.
Utraque laudentur per carmina : carmina lector
   Commendet dulci qualiacumque sono.
His ergo, aut illis, vigilatum carmen in ipsas,
   Forsitan exigui muneris instar erit.
At, quod eris per te facturus, et utile credis,
   Id tua te facito semper amica roget.
Libertas alicui fuerit promissa tuorum;

lui apporte de ta part une corbeille pleine des dons de Pomone. Tu pourras dire qu'ils viennent de ton jardin, aux portes de la ville, bien qu'ils aient été achetés dans la voie Sacrée. Que cette corbeille renferme des raisins, ou ces châtaignes qu'aimait tant Amaryllis; mais les Amaryllis de nos jours n'aiment pas les châtaignes. Des grives enfilées dans une couronne de fleurs seront encore pour elle un souvenir agréable de ton amour. Je sais qu'on achète aussi par de semblables prévenances l'espoir d'hériter d'un vieillard sans enfans : ah! périssent ceux qui font des présens un si coupable usage!

Dois-je te conseiller aussi de lui envoyer de tendres vers? hélas! parmi nous, la poésie n'est guère en honneur! On en fait l'éloge; mais on préfère des dons plus solides. Un Barbare même, pourvu qu'il soit riche, est sûr de plaire. Nous sommes vraiment dans l'âge d'or : l'or procure les plus grands honneurs; l'or aplanit aussi la route de l'amour. Homère lui-même, vînt-il escorté des neuf Muses, s'il se présentait les mains vides, Homère serait mis à la porte. Cependant, parmi nos belles, il en est quelques-unes qui sont instruites; mais elles sont rares : la plupart ne savent rien, et veulent paraître savantes. Cependant tu feras, dans tes vers, l'éloge des unes et des autres. Surtout, lecteur habile, fais valoir tes vers, bons ou mauvais, par le charme de ta voix. Doctes ou ignorantes, peut-être qu'un poëme, composé en leur honneur, fera près d'elles l'effet d'un petit cadeau.

Surtout, quand tu seras déterminé à faire quelque chose que tu croiras utile, tâche d'amener ton amie à te prier de le faire. Si tu as promis la liberté à un de tes

Hanc tamen a domina fac petat ille tua.
Si poenam servo, si vincula saeva remittis,
  Quod facturus eras, debeat illa tibi.
Utilitas tua sit : titulus donetur amicae.
  Perde nihil : partes illa potentis agat.
SED te, cuicumque est retinendae cura puellae,
  Adtonitum forma fac putet esse sua.
Sive erit in Tyriis, Tyrios laudabis amictus :
  Sive erit in Cois, Coa decere puta.
Aurata est? ipso tibi sit pretiosior auro :
  Gausapa si sumsit, gausapa sumta proba.
Adstiterit tunicata? moves incendia, clama!
  Sed timida, caveat frigora, voce roga.
Compositum discrimen erit? discrimina lauda :
  Torserit igne comam? torte capille, place.
Brachia saltantis, vocem mirare canentis :
  Et, quod desierit, verba querentis habe.
Ipsos concubitus, ipsum venerere licebit
  Quod juvat; et querula gaudia voce notes.
Ut fuerit torva violentior illa Medusa,
  Fiet amatori lenis et aequa suo.
Tantum, ne pateas verbis simulator in illis,
  Effice; nec vultu destrue dicta tuo.
Si latet ars, prodest; adfert deprensa pudorem,
  Atque adimit merito tempus in omne fidem.

esclaves, c'est à elle qu'il devra s'adresser pour l'obtenir; si tu fais grâce à un autre du châtiment et des fers qu'il a mérités, qu'elle t'ait obligation de cet acte d'indulgence auquel tu étais résolu. Tu en recueilleras l'avantage; laisse-lui-en l'honneur : tu n'y perdras rien; et elle se croira tout pouvoir sur toi.

Mais, si tu as à cœur de conserver l'amour de ta maîtresse, fais en sorte qu'elle te croie émerveillé de ses charmes. Est-elle vêtue d'une robe de pourpre? vante la pourpre tyrienne. Sa robe est-elle d'un tissu de Cos? dis que cette étoffe soyeuse lui sied à ravir. Est-elle brillante d'or ? dis-lui qu'à tes yeux l'or a moins d'éclat que ses charmes. Si elle endosse les fourrures d'hiver, approuve ce chaud vêtement; si elle s'offre à tes yeux vêtue d'une légère tunique, en t'écriant que « la vue de tant d'appas enflamme tous tes sens, » conjure-la, d'une voix timide, de prendre garde au froid. Si ses cheveux sont séparés avec art sur son front, loue cette coiffure négligée; s'ils sont frisés avec le fer, dis que tu raffoles des cheveux bouclés. Elle danse, admire ses bras; elle chante, vante sa voix; et quand elle cesse, reproche-lui d'abréger tes plaisirs. Enfin, admis à partager sa couche, tu pourras admirer ce qui fait ton bonheur; et, d'une voix tremblante de plaisir, exprimer ton ravissement. Oui, fût-elle plus farouche que la cruelle Méduse, elle deviendra douce pour son amant; elle rendra justice à ton mérite. Surtout, dissimule adroitement; prends garde que tes paroles ne te trahissent, ou que tes yeux ne démentent ta bouche. L'artifice est utile, lorsqu'il se cache : s'il se montre, la honte en est le prix; et, par un juste châtiment, on perd pour toujours la confiance.

Sæpe sub autumno, quum formosissimus annus,
  Plenaque purpureo subrubet uva mero;
Quum modo frigoribus premimur, modo solvimur æstu,
  Aere non certo corpora languor habet.
Illa quidem valeat : sed, si male firma cubarit,
  Et vitium cœli senserit ægra sui;
Tunc amor et pietas tua sit manifesta puellæ :
  Tunc sere, quod plena postmodo falce metas.
Nec tibi morosi veniant fastidia morbi;
  Perque tuas fiant, quæ sinet ipsa, manus.
Et videat flentem, nec tædeat oscula ferre :
  Et sicco lacrymas combibat ore tuas.
Multa vove, sed cuncta palam : quotiesque libebit,
  Quæ referas illi, somnia læta vide.
Et veniat, quæ lustret anus lectumque locumque;
  Præferat et tremula sulphur et ova manu.
Omnibus his inerunt gratæ vestigia curæ :
  In tabulas multis hæc via fecit iter.
Ne tamen officiis odium quæratur ab ægra,
  Sit suus in blanda sedulitate modus.
Neve cibo prohibe, nec amari pocula succi
  Porrige : rivalis misceat illa tuus.

Sed non, cui dederis a litore carbasa, vento
  Utendum, medio quum potiere freto.
Dum novus errat amor, vires sibi colligat usu :

Souvent, vers l'automne, lorsque l'année se montre parée de tous ses charmes, lorsque la grappe vermeille se gonfle d'un jus pourpré, lorsque nous éprouvons tour-à-tour un froid piquant ou une chaleur accablante, ces variations de la température nous plongent dans une langueur maladive. Puisse alors ta maîtresse se bien porter! mais, si quelque indisposition la retenait au lit, si la maligne influence de la saison altérait sa santé, c'est alors qu'il faudrait signaler pour elle ton amour, ton dévoûment; c'est alors qu'il faudrait semer, pour recueillir plus tard une ample moisson. Ne te rebute point de lui prodiguer les soins que réclame sa triste maladie; que tes mains complaisantes lui rendent tous les services qu'elle te permet de lui rendre. Qu'elle te voie pleurer, qu'aucun dégoût n'arrête tes baisers, et que ses lèvres desséchées s'humectent des larmes qui baignent tes yeux. Fais des vœux pour sa santé, surtout fais-les à haute voix : sois toujours prêt à lui raconter des rêves d'un heureux présage. Fais venir, pour purifier son lit et sa chambre, quelque vieille prêtresse dont les mains tremblantes porteront le soufre et les œufs expiatoires. Toutes ces attentions seront pour elle des preuves de ton vif attachement. Que de gens obtiennent par de pareils moyens place dans un testament! mais prends garde, par des soins trop empressés, de te rendre importun à la belle malade : ta tendre sollicitude doit avoir des bornes. Ce n'est pas à toi de lui prescrire une diète rigoureuse, ou de lui présenter un amer breuvage : laisse ce soin à ton rival.

Mais le vent auquel tu as livré tes voiles en quittant le port, n'est plus celui qui te convient, quand tu vogues en pleine mer. L'amour est faible à sa naissance;

Si bene nutrieris, tempore firmus erit.
Quem taurum metuis, vitulum mulcere solebas :
   Sub qua nunc recubas arbore, virga fuit.
Nascitur exiguus, sed opes adquirit eundo,
   Quaque venit, multas accipit amnis aquas.
Fac tibi consuescat : nil consuetudine majus!
   Quam tibi dum capias, taedia nulla fuge.
Te semper videat : tibi semper praebeat aurem :
   Exhibeat vultus noxque diesque tuos.
Quum tibi major erit fiducia posse requiri,
   Tum procul, absenti cura futurus, abi.
Da requiem : requietus ager bene credita reddit ;
   Terraque coelestes arida sorbet aquas.
Phyllida Demophoon praesens moderatius ussit :
   Exarsit velis acrius illa datis.
Penelopen absens solers torquebat Ulixes :
   Phyllacides aberat, Laodamia, tuus.

Sed mora tuta brevis : lentescunt tempore curae,
   Vanescitque absens, et novus intrat amor.
Dum Menelaus abest, Helene ne sola jaceret,
   Hospitis est tepido nocte recepta sinu.
Quis stupor hic, Menelae, fuit? tu solus abibas :
   Isdem sub tectis hospes et uxor erant.
Accipitri timidas credis, furiose, columbas?
   Plenum montano credis ovile lupo?

il doit acquérir des forces en grandissant : nourris-le
bien; et avec le temps il deviendra robuste. Ce taureau
que tu redoutes aujourd'hui, tu le caressais quand il
était jeune; cet arbre à l'ombrage duquel tu reposes, ne
fut d'abord qu'un faible scion. Mince filet d'eau à sa
source, le fleuve s'augmente peu à peu, et se grossit
dans son cours du tribut de mille ruisseaux. Tâche que
ta belle s'habitue à toi : il n'est point de lien plus fort
que l'habitude. Brave tous les ennuis, pour parvenir à
gagner son cœur. Que sans cesse elle te voie; qu'elle
n'entende que toi. Le jour, la nuit, sois devant ses yeux.
Mais, lorsque tu pourras croire avec plus de confiance
qu'elle te regrettera, alors éloigne-toi, certain que ton
absence pourra l'inquiéter. C'est le moment du repos : le
champ qu'on laisse reposer rend avec usure la semence
qu'on lui confie; et une terre long-temps privée de pluie
boit avec avidité les eaux du ciel. Tant que Phyllis eut
Démophoon près d'elle, elle ne l'aima que faiblement;
dès qu'il eut mis à la voile, sa passion devint une fré-
nésie. Ulysse prolongeait à dessein son absence, pour
torturer le cœur de Pénélope; et tes pleurs, ô Laodamie !
appelaient le retour de Protésilas.

Mais, pour plus de sûreté, que ton absence soit
courte : le temps affaiblit les regrets. L'amant qu'on ne
voit plus est bientôt oublié : un autre prend sa place.
Ménélas était absent; Hélène, quittant sa couche solitaire, alla se réchauffer dans les bras de son hôte. Quelle
sottise fut la tienne, Ménélas ! tu pars seul, laissant dans
ton palais ton épouse avec un étranger. Insensé ! c'est
livrer la timide colombe à la serre du milan, c'est confier le bercail au loup dévorant ! Non, Hélène ne fut
point coupable, son ravisseur ne fut point criminel. Il

Nil Helene peccat; nil hic committit adulter :
  Quod tu, quod faceret quilibet, ille facit.
Cogis adulterium, dando tempusque locumque.
  Quo, nisi consilio est usa puella tuo?
Quid faciat? vir abest, et adest non rusticus hospes :
  Et timet in vacuo sola cubare toro.
Viderit Atrides : Helenen ego crimine solvo.
  Usa est humani commoditate viri.

Sed neque fulvus aper media tam sævus in ira,
  Fulmineo rapidos dum rotat ore canes;
Nec lea, quum catulis lactentibus ubera præbet,
  Nec brevis ignaro vipera læsa pede :
Femina quam, socii deprensa pellice lecti,
  Ardet; et in vultu pignora mentis habet.
In ferrum flammasque ruit; positoque decore,
  Fertur, ut Aonii cornibus icta Dei.
Conjugis admissum, violataque jura maritæ,
  Barbara per natos Phasias ulta suos.
Altera dira parens (hæc est, quam cernis, hirundo),
  Adspice, signatum sanguine pectus habet.
Hoc bene compositos, hoc firmos solvit amores :
  Crimina sunt cautis ista timenda viris.

Nec mea vos uni damnat censura, puellæ.
  Di melius! vix hoc nupta tenere potest.
Ludite; sed furto celetur culpa modesto;

fit ce que toi même, ce que tout autre eût fait à sa place. Tu les forçais à l'adultère, en leur laissant et le temps et le lieu. Ne semblais-tu pas toi-même conseiller à ta jeune épouse d'en agir ainsi? Que fera-t-elle? son mari est absent, près d'elle est un étranger d'un extérieur agréable : elle craint de coucher seule : son lit est si froid! Que Ménélas en pense ce qu'il voudra : pour moi, j'absous Hélène : elle n'a fait que profiter de la complaisance d'un mari si commode.

Mais le sanglier hérissé, dans sa plus grande furie, lorsque ses défenses foudroyantes font rouler au loin les rapides limiers; la lionne, lorsqu'elle présente sa mamelle aux petits qu'elle allaite; la longue vipère que le voyageur a foulée d'un pied distrait; sont moins emportés, moins ardens à la vengeance que la femme qui a surpris une rivale dans le lit de son époux. Son âme se peint sur sa figure : le fer, la flamme, tout lui est bon; oubliant toute retenue, elle court, pareille à la Bacchante en délire. La barbare Médée vengea sur ses propres enfans le crime de Jason et la violation de la foi conjugale; cette hirondelle, que vous voyez, fut aussi une mère dénaturée : regardez! sa poitrine est encore teinte de sang. Ainsi se rompent les unions les mieux assorties, les liens les plus solides. Un amant prudent doit craindre d'exciter ces tragiques fureurs.

Ce n'est pas que, censeur rigide, je veuille te condamner à n'avoir qu'une maîtresse. M'en préservent les dieux! Une femme mariée pourrait à peine tenir un

Gloria peccati nulla petenda sui.
Nec dederis munus, cognosse quod altera possit;
  Nec sint nequitiæ tempora certa tuæ.
Et, ne te latebris capiat sibi femina notis,
  Non uno est omnis convenienda loco.
Et quoties scribes, totas prius ipse tabellas
  Inspice : plus multæ, quam sibi missa, legunt.

LÆSA Venus justa arma movet, telumque remittit :
  Et, modo quod questa est, ipse querare, facit.
Dum fuit Atrides una contentus, et illa
  Casta fuit; vitio est improba facta viri.
Audierat, laurumque manu vittasque ferentem,
  Pro nata Chrysen non valuisse sua.
Audierat, Lyrnesi, tuos, abducta, dolores;
  Bellaque per turpes longius isse moras.
Hæc tamen audierat : Priameida viderat ipsam.
  Victor eras prædæ præda pudenda tuæ.
Inde Thyestiaden thalamoque animoque recepit;
  Et male peccantem Tyndaris ulta virum.
Quæ bene celaris, si qua tamen acta patebunt,
  Illa licet pateant, tu tamen usque nega.
Tum neque subjectus, solito nec blandior esto :
  Hæc animi multum signa nocentis habent.
Sed lateri nec parce tuo; pax omnis in uno
  Concubitu : prior hoc inficianda Venus.

semblable engagement. Voltige de belle en belle; mais couvre d'un voile modeste tes infidélités : garde-toi surtout d'en tirer gloire. Ne fais point à une femme un présent qu'une autre puisse reconnaître; et ne donne point tes rendez-vous à heure fixe, ni à toutes tes maîtresses dans le même endroit, de peur qu'une d'elles ne te surprenne dans une retraite dont elle connaît le mystère. Quand tu écriras, relis avec soin tes épîtres avant de les envoyer : bien des femmes en devinent plus qu'on ne leur en dit.

Vénus offensée prend justement les armes, retourne contre l'agresseur le trait qui la blessa, et lui rend avec usure les chagrins qu'il lui a causés. Tant qu'Atride se contenta de son épouse, elle fut chaste : l'infidélité de son mari la rendit coupable. Elle avait appris que Chrysès, le laurier à la main, le front ceint des bandelettes sacrées, avait en vain redemandé sa fille. Elle avait appris, Briséïs, combien ton ravisseur t'avait fait verser de larmes, et la cause des honteux retards qui prolongeaient la guerre. Tout cela cependant n'était que des ouï-dire. Mais elle avait vu de ses propres yeux la fille de Priam; elle avait vu le vainqueur, ô honte! devenu l'esclave de sa captive. Dès-lors, la fille de Tyndare ouvrit à Égyste et son cœur et son lit, et se vengea par un crime du crime de son époux.

Si, quoique bien cachés, tes amours secrets viennent à transpirer : quand même l'évidence te condamnerait, nie toujours. Ne sois pour cela ni plus soumis, ni plus flatteur que de coutume : un tel changement indiquerait que tu es vraiment coupable. Mais, Alcide nouveau, étonne ta maîtresse par le nombre de tes exploits; c'est le meilleur moyen de faire la paix, et de

Sunt, qui præcipiant herbas, satureia, nocentes
  Sumere : judiciis ista venena meis.
Aut piper urticæ mordacis semine miscent,
  Tritaque in annoso flava pyrethra mero.
Sed Dea non patitur sic ad sua gaudia cogi,
  Colle sub umbroso quam tenet altus Eryx.
Candidus, Alcathoï qui mittitur urbe Pelasga,
  Bulbus, et, ex horto quæ venit, herba salax :
Ovaque sumantur, sumantur Hymettia mella,
  Quasque tulit folio pinus acuta nuces.
DOCTA, quid ad medicas, Erato, deverteris artes?
  Interior curru meta terenda meo est.
Qui modo celabas monitu tua crimina nostro,
  Flecte iter; et monitu detege furta meo.
Nec levitas culpanda mea est : non semper eodem
  Impositos vento panda carina vehit.
Nam modo Threicio Borea, modo currimus Euro :
  Sæpe tument Zephyro lintea, sæpe Noto.
Adspice, ut in curru modo det fluitantia rector
  Lora; modo admissos arte retentet equos.
Sunt quibus ingrate timida indulgentia servit,
  Et, si nulla subest æmula, languet amor.
Luxuriant animi rebus plerumque secundis;
  Nec facile est æqua commoda mente pati.
Ut levis, absumtis paulatim viribus, ignis

lui prouver qu'une autre avant elle n'a pas eu tes caresses.
Il en est qui te conseilleraient de prendre pour stimulans
des plantes malfaisantes : la sariette, le poivre mêlé à la
graine mordante de l'ortie, ou le pyrètre jaune infusé
dans du vin vieux : à mon avis, ce sont de vrais poisons.
La déesse qui habite les collines ombreuses du mont
Éryx, défend d'employer de pareils moyens, et veut que
ses plaisirs n'aient rien de forcé. Tu pourras cependant
faire usage de la blanche échalote que nous envoie la
ville de Mégare, de la plante lascive qui croit dans nos
jardins : joins-y des œufs, du miel de l'Hymète, et ces
pommes qui croissent sur le pin élancé.

Mais pourquoi, divine Érato, nous égarer dans ces
détails de l'art d'Esculape? rentrons dans la carrière
dont mon char ne doit pas sortir. Tout-à-l'heure je te
conseillais de cacher avec soin tes infidélités : change
maintenant de système; et, si tu m'en crois, publie tes
conquêtes. Garde-toi pourtant de m'accuser d'inconsé-
quence. La nef recourbée n'obéit pas toujours au même
vent : elle court sur les flots, tantôt poussée par le froid
Aquilon, tantôt par la chaude haleine de l'Eurus; le
Zéphyr et le Notus enflent tour-à-tour ses voiles. Vois
ce conducteur monté sur son char; tantôt il laisse
flotter les rênes, tantôt il retient d'une main habile ses
coursiers trop ardens. Il est des amans que sert mal une
timide indulgence : l'amour de leur maîtresse languit, si
la crainte d'une rivale ne vient le ranimer. Tel est l'esprit humain, la prospérité l'enivre : rarement il supporte le bonheur avec constance. Un feu léger s'éteint
peu à peu faute d'alimens; sa cime se couvre d'une
cendre blanchâtre; il disparaît; mais, à l'aide du soufre,

Ipse latet, summo candet in igne cinis;
Sed tamen exstinctas, admoto sulfure, flammas
　Invenit; et lumen, quod fuit ante, redit :
Sic, ubi pigra situ, securaque pectora torpent,
　Acribus est stimulis eliciendus amor.
Fac timeat de te, tepidamque recalface mentem :
　Palleat indicio criminis illa tui.
O quater, et quoties numero comprendere non est,
　Felicem, de quo læsa puella dolet!
Quæ, simul invitas crimen pervenit ad aures,
　Excidit, et miseræ voxque colorque fugit.
Ille ego sim, cujus laniet furiosa capillos :
　Ille ego sim, teneras cui petat ungue genas :
Quem videat lacrymans : quem torvis spectet ocellis :
　Quo sine non possit vivere; posse velit!
Si spatium quæras; breve sit, quo læsa queratur :
　Ne lenta vires colligat ira mora.
Candida jamdudum cingantur colla lacertis,
　Inque tuos flens est accipienda sinus.
Oscula da flenti : Veneris da gaudia flenti.
　Pax erit : hoc uno solvitur ira modo.
Quum bene sævierit, quum certa videbitur hostis,
　Tum pete concubitus fœdera : mitis erit.
Illic depositis habitat Concordia telis :
　Illo, crede mihi, Gratia nata loco est.

sa flamme assoupie se rallume, et jette une clarté nouvelle. Ainsi, lorsque le cœur languit dans une indolente torpeur, il faut, pour le réveiller, employer l'aiguillon de la jalousie. Donne des inquiétudes à ta maîtresse et réchauffe ainsi les glaces de son âme : qu'elle pâlisse à la preuve de ton inconstance. O quatre, ô mille et mille fois heureux, celui dont la maîtresse gémit de se voir offensée! A peine la nouvelle de son crime, dont elle voudrait douter encore, a frappé son oreille, elle tombe; malheureuse! la couleur et la voix l'abandonnent. Que ne suis-je l'amant dont elle arrache les cheveux dans sa fureur! que ne suis-je celui dont elle déchire le visage avec ses ongles; dont la vue fait couler ses larmes; qu'elle regarde d'un œil farouche; sans lequel elle voudrait pouvoir, mais ne peut vivre! Combien de temps, me diras-tu, dois-je la laisser en prise au désespoir? hâte-toi d'y mettre un terme, de peur que sa colère ne s'aigrisse en se prolongeant; hâte-toi d'entourer son cou d'albâtre de tes bras caressans, de presser contre ton cœur son visage baigné de larmes. Sèche ses pleurs par tes baisers; que le plaisir en tarisse la source. Elle s'apaisera; c'est le seul moyen de fléchir sa colère. Lorsqu'elle se sera bien emportée, lorsque la guerre sera ouvertement déclarée entre vous, demande-lui à signer sur son lit le traité de paix; elle s'adoucira. C'est là que, loin des combats meurtriers, habite la Concorde; c'est là, crois-moi, que naquit le Pardon. Les colombes qui viennent de se battre, croisent plus amoureusement leurs becs; leurs caresses et leur tendre roucoulement semblent exprimer leur bonheur.

Quæ modo pugnarunt, jungunt sua rostra columbæ;
  Quarum blanditias, verbaque murmur habet.
PRIMA fuit rerum confusa sine ordine moles;
  Unaque erant facies sidera, terra, fretum.
Mox cœlum impositum terris : humus æquore cincta est,
  Inque suas partes cessit inane Chaos.
Silva feras, volucres aer accepit habendas :
  In liquida, pisces, delituistis aqua.
Tum genus humanum solis errabat in agris;
  Idque meræ vires, et rude pectus erat.
Silva domus fuerat, cibus herba, cubilia frondes;
  Jamque diu nulli cognitus alter erat.
Blanda truces animos fertur mollisse voluptas :
  Constiterant uno femina virque toro.
Quid facerent, ipsi nullo didicere magistro :
  Arte Venus nulla dulce peregit opus.
Ales habet, quod amet : cum quo sua gaudia jungat,
  Invenit in media femina piscis aqua.
Cerva parem sequitur; serpens serpente tenetur :
  Hæret adulterio cum cane nexa canis.
Læta salitur ovis : tauro quoque læta juvenca est :
  Sustinet immundum sima capella marem.
In furias agitantur equæ; spatioque remota
  Per loca dividuos amne sequuntur equos.
Ergo age; et iratæ medicamina fortia præbe :

La nature ne fut d'abord qu'une masse confuse et sans ordre, où gisaient pêle-mêle les cieux, la terre et l'onde. Bientôt le ciel s'éleva au dessus de la terre ; l'eau l'entoura d'une liquide ceinture ; et de ce chaos informe sortirent les élémens divers. La forêt se peupla de bêtes fauves, l'air d'oiseaux légers ; les poissons se cachèrent sous les eaux. Alors le genre humain errait dans les campagnes solitaires : un corps robuste, un cœur dur et grossier, étaient son unique partage. Il avait les bois pour demeure, l'herbe pour nourriture, les feuilles pour lit ; et pendant long-temps l'homme vécut ignoré de son semblable. Enfin l'aimable volupté amollit, dit-on, ces âmes farouches, en réunissant sur la même couche l'homme et la femme. Ils n'eurent besoin d'aucun maître pour leur apprendre à jouir : Vénus, sans le secours de l'art, leur dévoila ce doux mystère. L'oiseau a une femelle qu'il aime ; le poisson trouve au milieu des ondes une compagne pour partager ses plaisirs. La biche suit le cerf; le serpent s'unit au serpent ; le chien s'accouple à la chienne ; la brebis et la génisse se livrent avec joie aux caresses du bélier et du taureau ; l'odeur du bouc immonde ne rebute point la chèvre lascive. La cavale, en proie aux fureurs de l'amour, franchit, pour rejoindre le cheval, les vastes distances, les fleuves même qui l'en séparent. Courage donc ! emploie ce puissant remède pour calmer le courroux de ta maîtresse : seul, il peut assoupir ses cuisantes douleurs ; baume plus efficace que tous les sucs de Machaon, si tu as quelques torts, il saura te faire obtenir un pardon complet.

Illa feri requiem sola doloris habent.
Illa Machaonios superant medicamina succos :
　His, ubi peccaris, restituendus eris.
Hæc ego quum canerem, subito manifestus Apollo
　Movit inauratæ pollice fila lyræ.
In manibus laurus : sacris inducta capillis
　Laurus erat : vates ille videndus adest.
Is mihi : « Lascivi, dixit, præceptor Amoris,
　Duc, age, discipulos ad mea templa tuos.
Est ibi diversum fama celebrata per orbem
　Littera, cognosci quæ sibi quemque jubet.
Qui sibi notus erit, solus sapienter amabit;
　Atque opus ad vires exiget omne suas.
Cui faciem natura dedit, spectetur ab illa :
　Cui color est, humero sæpe patente cubet.
Qui sermone placet, taciturna silentia vitet :
　Qui canit arte, canat : qui bibit arte, bibat.
Sed neque declament medio sermone diserti;
　Nec sua non sanus scripta poeta legat. »
Sic monuit Phœbus : Phœbo parete monenti :
　Certa Dei sacro est hujus in ore fides.
Ad propiora vocor! Quisquis sapienter amabit,
　Vincet, et e nostra, quod petet, arte feret.
Credita nec semper sulci cum fœnore reddunt;
　Nec semper dubias adjuvat aura rates.

Tel était le sujet de mes chants, quand soudain Apollon m'apparut; ses doigts pinçaient les cordes d'une lyre d'or; le laurier à la main, la tête ceinte de lauriers, tout annonçait en lui le dieu de Délos : « Précepteur des amours badins, me dit-il, hâte-toi de conduire tes disciples dans mon temple. On y lit cette inscription fameuse dans tout l'univers : *Mortel, apprends à te connaître.* Celui-là seul, qui se connaît, suit dans ses amours les préceptes de la sagesse ; seul, il sait mesurer ses entreprises à ses forces. Si la nature l'a doué d'une aimable figure, qu'il sache tirer parti de cet avantage ; s'il a une belle peau, qu'il se couche souvent les épaules découvertes ; si sa conversation est agréable, qu'il ne garde point un morne silence. Est-il chanteur habile? qu'il chante. Est-il joyeux buveur? qu'il boive. Mais qu'il n'aille pas, orateur bavard ou poète maniaque, interrompre la conversation pour déclamer ou sa prose ou ses vers. » Ainsi parla Phébus : amans, obéissez aux oracles de Phébus : on peut sans crainte ajouter foi aux paroles émanées de sa bouche divine.

Mais mon sujet m'appelle. Quiconque aimera sagement, et sera fidèle aux préceptes de mon art, est sûr de vaincre et d'atteindre le but qu'il se propose. Les sillons ne rendent pas toujours avec usure la semence qu'on leur a confiée ; les vents ne secondent pas toujours le nocher

Quod juvat, exiguum; plus est, quod lædit amantes:
  Proponant animo multa ferenda suo.
Quot lepores in Atho, quot apes pascuntur in Hybla;
  Cærula quot baccas Pallados arbor habet;
Litore quot conchæ, tot sunt in amore dolores:
  Quæ patimur, multo spicula felle madent.
Dicta erit isse foras, quam tu fortasse videbis;
  Isse foras, et te falsa videre, puta.
Clausa tibi fuerit promissa janua nocte:
  Perfer, et in nuda ponere corpus humo.
Forsitan et vultu mendax ancilla superbo
  Dicet: Quid nostras obsidet iste fores?
Postibus et duræ supplex blandire puellæ;
  Et capiti demtas in fore pone rosas.
Quum volet, accedes; quum te vitabit, abibis.
  Dedecet ingenuos tædia ferre sui.
Effugere hunc non est, quare tibi possit amica
  Dicere? non omni tempore sensus adest.
Nec maledicta puta, nec verbera ferre puellæ,
  Turpe, nec ad teneros oscula ferre pedes.
Quid moror in parvis? animus majoribus instat.
  Magna canam: toto pectore, vulgus, ades!
Ardua molimur: sed nulla, nisi ardua, virtus.
  Difficilis nostra poscitur arte labor.
Rivalem patienter habe; victoria tecum

dans sa course incertaine. Peu de plaisirs, beaucoup de peines; voilà le lot des amans : qu'ils s'attendent à plus d'une souffrance. L'Athos a moins de lièvres, l'Hybla moins d'abeilles, l'arbre de Pallas moins d'olives, le rivage de la mer moins de coquillages, que l'Amour n'enfante de douleurs : les traits qu'il nous lance sont trempés dans le fiel. On te dira peut-être que ta maîtresse est sortie, tandis que tu l'aperçois chez elle. N'importe, crois qu'elle est sortie, et que tes yeux te trompent. Elle a promis de te recevoir la nuit, et tu trouves sa porte fermée : patiente; et couche-toi sur la terre froide et humide. Peut-être même qu'une menteuse servante viendra, d'un air insolent, te dire : Que veut cet homme qui assiège notre porte? Flatte cette farouche émissaire; baise la porte inflexible, et dépose sur le seuil la couronne de roses qui pare ton front. Si ta maîtresse le permet, approche; si elle refuse de te voir, retire-toi. Un homme bien élevé ne doit jamais se rendre à charge. Voudrais-tu la forcer à te dire : « Il n'y a pas moyen d'éviter cet importun? » Les belles ont souvent des caprices déraisonnables. N'attache donc aucune idée de honte à supporter ses injures, ses coups même, ni à baiser ses pieds délicats.

Mais pourquoi m'arrêter à de si minces détails? occupons-nous d'objets plus importans. Je vais chanter de grandes choses! peuple des amans, prête-moi toute ton attention. Mon entreprise est périlleuse; mais, sans le péril, où serait le courage? Le but que mon art se propose n'est pas d'un facile accès. Supporte sans te plaindre un rival;

Stabit : eris magni victor in arce Jovis.
Hæc tibi non hominem, sed quercus crede Pelasgas
　Dicere : nil istis ars mea majus habet.
Innuet illa? feras : scribet? ne tange tabellas.
　Unde volet, veniat; quoque libebit, eat.
Hoc in legitima præstant uxore mariti,
　Quum tener, ad partes tu quoque, somne, venis.
Hac ego, confiteor, non sum perfectus in arte.
　Quid faciam? monitis sum minor ipse meis.
Mene palam nostræ det quisquam signa puellæ?
　Et patiar? nec me quolibet ira ferat?
Oscula vir dederat, memini, suus : oscula questus
　Sum data : barbarie noster abundat amor.
Non semel hoc vitium nocuit mihi; doctior ille,
　Quo veniunt alii conciliante viro.
Sed melius nescisse fuit : sine furta tegantur :
　Ne fugiat victo fassus ab ore pudor.
Quo magis, o juvenes, deprendere parcite vestras :
　Peccent : peccantes verba dedisse putent.
Crescit amor prensis : ubi par fortuna duorum est,
　In causa damni perstat uterque sui.

FABULA narratur toto notissima cœlo,
　Mulciberis capti Marsque Venusque dolis.
Mars pater, insano Veneris turbatus amore,
　De duce terribili factus amator erat.

et ton triomphe est assuré, et tu monteras vainqueur au Capitole. Crois-m'en, ce ne sont point là les avis d'un simple mortel; mais des oracles aussi sûrs que ceux de Dodone : c'est le plus sublime précepte de l'art que j'enseigne. Ta maîtresse fait-elle à ton rival des signes d'intelligence? souffre-le; lui écrit-elle? ne touche point à ses tablettes. Laisse-la librement aller et venir où bon lui semble. Tant de maris ont cette complaisance pour leurs épouses légitimes, surtout lorsqu'un doux sommeil vient aider à les tromper! Pour moi, je l'avouerai, je ne puis atteindre à ce degré de perfection. Qu'y faire? je ne suis pas à la hauteur de mon art. Quoi! je verrais un rival faire, moi présent, des signes à ma belle; et je le souffrirais? et je ne donnerais pas un libre cours à ma colère? Un jour, il m'en souvient, son mari lui avait donné un baiser : je me plaignis amèrement de ce baiser : tant l'amour me rendait injuste! Hélas! ce défaut m'a nui bien souvent près des femmes! Plus habile est celui qui permet aux galans un facile accès près de sa maîtresse. Mais le parti le plus sage est de tout ignorer. Laisse-la cacher ses infidélités, de peur de la forcer, par l'aveu de son crime, à se faire un front qui ne rougira plus. Jeunes amans! gardez-vous donc de surprendre vos maîtresses. Qu'en vous trompant, elles se figurent que vous êtes dupes de leurs ruses. Deux amans surpris ne s'en aiment que mieux : dès que leur sort est commun, ils persistent l'un et l'autre dans la faute qui causa leur perte.

Il est une histoire bien connue et dont le bruit a rempli tout l'Olympe : c'est celle de Mars et de Vénus pris en flagrant délit par les ruses de Vulcain. Mars, épris d'un fol amour pour Vénus, de terrible guerrier devint amant

Nec Venus oranti, neque enim Dea mollior ulla est,
  Rustica Gradivo, difficilisve fuit.
Ah quoties lasciva pedem risisse mariti
  Dicitur, et duras igne vel arte manus!
Marte palam simulat Vulcanum imitata, decebat :
  Multaque cum forma gratia mixta fuit.
Sed bene concubitus primos celare solebant :
  Plena verecundi culpa pudoris erat.
Indicio Solis, quis Solem fallere possit?
  Cognita Vulcano conjugis acta suae.
Quam mala, Sol, exempla moves? pete munus ab illa;
  Et tibi, si taceas, quod dare possit, habet.
Mulciber obscuros lectum circaque superque
  Disponit laqueos : lumina fallit opus.
Fingit iter Lemnon : veniunt ad foedus amantes :
  Impliciti laqueis nudus uterque jacent.
Convocat ille Deos : praebent spectacula capti.
  Vix lacrymas Venerem continuisse putant.
Non vultus texisse suos, non denique possunt
  Partibus obscenis opposuisse manus.
Hic aliquis ridens : In me, fortissime Mavors,
  Si tibi sunt oneri, vincula transfer, ait.
Vix precibus, Neptune, tuis captiva resolvit
  Corpora : Mars Threcen occupat; illa Paphon.
Hoc tibi profectum, Vulcane : quod ante tegebant,

soumis. Vénus (quelle déesse eut jamais le cœur plus tendre!), Vénus ne fut point insensible aux prières de Mars, et ne se montra point cruelle. Que de fois, dit-on, la folâtre rit avec son amant de la démarche grotesque de son époux, de ses mains durcies par le feu et par l'enclume! Qu'elle était charmante aux yeux de Mars, lorsqu'elle contrefaisait le vieux forgeron! combien ses grâces piquantes relevaient encore sa beauté! Ils eurent soin d'abord de couvrir leurs rendez-vous d'un profond mystère : s'ils étaient coupables, ils l'étaient du moins avec décence. Mais le Soleil (rien n'échappe à ses regards), le Soleil découvrit à Vulcain la conduite de son épouse. Quel fâcheux exemple tu donnes, ô Soleil! réclame les faveurs de la déesse; mets ton silence à ce prix : elle a de quoi l'acheter. Le divin forgeron dispose avec art, au dessus et autour de son lit, des réseaux invisibles à tous les yeux; puis il feint de partir pour Lemnos. Aussitôt les deux amans volent à leur rendez-vous accoutumé; et tous deux, nus comme l'Amour, sont enveloppés par les perfides réseaux. Vulcain alors convoque les dieux, et leur offre en spectacle les amans prisonniers. On dit que Vénus eut peine à retenir ses larmes; car leurs mains ne pouvaient ni couvrir leurs visages, ni cacher leur honteuse nudité. Un des spectateurs dit alors d'un ton railleur : « Brave Mars, si tes chaînes te pèsent trop, cède-les-moi. » Enfin, vaincu par les prières de Neptune, Vulcain délivra les deux captifs. Mars se retira en Thrace; Vénus à Paphos. Dis-moi, Vulcain, qu'as-tu gagné à cela? naguère ils cachaient leurs amours : ils s'y livrent maintenant en pleine liberté; ils ont dépouillé toute pudeur. Insensé! tu te reprocheras souvent ta sotte indiscrétion!

Liberius faciunt, ut pudor omnis abest.
Saepe tamen demens stulte fecisse fateris;
  Teque ferunt irae poenituisse tuae.
Hoc vetui: vos ecce vetat deprensa Dione
  Insidias illas, quas tulit ipsa, pati.
Nec vos rivali laqueos disponite: nec vos
  Excipite arcana verba notata manu.
Ista viri captent, si jam captanda putabunt,
  Quos faciunt justos ignis et unda viros.
En iterum testor: nihil hic, nisi lege remissum,
  Luditur; in nostris instita nulla jocis.

Quis Cereris ritus ausit vulgare profanis,
  Magnaque Threicia sacra reperta Samo?
Exigua est virtus, praestare silentia rebus:
  At contra gravis est culpa, tacenda loqui.
O bene, quod, frustra captatis arbore pomis,
  Garrulus in media Tantalus aret aqua!
Praecipue Cytherea jubet sua sacra taceri.
  Admoneo, veniat ne quis ad illa loquax.
Condita si non sunt Veneris mysteria cistis,
  Nec cava vesanis ictibus aera sonant:
Attamen inter nos medio versantur in usu;
  Sed sic, inter nos ut latuisse velint.
Ipsa Venus pubem, quoties velamina ponit,
  Protegitur laeva semireducta manu.

on dit même que déjà tu te repens d'avoir écouté ta colère.

Point de pièges : je vous l'ai défendu ; et Vénus, surprise par son époux, vous défend aussi ces ruses dont elle fut la victime. Ne dressez point d'embûches à votre rival ; ne cherchez point à intercepter les secrets d'une correspondance amoureuse. Laissez ce soin, s'ils jugent à propos de s'en charger, aux maris dont le feu et l'eau ont consacré les droits légitimes. Quant à moi, je le proclame de nouveau, je ne chante ici que des plaisirs que la loi permet : nous n'associons à nos jeux aucune matrone.

Qui oserait divulguer aux profanes les mystères de Cérès et les rites pieux institués dans la Samothrace? Il y a peu de mérite à garder le silence qui nous est prescrit ; mais dire ce qu'on doit taire, c'est un crime énorme. O combien me semble juste le supplice de cet indiscret Tantale, qui ne peut saisir les fruits suspendus sur sa tête, et brûle de soif au milieu des eaux! Cythérée surtout fait à ses adeptes un devoir de ne pas dévoiler ses mystères. Je vous en avertis, aucun bavard ne doit approcher de ses autels. Si les attributs de son culte ne sont point renfermés dans de mystiques corbeilles ; si l'airain à ses fêtes ne retentit point de coups redoublés ; si son temple s'ouvre à tous ; c'est à la condition que ce qui s'y passe reste un secret parmi ses adorateurs. Vénus elle-même ne quitte jamais son voile, sans couvrir ses appas d'une pudique main. La brute obéit en tous lieux, et à la vue de tous, à l'instinct de l'accouplement, et souvent à cet aspect la jeune fille détourne les yeux :

In medio passimque coit pecus; hoc quoque viso,
  Avertit vultus saepe puella suos.
Conveniunt thalami furtis et janua nostris :
  Parsque sub injecta veste pudenda latet.
Et si non tenebras, at quiddam nubis opacae
  Quaerimus; atque aliquid luce patente minus.
Tunc quoque, quum solem nondum prohibebat et imbrem
  Tegula, sed quercus tecta cibumque dabat;
In nemore atque antris, non sub Jove, juncta voluptas.
  Tanta rudi populo cura pudoris erat!
At nunc nocturnis titulos imponimus actis :
  Atque emitur magno nil, nisi posse loqui.
Scilicet excuties omnes ubicumque puellas,
  Cuilibet ut dicas, haec quoque nostra fuit?
Ne desint, quas tu digitis ostendere possis;
  Ut quamque attigeris, fabula turpis erit?
Parva queror : fingunt quidam, quae vera negarent,
  Et nulli non se concubuisse ferunt.
Corpora si nequeunt, quae possunt nomina tractant :
  Famaque, non tacto corpore, crimen habet.
I nunc, claude fores, custos odiose, puellae;
  Et centum duris postibus adde seras.
Quid tuti superest, quum nominis exstat adulter,
  Et credi, quod non contigit esse, cupit?
Nos, etiam veros, parce profitemur amores;
  Tectaque sunt solida mystica furta fide.

mais il faut à nos larcins amoureux un secret asile, des portes closes, et nous couvrons de nos vêtemens de honteuses nudités. Si nous ne cherchons pas pour nos plaisirs de profondes ténèbres, nous aimons du moins un peu d'obscurité, un demi-jour. Ainsi, lorsque la tuile ne les protégeait pas encore contre le soleil et la pluie, lorsqu'un chêne était l'unique abri des mortels, et ses glands leur unique nourriture, ce n'était pas en plein air, mais dans les antres, dans les profondeurs des forêts, qu'ils goûtaient les douceurs de l'amour. Tant cette race encore grossière était soigneuse des lois de la pudeur! Maintenant, nous affichons nos exploits nocturnes; et il n'est pas de plaisir que nous achetions plus cher que celui de pouvoir en parler. Que dis-je! n'arrêtez-vous pas en tous lieux toutes les jeunes filles, pour dire au premier venu : En voilà encore une que j'ai eue? Et cela, pour en avoir toujours quelqu'une à montrer au doigt; pour que chaque femme, que vous aurez ainsi désignée, devienne la fable de la ville. Mais c'est peu : il est des hommes qui inventent des histoires dont ils rougiraient si elles étaient vraies : à les entendre, il n'est point de femme qui leur ait résisté. S'ils ne peuvent toucher à leur personne, ils peuvent du moins attaquer leur honneur; et par ce moyen, quoique le corps soit resté chaste, la réputation est flétrie. Va maintenant, odieux Argus, ferme la porte sur ta maîtresse; renferme-la sous cent verroux. Rien n'est sacré pour celui dont la langue adultère diffame les noms, et qui veut faire croire à la réalité des faveurs qu'il n'a pu obtenir. Pour nous, ne parlons qu'avec la plus grande réserve de nos amours réels, et tenons nos plaisirs secrets cachés sous un voile impénétrable.

Parcite præcipue vitia exprobrare puellæ,
  Utile quæ multis dissimulasse fuit.
Nec suus Andromedæ color est objectus ab illo,
  Mobilis in gemino cui pede penna fuit.
Omnibus Andromache visa est spatiosior æquo :
  Unus, qui modicam diceret, Hector erat.
Quod male fers, adsuesce; feres bene : multa vetustas
  Lenit; at incipiens omnia sentit amor.
Dum novus in viridi coalescit cortice ramus,
  Concutiat tenerum quælibet aura, cadet.
Mox eadem ventis, spatio durata, resistet,
  Firmaque adoptivas arbor habebit opes.
Eximit ipsa dies omnes e corpore mendas :
  Quodque fuit vitium, desinit esse mora.
Ferre novæ nares taurorum terga recusant :
  Adsiduo domitas tempore fallit odor.
Nominibus mollire licet mala : fusca vocetur,
  Nigrior Illyrica cui pice sanguis erit.
Si pæta est, Veneri similis : si flava, Minervæ.
  Sit gracilis, macie quæ male viva sua est.
Dic habilem, quæcumque brevis; quæ turgida, plenam :
  Et lateat vitium proximitate boni.
Nec quotus annus eat, nec quo sit nata require
  Consule, quæ rigidus munera Censor habet;
Præcipue, si flore caret, meliusque peractum

Évitez surtout de reprocher à une belle ses défauts : que d'amans se sont bien trouvés de cette utile dissimulation ! Le héros aux pieds ailés, Persée, ne blâma jamais dans Andromède la couleur brune de son teint. Andromaque, d'un commun avis, était d'une taille démesurée : Hector était le seul qui la trouvât bien proportionnée. Un défaut te choque, patiente; tu t'y accoutumeras : l'habitude adoucit bien des choses; mais l'amour, à son début, s'effarouche d'un rien. Lorsque, sous l'écorce entr'ouverte, on insère une greffe encore tendre, si le moindre souffle l'ébranle, elle tombe. Mais, si on lui laisse le temps de s'affermir, bientôt elle résiste aux vents, et, branche robuste, enrichit l'arbre qui la porte de ses fruits adoptifs. Le temps efface tout, même les difformités du corps ; et ce qui nous parut une imperfection, cesse de l'être avec le temps. L'odeur du cuir tanné blesse d'abord nos narines délicates : elles s'y font à la longue, et finissent par la supporter sans dégoût.

Il est d'ailleurs des noms par lesquels on peut pallier les défauts. Si la carnation de ta maîtresse est plus noire que la poix d'Illyrie, dis qu'elle est brune. Est-elle louche? compare-la à Vénus; est-elle rousse? c'est la couleur de Minerve. Celle dont la maigreur approche de la phthisie, aura la taille svelte. Elle est petite, tant mieux ! elle en est plus légère. Sa taille est épaisse; c'est un aimable embonpoint. Déguise ainsi chaque défaut sous le nom de la qualité qui en approche le plus. Ne t'informe jamais de son âge, ni du consulat sous lequel elle est née : laisse le censeur remplir ce rigou-

Tempus; et albentes jam legit illa comas.
Utilis, o juvenes! aut haec, aut serior aetas.
　Iste feret segetes; iste serendus ager.
Dum vires annique sinunt, tolerate labores:
　Jam veniet tacito curva senecta pede.
Aut mare remigiis, aut vomere findite terras;
　Aut fera belligeras addite in arma manus :
Aut latus et vires, operamque adferte puellis.
　Hoc quoque militiae est : hoc quoque quaerit opes.

ADDE, quod est illis operum prudentia major :
　Solus et, artifices qui facit, usus adest.
Illae munditiis annorum damna rependunt;
　Et faciunt cura, ne videantur anus :
Utque velis, Venerem jungunt per mille figuras :
　Inveniat plures nulla tabella modos.
Illis sentitur non irritata voluptas :
　Quod juvet, ex aequo femina virque ferant.
Odi concubitus, qui non utrumque resolvunt :
　Hoc est, cur pueri tangar amore minus.
Odi quae praebet, quia sit praebere necesse;
　Siccaque de lana cogitat ipsa sua.
Quae datur officio, non est mihi grata voluptas :
　Officium faciat nulla puella mihi.
Me voces audire juvat sua gaudia fassas :

reux devoir : surtout, si elle n'est plus à la fleur de l'âge, si la belle saison de sa vie est passée, et si déjà elle arrache ceux de ses cheveux qui blanchissent. Jeunes Romains, cet âge, et même un âge plus avancé, n'est pas stérile de plaisirs : c'est un champ qu'il faut ensemencer, pour qu'il donne un jour sa moisson. Travaillez, tandis que vos forces et votre jeunesse le permettent : assez tôt, dans sa marche insensible, viendra la vieillesse caduque. Fendez l'océan avec la rame, ou les sillons avec la charrue; armez du glaive meurtrier vos mains belliqueuses, ou consacrez aux belles vos efforts, votre vigueur et vos soins. C'est un autre genre de milice, où l'on peut aussi s'enrichir.

Ajoutez que les femmes, déjà sur le retour, sont plus savantes dans l'art d'aimer : elles ont l'expérience, qui seule fait les grands talens. Elles réparent par la toilette les outrages du temps, et parviennent, à force de soins, à déguiser leurs années. Elles sauront à ton gré par mille attitudes diverses varier les plaisirs de Vénus : nulle peinture lascive n'offre plus de combinaisons. Chez elles, ce n'est point une volupté fougueuse, mais sentie; celle qui plaît le plus, celle que partagent à la fois et l'amante et l'amant. Je hais des plaisirs qui ne sont point réciproques : aussi les caresses d'un jeune Ganymède sont-elles pour moi sans attraits. Je hais cette ménagère qui se livre parce qu'elle doit se livrer, et qui, dans les bras d'un époux, songe encore à ses fuseaux. Le plaisir qu'on m'accorde par devoir cesse pour moi d'être un plaisir; et je dispense ma maîtresse de tout devoir envers moi. Qu'il m'est doux d'entendre sa bouche me faire l'aveu de son bonheur, et me prier de rallentir mon ardeur pour prolonger sa jouissance! Que

Utque morer memet, sustineamque, roget.
Adspiciam dominae victos amentis ocellos :
  Langueat; et tangi se vetet illa diu.
Haec bona non primae tribuit natura juventae,
  Quae cito post septem lustra venire solent.
Qui properant, nova musta bibant : mihi fundat avitum
  Consulibus priscis condita testa merum.
Nec platanus, nisi sera, potest obsistere Phoebo :
  Et laedunt nudos prata novella pedes.
Scilicet Hermionen Helenae praeponere posses?
  Et melior Gorge, quam sua mater, erat?
Ad Venerem quicumque voles adtingere seram,
  Si modo duraris, praemia digna feres.

Conscius ecce duos accepit lectus amantes :
  Ad thalami clausas, Musa, resiste fores.
Sponte sua, sine te, celeberrima verba loquentur;
  Nec manus in lecto laeva jacebit iners.
Invenient digiti, quod agant in partibus illis,
  In quibus occulte spicula figit Amor.
Fecit in Andromache prius hoc fortissimus Hector;
  Nec solum bellis utilis ille fuit.
Fecit et in capta Lyrneside magnus Achilles,
  Quum premeret mollem lassus ab hoste torum.
Illis te tangi manibus, Briseï, sinebas,
  Imbutae Phrygia quae nece semper erant.

j'aime à la voir, ivre de volupté, fixer sur moi ses yeux mourans; ou, languissante d'amour, se refuser long-temps à mes caresses!

Mais ces avantages, la nature ne les accorde pas à la première jeunesse : ils sont réservés à cet âge qui suit le septième lustre. Que d'autres, trop pressés par la soif, boivent un vin nouveau; mais versez-moi d'un vin que nos aïeux aient mis en bouteille sous d'anciens consuls. Ce n'est qu'après un grand nombre d'années, que le platane nous offre un abri contre le soleil; et les prés nouvellement fauchés blessent nos pieds nus. Quoi! tu pourrais préférer Hermione à Hélène? et la fille d'Altée l'emporterait sur sa mère? Si donc tu veux goûter les fruits de l'amour dans leur maturité, patiente un peu, et tu en seras dignement récompensé.

Mais déjà le lit complice de leurs plaisirs a reçu nos deux amans. Muse, arrêtons-nous à la porte du sanctuaire. Ils sauront bien, sans toi, trouver les mots usités en pareil cas, et leurs mains dans le lit ne resteront pas oisives. Leurs doigts trouveront à s'occuper dans ce mystérieux asile où l'Amour aime à lancer ses traits. Ainsi jadis, près d'Andromaque, en usait le vaillant Hector, dont les talens ne se bornaient pas à briller dans les combats. Ainsi le grand Achille en usait près de sa captive Lyrnésienne, lorsque, las de carnage, il reposait près d'elle sur une couche moelleuse : Briséis, tu te livrais sans crainte aux caresses de ces mains, toujours teintes du sang des Troyens : mais dis-moi, beauté folâtre, ce qui te plaisait surtout dans ton amant, n'était-ce pas de te sentir pressée dans ses bras victorieux?

An fuit hoc ipsum, quod te, lasciva, juvaret,
  Ad tua victrices membra venire manus?
CREDE mihi : non est Veneris properanda voluptas;
  Sed sensim tarda prolicienda mora.
Quum loca reppereris, quæ tangi femina gaudet,
  Non obstet, tangas quo minus illa, pudor.
Adspicies oculos tremulo fulgore micantes,
  Ut sol a liquida sæpe refulget aqua.
Accedent questus, accedet amabile murmur,
  Et dulces gemitus, aptaque verba joco.
Sed neque tu dominam, velis majoribus usus,
  Desine; nec cursus anteat illa tuos.
Ad metam properate simul : tum plena voluptas,
  Quum pariter victi femina virque jacent.
Hic tibi servandus tenor est, quum libera dantur
  Otia, furtivum nec timor urget opus.
Quum mora non tuta est, totis incumbere remis
  Utile, et admisso subdere calcar equo.
FINIS adest operi : palmam date, grata juventus;
  Sertaque odoratæ myrtea ferte comæ.
Quantus apud Danaos Podalirius arte medendi,
  Æacides dextra, pectore Nestor erat :
Quantus erat Calchas extis, Telamonius armis,
  Automedon curru, tantus amator ego.
Me vatem celebrate, viri, mihi dicite laudes :

Si tu veux m'en croire, ne te hâte pas trop d'arriver au terme du plaisir; mais sache, par de savantes lenteurs, en prolonger la durée. Lorsque tu auras trouvé l'endroit qui procure à la femme de si vives jouissances, qu'une sotte pudeur ne vienne pas arrêter ta main. Tu verras alors ses yeux briller d'une tremblante clarté, semblable aux rayons du soleil reflétés par le miroir des ondes. Puis viendront des plaintes, un tendre murmure, de doux gémissemens, et ces paroles agaçantes qui stimulent l'amour. Mais, pilote maladroit, ne va pas, faisant trop de voiles, laisser ta maîtresse en arrière; ne souffre pas non plus qu'elle te devance : voguez de concert vers le port. C'est le comble de la volupté, lorsque l'amante et l'amant tombent en même temps vaincus par le plaisir. Telle doit être la règle de ta conduite, lorsque tu peux à loisir disposer du temps, et que la crainte ne te force pas à accélérer ce doux labeur. Mais si les retards ne sont pas sans danger, alors, penché sur les avirons, rame de toutes tes forces et presse de l'éperon les flancs de ton coursier.

Je touche au terme de mon ouvrage. Jeunesse reconnaissante, donne-moi la palme et ceins mon front du myrte odorant. Autant Podalire s'illustra chez les Grecs dans l'art de guérir, Pyrrhus par sa valeur, Nestor par sa prudence; autant Calchas fut habile à prédire l'avenir, Télamon à manier les armes, Automédon à conduire un char; autant je serai fameux dans l'art d'aimer. Amans, célébrez votre poète, chantez mes louanges; que mon nom retentisse dans tout l'univers. Je vous ai

Cantetur toto nomen in orbe meum.
Arma dedi vobis : dederat Vulcanus Achilli.
Vincite muneribus, vicit ut ille, datis.
Sed quicumque meo superarit Amazona ferro,
Inscribat spoliis : NASO MAGISTER ERAT.
ECCE rogant teneræ, sibi dem præcepta, puellæ.
Vos eritis chartæ proxima cura meæ.

donné des armes ; Vulcain en donna à Achille : il vainquit avec ses dons ; sachez vaincre avec les miens. Et que tout amant, qui aura triomphé d'une farouche Amazone avec le glaive qu'il reçut de moi, inscrive sur ses trophées : *Ovide fut mon maître.*

Mais j'entends un sexe aimable qui me demande aussi des leçons : jeunes beautés, vous serez à votre tour l'objet de mes chants.

P. OVIDII NASONIS
ARTIS AMATORIÆ
LIBER TERTIUS.

Arma dedi Danais in Amazonas : arma supersunt,
   Quæ tibi dem, et turbæ, Penthesilea, tuæ.
Ite in bella pares : vincant, quibus alma Dione
   Faverit, et, toto qui volat orbe, puer.
Non erat armatis æquum concurrere nudas :
   Sic etiam vobis vincere turpe, viri.

Dixerit e multis aliquis : Quid virus in anguem
   Adjicis? et rabidæ tradis ovile lupæ?
Parcite paucarum diffundere crimen in omnes.
   Spectetur meritis quæque puella suis.
Si minor Atrides Helenen, Helenesque sororem
   Quo premat Atrides crimine major habet;
Si scelere OEclides Talaionidæ Eriphyles
   Vivus et in vivis ad Styga venit equis;

L'ART D'AIMER

DE

P. OVIDE

LIVRE TROISIÈME.

Je viens d'armer les Grecs contre les Amazones : il me reste maintenant, Penthésilée, à t'armer contre les Grecs, toi et ta vaillante élite. Combattez à armes égales; et que la victoire soit au parti que favorisent et la belle Dionée et l'enfant qui, dans son vol, parcourt tout l'univers. Il n'était pas juste de vous exposer sans défense aux attaques d'un ennemi bien armé. Hommes, à ce prix, la victoire serait pour vous un opprobre.

Mais l'un d'entre vous me dira peut-être : Pourquoi fournir à la vipère de nouveaux venins ? pourquoi livrer le bercail à la louve en furie ? Cessez de rejeter sur toutes les femmes le crime de quelques-unes. Que chacune soit jugée selon ses œuvres. Si le plus jeune des Atrides a droit de se plaindre d'Hélène, si son frère aîné accuse à juste titre Clytemnestre, la sœur d'Hélène; si par la scélératesse d'Ériphyle, la fille de Talaïon, Amphiaraüs descendit vivant aux enfers sur ses chevaux vivans; n'est-il pas aussi une Pénélope qui

Est pia Penelope, lustris errante duobus,
　Et totidem lustris bella gerente viro.
Respice Phyllaciden, et quæ comes isse marito
　Fertur, et ante annos occubuisse suos.
Fata Pheretiadæ conjux Pagasæa redemit;
　Proque sui est uxor funere lata viri.
Accipe me, Capaneu; cineres miscebimur, inquit
　Iphias; in medios desiluitque rogos.
IPSA quoque et cultu est et nomine femina Virtus :
　Non mirum, populo si placet illa suo.
Nec tamen hæ mentes nostra poscuntur ab arte :
　Conveniunt cymbæ vela minora meæ.
Nil, nisi lascivi per me discuntur amores :
　Femina præcipiam quo sit amanda modo.
FEMINA nec flammas, nec sævos discutit arcus;
　Parcius hæc video tela nocere viris.
Sæpe viri fallunt; teneræ non sæpe puellæ :
　Paucaque, si quæras, crimina fraudis habent.
Phasida, jam matrem, fallax dimisit Iason :
　Venit in Æsonios altera nupta sinus.
Quantum in te, Theseu, volucres Ariadna marinas
　Pavit, in ignoto sola relicta loco!
Quære, novem cur isse vias dicatur; et audi
　Depositis silvas Phyllida flesse comis.
At famam pietatis habet; tamen hospes et ensem

resta chaste loin de son époux, retenu dix années à la guerre de Troie, et, pendant deux autres lustres, errant sur les mers? Voyez cette Laodamie qui, pour rejoindre son époux au tombeau, meurt à la fleur de l'âge; cette Alceste qui, par le sacrifice de sa propre vie, arrache au trépas Admète, son époux. « Reçois-moi dans tes bras, cher Capanée; et que nos cendres du moins soient confondues! » Ainsi parlait Évadné; et soudain elle s'élance au milieu du bûcher.

La vertu est femme et d'habit et de nom : est-il donc étonnant qu'elle soit favorable à son sexe? Toutefois ce n'est pas à ces grandes âmes que mon art s'adresse : de moindres voiles suffisent à ma nacelle. Mes leçons n'enseignent que les amours folâtres : je vais apprendre aux femmes le secret de se faire aimer.

La femme ne sait point résister aux feux et aux flèches cruelles de l'Amour, dont les traits, il me semble, pénètrent moins avant dans le cœur de l'homme. L'homme trompe souvent; la femme est rarement trompeuse : étudiez ce sexe, vous y trouverez peu de perfides. L'astucieux Jason abandonne Médée, déjà mère, et fait entrer dans son lit une nouvelle épouse. Il ne tint pas à toi, Thésée, qu'Ariadne, abandonnée sur des bords inconnus, ne devînt la pâture des oiseaux marins. Pourquoi Phillys se rendit-elle neuf fois sur le bord de la mer? Demandez-le aux forêts qui, sensibles à sa perte, se dépouillèrent de leur feuillage. Ton hôte, malgré sa réputation de piété, ne te laisse, Didon, en fuyant qu'un glaive, le désespoir et la mort. Infortunées! je

Præbuit, et causam mortis, Elissa, tuæ.
Quid vos perdiderit, dicam : nescistis amare.
　　Defuit ars vobis : arte perennat amor.
Nunc quoque nescirent ; sed me Cytherea docere
　　Jussit, et ante oculos constitit ipsa meos.
Tum mihi, quid miseræ, dixit, meruere puellæ ?
　　Traditur armatis vulgus inerme viris.
Illos artifices gemini fecere libelli :
　　Hæc quoque pars monitis erudienda tuis.
Probra Therapnææ qui dixerat ante maritæ,
　　Mox cecinit laudes prosperiore lyra.
Si bene te novi, cultas ne læde puellas ;
　　Gratia, dum vives, ista petenda tibi.
Dixit : et e myrto, myrto nam vincta capillos
　　Constiterat, folium granaque pauca dedit.
Sensimus acceptis numen quoque : purior æther
　　Fulsit, et e toto pectore cessit onus.
Dum facit ingenium, petite hinc præcepta, puellæ,
　　Quas pudor, et leges, et sua jura sinunt.
Venturæ memores jam nunc estote senectæ :
　　Sic nullum vobis tempus abibit iners.
Dum licet, et vernos etiam nunc editis annos,
　　Ludite : eunt anni more fluentis aquæ.
Nec, quæ præteriit, rursus revocabitur unda :
　　Nec, quæ præteriit, hora redire potest.

vais vous apprendre ce qui causa votre perte : vous ne saviez pas vous faire aimer. L'art vous manqua, cet art qui prolonge la durée de l'amour. Vous l'ignoreriez même encore aujourd'hui ; mais Cythérée m'ordonna de vous l'enseigner. Cythérée s'offrit à mes yeux, et me dit : « Que t'ont donc fait les malheureuses femmes, pour que tu les livres ainsi, troupeau sans défense, au glaive des hommes armés par toi? Tu consacras deux chants à les instruire dans ton art : un autre sexe, à son tour, réclame tes conseils. Le poète, qui d'abord avait versé l'opprobre sur l'épouse de Ménélas, mieux inspiré, chanta bientôt ses louanges. Si je te connais bien, tu ne voudras pas offenser les belles, et leur reconnaissance embellira le reste de ta vie. » Elle dit; et de la couronne qui ceignait sa chevelure, détachant une feuille et quelques grains de myrte, elle me les donna. Je sentis en les prenant l'influence de la divinité : l'air brilla plus pur autour de moi, et mon âme fut comme soulagée d'un pesant fardeau.

Tandis que Vénus m'inspire, jeunes beautés, prêtez l'oreille à mes leçons. La pudeur et les lois vous le permettent, vos intérêts vous y invitent. Songez dès à présent à la vieillesse qui viendra trop tôt : c'est le moyen de ne perdre dans l'inertie aucune parcelle de votre temps. Jouissez, tandis que vous le pouvez, et que vous êtes encore au printemps de la vie; jouissez! comme l'eau s'écoulent les années. Le flot qui fuit ne reviendra jamais; l'heure une fois passée, est passée sans retour. Profitez du bel âge : il s'envole si vite !

Utendum est ætate; cito pede labitur ætas;
  Nec bona tam sequitur, quam bona prima fuit.
Hos ego, qui canent, frutices, violaria vidi:
  Hac mihi de spina grata corona data est.
Tempus erit, quo tu, quæ nunc excludis amantem,
  Frigida deserta nocte jacebis anus:
Nec tua nocturna frangetur janua rixa;
  Sparsa nec invenies limina mane rosa.
Quam cito, me miserum! laxantur corpora rugis,
  Et perit, in nitido qui fuit ore, color!
Quasque fuisse tibi canas a virgine jures,
  Sparguntur subito per caput omne comæ.
Anguibus exuitur tenui cum pelle vetustas;
  Nec faciunt cervos cornua jacta senes.
Nostra sine auxilio fugiunt bona: carpite florem;
  Qui, nisi carptus erit, turpiter ipse cadet.
Adde, quod et partus faciunt breviora juventæ
  Tempora: continua messe senescit ager.
Latmius Endymion non est tibi, Luna, rubori,
  Nec Cephalus roseæ præda pudenda Deæ.
Ut Veneri, quem luget adhuc, donetur Adonis;
  Unde habet Ænean, Harmonienque suos?
Ite per exemplum, genus o mortale, Dearum;
  Gaudia nec cupidis vestra negate viris.
Ut jam decipiant, quid perditis? omnia constant:

Chaque jour est moins beau que celui qui l'a précédé. Dans ces lieux hérissés de broussailles flétries, j'ai vu fleurir la violette : ce buisson épineux me donna jadis de suaves couronnes. Un temps viendra où toi, qui, jeune aujourd'hui, repousses ton amant, vieille et délaissée, tu grelotteras la nuit dans ton lit solitaire; alors les galans, dans leurs querelles nocturnes, ne briseront plus ta porte, et le matin tu n'en trouveras plus le seuil jonché de feuilles de roses. Sitôt, hélas! notre corps se couvre de rides! Sitôt s'effacent les couleurs qui brillaient sur notre visage! Ces cheveux blancs, qui (tu le jures du moins) datent de ton enfance, te couvriront bientôt toute la tête. Le serpent, en quittant sa peau, se dépouille de sa vieillesse; et le cerf, en renouvelant son bois, semble rajeunir. Mais rien ne remplace les avantages que le temps nous enlève. Cueillez donc une fleur qui, si vous ne la cueillez, tombera d'elle-même honteusement flétrie. Lucine et ses douleurs viendront aussi abréger l'espace de votre jeunesse; des moissons trop fréquentes épuisent un champ. Ne rougis point, ô Phébé, de tes amours avec Endymion sur le mont Latmos; déesse aux doigts de roses, Aurore, tu as pu sans honte enlever Céphale. Et, sans parler d'Adonis, que Vénus pleure encore aujourd'hui, n'est-ce pas à l'Amour qu'elle dut la naissance d'Énée et d'Harmonie? Imitez donc, ô jeunes mortelles, l'exemple que vous offrent ces déesses; ne nous refusez plus des plaisirs que nous vous demandons avec instance.

Je sais que les hommes vous trompent. Qu'y perdez-

Mille licet sumant, deperit inde nihil.
Conteritur ferrum, silices tenuantur ab usu:
　Sufficit, et damni pars caret illa metu.
Quid vetet adposito lumen de lumine sumi,
　Quisve cavo vastas in mare servet aquas?
Det tamen ulla viro mulier, non expedit, inquis.
　Quid, nisi quam sumes, dic mihi, perdis aquam?
Nec vos prostituit mea vox; sed vana timere
　Damna vetat: damnis munera vestra carent.

Sed me flaminibus venti majoris iturum,
　Dum sumus in portu, provehat aura levis.
Ordior a cultu: cultis bene Liber ab uvis
　Provenit; et culto stat seges alta solo.
Forma Dei munus: forma quota quæque superbit?
　Pars vestrûm tali munere magna caret.
Cura dabit faciem: facies neglecta peribit,
　Idaliæ similis sit licet illa Deæ.
Corpora si veteres non sic coluere puellæ;
　Nec veteres cultos sic habuere viros.
Si fuit Andromache tunicas induta vagantes,
　Quid mirum? duri militis uxor erat.
Scilicet Ajaci conjux ornata venires,
　Cui tegimen septem terga fuere boum?

vous? tous vos attraits vous restent : vous dérobât-on mille faveurs, ils n'en seraient pas même altérés. Le fer, le caillou, s'amincissent par le frottement; mais cette partie de vous-mêmes résiste à tout, vous n'avez point à craindre qu'elle s'use. Un flambeau perd-il sa lumière en la communiquant à un autre flambeau? Doit-on craindre de puiser de l'eau dans le vaste Océan? — Il ne faut pas, dites-vous, qu'une femme se donne ainsi à un homme. — Qu'y perd-elle? répondez; de l'eau qu'elle peut puiser encore à pleine source. Non, ma voix ne vous conseille pas de vous prostituer; mais elle vous défend de redouter une perte imaginaire : de semblables dons ne peuvent vous appauvrir.

Je suis encore au port : une brise légère suffit pour me pousser au large : bientôt, en pleine mer, je voguerai par un vent plus fort. Parlons d'abord de la parure : c'est par les soins qu'on prend de la vigne, qu'on obtient une bonne vendange; une terre bien cultivée donne une abondante moisson. La beauté est un présent des dieux; mais combien peu de femmes peuvent s'énorgueillir de leur beauté? La plupart d'entre vous n'ont pas reçu du ciel cette faveur. Les soins de la parure vous embelliront; mais faute de soins le plus beau visage perd tout son éclat, fût-il comparable à celui de la déesse d'Idalie. Si les belles de l'antiquité ne soignaient guère leur personne, c'est que leurs maris étaient aussi négligés qu'elles. Andromaque n'était vêtue que d'une tunique flottante : doit-on s'en étonner? son époux n'était qu'un soldat grossier. L'épouse d'Ajax se serait-elle offerte dans de brillans atours à ce guerrier dont sept peaux de bœufs couvraient l'armure?

Simplicitas rudis ante fuit : nunc aurea Roma
　Edomiti magnas possidet orbis opes.
Adspice, quæ nunc sunt Capitolia, quæque fuerunt;
　Alterius dicas illa fuisse Jovis.
Curia, consilio quæ nunc dignissima tanto est,
　De stipula, Tatio regna tenente, fuit.
Quæ nunc sub Phœbo, ducibusque Palatia fulgent,
　Quid, nisi araturis pascua bubus, erant?
Prisca juvent alios : ego me nunc denique natum
　Gratulor : hæc ætas moribus apta meis.
Non quia nunc terræ lentum subducitur aurum,
　Lectaque diverso litore concha venit;
Nec quia decrescunt effosso marmore montes,
　Nec quia cærulea mole fugantur aquæ;
Sed quia cultus adest, nec nostros mansit in annos
　Rusticitas, priscis illa superstes avis.

Vos quoque non caris aures onerate lapillis,
　Quos legit in viridi decolor Indus aqua;
Nec prodite graves insuto vestibus auro :
　Per quas nos petitis, sæpe fugatis, opes.
Munditiis capimur : non sint sine lege capilli.
　Admotæ formam dantque negantque manus.
Nec genus ornatus unum est : quod quamque decebit,
　Eligat; et speculum consulat ante suum.

Chez nos ancêtres régnait une grossière simplicité : maintenant, resplendissante d'or, Rome possède les immenses richesses de l'univers qu'elle a dompté. Voyez le Capitole; comparez ce qu'il est présentement à ce qu'il fut jadis : on le dirait consacré à un autre Jupiter. Le palais du sénat, digne aujourd'hui de cette auguste assemblée, sous le règne de Tatius, était couvert de chaume. Le mont Palatin, où s'élèvent maintenant de brillans édifices en l'honneur d'Apollon et de nos illustres généraux, qu'était-ce autrefois? un pâturage pour les bœufs de labour. Que d'autres vantent le passé; pour moi, je me félicite d'être né dans ce siècle : il convient mieux à mes goûts. Non parce que, de nos jours, on va chercher l'or dans les entrailles de la terre, et qu'on fait venir la pourpre des rivages les plus éloignés; non parce que nous voyons décroître les montagnes que l'on creuse sans cesse pour en tirer du marbre; non parce que des moles énormes repoussent au loin les flots de la mer; mais parce que la parure est en honneur, et que cette rusticité, qui survécut long-temps à nos premiers aïeux, a enfin disparu de nos mœurs.

N'allez pas toutefois charger vos oreilles de ces perles somptueuses que l'Indien basané recueille sur ses rivages. Ne portez pas ces brocards tout pesans d'or qui gêneraient votre démarche : tout ce faste que vous étalez pour nous séduire produit souvent un effet contraire. C'est surtout la propreté qui nous plaît : que votre coiffure ne soit jamais négligée. Vos grâces dépendent de l'adresse de vos mains; mais il est mille manières d'en varier la forme. Que chacune choisisse celle qui lui convient le mieux : elle doit avant tout con-

Longa probat facies capitis discrimina puri :
　Sic erat ornatis Laodamia comis.
Exiguum summa nodum sibi fronte relinqui,
　Ut pateant aures, ora rotunda volunt.
Alterius crines humero jactentur utroque :
　Talis es, adsumta, Phœbe canore, lyra.
Altera succinctæ religetur more Dianæ,
　Ut solet, adtonitas quum petit illa feras.
Huic decet inflatos laxe jactasse capillos :
　Illa sit adstrictis impedienda comis.
Hanc placet ornari testudine Cyllenea :
　Sustineat similes fluctibus illa sinus.
Sed neque ramosa numerabis in ilice glandes;
　Nec quot apes Hyble, nec quot in Alpe feræ;
Nec mihi tot cultus numero comprendere fas est :
　Adjicit ornatus proxima quæque dies.
Et neglecta decet multas coma : sæpe jacere
　Hesternam credas; illa repexa modo est.
Ars casum simulet; sic capta vidit in urbe
　Alcides Iolen : Hanc ego, dixit, amo.
Talem te Bacchus, Satyris clamantibus Euoe,
　Sustulit in currus, Gnosi relicta, suos.
O QUANTUM indulget vestro Natura decori,
　Quarum sunt multis damna pianda modis!
Nos male detegimur, raptique ætate capilli,

sulter son miroir. Un visage allongé demande des cheveux simplement séparés sur le front : c'était la coiffure de Laodamie. Un nœud léger sur le sommet de la tête, et qui laisse les oreilles découvertes, sied mieux aux figures arrondies. Celle-ci laissera tomber ses cheveux sur l'une et l'autre épaule : tel est Apollon, lorsque sa main saisit sa lyre mélodieuse; cette autre doit en relever les tresses, à la manière de Diane, lorsqu'elle poursuit les hôtes des forêts. L'une nous charme par les boucles flottantes de sa chevelure; l'autre par une coiffure aplatie et serrée sur les tempes. L'une se plaît à orner ses cheveux d'une écaille brillante; l'autre à donner aux siens les ondulations des flots. On compterait les glands d'un vaste chêne, les abeilles de l'Hybla, les bêtes fauves qui peuplent les Alpes, plutôt que le nombre infini de parures et de modes nouvelles que chaque jour voit éclore. Une coiffure négligée sied à plus d'une femme : on la croirait de la veille; elle vient d'être ajustée à l'instant même. L'art doit imiter le hasard. Tel était l'aimable désordre d'Iole, lorsqu'Hercule la vit pour la première fois dans une ville prise d'assaut, et s'écria : « Je l'adore! » Telle était la princesse, abandonnée sur le rivage de Naxos, lorsque Bacchus l'enleva sur son char, aux acclamations des Satyres qui criaient : Evohé!

Femmes, combien la nature indulgente vous prodigue de moyens de plaire et de réparer les pertes du temps! Nous n'avons pas les mêmes ressources pour les

Ut Borea frondes excutiente, cadunt.
Femina canitiem Germanis inficit herbis;
  Et melior vero quaeritur arte color.
Femina procedit densissima crinibus emtis,
  Proque suis alios efficit aere suos.
Nec rubor est emisse palam : venire videmus
  Herculis ante oculos, Virgineumque chorum.

Quid de veste loquar? nec vos, segmenta, requiro;
  Nec quae bis Tyrio murice, lana, rubes.
Quum tot prodierint pretio leviore colores,
  Quis furor est, census corpore ferre suos?
Aeris ecce color, tum quum sine nubibus aer,
  Nec tepidus pluvias concitat Auster aquas.
Ecce tibi similis, qui quondam Phryxon et Hellen
  Diceris Inois eripuisse dolis.
Hic undas imitatus, habet quoque nomen ab undis :
  Crediderim Nymphas hac ego veste tegi.
Ille crocum simulat : croceo velatur amictu,
  Roscida luciferos quum Dea jungit equos.
Hic Paphias myrtos : hic purpureas amethystos,
  Albentesve rosas, Threiciamve gruem.
Nec glandes, Amarylli, tuae, nec amygdala desunt,
  Et sua velleribus nomina cera dedit.
Quot nova terra parit flores, quum vere tepenti

dissimuler; et quand l'âge éclaircit nos cheveux, ils tombent comme les feuilles de l'arbre battu par l'Aquilon. La femme, au contraire, teint ses cheveux blancs avec le suc des herbes de Germanie; et l'art leur donne une couleur plus belle que leur couleur naturelle. La femme se montre à nos yeux parée de l'épaisse chevelure qu'elle vient d'acheter, et pour un peu d'argent les cheveux d'autrui deviennent les siens. Elle ne rougit pas même d'en faire publiquement l'emplette: j'ai vu faire ce honteux trafic à la face d'Hercule et des neuf Sœurs!

Que dirai-je des vêtemens? je recherche peu ces riches bordures et ces tissus de laine deux fois trempés dans la pourpre de Tyr. On a inventé tant de jolies couleurs d'un prix moins élevé! Pourquoi porter sur soi tout son revenu? Voyez ce bleu d'azur, pareil au ciel lorsqu'il n'est point chargé de nuages et que le vent du midi n'en trouble point la sérénité; voyez ce jaune d'or, c'est la couleur du bélier qui jadis sauva Phryxus et Hellé des embûches d'Ino; ce vert a reçu son nom de l'eau qu'il imite : c'est, je crois, le vêtement des Naïades. Cette teinte ressemble au safran; c'est celle du manteau de l'Aurore, lorsqu'humide de rosée elle attelle ses brillans coursiers. Nous avons encore le vert-myrte, l'améthyste pourpré, le rose tendre, la couleur grue de Thrace, le brun-châtain, le vert olive, et cette couleur à laquelle la cire a donné son nom. Autant la terre produit de fleurs nouvelles, lorsque l'hiver paresseux s'éloigne, et qu'à la tiède haleine du printemps la vigne se couvre de bourgeons; autant et plus encore la laine reçoit de teintures variées. Choisissez avec goût; car toutes les couleurs ne conviennent pas également à tous les teints. Le noir sied à la blonde :

Vitis agit gemmas, pigraque cedit hiems :
Lana tot, aut plures succos bibit. Elige certos :
  Nam non conveniens omnibus omnis erit.
Pulla decent niveas : Briseida pulla decebant :
  Quum rapta est, pulla tum quoque veste fuit.
Alba decent fuscas : albis, Cephei, placebas :
  Sic tibi vestitæ pressa Seriphos erat.

QUAM pæne admonui, ne trux caper iret in alas,
  Neve forent duris aspera crura pilis!
Sed non Caucasea doceo de rupe puellas,
  Quæque bibant undas, Myse Caice, tuas.
Quid? si præcipiam, ne fuscet inertia dentes;
  Oraque suscepta mane laventur aqua?
Scitis et inducta candorem quærere cera :
  Sanguine quæ vero non rubet, arte rubet.
Arte, supercilii confinia nuda repletis,
  Parvaque sinceras velat aluta genas.
Nec pudor est oculos tenui signare favilla;
  Vel prope te nato, lucide Cydne, croco.
Est mihi, quo dixi vestræ medicamina formæ,
  Parvus, sed cura grande libellus opus.
Hinc quoque præsidium læsæ petitote, puellæ :
  Non est pro vestris ars mea rebus iners.
Non tamen expositas mensa deprendat amator
  Pyxidas : ars faciem dissimulata juvet.

il embellissait Briséis, Briséis était vêtue de noir lorsqu'elle fut enlevée. Le blanc convient aux brunes : Andromède, il ajoutait à tes charmes, lorsqu'ainsi vêtue tu parcourais l'île de Sériphe.

J'allais presque vous avertir de prendre garde que vos aisselles n'offensent l'odorat, et que vos jambes velues ne se hérissent de poils. Mais ce n'est point aux filles grossières du Caucase que s'adressent mes leçons, ni à celles qui boivent les eaux du Caïque. A quoi bon vous recommander de ne point laisser par négligence jaunir l'émail de vos dents, et de laver tous les matins votre bouche avec une eau limpide? Vous savez emprunter à la céruse sa blancheur artificielle, et au carmin les couleurs que la nature vous a refusées. Votre art sait encore remplir les lacunes d'un sourcil trop peu marqué, et voiler avec une mouche les traces trop véridiques de l'âge. Vous ne rougissez pas d'animer l'éclat de vos yeux avec une cendre fine, ou avec le safran qui croît sur les rives du Cydnus. Mais j'ai déjà traité des cosmétiques, réparateurs de la beauté, dans un ouvrage peu volumineux, mais d'une grande importance par le soin que j'ai mis à le composer. Cherchez-y les secours dont vous avez besoin, jeunes femmes peu favorisées de la nature : mon art n'est point pour vous avare de conseils utiles.

Il ne faut pas toutefois que votre amant trouve ces apprêts sur votre toilette : que l'art embellisse votre

Quem non offendat toto fæx illita vultu,
  Quum fluit in tepidos pondere lapsa sinus?
OEsypa quid redolent, quamvis mittatur Athenis;
  Demtus ab immundo vellere succus ovis?
Nec coram mixtas cervæ sumsisse medullas,
  Nec coram dentes defricuisse probem.
Ista dabunt faciem; sed erunt deformia visu:
  Multaque, dum fiunt turpia, facta placent.
Quæ nunc nomen habent operosi signa Myronis,
  Pondus iners quondam, duraque massa fuit.
Annulus ut fiat, primo colliditur aurum:
  Quas geritis vestes, sordida lana fuit.
Quum fieret, lapis asper erat; nunc, nobile signum;
  Nuda Venus madidas exprimit imbre comas.
Tu quoque, dum coleris, nos te dormire putemus;
  Aptius a summa conspiciare manu.
Cur mihi nota tuo causa est candoris in ore?
  Claude forem thalami : quid rude prodis opus?
Multa viros nescire decet: pars maxima rerum
  Offendat, si non interiora tegas.
Aurea quæ pendent ornato signa theatro,
  Inspice, quam tenuis bractea ligna tegat.
Sed neque ad illa licet populo, nisi facta, venire:
  Nec nisi submotis forma paranda viris.

visage, mais sans se montrer. Qui de nous pourrait, sans dégoût, voir tout votre visage enduit d'un fard liquide qui, entraîné par son poids, coule en longs ruisseaux sur votre sein? Que dirai-je de l'odeur nauséabonde de l'œsype, quoiqu'on tire d'Athènes ce suc huileux, extrait de l'immonde toison des brebis? Je vous blâmerais aussi d'employer la moelle de cerf, ou de nettoyer vos dents en notre présence. Tout cela, je le sais, contribue à la beauté; mais la vue n'en est pas moins désagréable : que de choses nous choquent quand nous les voyons faire, et nous plaisent quand elles sont faites! Ces statues, illustrées par le nom du laborieux Myron, ne furent jadis qu'un bloc inutile, qu'une masse informe. Il faut battre l'or avant d'en forger un anneau : et les étoffes que vous portez ont été une laine grossière. Ce marbre fut d'abord une pierre brute: maintenant, chef-d'œuvre de sculpture, c'est Vénus toute nue, exprimant l'eau de ses cheveux humides. Ainsi, laissez-nous croire que vous dormez encore, lorsque vous travaillez à votre toilette : vous paraîtrez avec plus d'avantage, lorsque vous y aurez mis la dernière main. Dois-je savoir à quelle cause est due la blancheur de votre teint? Fermez la porte de votre boudoir; et ne me montrez pas un ouvrage imparfait. Il est une foule de choses que les hommes doivent ignorer : la plupart de ces apprêts nous choqueront, si vous ne les cachez dans votre intérieur. Voyez ces décors brillans qui ornent la scène : examinés de près, ce n'est qu'un bois recouvert d'une mince feuille d'or. Mais on ne permet aux spectateurs d'en approcher que lorsqu'ils sont achevés : ainsi ce n'est qu'en notre absence que vous devez préparer vos attraits factices.

At non pectendos coram præbere capillos,
  Ut jaceant fusi per tua terga, vetem.
Illo præcipue, ne sis morosa, caveto
  Tempore; nec lapsas sæpe resolve comas.
Tuta sit ornatrix : odi, quæ sauciat ora
  Unguibus, et rapta brachia figit acu.
Devovet, et dominæ tangit caput illa; simulque
  Plorat ad invisas sanguinolenta comas.
Quæ male crinita est, custodem in limine ponat;
  Orneturve Bonæ semper in æde Deæ.
Dictus eram cuidam subito venisse puellæ;
  Turbida perversas induit illa comas.
Hostibus eveniat tam fœdi causa pudoris,
  Inque nurus Parthas dedecus illud eat!
Turpe pecus mutilum : turpe est sine gramine campus;
  Et sine fronde frutex; et sine crine caput.
Non mihi venistis, Semele, Ledeve, docendæ;
  Perque fretum falso, Sidoni, vecta bove.
Aut Helene, quam non stulte, Menelae, reposcis;
  Tu quoque non stulte, Troie raptor, habes.
Turba docenda venit, pulchræ turpesque puellæ,
  Pluraque sunt semper deteriora bonis.
Formosæ minus artis opem, præceptaque curant :
  Est illis sua dos, forma sine arte potens.
Quum mare compositum est, securus navita cessat :
  Quum tumet, auxiliis adsidet ille suis.

Je ne vous défends point cependant de faire peigner vos cheveux devant nous; j'aime à les voir tomber en tresses flottantes sur vos épaules. Mais gardez-vous alors de toute humeur chagrine, et ne dérangez pas trop souvent votre coiffure. Que votre femme de chambre n'ait rien à craindre : je hais ces mégères qui lui déchirent la figure avec leurs ongles ou qui lui enfoncent des aiguilles dans les bras. Elle dévoue aux dieux infernaux la tête de sa maîtresse qu'elle tient entre ses mains, et trempe à la fois de sang et de larmes son odieuse chevelure. Toute femme qui a peu de cheveux doit mettre une sentinelle à sa porte, ou se faire toujours coiffer dans le temple de la Bonne-Déesse. Un jour, on annonce à une belle mon arrivée subite : elle se trouble, et met à l'envers sa chevelure postiche. Puisse un si honteux affront n'arriver qu'à nos ennemis! Puisse tant d'opprobre n'être réservé qu'aux filles du Parthe! Un animal mutilé, un champ sans verdure, un arbre sans feuilles, sont des objets hideux; une tête chauve ne l'est pas moins.

Ce n'est pas à vous, Sémélé ou Léda, que s'adressent mes leçons, ni à toi, belle Sidonienne, qu'un taureau mensonger emporta au delà des mers, ni à cette Hélène que Ménélas réclama avec raison, et qu'avec raison aussi garda le ravisseur troyen. La foule de mes disciples se compose de belles et de laides; et ces dernières sont toujours en plus grand nombre. Les belles ont moins besoin des secours de l'art, et font moins de cas de ses préceptes : favorites de la nature, leur beauté n'emprunte point à l'art sa puissance. Lorsque la mer est calme, le pilote se repose en toute sécurité : est-elle gonflée par l'orage, il ne quitte plus le gouvernail.

Rara tamen mendo facies caret : occule mendas;
　　Quaque potes, vitium corporis abde tui.
Si brevis es, sedeas, ne stans videare sedere;
　　Inque tuo jaceas quantulacumque toro :
Hic quoque, ne possit fieri mensura cubantis,
　　Injecta lateant fac tibi veste pedes.
Quæ nimium gracilis, pleno velamina filo
　　Sumat; et ex humeris laxus amictus eat.
Pallida purpureis tingat sua corpora virgis :
　　Nigrior, ad Pharii confuge piscis opem.
Pes malus in nivea semper celetur aluta;
　　Arida nec vinclis crura resolve suis.
Conveniunt tenues scapulis analectrides altis :
　　Inflatum circa fascia pectus eat.
Exiguo signet gestu quodcumque loquetur,
　　Cui digiti pingues, et scaber unguis erunt.
Cui gravis oris odor, nunquam jejuna loquatur,
　　Et semper spatio distet ab ore viri.
Si niger, aut ingens, aut non erit ordine natus
　　Dens tibi, ridendo maxima damna feres.
Quis credat? discunt etiam ridere puellæ :
　　Quæritur atque illis hac quoque parte decor.
Sint modici rictus, sint parvæ utrimque lacunæ,
　　Et summos dentes ima labella tegant.
Nec sua perpetuo contendant ilia risu :

Cependant il est peu de visages sans défauts : cachez ces défauts avec soin ; et autant que possible dissimulez les imperfections de votre corps. Si vous êtes petite, asseyez-vous, de peur qu'étant debout on ne vous croie assise ; si vous êtes naine, étendez-vous sur votre lit ; et, ainsi couchée, pour qu'on ne puisse pas mesurer votre taille, jetez sur vos pieds une robe qui les cache. Trop mince, habillez-vous d'étoffes épaisses ; et qu'un manteau flottant descende de vos épaules. Pâle, teignez votre peau d'un vermillon pourpré ; brune, ayez recours au poisson de Pharos. Qu'un pied difforme se cache sous une blanche chaussure ; qu'une jambe trop sèche ne se montre qu'enveloppée de bandelettes. De minces coussinets corrigent heureusement l'inégalité des épaules ; une écharpe doit comprimer une gorge trop rebondie. Faites peu de gestes en parlant, si vos doigts sont trop gros et vos ongles trop raboteux. Celle qui a l'haleine forte doit ne jamais parler à jeun, et se tenir toujours à distance de son interlocuteur. Celle dont une dent noire, ou trop longue, ou mal rangée, dépare la bouche, peut en riant se faire beaucoup de tort. Qui pourrait le croire ? les belles apprennent aussi à rire : elles tirent de cet art une partie de leurs agrémens. N'ouvrez que peu la bouche, que sur vos deux joues se creusent deux petites fossettes, et que la lèvre d'en bas couvre l'extrémité des dents supérieures. Ne riez pas sans cesse à vous tenir les côtes : un rire doux et léger a quelque chose qui convient mieux au beau sexe. Il est des femmes qui ne peuvent rire sans se tordre hideusement la bouche ; d'autres, dans leurs accès de gaîté, rient comme on pleure ; d'autres enfin rendent un son rauque et désagréable :

Sed leve nescio quid femineumque sonent.
Est, quæ perverso distorqueat ora cachinno :
　Quum risu læta est altera, flere putes.
Illa sonat raucum, quiddamque inamabile stridet,
　Ut rudit ad scabram turpis asella molam.
Quo non ars penetrat? discunt lacrymare decenter;
　Quoque volunt plorant tempore, quoque modo.
Quid? quum legitima fraudatur littera voce,
　Blæsaque fit jusso lingua coacta sono?
In vitio decor est, quædam male reddere verba :
　Discunt posse minus, quam potuere, loqui.
Omnibus his, quoniam prosunt, impendite curam.
　Discite femineo corpora ferre gradu :
Est et in incessu pars non temnenda decoris.
　Adlicit ignotos illa fugatque viros.
Hæc movet arte latus, tunicisque fluentibus auras
　Excipit; extensos fertque superba pedes.
Illa, velut conjux Umbri rubicunda mariti,
　Ambulat, ingentes varica fertque gradus.
Sed sit, ut in multis, modus hic quoque : rusticus alter
　Motus; in incessu mollior alter erit.
Pars humeri tamen ima tui, pars summa lacerti
　Nuda sit, a læva conspicienda manu :
Hoc vos præcipue, niveæ, decet; hoc ubi vidi,
　Oscula ferre humero, qua patet usque, libet.

on croirait entendre braire une ânesse qui tourne la meule.

Où l'art n'entre-t-il pas? les femmes apprennent aussi à pleurer avec grâce, à pleurer quand elles veulent, et comme elles veulent. Que dirai-je de celles qui retranchent d'un mot une lettre indispensable, et forcent leur langue à bégayer en le prononçant? Ce vice de prononciation devient en elles un agrément : enfin elles s'appliquent à parler moins bien qu'elles ne le pourraient. Ce sont des minuties; mais puisqu'elles sont utiles, étudiez-les avec soin. Apprenez à marcher comme il convient à une femme : il est dans la démarche une grâce qui n'est point à dédaigner; elle séduit ou repousse un nouvel amant. L'une, par un mouvement étudié des hanches, fait flotter sa robe au gré des vents, et, majestueuse, s'avance à pas comptés; l'autre, imitant la rubiconde épouse d'un paysan umbrien, se promène en faisant de grandes enjambées. Mais en cela, comme en bien d'autres choses, il est une mesure à garder. La démarche de l'une est trop rustique, celle de l'autre trop prétentieuse. Vous ferez bien encore de laisser à découvert cette partie du bras gauche qui se joint à l'épaule : cela sied bien surtout aux femmes qui ont la peau blanche; enflammé par cette vue, je voudrais couvrir de baisers tout ce qui s'offre à mes regards.

Monstra maris Sirenes erant, quæ voce canora
 Quamlibet admissas detinuere rates.
His sua Sisyphides auditis pæne resolvit
 Corpora, nam sociis illita cera fuit.
Res est blanda canor : discant cantare puellæ.
 Pro facie multis vox sua lena fuit.
Et modo marmoreis referant audita theatris;
 Et modo Niliacis carmina lusa modis.
Nec plectrum dextra, citharam tenuisse sinistra
 Nesciat arbitrio femina docta meo.
Saxa ferasque lyra movit Rhodopeius Orpheus,
 Tartareosque lacus, tergeminumque canem.
Saxa tuo cantu, vindex justissime matris,
 Fecerunt muros officiosa novos.
Quamvis mutus erat, voci favisse putatur
 Piscis, Arioniæ fabula nota lyræ.
Disce etiam duplici genialia naulia palma
 Verrere : conveniunt dulcibus illa jocis.
Sit tibi Callimachi, sit Coi nota poetæ,
 Sit quoque vinosi Teia Musa senis.
Nota sit et Sappho : quid enim lascivius illa?
 Cuive pater vafri luditur arte Getæ.
Et teneri possis carmen legisse Properti;
 Sive aliquid Galli; sive, Tibulle, tuum;
Dictaque Varroni fulvis insignia villis

Les Sirènes étaient des monstres marins qui, par leur voix mélodieuse, arrêtaient les vaisseaux dans leur course. Après avoir mis ses compagnons à l'abri de leurs séductions, Ulysse, ravi lui-même par leurs accens, faillit rompre les liens qui captivaient ses membres : tant l'harmonie a des charmes puissans ! Femmes, apprenez donc à chanter. Il en est plus d'une parmi vous à qui la beauté de sa voix tint lieu d'attraits. Tantôt répétez les airs que vous avez entendus au théâtre, tantôt des chants légers sur un rhythme égyptien. Une femme bien élevée doit, à mon avis, savoir tenir son archet de la main droite et sa harpe de la main gauche. Le chantre de la Thrace, Orphée, sut émouvoir par les sons de sa lyre, et les rochers, et les monstres sauvages, et l'Achéron, et le triple Cerbère. Et toi, légitime vengeur de l'affront fait à ta mère, Amphion, n'a-t-on pas vu les pierres, dociles à ta voix, s'élever d'elles-mêmes en murailles ? Qui ne connaît les prodiges de la lyre d'Arion ? quoique muet, un poisson fut sensible à ses chants. Apprenez aussi à faire vibrer de l'une et de l'autre main les cordes du psaltérion : cet instrument joyeux est propice aux plaisirs de l'amour.

Vous apprendrez aussi les vers de Callimaque, ceux du chantre de Cos, et ceux du vieillard de Téos, couronné de pampres : sachez Sapho par cœur : est-il rien de plus voluptueux que ses poésies ? N'oubliez pas ce poète qui nous représente un père dupé par les artifices du fourbe Géta. Vous pouvez lire aussi les vers du tendre Properce, ou ceux de mon cher Tibulle, ou quelques passages de Gallus, ou le poëme que Varron a composé sur cette Toison d'or, si fatale à la sœur de Phryxus ; lisez

Vellera, germanæ, Phryxe, querenda tuæ;
Et profugum Æneam, altæ primordia Romæ,
 Quo nullum Latio clarius exstat opus.
Forsitan et nostrum nomen miscebitur istis;
 Nec mea Lethæis scripta dabuntur aquis.
Atque aliquis dicet : Nostri lege culta magistri
 Carmina, quîs partes instruit ille duas.
Deve tribus libris, titulus quos signat *Amorum*,
 Elige, quod docili molliter ore legas.
Vel tibi composita cantetur Epistola voce :
 Ignotum hoc aliis ille novavit opus.
O ita, Phœbe, velis; ita vos, pia numina vatum,
 Insignis cornu Bacche, novemque Deæ!
Quis dubitet, quin scire velim saltare puellam;
 Ut moveat posito brachia jussa mero ?
Artifices lateris, scenæ spectacula, amantur :
 Tantum mobilitas illa decoris habet!

PARVA monere pudet : talorum ducere jactus
 Ut sciat, et vires, tessera missa, tuas.
Et modo tres jactet numeros : modo cogitet, apte
 Quam subeat partem callida, quamque vocet.
Cautaque non stulte latronum prœlia ludat :
 Unus cum gemino calculus hoste perit.
Bellatorque sua prensus sine compare bellat;

surtout, lisez les voyages du fugitif Énée, le fondateur de la superbe Rome : il n'est point de chef-d'œuvre dont le Latium s'énorgueillisse à plus juste titre. Peut-être aussi me sera-t-il permis de mêler mon nom à ces grands noms ; peut-être les eaux du Léthé n'engloutiront pas mes écrits ; peut-être quelqu'un de mes disciples dira : « Lisez ces vers polis où notre maître instruit à la fois l'un et l'autre sexe. Ou choisissez, dans ces trois livres qu'il intitula *les Amours*, des passages que vous lirez d'une voix douce et flexible. Ou bien déclamez avec art une de ses *Héroïdes*, genre d'ouvrage inconnu avant lui et dont il fut l'inventeur. » O Phébus, puisse-t-il en être ainsi ! Veuillez m'accorder cet honneur, puissant Bacchus, et vous chastes filles de Mnémosyne, divinités protectrices des poètes !

Qui peut douter que j'exige dans une jeune beauté le talent de la danse ? Je veux que, déposant la coupe des festins, elle sache mouvoir ses bras en cadence au son des instrumens. Les danseurs habiles font au théâtre les délices des spectateurs : tant l'agilité des mouvemens a de charmes pour nous !

J'ai honte d'entrer dans de si petits détails ; mais je veux que mon élève sache jeter les dés avec adresse, et calculer l'impulsion qu'elle leur donne en les lançant sur la table ; qu'elle sache tantôt amener le nombre trois, tantôt deviner à propos le côté qu'il faut adopter et qu'il faut demander. Je veux qu'elle ne soit point dupe en jouant aux échecs : un seul pion contre deux doit succomber ; un roi qui combat, séparé de sa reine, s'expose à être pris ; et son rival est souvent forcé

Æmulus et cœptum sæpe recurrit iter.
Reticuloque pilæ leves fundantur aperto :
 Nec, nisi quam tolles, ulla movenda pila est.
Est genus in totidem tenui ratione redactum
 Scriptula, quot menses lubricus annus habet.
Parva tabella capit ternos utrimque lapillos;
 In qua vicisse est, continuasse suos.
Mille facesse jocos : turpe est nescire puellam
 Ludere : ludendo sæpe paratur amor.
SED minimus labor est, sapienter jactibus uti :
 Majus opus, mores composuisse suos.
Dum sumus incauti, studioque aperimur in ipso,
 Nudaque per lusus pectora nostra patent;
Ira subit, deforme malum, lucrique cupido;
 Jurgiaque, et rixæ, sollicitusque dolor.
Crimina dicuntur : resonat clamoribus æther :
 Invocat iratos et sibi quisque Deos.
Nulla fides; tabulæque novæ per vota petuntur :
 Et lacrymis vidi sæpe madere genas.
Juppiter a vobis tam turpia crimina pellat,
 In quibus est ulli cura placere viro!
Hos ignava jocos tribuit Natura puellis :
 Materia ludunt uberiore viri.
Sunt illis celeresque pilæ, jaculumque, trochique,
 Armaque, et in gyros ire coactus equus.

L'ART D'AIMER, LIVRE III.

de revenir sur ses pas. Lorsque les balles légères bondissent sur de larges raquettes, ne touchez qu'à celle que vous voulez lancer. Il est un autre jeu, divisé en autant de cases qu'il y a de mois dans l'année; la table contient trois pièces de chaque côté : pour gagner, il faut les ranger toutes les trois sur la même ligne. Apprenez mille jeux divers : il est honteux pour une jeune femme de ne savoir pas jouer; car souvent l'amour vient en jouant.

Mais c'est un faible mérite que de conduire habilement son jeu; le grand point est de rester maître de soi-même. Parfois, trop peu sur nos gardes, et entraînés par la chaleur du jeu, nous nous oublions, et nous montrons à nu le fond de notre cœur. La colère et l'amour du gain, ces vices honteux, s'emparent de nous; de là naissent les querelles, les rixes, et la douleur amère. On s'invective : l'air retentit de cris furieux; et chacun tour-à-tour invoque en sa faveur les dieux irrités. Plus de confiance entre les joueurs : on demande que les instrumens du jeu soient changés; souvent même j'ai vu les visages se baigner de larmes. Puisse Jupiter vous préserver de ces coupables transports, jeunes femmes, qui mettez quelque prix à nous plaire !

Tels sont les jeux que la nature permet à votre sexe délicat : elle ouvre à l'homme une plus vaste carrière. La paume, le javelot, le disque, les armes, et le manège qui force un cheval à tourner sur lui-même, voilà les exercices réservés à l'homme. Ce n'est pas à vous de

Nec vos Campus habet, nec vos gelidissima Virgo;
  Nec Thuscus placida devehit amnis aqua.
At licet, et prodest, Pompeias ire per umbras;
  Virginis aethereis quum caput ardet equis.
Visite laurigero sacrata Palatia Phoebo :
  Ille Paraetonias mersit in alta rates.
Quaeque soror conjuxque ducis monumenta pararunt,
  Navalique gener cinctus honore caput.
Visite turicremas vaccae Memphitidos aras :
  Visite conspicuis terna theatra locis.
Spectentur tepido maculosae sanguine arenae;
  Metaque ferventi circueunda rota.

Quod latet, ignotum est : ignoti nulla cupido.
  Fructus abest, facies quum bona teste caret.
Tu licet et Thamyram superes, et Amoebea cantu,
  Non erit ignotae gratia magna lyrae.
Si Venerem Cous nusquam posuisset Apelles,
  Mersa sub aequoreis illa lateret aquis.
Quid petitur sacris, nisi tantum fama, poetis?
  Hoc votum nostri summa laboris habet.
Cura ducum fuerunt olim regumque poetae;
  Praemiaque antiqui magna tulere chori.
Sanctaque majestas, et erat venerabile nomen
  Vatibus : et largae saepe dabantur opes.
Ennius emeruit, Calabris in montibus ortus,

supporter les travaux du Champ-de-Mars, de vous plonger dans l'onde glacée de la fontaine Virginale, ou de vous laisser entraîner par le paisible courant du Tibre. Mais il vous est permis, il vous est utile de vous promener à l'ombre du Portique de Pompée, lorsque les coursiers brûlans du Soleil entrent dans le signe de la Vierge. Visitez le temple dédié, sur le mont Palatin, à Phébus, à ce dieu ceint de lauriers, qui engloutit dans la mer la flotte égyptienne; ou bien ces monumens qu'ont élevés la sœur et l'épouse d'Auguste, et son gendre, décoré de la couronne navale. Visitez les autels où brûle l'encens offert à la génisse de Memphis; visitez nos trois théâtres, lieux si favorables pour se faire voir; fréquentez cette arène toujours teinte d'un sang nouveau, et cette borne autour de laquelle circulent les chars aux roues brûlantes.

Ce qui se cache reste ignoré; et l'on ne désire point ce qu'on ignore. De quel prix est une belle figure, si personne ne peut la voir? Quand vos chants surpasseraient en douceur ceux de Thamyras et d'Amébée, qui vantera le mérite de votre lyre inconnue? Si le peintre de Cos, Apelle, n'eût point exposé aux regards l'image de Vénus, la déesse serait encore ensevelie sous les eaux. A quoi aspirent les poètes? à la renommée : c'est le but de nos vœux, de nos travaux. Autrefois les poètes étaient les favoris des héros et des rois; et leurs chants, dans l'antiquité, obtinrent les plus brillantes récompenses. Leur personne inspirait un saint respect, leur nom était révéré : on leur prodiguait souvent d'abondantes largesses. Ennius, né dans les montagnes de la Calabre, fut jugé digne d'être inhumé près de toi, grand Scipion. Mais maintenant, le lierre poétique gît sans hon-

Contiguus poni, Scipio magne, tibi,
Nunc ederæ sine honore jacent; operataque doctis
　Cura vigil Musis nomen inertis habet.
Sed famæ vigilare juvat : quis nosset Homerum,
　Ilias æternum si latuisset opus?
Quis Danaen nosset, si semper clausa fuisset,
　Inque sua turri perlatuisset anus?
UTILIS est vobis, formosæ, turba, puellæ :
　Sæpe vagos ultra limina ferte pedes.
Ad multas lupa tendit oves, prædetur ut unam;
　Et Jovis in multas devolat ales aves.
Se quoque det populo mulier speciosa videndam :
　Quem trahat, e multis forsitan unus erit.
Omnibus illa locis maneat studiosa placendi;
　Et curam tota mente decoris agat.
Casus ubique valet : semper tibi pendeat hamus :
　Quo minime credas gurgite, piscis erit.
Sæpe canes frustra nemorosis montibus errant :
　Inque plagam nullo cervus agente cadit.
Quid minus Andromedæ fuerat sperare revinctæ,
　Quam lacrymas ulli posse placere suas?
Funere sæpe viri vir quæritur : isse solutis
　Crinibus, et fletus non tenuisse, decet.
SED vitate viros cultum formamque professos;
　Quique suas ponunt in statione comas.

neur; et les veilles laborieuses des Muses sont flétries du nom d'oisiveté. Nous aimons toutefois à veiller pour la gloire. Qui jamais eût connu Homère, si l'Iliade, cet immortel chef-d'œuvre, n'eût pas vu le jour? Qui jamais eût connu Danaé, si, toujours renfermée, elle eût vieilli cachée dans sa tour?

Jeunes beautés, il est de votre intérêt de vous mêler à la foule : portez souvent hors de chez vous vos pas incertains. La louve épie plusieurs brebis pour en prendre une seule; et l'aigle poursuit plus d'un oiseau dans les airs. Ainsi donc une belle doit s'offrir en spectacle au public : dans le nombre, il y a peut-être un amant que ses charmes captiveront. Que partout elle se montre empressée de plaire, et qu'elle étudie avec soin l'effet que produisent ses appas. Le hasard est partout : que vos filets soient toujours tendus : le poisson viendra s'y prendre, quand vous y penserez le moins. Souvent les chiens parcourent en vain les bois et les montagnes, et le cerf vient de lui-même se jeter dans les toiles. Qui jamais eut moins qu'Andromède, enchaînée sur son rocher, l'espoir que ses larmes intéresseraient quelqu'un à son sort? Les funérailles d'un mari sont souvent une occasion d'en trouver un autre : rien ne sied mieux à une femme que de marcher les cheveux épars, et de donner un libre cours à ses sanglots.

Mais évitez ces hommes qui font parade de leur toilette et de leur beauté, et qui craignent de déranger

Quæ vobis dicunt, dixerunt mille puellis :
　　Errat, et in nulla sede moratur amor.
Femina quid faciat, quum sit vir lævior ipsa,
　　Forsitan et plures possit habere viros?
Vix mihi credetis; sed credite : Troja maneret,
　　Præceptis Priami si foret usa senis.
Sunt qui mendaci specie grassentur amoris,
　　Perque aditus tales lucra pudenda petant.
Nec coma vos fallat liquida nitidissima nardo;
　　Nec brevis in rugas cingula pressa suas;
Nec toga decipiat filo tenuissima; nec si
　　Annulus in digitis alter et alter erit.
Forsitan ex horum numero cultissimus ille
　　Fur sit, et uratur vestis amore tuæ.
Redde meum, clamant spoliatæ sæpe puellæ :
　　Redde meum, toto voce boante foro.
Has, Venus, e templis multo radiantibus auro,
　　Lenta vides lites, Appiadesque Deæ.
Sunt quoque non dubia quædam mala nomina fama :
　　Deceptæ a multis crimen amantis habent.
DISCITE ab alterius vestris timuisse querelis :
　　Janua fallaci nec sit aperta viro.
Parcite, Cecropides, juranti credere Theseo;
　　Quos faciet testes, fecit et ante, Deos.
Et tibi, Demophoon, Thesei criminis heres,

l'édifice de leur coiffure. Ce qu'ils vous diront, ils l'ont déjà répété à mille autres avant vous : leur amour vagabond ne se fixe nulle part. Que peut faire une femme, lorsqu'un homme est plus efféminé qu'elle, et peut-être a plus d'amans? Cela va vous paraître incroyable, et pourtant vous devez le croire : Troie subsisterait encore, si elle eût profité des avis de son vieux roi Priam. Il est des hommes qui s'insinuent auprès des femmes sous les dehors d'un amour mensonger, et qui, par cette voie, ne cherchent qu'un gain honteux. Ne vous laissez séduire ni par leurs cheveux parfumés d'un nard liquide, ni par leur tunique de l'étoffe la plus fine, et dont une étroite ceinture retient les plis artistement arrangés, ni par les nombreux anneaux qui couvrent leurs doigts. Peut-être le mieux paré de ces damoiseaux n'est qu'un escroc qui brûle du désir de vous dépouiller de vos riches vêtemens. « Rends-moi mon bien! » s'écrient souvent les femmes ainsi trompées; et le barreau tout entier retentit de ces cris redoublés : « Rends-moi mon bien! » Du haut de tes autels tout resplendissans d'or, Vénus, et vous déesses dont les temples s'élèvent sur la voie Appienne, vous contemplez ces débats sans en être émues. Parmi ces galans, il en est d'ailleurs dont la mauvaise réputation est si notoire, que les femmes trompées par plusieurs d'entre eux méritent de partager leur opprobre.

Femmes, apprenez par les plaintes d'autrui à vous mettre à l'abri du même sort; et que votre porte ne s'ouvre jamais pour un vil suborneur. Gardez-vous, filles de Cécrops, de croire aux sermens de Thésée : ce n'est pas la première fois qu'il prend les dieux à témoin d'un parjure. Et toi, Démophoon, héritier de la perfidie de

Phyllide decepta, nulla relicta fides.
Si bene promittant, totidem promittite verbis :
    Si dederint, et vos gaudia pacta date.
Illa potest vigiles flammas extinguere Vestæ,
    Et rapere e templis, Inachi, sacra tuis;
Et dare mixta viro tritis aconita cicutis,
    Accepto Venerem munere si qua negat.

FERT animus propius consistere : supprime habenas,
    Musa; nec admissis excutiare rotis.
Verba vadum tentent abiegnis scripta tabellis :
    Accipiat missas apta ministra notas.
Inspice : quodque leges, ex ipsis collige verbis,
    Fingat, an ex animo sollicitusque roget.
Postque brevem rescribe moram : mora semper amantes
    Incitat, exiguum si modo tempus habet.
Sed neque te facilem juveni promitte roganti :
    Nec tamen eduro, quod petit, ore nega.
Fac timeat speretque simul; quotiesque remittes,
    Spesque magis veniat certa, minorque metus.
Munda, sed e medio, consuetaque verba, puellæ,
    Scribite : sermonis publica forma placet.
Ah quoties dubius scriptis exarsit amator,
    Et nocuit formæ barbara lingua bonæ!
SED quoniam, quamvis vittæ careatis honore,

Thésée! après avoir trompé Phyllis, quelle confiance peux-tu inspirer? Femmes, si vos amans vous font de belles promesses, payez-les de la même monnaie : s'ils vous font des présens, accordez-leur les faveurs convenues. Elle peut éteindre les feux éternels de Vesta, enlever de ton temple, ô fille d'Inachus! les choses sacrées, et présenter à son époux un breuvage où l'aconit mêle ses poisons à ceux de la ciguë, la femme qui, après avoir reçu les dons d'un amant, refuse de couronner ses vœux.

Mais où s'égare mon esprit? Muse, serre les rênes de tes coursiers, de peur qu'ils ne t'emportent au delà du but. Lorsque votre amant aura sondé le gué par quelques mots tracés sur ses tablettes, et qu'une adroite suivante aura reçu les billets qu'il vous envoie; méditez-les attentivement, pesez ce que vous lisez, et tâchez de deviner, par ses propres expressions, si son amour n'est qu'une feinte, ou si ses prières viennent d'un cœur vraiment épris. Ne vous hâtez pas trop de lui répondre : l'attente, si elle n'est pas trop prolongée, aiguillonne le désir. Ne vous montrez pas trop facile aux instances d'un jeune amant, mais pourtant ne rejetez pas durement ses prières. Faites qu'il espère et craigne en même temps; et qu'à chaque refus son espoir devienne plus certain, et ses craintes moins vives. Quant à vos réponses, qu'elles soient d'un style correct, mais familier : les termes usités sont toujours sûrs de plaire. Que de fois une lettre a rallumé les feux d'un amour chancelant! Que de fois un langage barbare a détruit les prestiges de la beauté!

Mais vous qui, sans prétendre aux honneurs de la

Est vobis vestros fallere cura viros :
Ancillæ puerive manus ferat apta tabellas;
  Pignora nec juveni credite vestra novo.
Vidi ego, pallentes isto terrore puellas,
  Servitium miseras tempus in omne pati.
Perfidus ille quidem, qui talia pignora servat :
  Sed tamen Ætnæi fulminis instar habet.
Judice me, fraus est concessa repellere fraudem;
  Armaque in armatos sumere jura sinunt.
Ducere consuescat multas manus una figuras;
  Ah pereant, per quos ista monenda mihi!
Nec nisi deletis tutum rescribere ceris,
  Ne teneat geminas una tabella manus.
Femina dicatur scribenti semper amator;
  Illa sit in vestris, qui fuit *ille*, notis.

SED licet a parvis animum ad majora referre,
  Plenaque curvato pandere vela sinu;
Pertinet ad faciem rabidos compescere mores.
  Candida pax homines, trux decet ira feras.
Ora tument ira; nigrescunt sanguine venæ;
  Lumina Gorgoneo sævius igne micant.
I procul hinc, dixit, non es mihi, tibia, tanti;
  Ut vidit vultus Pallas in amne suos.
Vos quoque, si media speculum spectetis in ira,

chasteté, voulez cependant tromper vos époux, sans qu'ils s'en doutent; ne faites porter vos tablettes que par une servante ou un esclave d'une adresse éprouvée; et ne confiez pas ces preuves de votre tendresse à un amant novice. J'ai vu, pour une semblable imprudence, des jeunes femmes pâlir de terreur, et passer leur malheureuse existence dans un esclavage continuel. Il est bien perfide sans doute, celui qui conserve de pareils gages; mais il tient en main des armes aussi redoutables que les foudres du mont Etna. Il est juste, selon moi, d'opposer la fraude à la fraude, comme la loi permet de repousser les armes par les armes. Que la même main s'accoutume à varier son écriture de plusieurs manières : ah! périssent les traîtres qui m'obligent à vous donner de semblables conseils! Il n'est pas prudent non plus de répondre sur les mêmes tablettes, avant d'en avoir bien effacé l'écriture, de peur que la cire n'offre la trace de deux écritures différentes. Que les lettres que vous écrivez à votre amant semblent s'adresser à une femme; et dans vos billets doux dites toujours *elle*, en parlant de *lui*.

Mais passons de ces petits détails à de plus graves sujets, et voguons enfin à pleines voiles. Pour conserver la pureté de vos traits, il vous importe de comprimer la violence de vos passions. La douce paix est l'apanage de l'homme, comme la farouche colère est le partage de la brute. La colère gonfle le visage, grossit les veines d'un sang noir, et allume dans l'œil tous les feux de la Gorgone. « Loin d'ici, flûte maudite, tu n'es pas assez précieuse pour te sacrifier ma beauté, » dit Pallas en voyant dans l'onde ses traits défigurés par cet instrument. Et vous aussi, jeunes femmes, si vous vous re-

Cognoscat faciem vix satis ulla suam.
Nec minus in vultu damnosa superbia vestro :
Comibus est oculis adliciendus amor.
Odimus immodicos, experto credite, fastus :
Sæpe tacens odii semina vultus habet.
Spectantem specta : rideati mollia ride.
Innuet? acceptas tu quoque redde notas.
Sic ubi prolusit, rudibus puer ille relictis,
Spicula de pharetra promit acuta sua.
Odimus et mœstas : Tecmessam diligat Ajax :
Nos, hilarem populum, femina læta capit.
Nunquam ego te, Andromache, nec te, Tecmessa, rogarem,
Ut mea de vobis altera amica foret.
Credere vix videor, quum cogar credere partu,
Vos ego cum vestris concubuisse viris.
Scilicet Ajaci mulier mœstissima dixit,
Lux mea! quæque solent verba juvare viros?
Quid vetat a magnis ad res exempla minores
Sumere, nec nomen pertimuisse ducis?
Dux bonus huic centum commisit vite regendos,
Huic equites; illi signa tuenda dedit.
Vos quoque, de nobis quem quisque sit aptus ad usum,
Inspicite; et certo ponite quemque loco.
Munera det dives : jus qui profitebitur, adsit :
Facundus causam sæpe clientis agat.

gardiez dans un miroir, au milieu d'un accès de colère, pas une de vous ne pourrait alors reconnaître son visage. L'orgueil n'est pas moins nuisible à vos attraits : il faut de doux regards pour captiver l'amour. Croyez-en mon expérience, nous haïssons les hauteurs d'une excessive vanité ; et souvent, sans parler, un visage hautain engendre des semences de haine. Regardez l'amant qui vous regarde ; payez son sourire d'un doux sourire ; répondez à ses signes par des signes d'intelligence. C'est ainsi que l'Amour, après avoir préludé avec des flèches émoussées, tire de son carquois des traits aigus. Nous haïssons aussi la tristesse : qu'Ajax aime sa Tecmesse ; pour nous, troupe joyeuse, c'est la gaîté qui nous séduit dans une femme. Andromaque, Tecmesse, je n'aurais jamais prié l'une de vous deux d'être mon amante ; et, sans votre fécondité, je ne pourrais croire que vos époux aient goûté dans vos bras les plaisirs de l'amour. Comment une femme aussi triste que Tecmesse eût-elle dit à Ajax : Lumière de ma vie ! et ces douces paroles qui charment un époux ?

Qu'il me soit permis d'appliquer à mon art frivole des exemples tirés d'un art plus sérieux, et d'oser le comparer aux manœuvres d'un général d'armée. Un chef habile confie à un officier la conduite de cent fantassins ; à un autre un escadron de cavalerie ; à un autre la garde des drapeaux. Et vous aussi, jeunes beautés, examinez à quoi chacun de nous peut vous être utile ; et donnez à chacun l'emploi qui lui convient. Que l'homme riche vous fasse des présens ; que le jurisconsulte vous aide de ses conseils ; que l'avocat éloquent

Carmina qui facimus, mittamus carmina tantum :

    Nos chorus ante alios aptus amare sumus;

Nos facimus placitæ late præconia formæ.

    Nomen habet Nemesis : Cynthia nomen habet.

Vesper et Eoæ novere Lycorida terræ;

    Et multi, quæ sit nostra Corinna, rogant.

Adde, quod insidiæ sacris a vatibus absunt,

    Et facit ad mores ars quoque nostra suos.

Nec nos ambitio, nec amor nos urget habendi :

    Contemto colitur lectus et umbra foro.

Sed facile hæremus, validoque perurimur æstu;

    Et nimium certa scimus amare fide.

Scilicet ingenium placida mollitur ab arte;

    Et studio mores convenienter eunt.

Vatibus Aoniis faciles estote, puellæ :

    Numen inest illis, Pieridesque favent.

Est Deus in nobis, et sunt commercia cœli :

    Sedibus ætheriis spiritus ille venit.

A doctis pretium scelus est sperare poetis :

    Me miserum! scelus hoc nulla puella timet.

Dissimulate tamen, nec prima fronte rapaces

    Este : novus, viso casse, resistet amans.

Sed neque vector equum, qui nuper sensit habenas,

    Comparibus frenis, artificemque regit;

Nec stabiles annis animos, viridemque juventam

plaide souvent la cause de sa belle cliente. Pour nous qui faisons des vers, nous ne pouvons vous offrir que nos vers; cependant, plus que tous les autres, nous sommes enclins à l'amour; et nous faisons vivre dans l'avenir le plus lointain la beauté qui sut nous plaire. C'est par nous que Némésis et Cynthie ont un nom fameux; par nous, que Lycoris est connue du couchant à l'aurore; et déjà de tous côtés on demande quelle est ma Corinne. Ajoutez que toute embûche répugne au cœur religieux du poète, et que notre art façonne ses disciples aux bonnes mœurs. Inaccessibles à l'ambition, à l'amour des richesses, fuyant le tumulte du forum, nous ne cherchons que l'ombre et le repos. Mais nous nous attachons trop aisément; le feu qui nous brûle est un feu durable, et nous aimons, hélas! avec trop de fidélité. L'art paisible que nous cultivons adoucit notre caractère, et nos habitudes sont conformes à nos travaux. Jeunes beautés, montrez-vous faciles aux vœux des poètes : favoris des Muses, un dieu réside en eux. Oui, un dieu vit en nous, nous commerçons avec le ciel; le souffle qui nous anime vient des demeures éthérées. C'est un crime d'attendre un salaire des doctes poètes; mais, hélas! c'est un crime qu'aucune belle ne craint de commettre.

Femmes, du moins sachez dissimuler, et ne montrez pas d'abord votre cupidité. Craignez qu'un nouvel amant ne s'échappe à la vue du piège qu'on lui tend. Un habile écuyer ne gouverne pas un coursier récemment soumis au frein, comme celui qui a vieilli dans les exercices du manège. Ainsi vous ne captiverez pas un amant

*

Ut capias, idem limes agendus erit.
Hic rudis, et castris nunc primum notus Amoris,
  Qui tetigit calamos præda novella tuos;
Te solam norit; tibi semper inhæreat uni.
  Cingenda est altis sepibus ista reges :
Effuge rivalem : vinces, dum sola tenebis :
  Non bene cum sociis regna Venusque manent.
Ille vetus miles sensim et sapienter amabit;
  Multaque tironi non patienda feret;
Nec franget postes, nec sævis ignibus uret,
  Nec dominæ teneras adpetet ungue genas.
Nec scindet tunicasve suas, tunicasve puellæ;
  Nec raptus flendi causa capillus erit.
Ista decent pueros ætate et amore calentes :
  Hic fera composita vulnera mente feret.
Ignibus hic lentis uretur, ut humida tæda;
  Ut modo montanis silva recisa jugis.
Certior hic amor est : brevis et fecundior ille.
  Quæ fugiunt, celeri carpite poma manu.
Omnia tradantur : portas reseravimus hosti;
  Et sit in infida proditione fides.
Quod datur ex facili, longum male nutrit amorem :
  Miscenda est lætis rara repulsa jocis.
Ante fores jaceat : Crudelis janua! clamet :
  Multaque submisse, multa minanter agat.

dans la fougue du jeune âge, comme un homme mûri par les années. L'un, soldat novice, qui fait ses premières armes sous l'étendard de l'Amour, et qui, nouvelle proie, vient de tomber dans vos filets, ne doit connaître que vous, ne s'attacher qu'à vous seule. C'est une moisson qu'il faut entourer d'une haie épaisse. Redoutez les rivales; vous ne conserverez votre conquête qu'autant que vous l'occuperez seule : l'amour, comme le trône, ne souffre point de partage. L'autre, guerrier vétéran, lent à s'enflammer, et sage dans son ardeur, endurera bien des choses que ne souffrirait pas un jeune débutant. On ne le verra pas briser vos portes ou y mettre le feu; ses ongles ne mettront pas en sang les joues délicates de sa maîtresse. Il ne déchirera pas sa tunique ou la robe de celle qu'il aime; il ne vous fera pas verser des larmes en arrachant vos cheveux. De tels excès ne sont permis qu'aux adolescens, dans la chaleur de l'âge et de l'amour. Mais lui, supportera patiemment les plus cruelles blessures. Il brûlera d'un feu lent, comme une torche humide ou comme le bois vert qui vient d'être coupé sur le sommet des montagnes. Cet amour est plus sûr; l'autre est plus actif, mais moins durable : hâtez-vous donc de cueillir cette fleur éphémère.

Enfin la place se rend à discrétion; les portes sont ouvertes à l'ennemi : qu'il se croie en sûreté au sein même de la trahison. Des faveurs trop facilement accordées sont peu propres à prolonger la durée de l'amour : il faut donc tempérer par quelques refus la joie de son triomphe. Que votre amant, couché sur votre seuil, s'écrie : Porte inflexible! qu'il emploie tour-à-tour la prière et la menace. Les alimens trop doux

Dulcia non ferimus : succo renovemur amaro.
    Sæpe perit ventis obruta cymba suis.
Hoc est, uxores quod non patiatur amari :
    Conveniunt illas, quum voluere, viri.
Obde forem; et duro dicat mihi janitor ore :
    Non potes; exclusum me quoque tanget amor.
PONITE jam gladios hebetes; pugnetur acutis;
    Nec dubito, telis quin petar ipse meis.
Dum cadit in laqueos captus quoque nuper amator,
    Solum se thalamos speret habere tuos.
Postmodo rivalem, partitaque fœdera lecti
    Sentiat : has artes tolle; senescet amor.
Tum bene fortis equus, reserato carcere, currit,
    Quum, quos prætereat, quosque sequatur, habet.
Quamlibet extinctos injuria suscitat ignes.
    En ego, confiteor, non, nisi læsus, amo.
Causa tamen nimium non sit manifesta doloris;
    Pluraque sollicitus, quam sciat, esse putet.
Incitet et ficti tristis custodia servi,
    Et nimium duri cura molesta viri.
Quæ venit ex tuto, minus est accepta voluptas.
    Ut sis liberior Thaide, finge metus.
Quum melius foribus possis, admitte fenestra;
    Inque tuo vultu signa timentis habe.
Callida prosiliat, dicatque ancilla, Perimus!

blasent notre palais, l'amertume réveille notre appétit : plus d'une barque périt par un vent favorable. Ce qui empêche les maris d'aimer leurs femmes, c'est qu'ils obtiennent à volonté leurs caresses. Fermez donc votre porte, et que votre concierge me dise d'un ton rébarbatif : « On n'entre pas! » Ce refus irritera mon amour.

Quittez, il en est temps, les armes courtoises, pour en prendre de mieux acérées : dussé-je voir se tourner contre moi les traits que je vous ai fournis. Que le nouvel amant tombé captif dans vos filets, se flatte d'abord d'être seul admis aux plaisirs de votre couche; mais que bientôt il craigne un rival, qu'il se croie réduit à partager avec lui vos faveurs : sans ces stratagèmes, l'amour vieillit promptement. Jamais un coursier généreux ne vole avec plus de rapidité dans la carrière, que lorsqu'il a des rivaux à devancer ou à atteindre. Un affront, quel qu'il soit, rallume notre flamme : moi-même, je l'avoue, je n'aime que la beauté qui m'outrage. Mais ne donnez pas à votre amant des motifs trop évidens de se plaindre, et que, rongé d'inquiétudes, il se figure qu'il y en a plus qu'il n'en sait. Que la triste vigilance d'un gardien supposé ou l'importune jalousie d'un époux trop sévère aiguillonnent sa passion. Un plaisir sans danger est un plaisir moins vif. Fussiez-vous plus libre de vos actions que Thaïs, forgez à votre amant des craintes imaginaires : quand il vous serait plus facile de le faire entrer par la porte, faites-le passer par la fenêtre; et qu'il lise sur votre visage tous les symptômes de l'effroi. Qu'une fine soubrette accourre tout à coup, en s'écriant : « Nous sommes perdus! » Alors,

Tu juvenem trepidum quolibet abde loco.
Admiscenda tamen Venus est secura timori;
   Ne tanti noctes non putet esse tuas.

Qua vafer eludi possit ratione maritus,
   Quaque vigil custos, praeteriturus eram.
Nupta virum timeat : rata sit custodia nuptae.
   Hoc decet : hoc leges jusque pudorque jubent.
Te quoque servari, modo quam vindicta redemit,
   Quis ferat? ut fallas, ad mea sacra veni.
Tot licet observent, adsit modo certa voluntas,
   Quot fuerant Argo lumina, verba dabis.
Scilicet obstabit custos, ne scribere possis,
   Sumendae detur quum tibi tempus aquae?
Conscia quum possit scriptas portare tabellas,
   Quas tegat in tepido fascia lata sinu?
Quum possit sura chartas celare ligatas,
   Et vincto blandas sub pede ferre notas?
Caverit haec custos : pro charta conscia tergum
   Praebeat; inque suo corpore verba ferat.
Tuta quoque est, fallitque oculos e lacte recenti
   Littera : carbonis pulvere tange; leges.
Fallet et humiduli quae fiet acumine lini,
   Et feret occultas pura tabella notas.
Adfuit Acrisio servandae cura puellae :
   Hunc tamen illa suo crimine fecit avum.

cachez dans quelque coin le jeune homme tremblant. Mais que des plaisirs sans trouble succèdent enfin à ses alarmes ; de crainte que vos faveurs ne lui semblent achetées trop cher à ce prix.

J'allais passer sous silence les moyens de tromper un mari rusé et un argus vigilant. Qu'une femme bien née craigne son époux, qu'elle soit entourée d'une garde sûre, c'est dans l'ordre : ainsi le veulent les lois, l'équité et la pudeur. Mais qu'on vous soumette aussi à cet esclavage, vous que vient d'affranchir le préteur ; qui de nous pourrait le souffrir ? Venez à mon école apprendre à tromper. Eussiez-vous autant de surveillans qu'Argus avait d'yeux, vous les duperez tous, si vous en avez la ferme volonté. Un gardien, par exemple, pourra-t-il vous empêcher d'écrire pendant le temps consacré aux bains ? empêchera-t-il qu'une suivante, complice de vos amours, ne porte vos billets doux cachés dans son sein, sous sa large ceinture ? ne peut-elle pas encore les soustraire aux regards, soit dans la tige de ses brodequins, soit sous la plante de ses pieds ? Mais supposons que votre gardien déjoue toutes ces ruses : eh bien ! que votre confidente vous offre ses épaules en guise de tablettes, et que son corps devienne une lettre vivante. Il est encore un moyen assuré de tromper des yeux jaloux, en traçant des caractères avec du lait chaud : un peu de charbon pulvérisé suffira pour les rendre lisibles. Vous obtiendrez le même résultat avec un tuyau de lin vert; et c'est ainsi que sur un papier blanc seront tracées des lettres invisibles. Acrisius ne négligea rien pour garder l'honneur de sa fille ; et cependant une galante intrigue le fit grand-père. A quoi sert un surveillant dans cette ville remplie de théâtres, lorsqu'une belle peut

Quid faciat custos, quum sint tot in urbe theatra?
　Quum spectet junctos illa libenter equos?
Quum sedeat Phariæ sacris operata juvencæ;
　Quoque sui comites ire vetantur, eat?
Quum fuget e templis oculos Bona Diva virorum,
　Præterquam si quos illa venire jubet:
Quum, custode foris tunicas servante puellæ,
　Celent furtivos balnea tuta viros:
Quum, quoties opus est, fallax ægrotet amica,
　Et cedat lecto quamlibet ægra suo:
Nomine quum doceat, quid agamus, adultera clavis,
　Quasque petas, non det janua sola, vias?
Fallitur et multo custodis cura Lyæo:
　Illa vel Hispano lecta sit uva jugo.
Sunt quoque quæ faciant altos medicamina somnos;
　Victaque Lethæa lumina nocte premant.
Nec male deliciis odiosum conscia tardis
　Detinet; et longa jungitur ipsa mora.
Quid juvat ambages, præceptaque parva movere,
　Quum minimo custos munere possit emi?
Munera, crede mihi, capiunt hominesque Deosque:
　Placatur donis Jupiter ipse datis.
Quid sapiens faciat? stultus quoque munere gaudet.
　Ipse vir, accepto munere, mutus erit.
Sed semel est custos longum redimendus in annum:
　Sæpe dabit, dederit quas semel, ille manus.

librement assister aux courses de chars; lorsqu'elle assiste aux sacrifices de la génisse de Memphis; lorsqu'elle va dans tous ces lieux dont l'entrée est interdite à ses gardiens, lorsque la Bonne-Déesse exclut de son temple tous les hommes, excepté ceux qu'il lui plaît d'y admettre; lorsque le pauvre surveillant garde les habits de sa jeune maîtresse à la porte de ces bains où se cachent sans crainte des galans inaperçus? Ne trouvera-t-elle pas, tant qu'elle le voudra, une amie prétendue qui se dira malade, et qui, quoique malade, lui cèdera son lit? Une fausse clef, par son nom seul, n'indique-t-elle pas l'usage qu'on en doit faire? et n'est-il pas, pour pénétrer chez sa belle, d'autres chemins que la porte? On peut encore endormir la vigilance d'un argus en le faisant boire largement, fût-ce d'un vin récolté sur les coteaux de l'Espagne. Il est encore des drogues qui procurent un profond sommeil, et qui font peser sur les yeux une nuit aussi épaisse que celle du Léthé. Votre confidente peut écarter aussi un odieux Cerbère par l'appât du plaisir, et le retenir long-temps enchaîné dans ses bras. Mais à quoi bon tant de détours et de conseils minutieux, lorsqu'on peut si facilement le gagner par le plus petit présent? Les présens, croyez-moi, séduisent les hommes et les dieux : Jupiter lui-même se laisse fléchir par les offrandes. Que fera donc le sage, lorsque l'homme le plus borné connaît toute la valeur d'un présent? Il n'est pas jusqu'au mari de la belle, qu'un présent ne puisse rendre muet. Mais il suffit d'acheter une seule fois l'année le silence de son gardien : une fois qu'il aura prêté les mains à votre intrigue, il les y prêtera toujours.

Questus eram, memini, metuendos esse sodales :
  Non tangit solos ista querela viros.
Credula si fueris, aliæ tua gaudia carpent;
  Et lepus hic aliis exagitandus erit.
Hæc quoque, quæ præbet lectum studiosa locumque,
  Crede mihi, mecum non semel illa fuit.
Nec nimium vobis formosa ancilla ministret :
  Sæpe vicem dominæ præstitit illa mihi.
Quo feror insanus? quid aperto pectore in hostem
  Mittor, et indicio prodor ab ipse meo?
Non avis aucupibus monstrat, qua parte petatur :
  Non docet infestas currere cerva canes.
Viderit utilitas; præcepta fideliter edam :
  Lemniasi gladios in mea fata dabo.
Efficite, et facile est, ut nos credamus amari :
  Prona venit cupidis in sua vota fides.
Spectet amabilius juvenem; suspiret ab imo
  Femina; tam sero cur veniatque roget.
Accedant lacrymæ, dolor et de pellice fictus :
  Et laniet digitis illius ora suis.
Jamdudum persuasus erit, miserebitur ultro;
  Et dicet : Cura carpitur ista mei!
Præcipue, si cultus erit, speculoque placebit,
  Posse suo tangi credet amore Deas.
Sed te, quæcumque es, moderate injuria turbet;

J'ai déploré naguère, il m'en souvient, qu'il fallût se méfier même de ses amis; mais ce reproche ne s'adresse pas seulement aux hommes. Si vous êtes trop confiante, d'autres goûteront les plaisirs qui vous étaient dûs; et le lièvre que vous aurez levé ira se prendre dans les filets d'autrui. Cette officieuse amie, qui vous prête et sa chambre et son lit, s'y est trouvée plus d'une fois en tête à tête avec votre amant. N'ayez pas non plus de servantes trop jolies, car souvent elles prennent auprès de nous la place de leurs maîtresses.

Insensé! que fais-je? où me laissé-je emporter? je m'offre à l'ennemi la poitrine découverte; je me trahis moi-même. L'oiseau n'enseigne pas à l'oiseleur les moyens de le prendre; la biche ne dresse pas à la course les chiens, ses ennemis. N'importe, pourvu que je sois utile, je continuerai à vous donner fidèlement mes leçons, dussé-je armer contre moi de nouvelles Lemniades. Femmes, faites en sorte que nous nous croyions aimés, rien n'est plus facile : on croit aisément ce qu'on désire. Jetez sur un jeune homme des regards séduisans; poussez de profonds soupirs; reprochez-lui de venir trop tard; n'épargnez pas les larmes, témoignages de la douleur que vous cause une prétendue rivale; que vos ongles même déchirent le visage de votre amant. Il sera bientôt persuadé que vous l'adorez, et, touché de vos tourmens : « Cette femme, dira-t-il, est folle de moi! » surtout, si c'est un petit-maître qui se plaît à consulter son miroir et qui se croit capable d'inspirer de l'amour aux déesses elles-mêmes. Mais, mortelle ou déesse, ne soyez que médiocrement émue de ses torts envers vous; et n'allez pas perdre la tête au seul nom d'une rivale. Ne soyez pas trop crédule sur cet article : Procris vous offre

Neu sis, audita pellice, mentis inops.
Nec cito credideris : quantum cito credere lædat,
  Exemplum vobis non leve Procris erit.
Est prope purpureos colles florentis Hymetti
  Fons sacer, et viridi cespite mollis humus.
Silva nemus non alta facit : tegit arbutus herbam :
  Ros maris, et lauri, nigraque myrtus olent :
Nec densæ foliis buxi, fragilesque myricæ,
  Nec tenues cytisi, cultaque pinus abest.
Lenibus impulsæ Zephyris, auraque salubri,
  Tot generum frondes, herbaque summa tremunt.
Grata quies Cephalo, famulis canibusque relictis :
  Lassus in hac juvenis sæpe resedit humo.
Quoque meos releves æstus, cantare solebat,
  Accipienda sinu, mobilis Aura, veni.
Conjugis ad timidas aliquis male sedulus aures
  Auditos memori detulit ore sonos.
Procris ut accepit nomen, quasi pellicis, Auræ,
  Excidit, et subito muta dolore fuit.
Palluit, ut seræ, lectis de vite racemis,
  Pallescunt frondes, quas nova læsit hiems;
Quæque suos curvant matura cydonia ramos;
  Cornaque adhuc nostris non satis apta cibis.
Ut rediit animus, tenues a pectore vestes
  Rumpit, et indignas sauciat ungue genas.

un exemple frappant des dangers d'une trop facile crédulité.

Près des coteaux rians et fleuris de l'Hymette, est une fontaine sacrée, dont les rives sont tapissées d'un vert gazon. Des arbres peu élevés forment à l'entour moins un bois qu'un bocage; l'arbousier y offre un abri; le romarin, le laurier et le sombre myrte y répandent leurs parfums; là, croissent aussi le buis au feuillage épais, la fragile bruyère, l'humble cytise et le pin élancé. Tous ces feuillages divers et les sommités des herbes frémissent, agités par la douce haleine des zéphyrs et par une brise bienfaisante. C'est là que le jeune Céphale, laissant à l'écart sa suite et ses chiens, venait, las des travaux de la chasse, goûter les douceurs du repos : « Brise légère, répétait-il souvent, viens dans mon sein, viens éteindre mes feux ! » Quelqu'un l'entendit, et, méchamment officieux, alla répéter à sa craintive épouse ces innocentes paroles. Procris, au nom de cette Brise, qu'elle prend pour une rivale, tombe sans connaissance; et la douleur lui enlève l'usage de la voix. Elle pâlit : tels, après la vendange, pâlissent les pampres tardifs qu'ont saisis les premiers froids de l'hiver; tels ces coings mûrs qui font courber les rameaux sous leur poids; tels les fruits du cormier, lorsqu'ils sont encore trop acides pour figurer sur nos tables. Dès qu'elle eut repris ses sens, elle déchire les légers vêtemens qui couvrent son sein, et ses ongles ensanglantent son visage. Puis soudain, furieuse et les cheveux épars, elle s'élance à travers les campagnes, comme une bacchante en délire. Arrivée près du lieu

Nec mora : per medias sparsis furibunda capillis
  Evolat, ut thyrso concita Baccha, vias.
Ut prope perventum, comites in valle relinquit :
  Ipsa nemus tacito clam pede fortis init.
Quid tibi mentis erat, quum sic male sana lateres,
  Procri? quis adtoniti pectoris ardor erat?
Jam jam venturam, quæcumque erat Aura, putabas
  Scilicet, atque oculis probra videnda tuis.
Nunc venisse piget; neque enim deprendere velles!
  Nunc juvat : incertus pectora versat amor.
Credere quæ jubeant, locus est, et nomen, et index;
  Et quia amans semper, quod timet, esse putat.
Vidit ut oppressam, vestigia corporis, herbam,
  Pulsantur trepidi, corde micante, sinus.
JAMQUE dies medius tenues contraxerat umbras,
  Inque pari spatio vesper et ortus erant :
Ecce redit Cephalus silvis, Cyllenia proles,
  Oraque fontana fervida spargit aqua.
Anxia, Procri, lates : solitas jacet ille per herbas;
  Et, Zephyri molles, Auraque, dixit, ades!
Ut patuit miseræ jucundus nominis error,
  Et mens, et rediit verus in ora color.
Surgit; et adpositas agitato corpore frondes
  Movit, in amplexus uxor itura viri.
Ille feram sonuisse ratus, juveniliter arcum

fatal, elle laisse dans le vallon ses compagnes, et pénètre hardiment, mais à petits pas et sans bruit, dans la forêt. Quel est ton dessein, insensée Procris, en te cachant ainsi? quelle imprudente ardeur anime ton esprit égaré? tu crois sans doute voir arriver cette Brise, cette rivale inconnue; tu penses que tes yeux vont être témoins de ton opprobre. Tantôt tu te repens de ta démarche; tu crains de surprendre les coupables! tantôt tu t'en applaudis : l'amour livre ton cœur aux plus cruelles incertitudes. Tout excuse ta crédulité : le lieu, le nom, le délateur, et ce fatal penchant qu'ont tous les amans à croire ce qu'ils redoutent. Mais dès que tu vis l'herbe foulée, et qui offrait les traces récentes d'une personne, alors l'effroi redoubla les battemens de ton cœur, prêt à se briser.

Déjà le soleil, à son midi, avait raccourci les ombres et voyait à une égale distance l'orient et l'occident, lorsque le fils du dieu de Cyllène, Céphale, revint à la forêt, et baigna dans une source voisine son visage brûlant. Cachée près de lui, Procris inquiète l'épie : elle le voit s'étendre sur l'herbe accoutumée; elle l'entend s'écrier : « Venez, doux Zéphyrs, viens, Brise légère! » O surprise agréable! elle reconnaît son erreur, causée par un nom équivoque; elle recouvre ses esprits; son visage reprend sa couleur naturelle : elle se lève; et, voulant s'élancer dans les bras de son époux, elle agite par ce mouvement le feuillage qui l'environne. Céphale, attribuant ce bruit à quelque bête fauve, saisit vivement son arc, et déjà de sa main

Corripit : in dextra tela fuere manu.
Quid facis, infelix? non est fera : supprime tela.
Me miserum! jaculo fixa puella tuo est.
Hei mihi! conclamat, fixisti pectus amicum.
Hic locus a Cephalo vulnera semper habet.
Ante diem morior, sed nulla pellice læsa :
Hoc faciet positæ te mihi, terra, levem.
Nomine suspectas jam spiritus exit in auras :
Labor io! cara lumina conde manu.
Ille sinu dominæ morientia corpora mœsto
Sustinet, et lacrymis vulnera sæva lavat.
Exit, et, incauto paulatim pectore lapsus,
Excipitur miseri spiritus ore viri.

SED repetamus iter : nudis mihi rebus agendum est,
Ut tangat portus fessa carina suos.
Scilicet exspectes, dum te in convivia ducam,
Et quæras monitus hac quoque parte meos?
Sera veni; positaque decens incede lucerna.
Grata mora est Veneri : maxima lena mora est.
Etsi turpis eris, formosa videbere potis ;
Et latebras vitiis nox dabit ipsa tuis.
Carpe cibos digitis : est quiddam gestus edendi;
Ora nec immunda tota perunge manu.
Neve domi præsume dapes : sed desine, citra
Quam cupies, paulo, quam potes esse, minus.

balance une flèche homicide. Que fais-tu, malheureux ? ce n'est point une bête fauve.... arrête !.... il est trop tard ! ton épouse tombe percée de tes traits. « Hélas ! s'écria-t-elle, tu as blessé le cœur d'une amante ! un cœur toujours en butte aux coups de Céphale. Je meurs avant le temps ; mais je meurs sans rivale : la terre qui va me couvrir en sera plus légère. Déjà cette Brise qui causa mon erreur emporte mon âme dans les airs : ah ! je meurs !..... que du moins ta main chérie me ferme les yeux. » Céphale désolé presse sur son cœur une épouse expirante et arrose de larmes sa cruelle blessure. Enfin l'âme de l'imprudente Procris s'échappe par degrés de son sein, et son époux, les lèvres collées sur ses lèvres, recueille son dernier soupir.

Mais reprenons notre course, et pour que notre barque fatiguée touche enfin au port, laissons les exemples et parlons sans détours. Jeunes femmes, vous attendez de moi sans doute que je vous conduise aux festins, et que là mes avis guident encore vos pas. Venez-y tard, et attendez, pour vous y montrer dans tous vos charmes, que les flambeaux soient allumés. L'attente plaît à Vénus, l'attente est une puissante introductrice. Fussiez-vous laide, vous paraîtrez belle à des yeux troublés par le vin, et la nuit jettera son voile sur vos imperfections. Prenez vos alimens du bout des doigts : il est un art de manger avec grâce ; gardez que votre main, salie par le contact des mets, ne souille votre bouche. Ne mangez pas chez vous avant le repas ; mais une fois à table, restez sur votre appétit,

Priamides Helenen avide si spectet edentem,
   Oderit; et dicat, Stulta rapina mea est!
Aptius est, deceatque magis potare puellas:
   Cum Veneris puero non male, Bacche, facis.
Hoc quoque, qua patiens caput est, animusque pedesque
   Constent: nec, quæ sint singula, bina vide.
Turpe jacens mulier, multo madefacta Lyæo;
   Dignaque concubitus quoslibet illa pati.
Nec somnis posita tutum succumbere mensa:
   Per somnos fieri multa pudenda solent.

ULTERIORA pudet docuisse: sed alma Dione,
   Præcipue nostrum est, quod pudet, inquit, opus.
Nota sibi sint quæque: modos a corpore certos
   Sumite: non omnes una figura decet.
Quæ facie præsignis eris, resupina jaceto:
   Spectentur tergo, quis sua terga placent.
Melanion humeris Atalantes crura ferebat:
   Si bona sunt, hoc sunt accipienda modo.
Parva vehatur equo: quod erat longissima, nunquam
   Thebais Hectoreo nupta resedit equo.
Strata premat genibus, paulum cervice reflexa,
   Femina, per longum conspicienda latus.
Cui femur est juvenile, carent cui pectora menda,

et mangez un peu moins que vous le pourriez faire. Si le fils de Priam eût vu Hélène dévorer avec gloutonnerie, il l'eût prise en aversion; il eût dit : « Quel sot enlèvement j'ai fait là! » Il est plus convenable, plus décent, qu'une jeune femme se permette un peu d'excès dans le boire : le fils de Vénus et Bacchus s'accordent assez bien ensemble. Ne buvez cependant qu'autant que peut le supporter votre tête; conservez l'usage de votre esprit et de vos pieds; et ne voyez jamais doubles les objets simples de leur nature. Quel plus honteux spectacle que celui d'une femme plongée dans l'ivresse! elle mérite, en cet état, d'être livrée aux plus grands affronts. Elle ne peut non plus, une fois à table, se livrer sans danger au sommeil. Le sommeil favorise alors des excès qui outragent la pudeur.

J'ai honte de poursuivre; mais la belle Dionée m'encourage : « Ce que tu rougis d'enseigner, me dit-elle, c'est ce que mon culte a de plus doux. » Que chaque femme apprenne donc à se connaître, et se présente aux amoureux combats dans l'attitude la plus favorable. La même posture ne convient pas à toutes. Que celle qui brille par les attraits de sa figure, s'étende sur le dos; que celle, au contraire, qui s'énorgueillit de sa taille élégante, en offre à nos yeux toutes les richesses. Mélanion portait sur ses épaules les jambes d'Atalante : si les vôtres ont la même beauté, placez-les de la même manière. Trop petite, que votre amant devienne votre coursier : jamais Andromaque, dont la taille était démesurée, ne prit cette posture avec Hector. Trop grande, soutenez l'assaut la tête penchée et les genoux appuyés sur votre lit. Si vos cuisses ont tout l'embonpoint de la jeunesse, si votre gorge est sans défaut, que

Stet vir; in obliquo fusa sit illa toro.
Nec tibi turpe puta crinem, ut Phylleia mater,
　Solvere : et effusis colla reflecte comis.
Tu quoque, cui rugis uterum Lucina notavit,
　Ut celer aversis utere Parthus equis.
Mille modi Veneris : simplex minimique laboris,
　Quum jacet in dextrum semisupina latus.
Sed neque Phœbei tripodes, nec corniger Ammon,
　Vera magis vobis, quam mea Musa, canent.
Si qua fides arti, quam longo fecimus usu,
　Credite : præstabunt carmina nostra fidem.
Sentiat ex imis Venerem resoluta medullis
　Femina, et ex æquo res juvet illa duos.
Nec blandæ voces, jucundaque murmura cessent;
　Nec taceant mediis improba verba jocis.
Tu quoque, cui Veneris sensum natura negavit,
　Dulcia mendaci gaudia finge sono.
Infelix, cui torpet hebes locus ille, puella es,
　Quo pariter debent femina virque frui!
Tantum, quum finges, ne sis manifesta caveto :
　Effice per motum luminaque ipsa fidem.
Quod juvet, et voces et anhelitus arguat oris.
　Ah pudet! arcanas pars habet ista notas.
Gaudia post Veneris quæ poscet munus amantem,
　Ipsa suas nolet pondus habere preces.

votre amant debout vous voie obliquement étendue devant lui. N'ayez aucun scrupule de délier votre chevelure comme une bacchante thessalienne, et de la laisser flotter sur vos épaules. Si les travaux de Lucine ont sillonné de rides votre flanc, combattez, mais en Parthe, en nous tournant le dos. Ainsi le plaisir prend mille postures diverses; mais la plus simple, la moins fatiguante pour vous, c'est de rester à demi penchée sur le côté droit.

Jamais les trépieds de Phébus, jamais Jupiter Ammon n'ont rendu d'oracles plus sûrs que les vérités proclamées par ma muse. Si vous avez quelque foi dans cet art, dont j'ai fait une longue étude, croyez-en votre maître : il ne trompera pas votre confiance. Femmes, que le plaisir circule jusque dans la moelle de vos os, et que la jouissance soit également partagée entre vous et votre amant ; qu'elle s'exhale en tendres paroles, en langoureux soupirs; que les mots même les plus licencieux aiguillonnent vos doux ébats. Et toi, à qui la nature a refusé la sensation du plaisir; que ta bouche du moins, par un doux mensonge, feigne de l'éprouver. Malheureuse est la femme chez laquelle reste insensible, engourdi, cet organe qui doit procurer à l'un et à l'autre sexe les mêmes voluptés. Mais, lorsque vous feignez de jouir, n'allez pas vous trahir; que vos mouvemens et vos yeux aident à nous tromper; que votre voix entrecoupée, que votre respiration haletante ajoutent à l'illusion. O honte! il est donc pour nous, au sein même du plaisir, des mystères impénétrables! La femme qui, après s'être livrée à son amant, oserait lui demander le prix de ses faveurs, s'exposerait à voir ses prières honteusement repoussées. Gardez-vous de laisser pénétrer une trop

Nec lucem in thalamos totis admitte fenestris :
Aptius in vestro corpore multa latent.

Lusus habet finem : cycnis descendere tempus,
Duxerunt collo qui juga nostra suo.
Ut quondam juvenes, ita nunc, mea turba, puellæ
Inscribant spoliis : Naso magister erat.

grande clarté dans l'asile secret de vos plaisirs : il est dans une belle bien des choses qui gagnent à n'être vues qu'au demi-jour.

J'ai terminé mon galant badinage : dételons, il en est temps, les cygnes qui ont traîné mon char. Et maintenant, mes belles écolières, comme l'ont fait naguère vos jeunes amans, inscrivez sur vos trophées : *Ovide fut notre maître.*

NOTES

DE L'ART D'AIMER.

LIVRE PREMIER.

1. *Si quis in hoc.... populo* (v. 1). Presque tous les traducteurs ont ou omis ou mal compris ces mots, *in hoc populo*. Dans la traduction complète des œuvres d'Ovide, le premier vers de *l'Art d'aimer* est ainsi rendu : « S'il est quelqu'un du peuple qui ne connaisse point l'art d'aimer. » C'est un contre-sens et un contre bon sens. Ce n'est point du tout aux *gens du peuple* qu'Ovide s'adresse, mais plutôt aux gens bien nés et bien élevés, comme il le dit en vingt endroits de son ouvrage, entre autres dans ce passage du livre II, v. 215 :

> Nec tibi turpe puta, quamvis tibi turpe, placebit,
> *Ingenua* speculum sustinuisse *manu*.

Ingenua manus ne peut se dire, comme chacun sait, que de la main d'un homme comme il faut. D'ailleurs, Ovide explique ce qu'il entend par *in hoc populo*, lorsqu'il dit plus loin (v. 459 du livre 1) :

> Disce bonas artes, moneo, *Romana juventus*.

C'est donc à la jeunesse romaine qu'Ovide s'adresse, et c'est ce que les traducteurs n'ont pas compris.

2. *Tiphys et Automedon dicar Amoris ego* (v. 8). Il n'est pas inutile de répéter pour les personnes peu versées dans la mythologie, qu'*Automédon*, fils de Diorée, était l'écuyer d'Achille. Homère et Virgile ont fait l'éloge de son adresse à conduire les chars.

Tiphys fut un pilote fameux auquel les Argonautes confièrent le gouvernail de leur navire dans l'expédition de la Toison d'or.

3. *Phillyrides puerum cithara perfecit Achillem* (v. 11). Le fils de Phillyre, c'est le centaure Chiron. La Fable explique ainsi la cause de sa double nature, qui participait à la fois de l'homme et du cheval. Saturne, craignant d'être surpris par Rhée, sa femme, se transforma en cheval pour aller voir Phillyre, de laquelle il eut le centaure Chiron. Ce monstre vivait dans les montagnes, où il se livrait à la chasse et à l'étude de la botanique : il devint ainsi un des meilleurs archers et un des plus habiles médecins de son temps. La Fable nous apprend qu'il enseigna l'astronomie à Hercule, et Ovide nous dit ici qu'Achille apprit de lui à jouer de la lyre : tant de talens réunis expliquent pourquoi Thétis le chargea de l'éducation de son fils. Il paraît, en outre, que Chiron avait adopté, avec le demi-dieu son élève, la méthode de M. Cinglant, et que *les férules*, contre lesquelles les modernes se récrient avec tant de raison, étaient en usage chez les anciens. C'est ce qu'Ovide exprime avec autant de grâce que de précision dans ces vers que les jésuites ont dû citer plus d'une fois à leurs élèves, pour justifier leur fréquent emploi des punitions corporelles dans leurs écoles :

> Quas Hector sensurus erat, poscente magistro
> Verberibus jussas præbuit ille manus.

Ils auraient pu ajouter, pour consoler leurs patiens, cet autre vers d'Ovide :

> I nunc, et dubita ferre, quod ille tulit.

4. *Este procul vittæ tenues, insigne pudoris* (v. 31). Ovide paye ici aux jeunes vierges et aux dames romaines un tribut de respect dont on doit lui savoir gré. Il avertit les femmes chastes et pudiques que ses préceptes ne sont pas faits pour elles, mais pour les femmes d'une condition inférieure, entre la liberté et la servitude, les affranchies, les étrangères, etc., pour ces femmes avec lesquelles il était permis de tout dire et de tout oser, et qu'il désigne par ces mots, *Venerem tutam et concessa*

furta; comme il caractérise les jeunes vierges par les mots *vittæ tenues, insigne pudoris*, et les matrones, par ce vers :

> Quæque tegis medios, instita longa, pedes.

Instita était une espèce de long voile que les dames romaines mettaient par-dessus leur robe, et qui leur descendait jusqu'au milieu des pieds, *quæ tegis medios pedes*.

Quant à ces mots, *vittæ tenues*, quelques commentateurs ont eu tort de croire que cette parure fût spécialement l'attribut des vestales : toutes les femmes encore non mariées avaient droit de la porter. C'est ce qu'Ovide indique, dans les *Métamorphoses*, par ce vers :

> Vitta coercebat positos sine lege capillos.

Pour mieux comprendre ce que le poète entend par *concessa furta* et *Venerem tutam*, il faut se rappeler qu'à Rome il était fort dangereux de s'adresser aux femmes mariées, autres que les esclaves et les affranchies, comme l'atteste Horace dans ce passage (liv. 1, *Sat.* 2, v. 41) :

> Hic se præcipitem tecto dedit, ille flagellis
> Ad mortem cæsus : fugiens hic decidit acrem
> Prædonum in turbam, dedit hic pro corpore nummos,
> Hunc perminxerunt calones.

5. Vers 35 :

> *Principio, quod amare velis, reperire labora,*
> *Qui nova nunc primum miles in arma venis.*
> *Proximus huic labor est, placitam exorare puellam.*
> *Tertius, ut longo tempore duret amor.*

Voilà, en quatre vers, l'exposition claire, simple et précise de tout l'ouvrage : 1° trouver et choisir une maîtresse; 2° lui plaire, la séduire, triompher d'elle; 3° faire en sorte que son amour pour vous soit de longue durée. Ce fond est bien peu de chose en apparence ; mais il deviendra riche sous la plume ingénieuse et féconde d'Ovide.

6. *Andromedan Perseus nigris portarit ab Indis* (v. 53). Ovide confond ici les Éthiopiens avec les Indiens, quoique l'Inde soit

située en Asie et l'Éthiopie en Afrique, au dessus de l'Égypte ; mais Cupérus, liv. IV de ses *Observations*, prouve, d'après Hérodote, que les anciens donnaient le nom d'Indiens à presque tous les peuples situés à l'extrémité méridionale du monde alors connu.

7. *Gargara quot segetes, quot habet Methymna racemos* (v. 57). *Gargare*, montagne et promontoire d'Asie dans la Troade. Gargare fait partie du mont Ida, et s'en détache en avançant dans le golfe Adramytte. Les plaines qui l'entourent sont de la plus grande fertilité. — *Méthymne*, ville de l'île de Lesbos, célèbre par ses vignobles qui produisaient des vins très-estimés.

8. *Tu modo Pompeia lentus spatiare sub umbra* (v. 67). A Rome, les promenades les plus agréables en été,

<blockquote>Quum sol Herculei terga Leonis adit,</blockquote>

étaient les Portiques. Un des plus fréquentés était celui de Pompée, soit à cause de la magnificence de ce monument, soit à cause de la fraîcheur délicieuse que l'on y goûtait. En effet, il était entouré de platanes, et rafraîchi par des chutes d'eau qui ne tarissaient jamais. Il s'élevait auprès du théâtre de Pompée, conformément à une sage précaution des Romains, qui bâtissaient ordinairement les portiques auprès des théâtres, qui, comme chacun sait, étaient découverts ; de sorte que, si une pluie subite venait à surprendre les spectateurs au milieu d'une représentation théâtrale, ils pussent trouver un asile sous ces portiques. Les édifices sacrés, et les maisons des principaux citoyens, avaient aussi leurs portiques, ainsi que tous les édifices publics.

9. *Aut ubi muneribus nati sua munera mater Addidit...* (v. 69). Les commentateurs ne sont pas d'accord sur le nom de cette mère, qui joignit ses dons à ceux de son fils pour bâtir le portique dont il s'agit ici. Il paraît, toutefois, que le peuple romain en fut redevable à Octavie, sœur d'Auguste et mère de Marcellus, à cette Octavie qui s'évanouit, lorsque Virgile lut, devant Auguste et sa famille rassemblée, ces vers de l'*Énéide* qui lui rappelaient le fils qu'elle avait perdu :

<blockquote>Heu, miserande puer! si qua fata aspera rumpas,
Tu Marcellus eris! manibus date lilia plenis :</blockquote>

> Purpureos spargam flores, animamque nepotis
> His saltem adcumulem donis, et fungar inani
> Munere.
>
> *(Æneidos* lib. vi, v. 883.)

Auguste avait fait bâtir un théâtre en l'honneur de son neveu; il l'avait nommé *Théâtre de Marcellus*. Octavie fit élever auprès un portique auquel elle donna son nom. C'est ainsi que Micyllus, qui a écrit sur les antiquités de Rome, et le savant Mérula, commentateur d'Ovide, expliquent ce mot: *Muneribus nati sua munera mater addidit*. Au reste, il y avait à Rome deux portiques qui portaient le nom d'Octavie.

10. *Porticus auctoris Livia nomen habet* (v. 72). Ce monument paraît avoir été situé dans l'ancien emplacement de la maison de César. Julie y avait ajouté de grandes constructions qu'Auguste fit démolir, et à la place desquelles il éleva le portique auquel il donna le nom de Livie, son épouse. Dans la suite, Néron renversa à son tour cet édifice pour donner plus d'extension à son *Palais d'Or;* mais Domitien le rebâtit.

Quoi qu'il en soit de ce portique, il était orné de tableaux parmi lesquels on remarquait celui des *Danaïdes,* dont Ovide parle dans le vers suivant:

> Quaque parare necem miseris patruelibus ausæ
> Belides, et stricto stat ferus ense pater.

Properce fait aussi mention de ce portique et du tableau des *Danaïdes* (liv. ii, élég. 23, v. 3):

> Tota erat in spatium Pœnis digesta columnis
> Inter quas Danai femina turba senis.

L'histoire des Danaïdes est trop connue pour la rapporter ici; mais on me permettra de citer ces vers de Lamothe, qui peignent leur supplice avec autant d'élégance que de précision:

> Tel qu'au séjour des Euménides,
> On nous peint ce fatal tonneau,
> Des sanguinaires Danaïdes,
> Châtiment à jamais nouveau.
> En vain ces sœurs veulent sans cesse
> Remplir la tonne vengeresse;

Mégère rit de leurs travaux :
Rien n'en peut combler la mesure,
Et, par l'une et l'autre ouverture,
L'onde entre et fuit à flots égaux.

11. *Nec te prætereat Veneri ploratus Adonis* (v. 75). Le poète invite les amans à fréquenter le temple de Vénus, où l'on célébrait les fêtes d'Adonis, selon le rite syriaque. On sait qu'aux funérailles d'Adonis les Phéniciennes devaient à la déesse *Ergetto* (la Vénus de Tyr) le sacrifice de leur pudeur et de leurs cheveux : c'était mettre à une rude épreuve la chasteté des Phéniciennes !

Racine le fils, dans son poëme de *la Religion*, rappelle en beaux vers ces fêtes funèbres en l'honneur d'Adonis :

Que de gémissemens et de lugubres cris !
O filles de Sidon, vous pleurez Adonis.
Une dent sacrilège en a flétri les charmes,
Et sa mort, tous les ans, renouvelle vos larmes.

Bion a aussi traité ce sujet dans une idylle qui passe pour son chef-d'œuvre. On ne peut nier que cette pièce ne soit gracieuse et touchante ; on y trouve des sentimens doux et des images attendrissantes : c'est dommage qu'on y remarque aussi l'affectation d'une douleur étudiée. Un défaut plus grave dans ce petit poëme, c'est qu'il manque de variété et surtout de mouvement. Vénus pleure Adonis, les Grâces pleurent Adonis, les Amours pleurent Adonis ; les *Ris même*, selon la traduction de Poinsinet, *pleurent la mort d'Adonis* :

Les *Ris pleurent* en foule autour de sa blessure.

12. *Cultaque Judæo septima sacra Syro* (v. 76). On voit, par ce vers, que du temps d'Ovide les Romains, qui devinrent ensuite si intolérans envers les chrétiens, permettaient aux Juifs le libre exercice de leur culte dans la capitale de l'empire.

13. *Neu fuge linigeræ Memphitica templa juvencæ* (v. 77). La célébration des fêtes d'Isis, par les dames romaines, durait dix jours consécutifs. Le poète, par ce vers :

Multas illa facit, quod fuit ipsa Jovi,

donne à entendre que ces fêtes étaient l'occasion de plusieurs aventures galantes, et que le temple d'Isis était le rendez-vous des belles et de leurs amans. Ovide appelle Isis *linigera*, à cause du voile de *lin*, qui, avec le sistre, était un des attributs de cette déesse. Il y avait à Rome plusieurs temples d'Isis; mais celui dont il s'agit ici était situé dans le Champ-de-Mars, près de l'enclos appelé *Ovile*, parce que le peuple, pour nommer les magistrats, y était enfermé comme les moutons dans une bergerie. C'est ce qui a fait dire à Juvénal (sat. VI, v. 529):

．．．．．．．．．．．．．．．．Ut spargat in æde
Isidis, antiquo quæ proxima surgit Ovili.

14. Vers 81 :

Subdita qua Veneris facto de marmore templo
Appias expressis aera pulsat aquis.

Dans le Forum de Jules César, non loin du tribunal du préteur, s'élevait un superbe temple de *Vénus Génitrice*; au bas du parvis jaillissait *la fontaine Appienne*, ainsi nommée, parce que les eaux en avaient été conduites en ce lieu par le censeur Appius. Ce vers :

Appias expressis aera pulsat aquis,

rend parfaitement bien l'image que présente l'eau qui s'échappe avec force d'un étroit canal et repousse l'air qui la comprime; il semble avoir fourni à M. de La Faye l'idée de ces vers :

Telle, par cent canaux pressée,
Avec plus de force élancée,
L'onde s'échappe dans les airs.

Sur cette même place, et devant le temple de Vénus, s'élevait une statue équestre de César, en bronze doré, dont Stace parle en ces termes :

Cedat equus, Latiæ qui contra templa Diones,
Cæsarei stat sede fori : quem tradere es ausus
Pellæo, Lysippe, duci; mox Cæsaris ora
Aurata cervice tulit.
(*Sylv.* lib. I, carm. I, v. 84.)

Suétone (*Vie de César*, ch. LXI) rapporte, au sujet de ce cheval, une anecdote bien singulière, et qui offre une nouvelle preuve du penchant qu'avaient les Romains aux idées superstitieuses : « César, dit-il, possédait un cheval né dans sa maison, qui avait des pieds presque semblables à ceux de l'homme, et dont le sabot était partagé en manière de doigts. Les aruspices, consultés sur ce prodige, déclarèrent qu'il présageait au maître de ce cheval l'empire du monde. César le fit élever avec le plus grand soin, et le monta le premier; car il ne voulut jamais souffrir sur son dos d'autre cavalier que lui. » Ce fut ce cheval qui servit de modèle à celui sur lequel était monté César, dans la statue équestre dont nous venons de parler. Pline en parle aussi, liv. VIII, ch. 42 de son *Hist. Nat.*; et Plutarque entre dans de longs détails à ce sujet dans sa *Vie de César*.

15. *Sed tu præcipue curvis venare theatris* (v. 89). L'enceinte des théâtres anciens était circulaire d'un côté et carrée de l'autre. L'espace compris dans le demi-cercle ou amphithéâtre était destiné aux spectateurs, et était divisé en gradins qui s'élevaient par différens étages jusqu'au haut de l'enceinte. Le carré long qui était vis-à-vis était réservé aux acteurs, et comprenait la scène et l'orchestre. Les grands théâtres avaient trois étages de gradins, et à chaque étage il y avait sept rangs de sièges qui avaient entre quinze et dix-huit pouces de haut, et le double à peu près de large. Tous les étages de gradins étaient divisés en deux manières : dans leur hauteur, par des paliers qui séparaient ces étages, et que les Romains nommaient *præcinctiones;* et dans leur circonférence, par des escaliers, particuliers à chaque étage, qui les coupaient en ligne droite, et qui, tendant tous au centre du demi-cercle, donnaient à l'ensemble des gradins la forme de coins, d'où ils étaient appelés *cunei*. Les spectateurs entraient aux théâtres par de grandes ouvertures carrées, pratiquées dans l'épaisseur de la maçonnerie. Ces ouvertures s'appelaient *vomitoria*, parce que ces espèces de portes semblaient vomir la multitude de peuple qui entrait ou sortait en foule. Il y avait des théâtres si grands, qu'ils contenaient plus de trente mille spectateurs. Ces édifices étaient construits de manière que tout y était à découvert et en plein air, même la partie de la scène où les acteurs

jouaient des pièces de théâtre : il n'y avait de couvert que le *parascenium*, où les acteurs s'habillaient et se retiraient ; de sorte que pour défendre les acteurs et les spectateurs de l'ardeur du soleil, on était obligé de tendre sur tout le théâtre des voiles, soutenues par des mâts et des cordages.

Il y avait à Rome deux amphithéâtres, qu'on appelait, l'un *theatrum Castrense*, et l'autre *theatrum Flavianum*, ou *Colosseum*, aujourd'hui *le Colysée*. Il y avait, en outre, trois théâtres : celui de *Pompée*, celui de *Marcellus*, et celui de *Balbus*. Le théâtre de Pompée était situé dans le *Champ-de-Flore*, où s'élève maintenant le palais Orsini ; celui de Marcellus, dans le *Forum Montanarium* : on ignore le véritable emplacement de celui de Balbus, mais plusieurs savans prétendent que c'était auprès du *Cirque Flaminien*. Il s'agit ici du théâtre de Pompée.

16. *Spectatum veniunt, veniunt spectentur ut ipsæ* (v. 99). Voici comment Bernard, dans son *Art d'aimer*, a imité ce vers :

> Dans ce chaos du monde séducteur,
> Tout est spectacle, et chacun est acteur.

Ce passage d'Ovide semble faire allusion au bon mot que Socrate adressa à Xantippe, son acariâtre et maussade épouse, qui ne voulait pas assister à une fête publique, vêtue du manteau de son mari : Ὁρᾷς ὡς θεωρήσουσα, θεωρησομένη δὲ μᾶλλον βαδίζεις. (ÉLIEN, *Hist. diverses*, liv. VII, ch. 10.)

17. Vers 103 :

> *Tunc neque marmoreo pendebant vela theatro ;*
> *Nec fuerant liquido pulpita rubra croco.*

Properce (liv. IV, élég. 1, v. 15) a dit, presque dans les mêmes termes :

> Nec sinuosa cavo pendebant vela theatro ;
> Pulpita solemnes nec oluere crocos.

Lentulus Spinther fut le premier qui, dans les jeux en l'honneur d'Apollon, introduisit l'usage de couvrir les théâtres de toiles de lin, pour procurer de l'ombre aux spectateurs. Bientôt César en couvrit le Forum et la voie Sacrée, depuis sa maison jusqu'au Capitole. Ensuite, par un rafinement de luxe, on arrosa les théâtres d'une pluie de safran délayé dans du vin. Ovide parle en plusieurs endroits de cet usage, et dit dans *les Fastes* :

> Nec fuerant rubri cognita fila croci.

Pline en parle aussi.

18. *In gradibus sedit populus de cespite factis* (v. 107). Virgile fait une description à peu près semblable d'un théâtre improvisé en plein champ, lorsqu'il dit :

> Gramineum in campum, quem collibus undique curvis
> Cingebant silvæ : mediaque in valle theatri
> Circus erat, quo se multis cum millibus heros
> Consessu medium tulit, exstructoque resedit.
> (*Æneidos* lib. v, v. 287.)

19. *Ludius æquatam ter pede pulsat humum* (v. 112). Plusieurs éditions portent, mais à tort, *Lydius* au lieu de *ludius*. Scaliger et Politien ont adopté avec raison cette dernière leçon. *Ludius* était à Rome la même chose que *histrio*. Le passage suivant de Tite-Live (liv. vii, ch. 2) suffit pour le prouver : « Ludiones ex Etruria acciti, ad tibicinis modos saltantes, haud indecoros motus more Tusco dabant. » Cependant Nonius, d'après Varron, prétend que les *ludii* étaient ainsi nommés : « Quod ludis pueri præsules essent glabri ac depiles, propter ætatem ; » et qu'il faut rapporter à ce passage ces vers de l'*Aululuria* de Plaute :

> Tu istum gallum, si sapis, glabriorem
> Reddes mihi, quam vulsus ludiu'st.

20. *In medio plausu, plausus tunc arte carebat* (v. 113). On voit que du temps de Romulus on ne connaissait pas encore ces *applaudisseurs à gages* que l'on a surnommés chez nous le *bataillon du lustre* ; mais il paraît que plus tard les Romains perfectionnèrent l'*art de la claque*, et le soumirent à des règles et à des principes certains. Écoutons Tacite sur ce sujet : « Plebs quidem urbis histrionum quoque gestus juvare solita, personabat *certis* modis, plausuque *composito*. » (*Ann.*, lib. xvi, c. 4.) Au temps de Néron, il y avait à Rome des professeurs de claque dont les leçons étaient suivies par de nombreux disciples, comme

le prouve ce passage de Suétone (*Vie de Néron*, ch. xx) : « Neque eo segnius adolescentes equestris ordinis, et quinque amplius millia e plebe, robustissimæ juventutis undique elegit, qui divisi in factiones *plausuum genera condiscerent.* » Dion Cassius appelle ingénieusement cette manière d'applaudir : εὐρύθμως ἐκϐοᾶν. Rien de nouveau sous le soleil : nos claqueurs modernes ne sont, comme on le voit, que des copistes de ces *Romains* dont ils ont pris le nom.

21. *Rex populo prædæ signa petenda dedit* (v. 114). Nous croyons être agréables à nos lecteurs en comparant au récit poétique d'Ovide la narration de Tite-Live, son contemporain, liv. 1, ch. 9 : « Ubi spectaculi tempus venit, deditæque eo mentes cum oculis erant, tum ex composito orta vis ; *signoque dato,* juventus Romana ad rapiendas virgines discurrit; magna pars forte, in quem quæque inciderat, raptæ : quasdam forma excellente primoribus patrum destinatas, ex plebe homines, quibus datum negotium erat, domos deferebant. »

Charles Le Beau, un des plus illustres professeurs de l'ancienne université, a traité le même sujet en vers latins, qui, bien que modernes, peuvent être cités sans trop de désavantage après ceux d'Ovide. Les voici :

DE RAPTU SABINARUM CARMEN.

Vicinis Romam confluxerat undique pagis
Turba virum, matrumque ingens, puerique senesque.
Huc quoque ludorum læta ad spectacula (ludis
Nam gaudet muliebre genus) Venere puellæ.
Consedere omnes, viridisque sedilia cespes
Præbuit, et circum spatioso in litore campus.
Nec mora : prosiluere simul, spatiumque citatis
Corripiunt in equis juvenes, atque ipsa sedentûm
Ora notant, celerique obeunt, procul omnia visu.
Dum certat populus studiis, dumque omnis in uno
Hæserat obtutu consessus, tollitur ingens
Ad cœlum clamor, trepidoque repente tumultu
Ex inopinato consurgitur. Inscia pallet
Turba metu, subitusque quatit præcordia terror.
Undique Romulidæ exsiliunt, cupidasque puellis

Injiciunt sine lege manus : ut sæva luporum
Agmina præcipites agitant per prata capellas :
Haud secus ardentes instant, retrahuntque trahuntque,
Obviaque in toto rapiunt connubia campo.
Has timor unus habet, neque mens tamen omnibus una est :
Hæc manet, illa fugit, stupet hæc, vocat illa parentem.
Cuncta fuga, cursu, lamentis, pulvere late
Miscentur : trepido fervent examine valles.

22. *Quid teneros lacrymis corrumpis ocellos* (v. 129)? Tite-Live (liv. 1, ch. 9) dit à peu près de même : « Accedebant blanditiæ virorum factum purgantium, cupiditate atque amore; quæ maxime ad muliebre ingenium efficaces preces sunt. »

23. *Multa capax populi commoda Circus habet* (v. 136). Ovide conduit son élève du théâtre au Cirque. Le Cirque était, à Rome, une grande place ovale, environnée d'un amphithéâtre qui s'élevait par gradins, et fermée de balustrades qui régnaient autour. Au centre était un espace couvert de sable, et que, pour cette raison, on nommait *arène*, où se donnaient les spectacles de courses à pied, à cheval et sur des chars, de luttes, de pugilat, etc. Les Romains, passionnés pour ces jeux qu'ils avaient empruntés des Grecs, avaient construit un grand nombre de cirques. Le plus magnifique était celui que Tarquin l'Ancien avait tracé entre le mont Aventin et le mont Palatin. Il fut d'abord très-simple, ne consistant presque uniquement que dans une enceinte entourée de barrières, pour séparer les spectateurs des combattans. Ceux qui voulaient alors être assis pendant le spectacle, se faisaient faire des sièges plus ou moins riches, selon leurs moyens. Tarquin le Superbe le fit environner de gradins de bois; dans la suite on les fit de briques, et enfin ils furent de marbre. Ce cirque avait quatre cent trente-sept pas et demi de long, sur cent quatre-vingts de large; et, tant à cause de son étendue que des embellissemens dont il était orné, on le nomma le Grand Cirque. Il pouvait contenir jusqu'à cent cinquante mille, et même, selon quelques auteurs, deux cent mille spectateurs. L'une des extrémités du Cirque se terminait en demi-cercle, et l'extrémité opposée était rectiligne : c'était par celle-ci que les chevaux et les chars entraient dans l'arène par diverses portes, au dessus desquelles il y avait des loges pour les per-

sonnes les plus distinguées. De peur que les chevaux ne commençassent à courir les uns plutôt que les autres, ces portes étaient fermées par des barrières que l'on appelait *carceres*; et, au devant des barrières, il y avait une corde tendue, ou une petite chaîne qu'on n'ôtait qu'à un certain signal. Les gradins où étaient les spectateurs étaient séparés de l'arène, non-seulement par de forts barreaux, mais encore par un large fossé rempli d'eau. Enfin, l'arène était partagée, dans presque toute sa longueur, par un large mur de briques, haut seulement de quatre pieds, sur lequel il y avait, de distance en distance, des statues de quelques divinités ou des autels; et, à l'extrémité de ce mur, on voyait trois colonnes ou pyramides, qu'on appelait *bornes*. Ce mur, qu'on appelait *spina*, fut dans la suite chargé de deux obélisques : l'un consacré au Soleil, et haut de cent trente-deux pieds; et un autre de quatre-vingts pieds de hauteur, consacré à la Lune.

24. *At quum pompa frequens cœlestibus ibit eburnis* (v. 147). Dans les jeux du cirque, célébrés en l'honneur de Cybèle et de Cérès, on promenait en procession, non-seulement leurs statues, mais encore l'image des divinités particulièrement honorées dans Rome, et parmi lesquelles figurait en première ligne Vénus, *Æneadum mater*, la mère des descendans d'Énée, comme l'appelle Lucrèce. On conçoit sans peine que les amans rendissent un hommage de préférence à cette déesse, l'arbitre de leur sort :

    Tu Veneri dominæ plaude favente manu.

Tout ce passage d'ailleurs est une répétition presque littérale de ces vers du livre III des *Amours* :

    Sed jam pompa venit : linguis animisque favete.
      Tempus adest plausus : aurea pompa venit.
    Prima loco fertur sparsis Victoria pennis :
      Huc ades; atque meus fac, Dea, vincat amor.
    . . . .
    Nos tibi, blanda Venus, puerisque potentibus arcu
      Plaudimus : inceptis adnue, Diva, meis;
    Daque novam mentem dominæ, patiatur amari.
      Adnuit; et motu signa secunda dedit.
    Quod Dea promisit.
                      (Eleg. II, v. 43.)

25. *Et, si nullus erit pulvis, tamen excute nullum* (v. 151). On a regardé la tournure piquante de cette pensée comme désespérante pour les traducteurs d'Ovide; on a prétendu que, propre à l'idiome latin, elle ne pouvait passer dans le nôtre. Il faudrait plaindre la langue française, si, après avoir été maniée par tant d'habiles écrivains, elle se refusait à rendre un trait d'esprit aussi agréable. Cependant Barthe me semble avoir rendu cette pensée avec grâce dans les vers suivants :

> Sur sa robe voltige une mouche bruyante :
> Chasse-la ; tout à coup jette un cri d'épouvante.
> Tu n'en aperçois pas? eh! chasse-la toujours.
> Quelques mots vont payer cet important secours.

Je sais bien qu'il n'est pas question d'une mouche dans le texte latin, mais d'un grain de poussière, et qu'il est plus facile d'imiter que de traduire ; mais la traduction de ce passage par Saint-Ange satisfera, je pense, les juges qui préfèrent l'exactitude à l'élégance :

> S'il vole sur son sein quelque grain de poussière,
> Que ta main à l'ôter s'empresse la première.
> Tu ne l'aperçois pas? ne l'en ôte pas moins ;
> Un rien suffit pour être un prétexte à tes soins.

Je ne serais pas étonné que quelques critiques sévères ne regrettassent encore dans cette seconde version le *tamen excute nullum* ; ils voudraient peut-être que l'on traduisît mot pour mot : « Tu ne vois rien? eh bien! ôte ce rien. » Mais on est forcé de convenir que le trait, ainsi rendu, serait par trop naïf en français.

26. Vers 159 :

> *Parva leves capiunt animos : fuit utile multis,*
> *Pulvinum facili composuisse manu.*
> *Profuit et tenui ventum movisse tabella ;*
> *Et cava sub tenerum scamna dedisse pedem.*

Ne semble-t-il pas qu'Ovide fasse ici le portrait d'un de ces petits-maîtres de l'*ancien régime*, qui, pour plaire à *une belle inhumaine*, lui prodiguaient tous ces petits soins que prescrivait alors le code de la galanterie française; je dis *alors*, car, comme le dit Molière, *nous avons changé tout cela*, et, de nos jours, un amant croirait renoncer à sa dignité d'homme, s'il prodiguait à une femme tous ces soins empressés qu'Ovide prescrit à ses disciples. Du reste, on voit par ce passage que les coussins et les éventails étaient en usage chez les Romains, qui, en fait de luxe comme de tout ce qui tenait à l'élégance des mœurs, n'étaient que les copistes des Grecs. Théophraste, dans ses *Caractères*, parle de ces coussins dont les hommes aussi bien que les femmes se servaient au théâtre; il dit, à ce sujet : Καὶ τοῦ παιδὸς ἐν τῷ θεάτρῳ ἀφελόμενος τὰ προσκεφάλαια αὐτὸς ὑποστρῶσαι.

Quant aux éventails, on retrouve dans la deuxième élégie du livre III des *Amours*, des vers qui reproduisent la même pensée que celle qui fait l'objet de cette note :

Vis tamen interea faciles arcessere ventos,
Quos faciat nostra mota tabella manu?

Térence dit aussi, à ce sujet, dans *l'Eunuque* :

Cape hoc flabellum, et ventulum huic ita facito.

Il paraît que l'usage des escabeaux ou tabourets, *scamna* ou *scabella*, était nécessaire au théâtre, dont les gradins étaient si élevés, que les personnes de petite taille avaient quelquefois les jambes pendantes. Ovide, dans l'élégie ci-dessus citée (v. 63), fait mention de cette circonstance, lorsqu'il conseille à sa maîtresse d'appuyer l'extrémité de ses pieds sur les barreaux de la galerie :

Sed pendent tibi crura : potes, si forte juvabit,
Cancellis primos inseruisse pedes.

27. *Sparsaque sollicito tristis arena foro* (v. 164). L'arène, comme nous l'avons déjà dit, était un terrain uni et spacieux, tout couvert de sable, *arena*, d'où les combattans étaient quelquefois nommés *arenarii*. L'arène était environnée d'un bon mur, percé de distance en distance d'ouvertures plus ou moins grandes, fermées de grilles de fer. C'était par ces ouvertures ou portes que les gladiateurs entraient dans l'arène, et qu'on y lâchait les bêtes féroces que l'on faisait sortir des loges pratiquées dans le rez-de-chaussée ; ce qui avait fait donner le nom de *cavea* à

cette partie de l'édifice. Quoiqu'il fût très-dangereux de se trouver dans cette partie de l'amphithéâtre dans le temps des jeux, la populace y courait en foule; ce qui fit donner aussi le nom de *cavea* à la plate-forme sur laquelle cette populace montait, et aux endroits où elle pouvait pénétrer. Ovide donne ici à l'arène l'épithète de *tristis*, à cause du sang humain dont elle était souvent rougie.

28. Vers 167.

> *Dum loquitur, tangitque manum, poscitque libellum;*
> *Et quærit, posito pignore, vincat uter.*

Ces deux vers font évidemment allusion aux paris que les spectateurs faisaient entre eux pour tel ou tel gladiateur, tel ou tel conducteur de chars, pour telle ou telle faction, la *verte* ou la *bleue*, *prasina aut veneta*, etc. Juvénal fait mention de ces paris (Sat. XI, v. 199):

> ....Spectent juvenes, quos clamor et audax
> Sponsio, quos cultæ decet assedisse puellæ.

Quant à ces mots, *tangitque manum*, Douza observe avec raison qu'ils se rapportent à la coutume existante chez les Romains, comme parmi nous, de frapper dans la main de la personne avec laquelle on faisait un pari, un marché, ou une convention quelconque. C'est ainsi que Térence (*Heautontimorumenos*, act. III, sc. 1) dit: *Cædo dextram*. Virgile (*Énéide*, liv. VII, v. 266) parle aussi de l'usage de toucher la main, *tangere dextram*, pour conclure un traité. C'est donc à tort que plusieurs éditeurs et interprètes de ce passage ont lu, *tangitque manu*; ce qui offrirait un sens tout différent.

Par *poscit libellum*, j'entends l'engagement que les parieurs contractaient par écrit, pour qu'ils ne pussent pas ensuite s'en dédire. C'est ainsi que nous verrons plus loin, v. 428: *Littera poscetur*, « on vous demandera un billet. »

29. Vers 171:

> *Quid? modo quum belli navalis imagine Cæsar*
> *Persidas induxit Cecropidasque rates?*

Ovide parle ici de ces *naumachies*, ou combats navals, qui

furent d'abord représentés simplement et sans faste dans un lac creusé auprès du Tibre; mais lorsque, plus tard, les Romains firent leurs délices de ce genre de spectacle, les successeurs d'Auguste semblèrent lutter d'émulation à qui surpasserait son devancier par le luxe qu'ils déployaient dans ces naumachies et par les dépenses excessives auxquelles ils se livraient, pour piquer, par la nouveauté du spectacle, la curiosité du peuple : on y vit figurer, tantôt des nymphes nageant en pleine eau, tantôt un triton d'argent, qui, élevé par une machine au dessus de la surface du lac, appelait les combattans au son de la trompette. *Voyez*, à ce sujet, SUÉTONE, dans la *Vie de Claude*, ch. XXI; et MARTIAL, *des Spectacles*, épigr. XXIX.

Lorsqu'on représentait ces naumachies dans les cirques et les amphithéâtres, l'eau y était introduite par des canaux souterrains avec tant de promptitude, que les spectateurs avaient à peine le temps de s'en apercevoir; on la faisait ensuite disparaître à volonté. Aussi Martial a-t-il raison de dire, dans le livre ci-dessus cité, épigr. XXIV :

> Parva mora est : dices, hic modo pontus erat.

30. Vers 177 :

> *Ecce parat Cæsar domito, quod defuit, orbi*
> *Addere : nunc, Oriens ultime, noster eris.*

Ovide ne nomme point ici le chef de la nouvelle expédition qu'Auguste préparait alors contre les Parthes. Aussi les uns, comme Burmann, veulent que ce soit Germanicus ou Tibère; d'autres, au contraire, comme Schrévélius, veulent que ce soit Caïus, petit-fils d'Auguste, fils posthume d'Agrippa et de Julie. J'ai suivi cette dernière opinion, en faveur de laquelle militent plusieurs circonstances auxquelles Burmann et ses adhérens n'ont peut-être pas fait assez attention.

1°. Tibère ne fut admis dans la famille des Césars qu'après la mort de Caïus et de Lucius : or, à l'époque où il partit pour l'Arménie, ce qui eut lieu long-temps avant la mort de Caïus et de Lucius, il ne portait pas encore le titre de César qu'Ovide donne à son jeune héros.

DU LIVRE PREMIER.

2°. Il est question ici d'un guerrier encore enfant :

> Bellaque non puero tractat agenda puer.

Or, ce nom d'enfant ne pouvait convenir à Tibère, qui avait plus de vingt ans lorsqu'il partit pour son expédition de Syrie ; car, au rapport de plusieurs historiens, il naquit la même année qu'Ovide, ou un an après, selon Suétone.

3°. Et enfin, ce qui s'oppose le plus à ce qu'on puisse faire à Tibère l'application de ce passage, c'est ce vers :

> Quum tibi sint fratres, fratres ulciscere læsos.

On sait que Tibère n'eut qu'un seul frère, Drusus, qui périt en Germanie ; tandis que Caïus en eut deux, Lucius et Agrippa, dont Mérula parle dans ses *Commentaires*.

A ces autorités se joint celle de Sénèque, qui appelle Caïus prince de la jeunesse, ce qu'Ovide fait aussi. Sénèque ajoute que Caïus perdit son frère au milieu des préparatifs de l'expédition contre les Parthes ; ce qui s'accorde encore avec notre auteur.

31. *Parthe, dabis pœnas : Crassi gaudete sepulti* (v. 179). Tant de témoignages historiques attestent que les deux Crassus, le père et le fils, tués dans la guerre contre les Parthes, restèrent sans sépulture, que ce passage même d'Ovide ne peut faire révoquer en doute un fait aussi constant. Pourquoi donc Ovide leur donne-t-il l'épithète de *sepulti* ? Je ne puis le deviner, à moins qu'on ne suppose que les Parthes, à la nouvelle de l'expédition qu'Auguste préparait contre eux, recueillirent les restes des Crassus et les donnèrent aux Romains pour qu'ils leur rendissent les honneurs funèbres.

Peut-être, dit Burmann, faut-il lire ici : *Crassi bis ulti*, « les Crassus vengés deux fois, » d'abord par Ventidius, ensuite par la guerre qu'Auguste prépare contre eux ; mais cette hypothèse, tirée de si loin, est peu vraisemblable. J'aime mieux croire que la pensée d'Ovide a été que les Crassus, en quelque lieu qu'ils fussent ensevelis, devaient se réjouir de voir qu'il s'élevait un vengeur de leur mort ; ou peut-être, par une licence poétique que je nommerai *anticipation*, Ovide a-t-il dit *sepulti* pour *jam jam sepeliendi*, parce que la sépulture des Crassus devait être la suite immédiate de l'expédition contre les Parthes? Ne voit-il pas déjà Phraate et ses généraux marchant derrière le char de triomphe du jeune Caïus, quoique ce *héros en herbe* ne soit pas encore parti pour les combattre?

32. Vers 183 :

> *Parcite natales, timidi, numerare Deorum :*
> *Cæsaribus virtus contigit ante diem.*

C'est là que Corneille a pris l'idée de ces deux beaux vers du *Cid*, acte II, sc. 2 :

> Je suis jeune, il est vrai; mais aux âmes bien nées
> La valeur n'attend pas le nombre des années.

Heureux qui sait dérober ainsi! il a tout le mérite d'un inventeur; mais le grand Corneille n'est pas le seul qui ait fait des emprunts à Ovide : je pourrais citer des Pères de l'Église qui l'ont mis à contribution, et qui ont puisé dans les écrits du chantre des *Amours* de beaux préceptes de morale. Mais, pour ne pas quitter les poètes, j'ai souvent entendu citer comme originaux ces vers de La Fontaine dans la fable des *Lapins* :

> A l'heure de l'affût, soit lorsque la lumière
> Précipite ses traits dans l'humide séjour,
> Soit lorsque le soleil rentre dans sa carrière,
> Et que n'étant plus nuit, il n'est pas encore jour.

Ce dernier vers est admirable. Il est impossible de peindre d'une manière plus pittoresque le crépuscule du matin : il semble que le spectacle de la nature ait pu seul inspirer une idée aussi vraie. Eh bien! cette idée n'est pas de La Fontaine; elle est traduite, mot pour mot, d'Ovide. Il a dit (*Amours*, liv. I, élég. 5, v. 5) :

> *Qualia sublucent fugiente crepuscula Phœbo,*
> *Aut ubi nox abiit, nec tamen orta dies.*

33. *Nunc juvenum princeps, deinde future senum* (v. 194). On appelait *prince de la jeunesse* celui dont le nom était cité le premier dans le recensement de l'ordre des chevaliers, et *prince du sénat* ou *des vieillards* celui dont le nom ouvrait la liste des sé-

nateurs. D'ailleurs le brillant horoscope qu'Ovide tire ici de l'avenir de Caïus ne se réalisa point : ce jeune prince, deux ans après son départ de Rome, périt, très-jeune encore, victime de la perfide scélératesse de Domnès, général des Parthes. *Voyez*, à ce sujet, FLORUS, liv. IV, ch. 12.

34. *Hostis ab invito regna parente rapit* (v. 198). Allusion à Phraate IV, qui, après avoir forcé Orode, son père, à déposer la couronne, se fit proclamer roi à sa place. C'est là le véritable sens de ce vers que les commentateurs n'ont pas compris. *Parente* se rapporte à Orode, et non pas à Auguste, père adoptif de Caïus.

35. *Nam Deus e vobis alter es: alter eris* (v. 204). La première partie de ce vers se rapporte à Mars; la seconde à Auguste, dont Ovide a parlé dans le vers précédent. En effet, l'un, Mars, était déjà dieu; l'autre, Auguste, devait l'être un jour. Il était d'autant plus permis à Ovide de faire cette prophétie sans être accusé de basse adulation, que de son temps les princes obtenaient, même de leur vivant, les honneurs de l'apothéose.

36. *Qui fugis ut vincas, quid victos, Parthe, relinquis* (v. 211)? Le manière de combattre des Parthes est devenue proverbiale depuis le *fidentem fuga Parthum* de Virgile, et le vers peut-être un peu trop *joli* de Racine dans Bérénice :

Elle fuit, mais en Parthe, en me perçant le cœur.

Plusieurs éditeurs ont imprimé ainsi le vers d'Ovide :

Qui fugis, ut vincas, quid victo, Parthe, relinquis?

Alors le sens serait tout différent, et pourrait se traduire ainsi par un vers français :

Le vainqueur fuit : que fera le vaincu?

37. Vers 213 :

Ergo erit illa dies, qua tu, pulcherrime rerum,
Quatuor in niveis aureus ibis equis?

La marche des triomphateurs, dont Ovide offre ici un tableau si pompeux, s'ouvrait pas une longue file de soldats de la garde prétorienne, qui portaient des figures des villes conquises, des fleuves, des montagnes, enfin de tout ce que les pays vaincus offraient de remarquable. Ces images étaient ou des tableaux, ou des ciselures en bas-relief. On y lisait en gros caractères les noms et les titres des princes, des rois et des généraux captifs. C'est à cet usage que Racine fait allusion dans ces vers de *Mithridate*, acte III, sc. 1 :

> Tandis que l'ennemi, par ma fuite trompé,
> Tenait après son char un vain peuple occupé,
> Et gravant en airain ses frêles avantages,
> De mes états conquis enchaînait les rivages.

Stace (liv. III, *Silv.* 2, v. 127) a ainsi imité le mouvement de ce passage d'Ovide :

> Ergo erit illa dies, qua te majora daturus
> Cæsar ab emerito jubeat discedere bello?

38. .....*Hæc est Danaeïa Persis : Urbs in Achæmeniis vallibus ista fuit* (v. 225). Ovide appelle ici la Perside *Danaeïa*, parce que Persès, qui lui donna son nom, était fils d'Andromède, et petit-fils de Danaé. — L'*Achéménie*, dont il est question dans le vers suivant, était une contrée de la Perse, ainsi nommée d'*Achéménès* qui y régna.

39. Vers 231 :

> *Sæpe illic positi teneris adducta lacertis*
> *Purpureus Bacchi cornua pressit Amor.*

Il y a deux choses à remarquer dans ce distique : d'abord l'épithète de *purpureus* donné à l'Amour, et ensuite ces mots *cornua Bacchi*. Les commentateurs qui expliquent *purpureus Amor* par *formosus Amor*, ne me paraissent pas avoir senti la force de cette épithète, qui, dans ce passage, signifie l'*Amour au visage empourpré* (sous-entendu *par le vin*). Quant à *cornua Bacchi*, les anciens représentaient Bacchus avec des cornes à la tête, parce que, dans ses voyages, il s'était toujours couvert de la peau d'un bouc, animal qu'on lui sacrifiait dans les Bacchanales, et qui a donné son nom aux hymnes qu'on chantait en en l'honneur de Bacchus. Ces hymnes, dans l'origine, s'appelaient *tragédies*, de τράγος ᾠδή, *chant du bouc*. Chacun sait que ce fut Thespis, qui, le premier, introduisit dans ces hymnes une espèce d'action dramatique, qui fut l'origine de la *tragédie ;* comme les *mystères* que jouaient nos aïeux donnèrent naissance à notre théâtre. Ceux qui se piquent d'expliquer les mythes de l'antiquité, prétendent que les cornes de Bacchus sont un emblème de la pétulance et de l'effronterie qu'inspire le vin.

Il y a dans tout ce passage une suite de charmans tableaux dignes des pinceaux du Corrège ou de l'Albane. D'abord, *l'Amour enluminé par le vin, et serrant dans ses faibles mains les cornes de Bachus ;* un peu plus loin, *l'Amour dont les ailes trempées de vin ne peuvent se mouvoir, et qui reste engourdi par cette liqueur traîtresse ;* puis, *bientôt il secoue ses ailes humides, et malheur,* ajoute le poète, *au cœur qui reçoit quelques gouttes de cette brûlante rosée !* M. de Saint-Ange a essayé de reproduire ces images gracieuses :

> Là, le teint de l'Amour s'enlumine, et sa main
> Par ses cornes souvent saisit le dieu du vin :
> Quelquefois dans sa coupe il a trempé ses ailes,
> Et tombe appesanti dans des langueurs nouvelles.
> Secouant, *il est vrai,* leur plume humide encor,
> Bientôt il les agite et reprend son essor ;
> Mais le vin a jailli dans le cœur du convive.

On chercherait en vain dans ces vers corrects, mais dénués de chaleur et d'inspiration, le *teneris lacertis* qui fait image, et le *bibulas alas,* expressions si heureuses, si pittoresques ! Je ne saurais non plus pardonner au célèbre traducteur des *Métamorphoses* cette tournure prosaïque : *Secouant,* IL EST VRAI, *leur plume humide encore.* Je sais bien qu'il y a *quidem* dans le latin ; mais ce sont de ces mots qu'un traducteur peut très-bien se dispenser de rendre, surtout en vers.

40. Vers 255 :

> *Quid referam Bajas, prætextaque litora velis,*
> *Et, quæ de calido sulfure fumat, aquam ?*

M. de Guerle, qu'on me permettra de citer quelquefois dans ces notes, malgré les liens de parenté qui nous unissaient, semble avoir été inspiré par ce passage d'Ovide, dans ces vers, les derniers qu'il ait composés :

> J'allais, triste et dolent, vers les murs de Barège
>   Grossir l'infortuné cortège
>   De ces malades voyageurs,
> Qui, par vaux et par monts, cherchent ces eaux fameuses
>   Où l'on boit l'oubli des douleurs,
>   la riante Hygie à ses adorateurs,
>   Près de ses grottes sulfureuses,
>   Garde en secret des lits de fleurs ;
> Où, le soir, aux soupirs des flûtes amoureuses,
> Sur l'onde, en se jouant, vont noyer leurs vapeurs
>   Mille essaims de galans baigneurs,
>   Mille essaims d'aimables baigneuses.....

Baïes, aujourd'hui *Baya*, dans le golfe de Naples, était une ville célèbre par ses eaux minérales. Sa position délicieuse y avait fait établir des bains, décorés de toutes les recherches du luxe. On s'y rendait sur des gondoles élégamment ornées, où de joyeux convives goûtaient les plaisirs de la table, au son des instrumens de musique. C'était, dans la belle saison, le rendez-vous de tous les *Romains fashionables*. L'admirable méditation de M. de Lamartine, intitulée *le Golfe de Baya*, est trop connue pour que je la reproduise ici.

41. *Ecce suburbanæ templum nemorale Dianæ* (v. 259). Sur la voie Appienne et près de la porte Capène, était une forêt consacrée à Diane, et qu'on appelait *bois d'Aricie*. Là s'élevait le temple de la déesse ; c'est pour cette raison qu'Ovide l'appelle *templum nemorale*. Il le décrit ainsi, liv. III, v. 263 de ses *Fastes* :

> Vallis Aricinæ silva præcinctus opaca
>   Est lacus, antiqua relligione sacer.

Et Lucain :

> Parva Myceneæ quantum sacrata Dianæ
>   Distat ab excelsa nemoralis Aricia Roma.

Strabon en parle aussi en ces termes : « Est et Dianæ lucus, id est Artemisium (sic enim vocant) e sinistra viæ regione, ex Aricia ad Aricinam viam conscendentibus, quod templum nominant ædificium Tauricæ; ad quod templum ex urbe feminæ coronatæ, assecutæ quod votis optarent, idibus Augustis facibus accensis veniebant. » Il paraît, d'après ce passage, que les femmes y allaient en pèlerinage avec des flambeaux allumés pour remercier la déesse d'avoir exaucé leurs vœux. Cependant la religion n'était pas toujours le motif qui les y conduisait; car Properce (liv. II, élég. 32, v. 9) reproche à sa maîtresse d'aller avec des torches ardentes dans les bois d'Aricie pour sacrifier à des divinités moins chastes que Diane :

> Quum videt accensis devotam currere tædis
> In nemus, et Triviæ lumina ferre Deæ.

42. *Partaque per gladios regna nocente manu* (v. 260). Le grand-prêtre de Diane Aricine portait le titre de roi : *rex sacrificulus* ou *rex nemoralis*. Ce sacerdoce était ordinairement occupé par des esclaves fugitifs ou des gladiateurs. Le pontife était renouvelé tous les ans, et sa consécration était son propre ouvrage. Le nouveau prétendant venait livrer un combat à mort au pontife de l'année précédente. Mais ce n'était pas assez, pour être roi, de vaincre un seul adversaire, il fallait triompher de tous les concurrens. Le sacerdoce était donc le prix de celui qui avait eu la force ou l'adresse d'égorger tous ses rivaux. Pausanias, qui vivait dans le deuxième siècle de notre ère, dit avoir retrouvé cette superstition chez les Corinthiens. P. D. C.

On s'étonnera peut-être que les Romains, qui avaient en horreur le titre de *roi*, permissent non-seulement à ce pontife de le porter, mais donnassent encore le nom de *reine* à sa femme, qui était aussi chargée de quelques sacrifices, et celui de *maison royale* à leur demeure. Mais ces honneurs ne leur étaient pas accordés sans restriction. De peur que le titre de roi n'inspirât au grand-prêtre de Diane des desseins contraires à la liberté, et pour empêcher que le peuple ne conçût des inquiétudes à ce sujet, ce roi sacrificateur dépendait du souverain pontife, auquel il était soumis : il ne pouvait exercer aucune magistrature, encore moins assembler le peuple; et après avoir fait les sacrifices qui étaient de son ministère, il sortait de l'assemblée avec précipitation, comme un fugitif. C'est peut-être pour ce motif que Stace (liv. III, *Silv.* 1, v. 55) appelle ces pontifes *reges profugi* :

> Jamque dies aderat, profugis quum regibus aptum
> Fumat Aricinum nemus, et face multa
> Conscius Hippolyti spendet lacus.

A moins que par ce mot *profugi*, Stace ne donne à entendre que ce sacerdoce était souvent exercé par des fugitifs, comme je l'ai dit plus haut.

43. *Vir male dissimulat : tectius illa cupit* (v. 276). Je ne sais pourquoi plusieurs éditeurs, au lieu de *tectius*, qui offre un sens très-clair et très-vrai, lisent *rectius, lectius, fortius :* toutes ces conjectures sont sans fondement. Tibulle (liv. IV, élég. 5, v. 17) a dit avec Ovide :

> Optat idem juvenis, quod nos : sed tectius optat;
> Nam pudet hæc illum dicere verba palam.

D'ailleurs, cette pensée est imitée d'Euripide, *Andromaque*, v. 219 :

> Αἰσχρόν γε· καί τοι χείρον' ἀρσένων νόσον
> Ταύτην νοσοῦμεν, ἀλλὰ προὐστῆμεν καλῶς.

44. *Byblida quid referam, vetito quæ fratris amore* (v. 283). Cette fable est assez connue, et personne n'ignore que Byblis, fille de Milet et de la nymphe Cyanée, n'ayant pu toucher le cœur de son frère Caunus qu'elle aimait éperdûment, et qui, pour échapper à ses coupables avances, s'exila de sa patrie, en conçut un si violent désespoir et pleura tant, qu'elle fut changée en fontaine. Du moins c'est ainsi qu'Ovide rapporte cette histoire dans ses *Métamorphoses*. Mais il lui donne ici un dénoûment plus tragique :

> ....Est laqueo fortiter ulta nefas.

M. Pirault des Chaumes a reproduit avec autant de grâce que de sentiment ce passage et les vers suivans, sur la métamorphose de Myrrha en arbre odoriférant :

> Parlerai-je, Byblis, de ton funeste sort,
> De tes feux pour ton frère, hélas! et de ta mort?

Myrrha, dirai-je aussi ton amour pour ton père,
Et ta métamorphose, et ta douleur amère,
Et l'arbre précieux qui nous transmet tes pleurs,
Ces parfums qui toujours rappellent tes malheurs?

45. *Forte sub umbrosis nemorosæ vallibus Idæ* (v. 289). J'engage le lecteur à comparer à cette narration poétique de la fable de Pasiphaé, celle que l'on trouve dans les *Fragmens attribués à Pétrone*, tome II, page 256 de notre édition, et qui commence par ces vers :

> Filia Solis
> Æstuat igne novo,
> Et per prata juvencum,
> Mentem perdita, quæritat.

Cette pièce bizarre dont l'auteur, quel qu'il soit, s'est astreint à traiter son sujet sur tous les mètres employés par Horace, ne manque ni d'imagination ni de poésie. On y trouve de fréquentes imitations d'Ovide ; ces vers, par exemple :

> Non illam thalami pudor arcet,
> Non regalis honos, non magni cura mariti,

sont évidemment inspirés par ceux d'Ovide :

> It comes armentis; nec ituram cura moratur
>   Conjugis : et Minos a bove victus erat;

mais cette imitation n'a rien de servile.

46. Vers 297 :

> *Nota cano : non hoc, centum quæ sustinet urbes,*
>   *Quamvis sit mendax, Creta negare potest.*

L'île de Crète, aujourd'hui Candie, était remarquable autrefois par ses cent villes dont parle Pline, et qui lui ont fait donner par Strabon le nom d'*Hécatompolis*. Quant à l'épithète de *menteuse*, elle la devait à ses habitans, qui, dès le temps du poète Épiménide, avaient la réputation d'être de grands menteurs :

> Κρῆτες ἀεὶ ψευσταὶ, κακὰ θηρία, γάστερες ἀργοί.

« Cretenses semper mendaces, malæ bestiæ, ventres pigri. »

Saint Paul, dans son *Epître à Titus*, ch. 1, verset 12, cite ce vers d'Épiménide, que l'on retrouve mot pour mot dans Callimaque, qui s'en est emparé.

47. Vers 331 :

> *Filia purpureos Niso furata capillos,*
> *Puppe cadens celsa, facta refertur avis.*

C'est ainsi que je lis le second vers de ce distique, et non pas comme dans l'édition de Lemaire et dans plusieurs autres :

> Pube premit rabidos inguinibusque canes.

On compte en effet deux Scylla : l'une, fille de Nisus, roi de Mégare, par amour pour Minos qui assiégeait cette ville, coupa sur la tête de son père le cheveu couleur de pourpre, espèce de palladium d'où dépendait le destin de Mégare, qui tomba ainsi au pouvoir de Minos. Ce prince, pénétré d'une juste horreur pour la perfidie de la fille de Nisus, rejeta son amour. Elle voulut le suivre en Crète ; mais elle tomba à la mer et fut changée en oiseau. Voilà celle dont parle Ovide dans ce passage.

L'autre Scylla, fille de Phorcus, était une belle nymphe, dont Glaucus, dieu marin, devint amoureux. N'ayant pu parvenir à s'en faire écouter, il eut la cruauté de demander à Circé des moyens de vengeance. Elle lui remit un poison qu'il répandit dans la fontaine où la nymphe avait coutume de se baigner. A peine eut-elle touché cette eau empoisonnée, qu'elle fut changée en un monstre à douze griffes, six têtes et autant de gueules. Une foule de chiens lui sortaient du corps avec leurs mille têtes aboyantes. Effrayée de cette horrible métamorphose, elle se précipita dans la mer au détroit qui porte son nom.

Ainsi, comme on le voit, la première Scylla, fille de Nisus, sacrifiant son père à son amant, fut changée en oiseau pour prix de sa trahison ; la seconde Scylla, fille de Phorcus, fut victime de sa chasteté, et ne pouvait trouver place dans un passage où Ovide rassemble des preuves à l'appui de ce qu'il vient d'avancer, c'est-à-dire que les passions des femmes sont plus ardentes que les nôtres et ont engendré de plus grands crimes. C'est donc à tort que Burmann, Daniel Heinsius, l'édition *ad usum Delphini*, et en dernier lieu celle de Lemaire, ont attribué à la fille de Nisus cette ceinture de chiens qui appartient à la fille de Phorcus; il est bien vrai que Virgile les confond, *Églogue* vi, v. 74 :

> Quid loquar, aut Scyllam Nisi, quam fama secuta est
> Candida succinctam latrantibus inguina monstris
> Dulichias vexasse rates, et gurgite in alto
> Ah! timidos nautas canibus lacerasse marinis?

On voit que, dans ces vers, Virgile attribue à l'une la transformation subie par l'autre; mais Ovide, qui, pour composer son grand poëme des *Métamorphoses*, avait fait une étude particulière de la Fable, ne peut être accusé d'une semblable erreur. D'où provient-elle donc? de la manie des premiers commentateurs qui chargeaient de gloses et de variantes les marges des manuscrits les plus précieux. Des copistes ignorans ont ensuite confondu ces gloses avec le texte, ce qui a souvent produit une confusion que les plus savans éditeurs ont eu bien de la peine à éclaircir. Ainsi, par exemple, Ovide avait dit :

> Filia purpureos Niso furata capillos,
> Puppe cadens celsa, facta refertur avis.

Un glossateur, voulant distinguer les deux Scylla, a écrit en marge de son manuscrit ce distique assez plat, vraie poésie de grammatiste, où l'un des deux mots *pube* ou *inguinibus* est inutile et ne sert qu'à remplir le vers :

> Altera Scylla maris monstrum, medicamine Circes,
> Pube premit rabidos inguinibusque canes.

Puis est venu un copiste, qui mêlant la glose avec le texte, et trompé par la ressemblance des deux mots, *puppe* qui commence le premier pentamètre, et *pube* qui commence le second, a tout confondu, et a écrit :

> Filia purpureos Niso furata capillos,
> Pube premit rabidos inguinibusque canes.
> Altera Scylla maris monstrum, medicamine Circes,
> Puppe cadens celsa, facta refertur avis.

Je laisse à juger de l'embarras des commentateurs aussi éclairés que les Burmann et les Heinsius, lorsqu'il leur a fallu rectifier ce texte évidemment fautif. Frappés seulement de cette idée, qu'Ovide, en parlant des femmes victimes de leurs passions déréglées, n'avait pu citer la fille de Phorcus dont la vertu causa le malheur, ils ont retranché le second distique : *Altera Scylla, etc.*; mais ils ont laissé subsister dans le premier l'erreur du copiste qui attribue à la première Scylla ce que le glossateur a dit de la seconde : *Pube premit rabidos, etc.*; et voilà comment cette leçon, si grossièrement fautive, s'est glissée dans presque toutes les éditions, même les plus estimées, à l'exception de celle de Corneille Schrévélius, qui a rétabli le véritable texte. (Cette note est empruntée en grande partie à celle de M. Pirault des Chaumes, sur le même passage.)

48. Vers 405 :

Sive dies suberit natalis, sive kalendæ,
  Quas Venerem Marti continuasse juvat.

Ovide dit dans les *Fastes* la raison pour laquelle les calendes de Mars étaient en grande vénération parmi les femmes : c'est que ce jour-là ceux qui avaient des maîtresses leur envoyaient des présents. Aussi Juvénal les appelle-t-il : *kalendæ femineæ* (sat. IX, v. 53) :

Munera *femineis* tractat secreta *kalendis*.

Macrobe, dans ses *Saturnales*, en parle avec plus de détails. On les appelait aussi *matronales*, parce qu'alors les matrones célébraient des fêtes en l'honneur de Mars, père de Romulus. Les calendes du mois suivant, avril, étaient consacrées aux fêtes de Vénus, qui, ne se trouvant séparées que par une courte distance de celles de Mars, semblaient ainsi les continuer; ce qui justifie ce que dit Ovide : *Kalendæ quas juvat Venerem continuasse Marti*, sous-entendu *amatori suo*.

49. *Institor ad dominam veniet discinctus emacem* (v. 421). *Institor*, dit Ulpien (18 *de Inst. Act.*), *est qui tabernæ, locove ad emendum vendendumque præponitur; quique sine loco ad eumdem actum præponitur*. C'est ce que nous appelons *un colporteur*, un homme qui va de maison en maison proposant des marchandises. Ovide lui donne l'épithète de *discinctus*, parce

qu'à Rome il n'y avait guère que les esclaves de service qui relevassent leurs robes, et que les colporteurs appartenaient à une classe plus élevée. Properce dit à ce sujet :

> . . . . Et ibo
> Mundus demissis institor in tunicis.

Le mot *institor* est, selon quelques étymologistes, *ex eo dictus quod negotio gerendo instet;* je croirais plutôt que ce mot vient de ce que ces porteurs de balles sont très-pressans, *instantes*, et veulent absolument qu'on leur achète quelque chose avant qu'ils se retirent. Il n'est personne qui ne le sache par expérience.

50. *Littera poscetur, ne didicisse juvet* (v. 428). Ce passage est très-obscur et le sens que j'ai adopté dans ma version n'est guère qu'une conjecture. Après avoir long-temps hésité sur la manière de le traduire, et ne trouvant aucune lumière dans les commentateurs, qui, selon leur louable habitude, passent à côté de la difficulté sans se donner la peine de chercher à l'éclaircir, je me suis rappelé ce vers que Racine, dans sa tragédie de *Britannicus*, met dans la bouche de Burrhus, s'adressant à Néron :

> Je voudrais, disiez-vous, ne savoir pas écrire,

et j'ai cru y trouver la solution du problème qui m'occupait. Si j'ai fait un contre-sens, je suis sûr au moins de n'avoir pas fait un contre bon sens.

51. *Quid? quasi natali quum poscit munera libo* (v. 429). Parmi les présens qu'on offrait à ses amis le jour anniversaire de leur naissance, figuraient des gâteaux faits de froment. Ovide en parle encore liv. 1, élég. 8, v. 93, de ses *Amours :*

> Quum te deficient poscendi munera causæ,
> Natalem libo testificare tuum.

Caton rapporte qu'on avait coutume à Rome, dans les repas où l'on célébrait la naissance de quelqu'un, de servir de ces gâteaux aux convives; mais que personne ne devait y goûter avant celui dont c'était la fête, et qu'en outre chacun, après en avoir goûté, devait faire des vœux pour lui.

52. *Non mihi, sacrilegas meretricum ut prosequar artes* (v. 435). Horace (liv. 1, *Ép.* 17, v. 55) parle aussi de semblables arti-

fices employés par les courtisanes de Rome pour arracher des cadeaux à leurs adorateurs

> Nota refert meretricis acumina, sæpe catellam,
> Sæpe periscelidem raptam sibi flentis; uti mox
> Nulla fides *damnis*, verisque doloribus adsit.

53. *Cera vadum tentet, rasis infusa tabellis* (v. 437). Au lieu de *rasis*, l'édition d'Oxford lit *roseis*, sens qui n'est point à dédaigner. En effet, *rasis* ajoute peu de chose à l'idée principale, même quand on entendrait par ce mot, comme je l'ai fait, *des tablettes bien polies*; tandis que *roseis*, appliqué soit au bois dont étaient faites les tablettes, soit à leur couleur, indique l'élégance de ces tablettes et la galanterie de celui qui les envoie.

54. *Hoc opus, hic labor est, primo sine munere jungi* (v. 453). Ce précepte me semble digne d'être gravé en lettres d'or chez l'Harpagon de Molière; le bon homme sauterait de joie en l'écoutant : *Obtenir les faveurs d'une belle sans bourse délier, c'est là,* dirait-il, *le fin du métier. Car, se la rendre favorable en lui faisant des cadeaux : il n'est si petit esprit qui n'en fît autant; c'est aussi facile que de donner un bon repas en dépensant beaucoup d'argent.*

55. *Littera Cydippen, pomo perlata, fefellit* (v. 457). La fable à laquelle ce vers fait allusion, quoique connue, mérite cependant d'être rapportée. Aconce, jeune homme de l'île de Cée, étant venu à Délos, y vit Cydippe dans le temple de Diane, et en devint amoureux. Comme il n'était pas d'assez haute condition pour espérer de l'obtenir en mariage, il écrivit sur une pomme : « Cydippe jure par les mystères de Diane, qu'elle sera l'épouse d'Aconce. » Et il roula cette pomme aux pieds de Cydippe, qui la ramassa, et qui ayant lu ces mots à haute voix, se trouva ainsi engagée par serment à devenir l'épouse d'Aconce. *Voyez* dans les *Héroïdes*, la lettre d'Aconce à Cydippe, et la réponse de Cydippe à Aconce.

56. *Disce bonas artes, moneo, Romana juventus* (v. 459). L'éloge des beaux-arts offrait ici un vaste champ à la poésie; mais Ovide ne l'envisage que dans ses rapports avec l'art frivole qu'il enseigne. On me saura gré, je pense, de reproduire la traduction de ce passage par M. de Verninac, qui, dans

l'*Almanach des Muses* de 1787, a publié deux longs fragmens de *l'Art d'aimer*, qui font vivement regretter qu'il n'ait pas donné une traduction complète de ce poëme; je les cite d'autant plus volontiers, qu'ils sont peu connus, et entre les mains de peu de lecteurs :

> O jeunesse, crois-moi, cultive l'éloquence :
> Par elle on peut briser les fers de l'innocence.
> C'est peu : comme le peuple et le juge irrité,
> Tu verras à ta voix s'attendrir la beauté.
> Mais d'un triste savoir évite l'étalage :
> Près d'une jeune fille ampoulant son langage,
> Quel autre amant qu'un sot s'érige en orateur?
> Un billet quelquefois fit haïr son auteur.
> Sois expressif, mais vrai; simple à la fois et tendre;
> Qu'on croie en te lisant et te voir et t'entendre.
> Sans le lire, peut-être, on rendra ton billet :
> Un jour on le lira; suis toujours ton projet.
> Le succès est certain : curieuse et moins sage,
> Un jour on le lira. Le bœuf le plus sauvage
> Sous le joug voit un jour expirer sa fierté;
> Le temps soumet au frein le coursier indompté :
> Le temps ronge le fer; la terre qu'il déchire
> D'un cours lent, mais certain, parvient à le détruire.
> Quoi de plus dur qu'un roc? goutte à goutte à la fin,
> Fluide et sans effort, l'onde en creuse le sein.
> Pergame avec le temps a vu son jour suprême :
> Persiste, tu vaincras Pénélope elle-même.

Nous citerons la suite de ce morceau dans nos notes, à mesure que l'occasion s'en présentera.

57. *Quid magis est saxo durum* (v. 475)? Ce vers et les trois suivans sont évidemment imités de Lucrèce, *de Rerum natura*, lib. I, v. 314 :

> Stillicidi casus lapidem cavat; uncus aratri
> Ferreus occulte decrescit vomer in arvis.

58. *Legerit, et nolit rescribere; cogere noli* (v. 479). On peut comparer à ce passage l'épigramme 9 du livre II de Martial :

> Scripsi, rescripsit nil Nævia; non dabit ergo?
> Sed, puto, quod scripsi legerat : ergo dabit.

M. de Verninac continue à traduire ainsi, avec sa grâce accoutumée :

> On te lit sans répondre? attends, ne presse rien;
> Sache lui faire aimer ce muet entretien.
> Tu la verras bientôt, du plaisir de te lire,
> Se rendre par degrés au désir de t'écrire.
> Peut-être que d'abord, excitant tes regrets,
> Elle te suppliera d'abjurer tes projets.
> On craint ce qu'on demande; on tait ce qu'on désire.
> Poursuis, cette rigueur est pour mieux te séduire.
> Cependant en litière, assise mollement,
> Paraît-elle en public, approche adroitement.
> Pour tromper des fâcheux l'oreille curieuse,
> Cherche du double sens la gaze officieuse.
> Sous le vaste portique elle adresse ses pas?
> Empresse-toi près d'elle, et ne la quitte pas.
> Que tour-à-tour ta marche, au besoin assortie,
> La suive ou la devance, ardente ou ralentie.
> Enfin deviens son ombre, et ne va pas rougir
> Si l'on te voit ainsi sur ses pas t'établir.
> Ne la laisse jamais isolée au théâtre :
> Là, promène sur elle un regard idolâtre;
> Là, contemple à loisir, dévore ses attraits;
> Là, fais parler tes yeux, ton sourire, tes traits.
> Sois propice à l'acteur auquel elle est propice :
> Celui qu'elle applaudit, que ta main l'applaudisse.
> Elle s'assied, se lève? assieds-toi, lève-toi;
> Et du temps à son gré sache immoler l'emploi.

59. *Et plaudas, aliquam mimo saltante puellam* (v. 501). Ce vers, au premier abord, n'offre qu'un sens confus et pénible à saisir; mais toute la difficulté consiste dans ces mots : *Mimo saltante puellam*. Or, Ovide lui-même nous en explique le sens dans le 755ᵉ vers du *Remède d'amour* :

> Illic assidue ficti *saltantur* amantes.

Les Latins disaient *saltare personam*, comme nous disons « jouer un rôle. » Ainsi *saltare puellam*, c'était *jouer le rôle d'une jeune fille*; et *saltare amantem*, « jouer un rôle d'amant. » Horace a employé dans le même sens le mot *moveri*. — *Voyez* son *Épître à Florus*, liv. II, *Ép.* 2, v. 124 :

> ....Ut qui
> Nunc Satyrum, nunc agrestem Cyclopa movetur.

60. *Sed tibi nec ferro placeat torquere capillos* (v. 505). Les anciens avaient, comme nous, différentes manières de se coiffer ; les uns bouclaient leurs cheveux, les autres les nouaient en tresses ou les cordonnaient, comme dit Martial, en parlant des Sicambres :

> Crinibus in nodum tortis venere Sicambri.

Perse (sat. IV, v. 33) s'élève aussi, avec sa véhémence ordinaire, contre ces raffinemens de toilette, indignes d'un homme, et qu'il renvoie, comme Ovide, aux prêtres efféminés de Cybèle :

> At si unctus cesses, et figas in cute solem,
> Est prope te ignotus, cubito qui tangat, et acre
> Despuat in mores.

On ne doit pas s'attendre à une satire aussi virulente de la part du chantre des Amours : c'est par l'exemple des amans célèbres, qui ont plu sans le secours d'une parure recherchée, qu'il détourne son élève de ces soins minutieux et ridicules, qui ne valent pas, dit-il, une *toilette simple et négligée, pourvu qu'elle soit propre*; ce qu'il exprime ainsi : *Forma viros neglecta decet.... munditiæ placeant.* Écoutons, M. de Verninac, son élégant interprète :

> Mais laisse de côté l'attirail des parures ;
> D'autres armés du fer tordront leurs chevelures,
> De leur jambe avec soin ils lisseront la peau ;
> Toi, livre ce vain luxe à ce pieux troupeau,
> A ces prêtres coquets dont la voix solennelle
> Hurle un chant phrygien en l'honneur de Cybèle.
> La parure de l'homme est la simplicité ;
> Je te permets un luxe, et c'est la propreté.
> Que du hâle des camps ton corps m'offre la trace ;
> Que ton habit soit frais et qu'il ait de la grâce.

De ta bouche avec soin entretiens le corail,
Et de tes dents surtout tu soigneras l'émail.
Avec plus d'art encore cultive ton haleine :
En arc de tes sourcils tu voûteras l'ébène.
Qu'un pied ne nage pas au fond de sa prison ;
Que l'ivoire des doigts, l'honorable toison
De la joue animée et du front respectable
Reçoivent sous l'acier une forme agréable.
Mais laisse au jeune amant, d'un vil goût tourmenté,
Mais laisse à la coquette un luxe médité ;
Sans tous ces vains efforts d'une futile adresse,
Hippolyte de Phèdre alluma la tendresse.
Sans eux, amant des bois, le chasseur Adonis
Fit long-temps le souci de la belle Cypris,
Et le vainqueur des lieux où fleurit le Brachmane,
Bacchus sans eux encore triompha d'Ariane.

61. *Ista jube faciant, quorum Cybeleïa mater*, etc. (v. 507). Les prêtres de Cybèle étaient, comme on sait, des eunuques efféminés qui, chaque jour, se rasaient tout le corps, de peur qu'il s'y logeât quelque ordure ou quelque vermine. D'ailleurs, ils se piquaient plutôt de propreté que de décence, et se paraient avec beaucoup de recherche, comme des coquettes de profession. *Voyez* ce qu'Ovide a dit de ces prêtres, en décrivant la fête de Cybèle, dans le poëme des *Fastes*.

62. *Fuscentur corpora Campo* (v. 513). Le conseil est remarquable, et prouve qu'Ovide, et tous les érotiques anciens, n'entendaient pas l'amour comme les *Céladons du fleuve de Tendre* et les petits-maîtres de l'œil-de-bœuf; mais que chez eux cette passion n'était pas dégénérée en une insipide galanterie qui énerve à la fois le corps et l'âme. *Voyez* comment Horace (liv. 1, *Od.* 8) tance Lydie d'écarter Sybaris, son amant, des exercices qui conviennent à un jeune homme :

Lydia, dic, per omnes
Te Deos oro, Sybarin cur properas amando
Perdere ? *cur apricum*
Oderit campum, patiens pulveris atque solis ?

Cur neque militaris
Inter æquales equitat, Gallica nec lupatis

> Temperat ora frenis?
> Cur timet flavum Tiberim tangere? cur olivum
>
> Sanguine viperino
> Cautius vitat? neque jam livida gestat armis
> Brachia, sæpe disco,
> Sæpe trans finem jaculo nobilis expedito.
>
> Quid latet, ut marinæ
> Filium dicunt Thetidis, sub lacrymosa Trojæ
> Funera, ne virilis
> Cultus in cædem et Lycias proriperet catervas?

63. *Nec vagus in laxa pes tibi pelle natet* (v. 516). Horace a dit de même, liv. I, *Sat.* 3, v. 31 :

> ....Male laxus
> In pede calceus hæret.

Le mot *natat*, employé par Ovide, est on ne peut plus pittoresque; il semble emprunté à Aristophane (*les Chevaliers*, v. 321) : νεῖν ἐν τοῖς ἐμβᾶσι. Sidonius Apollinaris, à son tour, l'a emprunté à Ovide :

> Laxo *pes natet* altus in cothurno.

64. *Et si quis male vir quærit habere virum* (v. 524). Remarquons avec quel art et quelle décence d'expression Ovide désigne *ces hommes, la honte de leur sexe*, dont ils recherchent *les faveurs*. Ce n'est pas le seul endroit où notre poète fait profession de son mépris pour ce goût infâme, malheureusement trop commun chez les anciens, et dont Horace, et même le *sage* Virgile, ne paraissent pas avoir été exempts. Ovide dit encore à ce sujet, liv. II, v. 683 de *l'Art d'aimer :*

> Odi concubitus, qui non utrumque resolvunt :
> Hoc est, cur pueri tangar amore minus.

Ciofanus, à l'occasion de ce second vers, dit : *Ostendit poeta noster se* τὸ παιδεραστεῖν *secutum non esse.* En effet, vainement voudrait-on prétendre que *tangar minus* n'est pas synonyme de *non tangar,* mille exemples tirés des auteurs anciens prouveraient le peu de valeur de cette objection. D'ailleurs, on ne trouve rien dans toutes les œuvres galantes d'Ovide qui puisse faire seulement soupçonner qu'il partageât cette honteuse habitude, qui a fait dire si justement à Parny :

> L'antiquité, si charmante d'ailleurs,
> Dans ses plaisirs était peu scrupuleuse.
> De ses amours la peinture odieuse
> Dépare un peu ses écrits enchanteurs.

Ovide est presque le seul des poètes érotiques anciens qui soit à l'abri de ce reproche. On connaît d'ailleurs cette épigramme de Varron sur Pompée :

> Fasciola qui crura tegit, digito caput uno
> Scalpit, quid credas hunc sibi velle? virum.

65. *Gnosis in ignotis amens errabat arenis* (v. 527). Les amours d'Ariane et de Bacchus sont un sujet trop connu pour qu'il soit nécessaire d'entrer à cet égard dans aucune explication. Nous nous bornerons donc à transcrire ici la fin du premier fragment de M. de Verninac, qui offre, selon nous, la meilleure traduction en vers de cet épisode de *l'Art d'aimer* :

> Aux rives de Naxos, Ariane éperdue
> Parcourait au hasard une plage inconnue,
> Dans un désordre heureux, telle qu'à son réveil
> Elle sortit des bras d'un perfide sommeil :
> Pieds nus, d'un léger voile à peine environnée,
> Sa belle chevelure aux vents abandonnée,
> D'un nuage de pleurs ses beaux yeux obscurcis,
> Et demandant Thésée aux flots sourds à ses cris.
> Mais ses cris, et ses pleurs, et ses tendres alarmes,
> Au lieu de les flétrir embellissaient ses charmes.
> Que devenir? dit-elle, en se frappant le sein.
> L'ingrat! il m'a laissée, et je l'appelle en vain.
> Que devenir? Soudain les timbales bruyantes
> Remplissent de leurs sons les rives gémissantes.
> Elle tombe : son sang a suspendu son cours,
> Et l'effroi sur sa bouche étouffe ses discours.
> Mais, précédant le dieu, voilà qu'échevelée,
> Vole au son des tambours la Thyade troublée :

Le Faune au pied léger accourt de toute part;
Et noyé des vapeurs du perfide nectar,
Sur son âne tardif, qu'il conduit avec peine,
Le corps penché déjà, paraît le vieux Silène.
Aux crins de son coursier sa main cherche un appui.
Les Thyades en feu vont, viennent devant lui.
Impuissant écuyer, vers l'escadron agile,
Tandis qu'il va pressant l'animal indocile,
Sur l'arène, ô disgrâce! il tombe : vers les cieux
S'élève au même instant un ris malicieux;
Et tous de s'écrier : Debout, allons, vieux père!
Sur un char couronné de pampres et de lierre,
Bacchus paraît enfin : avec des rênes d'or,
De deux tigres domptés le dieu guide l'essor.
Ariane à sa vue et frémit et s'étonne;
Le sentiment, l'esprit, la voix, tout l'abandonne,
Tout, jusqu'au souvenir de l'objet de ses pleurs.
Une frayeur mortelle efface ses couleurs.
Trois fois elle veut fuir, trois fois elle s'arrête,
Tremblant comme un roseau qu'agite la tempête.
Bannis, lui dit Bacchus, ta crainte et ton tourment;
Ariane, tu vois un plus fidèle amant.
Je t'épouse, et pour dot, je t'ouvre l'empirée;
Viens, et que ta couronne à la voûte sacrée
Dirige les nochers égarés sur les flots.
Il dit, et de son char, il s'élance à ces mots,
De peur que son esprit, fatigué par la crainte,
De ses tigres altiers, ne redoute l'atteinte.
La terre avec respect s'incline sous ses pas.
C'en est fait; Ariane est déjà dans ses bras :
Elle cède; et comment lui faire résistance?
Quel mortel peut d'un dieu balancer la puissance?
Soudain jusques aux cieux l'escadron enjoué
Pousse des chants d'hymen et des cris d'Évoé.

66. *Nycteliumque patrem, nocturnaque sacra precare* (v. 567).
On appelait Bacchus *Nyctelius*, du verbe νυκτελέω, *nocte perficio*,
parce qu'on célébrait ses mystères pendant la nuit.

67. *Blanditiasque leves tenui perscribere vino* (v. 571). Cette
galanterie, qui consistait à tracer sur la table, avec un peu de
vin, des devises amoureuses, nous prouve que les Romains ne

se servaient point de nappes, autrement cela n'eût pas été faisable.

68. *Fac primus rapias illius tacta labellis Pocula*, etc. (v. 575). Lucien, dans les *Dialogues des Dieux*, introduit Junon reprochant à son époux des galanteries de ce genre : elle s'exprime en ces termes : Ἐνίοτε δὲ καὶ ἀπογευσάμενος μόνον, ἔδωκας ἐκείνῳ (Ganymedi), καὶ πιόντος ἀπολαϐὼν τὴν κύλικα, ὅσον ὑπόλοιπον ἐν αὐτῇ πίνεις, ὅθεν καὶ αὐτὸς ἔπιε, καὶ ἔνθα προσήρμοσε τὰ χείλη, ἵνα καὶ πίνης ἅμα, καὶ φιλῇς.

69. *Quaque bibet parte puella, bibat* (v. 576). Ovide, dans son héroïde d'*Hélène à Pâris* (épît. XVII, v. 79), a reproduit les mêmes idées presque dans les mêmes termes :

> Et modo suspiras : modo pocula proxima nobis
>   Sumis; quaque bibi, tu quoque parte bibis.
> Ah quoties digitis, quoties ego tacta notavi
>   Signa supercilio pene loquente dari !
> Et sæpe extimui, ne vir meus illa videret :
>   Non satis occultis erubuique notis.
> ....
> Orbe quoque in mensæ legi sub nomine nostro,
>   Quod deducta mero littera fecit : *Amo*.

70. *Tu pete; dumque petes, sit tibi tacta manus* (v. 578). C'est ainsi que Tibulle a dit (liv. I, élég. 6, v. 25) :

> Sæpe velut gemmas ejus signumve probarem,
>   Per causam memini, me *teligisse* manum.

71. *Huic, si sorte bibes, sortem concede priorem* (v. 581). On sait que les anciens tiraient aux dés la royauté des festins, qui donnait à celui qui en était revêtu le droit de régler les santés que l'on devait boire. On donnait aussi à ce monarque improvisé, assez semblable à notre *roi de la fève*, le nom de *modiperator, quia bibendi modum præscriberet*. Horace, en plusieurs endroits, fait allusion à cet usage : *Non vina sortiere talis*, dit-il dans l'ode 4 du livre I, *à Sestius*; et ailleurs, *quem Venus arbitrum dicet bibendi*. On appelait la loi qui réglait l'exercice de cette royauté, *lex talaria*.

72. *Occidit Eurytion stulte, data vina bibendo* (v. 593). Aux noces de Pirithoüs et d'Hippodamie, le Centaure Euryte ou Eu-

rytion, échauffé par le vin, voulut enlever la nouvelle mariée; mais Thésée, ami de Pirithoüs, saisit sur la table du festin un vaste cratère d'airain, et s'en fit une arme contre le ravisseur, qui tomba mort sur le coup, vomissant avec sa vie des flots de vin et de sang. *Voyez* au XIIe livre des *Métamorphoses*, la description du combat des Centaures et des Lapithes. Properce fait aussi allusion à la fin tragique d'Eurytion, dans la 33e élégie du livre II :

> Tu quoque, o Eurytion, vino Centaure peristi.

73. *Et, Bene, dic dominæ ; bene, cum quo dormiat illa* (v. 601). Ovide a dit de même, dans les *Fastes*, liv. II, v. 637 :

> Et, bene nos, patriæ, bene te, Pater optime, Cæsar,
>   Dicite.

On trouve aussi cette formule de prière pour l'empereur, dans le LXe chapitre du *Satyricon* de Pétrone : *Rati ergo sacrum esse fericulum, tum religioso apparatu perfusi, consurreximus a͞tius et :* AUGUSTO, PATRI PATRIÆ, FELICITER DIXIMUS! — *Le ciel protège l'empereur, père de la patrie!*

74. *Sed male sit tacita mente precare viro* (v. 603). Il y a ici une petite restriction jésuitique. Ovide dit d'abord : *Bois à la santé de ta maîtresse;* il ajoute ensuite, *et à celui qui couche avec elle :* laissant par là dans le doute s'il parle de l'amant ou du mari; puis il explique enfin toute sa pensée, en terminant par ces mots : *Mais au fond du cœur maudis son époux.* Cela ne ressemble-t-il pas un peu à l'innocente opposition de ces braves gens, qui, sous la restauration, buvaient *à la santé du roi......,* et ajoutait tout bas...... *de Rome?*

75. Vers 633 :

> *Jupiter ex alto perjuria ridet amantum ;*
>   *Et jubet Æolios irrita ferre Notos.*

Tibulle (liv. III, élég. 7, v. 17) a dit, presque dans les mêmes termes :

> ....Perjuria ridet amantum
>   Jupiter, et ventos irrita ferre jubet.

Ira-t-on, pour cela, accuser Ovide ou Tibulle de plagiat ?

Point du tout : ce sont de ces idées qui se présentent naturellement à l'esprit de tous les poètes qui traitent un sujet semblable ou analogue. Les païens n'avaient pas, comme on le voit, une haute idée de la vertu du roi des dieux, et Ovide va jusqu'à dire qu'il s'est souvent parjuré pour tromper la jalousie de Junon :

>Per Styga Junoni falsum jurare solebat.

Et cependant jurer par le Styx était un serment redoutable, même pour les dieux; Virgile (*Énéide*, liv. VI, v. 324) a dit :

>Dii cujus jurare timent et fallere nomen.

Mais, en conseillant à ses disciples de suivre l'exemple de Jupiter, Ovide ne veut pas qu'on se méprenne sur sa pensée; et il nous donne clairement à entendre que, s'il permet le parjure, ce n'est qu'en fait de sermens amoureux; car il ajoute, quelques vers plus bas :

>Reddite depositum : pietas sua fœdera servet :
>Fraus absit......
>Ludite, si sapitis, solas impune puellas.

C'est le moyen d'être à la fois *un homme galant* et *un galant homme*.

76. *Expedit esse Deos : et, ut expedit, esse putemus* (v. 637). Ce passage semble avoir fourni à Voltaire l'idée de ce vers :

>Si Dieu n'existait pas, il faudrait l'inventer.

Certes, nous ne prétendons pas que *l'Art d'aimer* soit un traité de morale; mais il s'y rencontre une foule de maximes sages qui prouvent qu'Ovide était exempt de cette épouvantable dépravation qui fit chez les Romains de si rapides progrès sous Auguste, et surtout sous ses successeurs Tibère, Claude et Néron. L'hommage qu'il rend ici aux croyances religieuses, cette réprobation manifeste de la doctrine épicurienne, forment un contraste remarquable avec les leçons de friponnerie galante que le précepteur des plaisirs donne à ses disciples. Mais l'opposition est si bien ménagée, qu'il n'y a rien de disparate. Et voilà cependant l'homme qu'Octave, ce tartufe couronné, envoya pour je ne sais quelle faute, si peu grave que jamais on n'a pu la découvrir, envoya, dis-je, mourir en exil à l'extrémité du monde alors connu, dans cette Scythie, la Sibérie des anciens.

77. *Quum Thrasius Busirin adit* (v. 649). Busiris fut un roi d'Égypte, fils de Neptune et de Libye. Ce tyran immolait à Jupiter tous les étrangers qui abordaient dans ses états. Il fut tué, avec son fils et ses prêtres sanguinaires, par Hercule, à qui il préparait le même sort. On croit que Busiris est le même qu'Osiris, à qui les Égyptiens immolaient des victimes humaines, et que c'est la barbare superstition de ce peuple qui a donné lieu à cette fable.

78. *Et Phalaris tauro violenti membra Perilli, Torruit,* etc. (v. 653). Phalaris était un tyran de Sicile. Ce fut par son ordre que Pérille, fameux sculpteur en bronze, fabriqua un taureau d'airain, dans lequel on renfermait les victimes que l'on faisait périr par l'ardeur du feu qu'on allumait dessous. Cette machine était disposée de telle sorte que les cris des malheureux que l'on brûlait ainsi, ressemblaient aux mugissemens d'un taureau. Pérille fut le premier sur lequel Phalaris en fit l'essai.

79. *Si lacrymæ.... Deficiunt, uda lumina tange manu* (v. 661). Ces vers présentent une idée assez peu noble : celle d'un amant qui mouille ses yeux avec sa salive pour faire croire à sa maîtresse qu'il verse des larmes. C'est une ruse que les écoliers mettent souvent en usage, et qui date de loin ; car Perse a dit à peu près de même (sat. III, v. 44) :

> Sæpe oculos, memini, tangebam parvus olivo,
> Grandia si nollem morituri verba Catonis
> Discere, non sano multum laudanda magistro.

Ovide lui-même a dit (liv. I des *Amours*, élég. 8, v. 83) :

> Quin etiam discant oculi lacrymare coacti,
>   Et faciant udas illa vel illa genas.

80. *Hæc quoque, quæ data sunt, perdere dignus erit* (v. 670). On trouve la même pensée dans Sénèque le Tragique (*Hippolyte*, v. 441) :

> At si quis ultro se malis offert volens,
> Seque ipse torquet, *perdere est dignus* bona,
> Queis nescit uti.

81. *Vim passa est Phœbe; vis est illata sorori* (v. 679). Il ne s'agit pas ici de Phœbé la sœur d'Apollon, mais d'une autre Phœbé, et de sa sœur Ilaïre, toutes deux filles de Leucippe, qui les avait promises en mariage, l'une à Idas et l'autre à Lyncée, son frère. Castor et Pollux, épris de ces deux charmantes sœurs, les enlevèrent; mais ils furent poursuivis par Idas et Lyncée, qui livrèrent à ces ravisseurs un combat dans lequel périrent, Castor par la main de Lyncée, et Lyncée à son tour par la main de Pollux. Et comme Idas se précipitait sur Pollux pour venger la mort de son frère, frappé d'un coup de tonnerre, il tomba aux pieds de son adversaire. Ovide, dans ses *Fastes*, vers la fin du livre v, raconte cette histoire dans un récit qui a toujours été cité comme un modèle de narration.

82. *Quassanda est ista Pelias hasta manu* (v. 696). La lance Pélias, qui a mérité l'honneur d'être désignée par un nom propre, comme la *Durandale* de Roland, fut donnée à Pelée par Pallas, le jour de ses noces avec Thétis. Achille seul put s'en servir après la mort de son père. C'était une tige de frêne que Chiron avait coupée sur le mont Pélion, et façonnée en pesante javeline. Ainsi le nom de Pélias, que lui donnent les poètes, lui vient ou de Pelée ou du mont Pélion.

83. *Jupiter ad veteres supplex Heroïdas ibat* (v. 713). Les héroïnes dont parle Ovide sont celles qui furent tour-à-tour l'objet des innombrables conquêtes de Jupiter : Joppé, l'une des douze filles d'Asope, Europe, Danaé, Antiope, Sémélé, Io, Calisto, Alcmène, etc., etc., etc.; car le bon Jupiter n'y allait pas de main morte, et le fameux Hercule, son fils, avec ses douze travaux, n'était qu'un petit garçon auprès de lui.

84. *Pallidus in Lyricen silvis errabat Orion* (v. 731). Ce vers présente de grandes difficultés : on ne trouve aucune mention dans l'antiquité des amours d'Orion avec cette Lyrice dont parle ici Ovide, ce qui a fait supposer à quelques commentateurs, et à Mérula, entre autres, qu'au lieu de *Lyricen* il fallait lire *lyncen*, et que par ce mot notre poète désignait, non pas une jeune nymphe dont Orion était épris, mais les *lynx* qu'il poursuivait dans les bois pour se distraire d'un amour malheureux. Avec toute la déférence que l'on doit à Mérula, dont les hypothèses sont sou-

vent plus heureuses et mieux fondées que celle-ci, il est impossible de donner à ce vers une semblable interprétation. En effet, Ovide dit ici que les amans doivent être pâles, que la pâleur est un symptôme d'amour; et, pour le prouver, il cite les amans célèbres par leur pâleur : je demande un peu ce que signifierait alors la pâleur *d'Orion en poursuivant les lynx?* D'ailleurs, même en substituant le mot *lyncen* ou *lynces* à *Lyricen*, on ne peut encore arriver au sens de Mérula; car il n'y a pas dans le texte *sectabatur*, mais *errabat* : or, *errabat in lynces* ne signifie rien ou signifie tout autre chose que poursuivre des lynx. Ainsi donc, quoiqu'on ne sache rien de cette Lyrice qu'Ovide donne pour amante à Orion, il faut bien se résigner à admettre *Lyricen* comme la véritable leçon.

A moins toutefois qu'on ne veuille lire, avec le manuscrit royal, *Arion* au lieu d'*Orion*, et donner à *lyricen* son sens naturel, qui est *joueur de lyre*, en construisant ainsi le vers :

Pallidus in silvis lyricen errabat Arion;

ce qui satisferait la grammaire, mais non pas le sens de la phrase; car jamais Arion n'a été célèbre par son amour : je n'ai lu nulle part qu'il errât dans les bois avec sa lyre. On ne connaît guère à son sujet que l'aventure du dauphin qui le reçut sur son dos et le porta au rivage, lorsque, prêt à être égorgé par des pirates, il se jeta à la mer.

Autre conjecture. Au lieu de *Lyricen*, ne serait-il pas mieux de lire *Helicen?* Hélice est la même qu'*Arctos* ou la grande Ourse, ou Calysto, fille de Lycaon et mère d'Arcas. On sait que, dans le ciel, cette constellation est voisine d'Orion, comme le prouve ce passage d'Ovide (*Art d'aimer*, liv. II, v. 55) :

Sed tibi nec virgo Tegeæa, comesque Bootæ
Ensiger Orion adspiciendus erit;

et cet autre des *Métamorphoses*, liv. VIII, v. 207 :

Aut *Helicen* jubeo, strictumque *Orionis* ensem,

N'est-il pas dès-lors naturel de supposer que quelque fable ancienne dont la connaissance n'est pas parvenue jusqu'à nous, aura fait Arion amoureux d'Hélice, ou de Calysto pour laquelle il errait pâle d'amour à travers les forêts, et qu'il poursuit encore dans le ciel; car il est à remarquer que presque toutes les fables sont des allégories qui reposent sur quelques vérités physiques. Qui empêcherait alors de lire :

> Pallidus in te, Helice silvis errabat Orion?

Je ne donne cela que comme une hypothèse; mais cette hypothèse me semble beaucoup plus près du véritable texte d'Ovide, que les conjectures que Mérula et les autres commentateurs donnent avec assurance pour la vraie leçon.

85. *Nec turpe putaris Palliolum nitidis imposuisse comis* (v. 733). Les anciens avaient coutume, lorsqu'ils étaient malades, de se couvrir la tête d'une espèce de capuchon dont Quintilien parle ainsi (liv. XI, ch. 3) : « Palliolum sicut fascias, quibus crura vestiuntur, et focalia, sola potest excusare valetudo. » Salmasius fait mention de cet usage dans ses remarques sur la *Vie d'Auguste*, et sur le traité *du Manteau* de Tertullien; Octavius Ferrarius en parle à peu près dans les mêmes termes, liv. IV, ch. 23 de son ouvrage intitulé *de Re vestiaria*; et Pétrone, dans le ch. CI du *Satyricon*, y fait allusion d'une manière encore plus positive dans ce passage : « Quomodo possumus egredi nave..... opertis capitibus, an nudis? Opertis, et quis non dare manum languentibus volet? »

86. *At non Actorides lectum temeravit Achillis* (v. 743). Il s'agit de Patrocle, petit-fils d'Actor, et fils de Menécée, qui ayant tué Clysonyme, fils d'Amphidamas, fut banni de son pays, et vint à Phthie, où il s'arrêta à cause des liens de parenté qui existaient entre lui et Achille, avec lequel il s'unit d'une étroite amitié, et qu'il accompagna au siège de Troie.

87. Vers 761 :

> *Utque leves Proteus modo se tenuabat in undas;*
> *Nunc leo, nunc arbor, nunc erat hirtus aper.*

Le nom de Protée est devenu proverbial pour ceux qui échappent aux poursuites de ceux qui veulent les saisir ; aussi Horace a-t-il dit (*Sat.* 3 du livre II, v. 69), en parlant d'un mauvais débiteur :

> Scribe decem a Nerio. Non est satis : adde Cicutæ
> Nodosi tabulas centum, mille adde catenas ;
> Effugiet tamen hæc sceleratus vincula Proteus.
> Quum rapies in jus, malis ridentem alienis,
> Fiet aper, modo avis, modo saxum, et quum volet, arbor.

LIVRE DEUXIÈME.

1. *Dicite, Io Pæan : et, Io, bis dicite, Pæan* (v. 1). Bertin, le rival et l'ami de Parny, et qui, comme lui, a peut-être été un peu trop vanté il y a trente ans, mais dont aussi on a beaucoup trop rabaissé le talent depuis quelques années ; Bertin a imité avec succès le début du livre II de *l'Art d'aimer*, dans ces vers par lesquels il commence sa quatrième élégie :

> Elle est à moi ! divinités du Pinde,
> De vos lauriers ceignez mon front vainqueur ;
> Elle est à moi ! que les maîtres de l'Inde
> Portent envie au maître de son cœur !

Io Pæan ! était chez les anciens l'exclamation des chasseurs lorsqu'ils avaient pris le gibier qu'ils poursuivaient ; parce que Pæan ou Apollon était le dieu de la chasse, comme Diane, sa sœur, en était la déesse. Strabon (liv. XVIII) rapporte ainsi l'origine de cette exclamation : *Io Pæan !* « Quand Apollon, dit-il, eut tué le serpent Pithon, engendré par le limon qu'avaient laissé après elles les eaux du déluge, ceux qui s'étaient sauvés de ce naufrage universel sur le mont Parnasse, chantèrent : *Io Pæan !* pour témoigner leur allégresse. C'est pourquoi depuis on employa les mêmes paroles pour rendre grâces aux dieux des bienfaits qu'on en avait reçus. De sorte que *Pæan* ne signifiait pas seulement Apollon, mais un chant d'allégresse et de reconnaissance, quel qu'en fût le motif. » Ainsi Virgile dit, en parlant des âmes bienheureuses dans les Champs-Élysées :

> . . . . Lætumque choro Pæana canentes ;

et dans le livre x, v. 738, après une victoire de Mézence :

> Conclamant socii lætum Pæana secuti.

On trouve aussi dans Stace : *Herculeum Pæana canunt.* Ce qui prouve évidemment que c'était simplement un chant de triomphe.

Quant au mot *Io*, ce n'était pas toujours une exclamation d'allégresse, comme dans l'épithalame de Catulle pour les noces de Julie et de Manlius :

> Io Hymen Hymenæe, Io,
> Io Hymen Hymenæe.

Tibulle (liv. II, élég. 4, v. 6) l'a employé aussi en signe de deuil :

> Uror, Io remove, sæva puella, faces !

2. *Talis ab armiferis Priameius hospes Amyclis,* etc. (v. 5). Ovide désigne par le nom d'Amyclée la capitale des états de Ménélas, parce qu'en effet cette ville de Laconie était peu éloignée de Lacédémone, et parce que Castor, Pollux, et Hélène, leur sœur, y avaient reçu le jour.

3. *Vecta peregrinis, Hippodamia, rotis* (v. 8). OEnomaüs, roi de Pise et d'Élide dans le Péloponnèse, ayant appris de l'oracle qu'il mourrait le jour des noces de sa fille Hippodamie, prit la résolution de ne la marier jamais. Cependant pour ne pas avoir l'air de la refuser à ceux qui demanderaient sa main, il déclara qu'il ne donnerait sa fille qu'à celui qui la vaincrait à la course des chars, se croyant certain que personne ne la surpasserait dans cet exercice, parce qu'il possédait les chevaux les plus vites que l'on eût connus jusqu'alors. Quoique la mort fût le châtiment qu'il infligeait à ceux qui succombaient dans cette lutte, Hippodamie était si belle qu'un grand nombre de concurrens se présentèrent ; mais ils périrent tous, victimes de leur fatale présomption. Enfin, Pélops, fils de Tantale, ayant corrompu Myrtile, cocher d'OEnomaüs, et possédant d'ailleurs des chevaux merveilleux que Neptune lui avait donnés, vainquit Hippodamie et l'enleva malgré son père, qui se pendit de désespoir, et accomplit ainsi l'oracle qui avait prédit sa mort.

4. *Nunc Erato ; nam tu nomen Amoris habes* (v. 16). Ovide

n'invoque pas *Erato*, seulement parce que son nom, en grec, vient d'*Amour*, ἀπὸ τοῦ Ἔρωτος, et que cette Muse préside aux poésies amoureuses, mais aussi parce qu'elle est en même temps la Muse des combats : car l'amour est une véritable guerre, non pas, comme le dit lourdement un des commentateurs d'Ovide, à cause des disputes qui s'élèvent fréquemment entre les amans, mais bien parce que l'art de se faire aimer exige des ruses et des stratagèmes qui ont plus d'un rapport avec ceux de la stratégie. Aussi Ovide a-t-il dit, dans l'élégie 9 du livre 1 des *Amours* :

Militat omnis amans, et habet sua castra Cupido ;

et au liv. II, v. 233 de ce traité :

Militiæ species amor est; discedite, segnes !

Diodore appelle *Erato* la Muse des savans, et il en donne une raison assez singulière : c'est, dit-il, parce qu'ils sont aimés de tout le monde. Il paraît que, depuis Diodore, les choses sont bien changées; car, de nos jours, les savans proprement dits sont rarement aimés, et ne sont guère estimés que de ceux qui les comprennent, ce qui, grâce au prétendu progrès des lumières, se réduit à un très-petit nombre de personnes. On peut dire en général de la science comme de la vertu : *laudatur et alget*. Aussi les savans ont-ils pris le bon parti, celui de faire de leurs connaissances métier et marchandise : il en est beaucoup qui s'enrichissent par ce moyen, et alors on accorde à leur fortune la considération qu'on refuserait à leurs talens. Je ne sais pas si la science gagne beaucoup à ce trafic, mais il est certain que les savans y trouvent leur profit.

5. *Et levis est, et habet geminas, quibus evolet, alas* (v. 19). Cette pensée a été reproduite en français de mille manières différentes dans les *madrigaux*, *chansons*, *épithalames* et *bouquets* de nos bons aïeux; Beaumarchais, entre autres, la rend ainsi :

Si l'Amour porte des ailes,
N'est-ce pas pour voltiger ?

Mais l'Amour se fait vieux, et maintenant il songe au solide : il marche rarement sans être accompagné d'une cassette; aussi est-il beaucoup moins léger qu'autrefois : c'est encore un perfectionnement.

6. Vers 21 :

> *Hospitis effugio præstruxerat omnia Minos :*
> *Audacem pennis repperit ille viam.*

Cet épisode que M. de Saint-Ange, dans les notes de sa traduction de *l'Art d'aimer*, trouve parfaitement adapté au sujet, me semble au contraire tiré d'un peu loin, ou pour m'expliquer plus franchement, est, à mon avis, un véritable hors-d'œuvre. Était-il nécessaire, en effet, de raconter en soixante-dix-huit vers l'audacieuse entreprise de Dédale, qui, avec des ailes factices, s'échappa du Labyrinthe où l'avait enfermé Minos, pour prouver qu'il est difficile de fixer l'Amour? C'est un argument à *fortiori*, qui se réduit à ceci : « Un dieu est plus puissant qu'un homme : or, Minos n'a pu retenir prisonnier Dédale, qui n'était qu'un homme ; donc, à plus forte raison, il est impossible de fixer l'Amour, qui est un dieu. » Ce raisonnement ne me semble pas très-concluant ; car il n'y a guère de rapport entre les obstacles tout matériels qui s'opposaient à la fuite de Dédale, et les soins, les complaisances, les ruses et les stratagèmes qu'il faut employer pour captiver l'Amour. Mais on pardonne aisément à Ovide cette digression un peu longue, en faveur du talent admirable qu'il y a déployé. Ce morceau est, ce me semble, la meilleure réponse que l'on puisse faire à ceux qui accusent Ovide de manquer de sensibilité ; il est impossible de décrire d'une manière plus vraie la tendre sollicitude d'un père pour son fils que dans ces avis donnés par Dédale à son cher Icare :

> *Me pennis sectare datis ; ego prævius ibo.*
> *Sit tua cura sequi ; me duce, tutus eris.*
> . . . .
> *Inter utrumque vola : ventos quoque, nate, timeto.*

Quoi de plus touchant que ceux-ci, qui peignent les tristes pressentimens de Dédale, au moment de s'envoler avec son fils ?

> *Jamque volaturus parvo dedit oscula nato*
> *Nec patriæ lacrymas continuere genæ.*

Est-il rien de plus naturel que cette insouciante audace avec laquelle Icare s'élance dans cette route nouvelle et périlleuse, et bientôt s'éloigne de son guide :

> Jamque novum delectat iter; positoque timore,
> Icarus audaci fortius arte volat.
> . . . .
> Quum puer, incautis nimium temerarius annis,
> Altius egit iter, deseruitque ducem.

Enfin, je ne connais rien de plus pathétique que le dénoûment de cet épisode :

> Decidit; atque cadens, Pater, o pater, auferor, inquit.
> Clauserunt virides ora loquentis aquæ.
> At pater infelix, jam non pater, Icare, clamat,
> Icare, clamat! ubi es? quove sub axe volas?
> Icare, clamabat : pennas adspexit in undis.
> Ossa tegit tellus; æquora nomen habent.

Ces mots si expressifs, *jam non pater*, rappellent ce beau vers de Virgile dans l'épisode d'Orphée et d'Eurydice, *Géorg.*, liv. IV, v. 498 :

> Invalidasque tibi tendens, *heu! non tua*, palmas.

7. *Quis crederet unquam, Aerias hominem carpere posse vias* (v. 43)? Horace a exprimé ainsi la même idée dans son *Ode* 3 du livre I :

> Expertus vacuum Dædalus aera
> Pennis non homini datis.

8. *Remigium volucres disponit in ordine pennas* (v. 45). Virgile a dit de même, en parlant des ailes de Dédale : *remigium alarum*, et l'auteur du *Supplément à l'Amphitryon* de Plaute : *Dædaleum remigium*. Les Grecs employaient une expression semblable pour rendre la même idée. Ainsi Eschyle, dans son *Agamemnon*, dit, en parlant des oiseaux : Στροφοδινοῦνται πτερύγων ἐρετμοῖσιν ἐρεσσόμενοι; et Lucien, dans son *Timon*, dit, en parlant de Mercure : Ὁ μὲν ἀπελήλυθεν, ὡς δοκεῖ. Τεκμαίρομαι γὰρ τῇ εἰρεσίᾳ τῶν πτερῶν.

9. *Tractabat ceramque puer, pennasque renidens, etc.* (v. 49). Ovide, au vIII[e] livre des *Métamorphoses*, v. 195 et suiv., traite une seconde fois la fable d'*Icare et Dédale*. Les circonstances principales sont les mêmes ; mais, plus libre, cette fois, il a ajouté à sa narration des accessoires d'une grâce infinie. Tel est, par exemple, ce petit tableau de la curiosité enfantine d'Icare, qui touche les plumes et la cire que son père emploie pour fabriquer ses ailes, et retarde ainsi l'ouvrage de Dédale :

........................Puer Icarus una
Stabat : et, ignarus sua se tractare pericla,
Ore renidenti, modo quas vaga moverat aura,
Captabat plumas : flavam modo pollice ceram
Mollibat ; lusuque suo mirabile patris
Impediebat opus.

10. *Erudit infirmas ut sua mater aves* (v. 66). Cette comparaison est aussi juste que gracieuse. Valerius Flaccus l'a aussi employée, livre vII, vers 375 de son *Argonautique* :

Qualis adhuc teneros supremum pallida fœtus
Mater ab excelso produxit in aëra nido,
Hortaturque sequi, brevibusque insurgere pennis ;
Illos cærulei primus ferit horror Olympi ;
Jamque redire rogant, assuetaque quæritur arbor.

11. *Dextra Lebynthos erant, silvisque umbrosa Calymne* (v. 81). Les manuscrits varient sur le nom de cette île : les uns l'appellent *Calidna* ou *Calidne*, les autres *Palisme* ou *Palymne*, d'autres enfin *Calynne* et *Calyne* ; mais ce vers des *Métamorphoses* (liv. vIII, v. 222), où il est également question des îles que dépassent Dédale et Icare dans leur course aérienne, semble devoir décider la question en faveur de *Calymne* :

Dextra Lebynthos erant, fecundaque melle Calymne.

Cependant Pline (liv. vIII, ch. 13), en parlant du miel, fait mention de l'île de Calydna : *Ibi optimum semper, ubi optimorum caliculis florum conditur. Atticæ regionis hic et Siculæ Hymetto et Hybla ab locis, mox Calydna insula.* Eustathius, dans son commentaire sur le vers 677 du livre II de l'*Iliade* :

Καὶ Κῶν Εὐρυπύλοιο πόλιν, νήσους τε Καλύδνας,

s'exprime ainsi à ce sujet : Νῆσοι αἱ Καλύδναι εἰσὶν, ἃς ἕτεροι διὰ τοῦ μ' γράφουσι Καλύμνας· ὅτι δὲ ἀγαθὸν μέλι τὸ Καλύδνιον. κ. τ. λ. Ensuite, après avoir rapporté les différentes opinions des géographes sur ces îles, il ajoute : Καλύδναι νῆσοι κατά τίνας αἱ Σποράδες, ὧν μία Καλύμνα. Ce qui semble conclure en faveur de la leçon que j'ai adoptée.

12. Vers 99 :

Fallitur, Hæmonias si quis decurrit ad artes ;
Datque quod a teneri fronte revellet equi.

Les commentateurs d'Ovide se sont lancés dans de longues discussions au sujet de l'*hippomane* désigné par ces vers. Les uns prétendent que l'hippomane est une excroissance charnue, que les poulains ont sur la tête en naissant, et que la mère mange aussitôt; les autres, se fondant sur l'étymologie grecque de ce mot, ἵππος, cheval, et μαίνομαι, être en fureur, prétendent que l'hippomane est une sécrétion qui sort de la vulve des jumens lorsqu'elles sont en chaleur. Un savant allemand, dont j'ai oublié le nom, adoptant la première de ces opinions, va jusqu'à prétendre que, si on empêchait une jument de manger cette excroissance, non pas charnue, mais osseuse, à ce qu'il assure, qui est sur le front du poulain naissant, il y pousserait une corne; et que c'est faute de prendre ce soin que la race des licornes, ou chevaux avec une corne au front, que l'on regarde à tort comme fabuleuse, a disparu de la surface du globe. Mais un autre docte Germain, renversant de fond en comble cette assertion, prétend que jamais cette excroissance osseuse ou charnue n'a existé que dans la Fable et dans l'*imagination cornue* de son compatriote. *Videant doctiores* : pour moi, je m'abstiens de prononcer; et, au lieu de m'enfoncer dans une longue et ennuyeuse dissertation à ce sujet, je serai sans doute plus agréable à mes lecteurs, en leur offrant un nouveau fragment de la traduction de M. de Verninac, dont le commencement répond au vers qui fait l'objet de cette note. Je crois devoir, toutefois, y signaler deux fautes graves : c'est la triple répétition du mot *son* dans le sixième et le septième vers, et la rime insuffisante de Médée avec *frappée* :

> Il s'abuse, celui qui de la Thessalie
> Invoque en ses amours l'impuissante magie ;
> Il s'abuse, celui dont les crédules mains,
> Sur le front d'un coursier, vont cueillir des venins.
> L'Amour n'obéit point aux herbes de *Médée :*
> Du *son* du Marse en vain *son* oreille est *frappée.*
> O ! si l'Amour était esclave d'un vain *son,*
> Médée à ses genoux eût enchaîné Jason ;
> Et Circé n'eût pas vu son magique artifice
> Échouer impuissant contre le cœur d'Ulysse.
> N'espère rien encor des philtres pâlissans :
> Fléaux de la raison, ils fatiguent les sens.
> Laisse à de faux esprits cet art vain et coupable :
> Le secret d'être aimé, c'est de se rendre aimable.
> Ce secret est plus sûr que ne sont les appas.
> Eusses-tu la beauté de Nirée et d'Hylas,
> De Nirée, autrefois célébré par Homère,
> Ou de ce jeune Hylas que d'un bras téméraire,
> Des Nymphes sans pudeur osèrent enlever ;
> Pour gagner ta maîtresse et pour la conserver,
> Joins aux grâces du corps les grâces du génie !
> La beauté, don fragile, et promptement ternie
> Par les jours de sa gloire, arrive à son déclin.
> Le lis, le lis superbe a le même destin.
> La violette aussi perd sa beauté modeste,
> Et la rose, à son tour, la rose au teint céleste,
> Dépouillant et la pourpre et l'éclat de son sein,
> N'est bientôt qu'une épine, objet de mon dédain.
> O beau jeune homme, ainsi passent tes jours de fête !
> Du temps, la neige, hélas ! descendra sur ta tête ;
> Et l'âge sans pitié, moissonnant tes attraits,
> A sillons redoublés labourera tes traits.
> Que les dons de l'esprit protègent donc tes charmes :
> Contre eux seuls la vieillesse a d'inutiles armes.
> Au laurier des beaux arts, mérite, acquiers des droits ;
> Qu'aux langages divers s'assouplisse ta voix.
> Sans beauté, mais doué d'une adroite éloquence,
> Des Naïades, Ulysse égarait l'innocence.

13. *Mixtaque cum magicis nœnia Marsa sonis* (v. 102). Les *Marses*, au rapport de Strabon, étaient une peuplade d'Italie, auprès du lac Lucrin : ils tiraient leur nom et leur origine de *Marsus*, fils de Circé, qui leur avait transmis en même temps les connaissances magiques de sa mère. Pline et Aulu-Gelle les appellent *Marsos serpentum domitores*, et prétendent qu'ils avaient un merveilleux pouvoir contre les serpens et qu'ils guérissaient ceux qui en étaient mordus. La glose d'Isidore dit à leur sujet : *Marsus incantator serpentum ;* et Papias : *Marsus pro incantatore ponitur.* Silius Italicus en parle livre VIII, v. 495 et suiv. :

> . . . . At Marsica pubes
> Et bellare manu, et chelydris cantare soporem,
> Vipereumque herbis hebetare et carmine dentem.
> Æetæ prolem Anguitiam mala gramina primam
> Monstravisse ferunt, tactuque domare venena,
> Et lunam excussisse polo, stridoribus amnes
> Frenantem, ac silvis montes nudasse vocatis.
> Sed populis nomen posuit metuentior hospes,
> Quum fugeret Phrygias trans æquora Marsia Crenas,
> Mygdoniam Phœbi superatus pectine loton.

14. *Circe tenuisset Ulixen* (v. 103). Selon Diodore, pour bien connaître l'histoire fabuleuse de cette sorcière, la plus fameuse de l'antiquité, il faut observer que le Soleil eut de Persa, fille de l'Océan et de Thétis, deux fils : Persès et Æeta. De Persès naquit Hécate, qui fut la première qui fit usage des sucs vénéneux de l'aconit, et qui empoisonna son propre père : elle se maria en premières noces à son oncle Æeta, dont elle eut Circé, Médée et Égialus ; puis, en secondes noces, elle fut mariée à un roi de Sarmatie, qu'elle empoisonna. S'étant rendue insupportable à ses sujets par ses cruautés, elle fut chassée de ses états. Toutefois, les poètes ont fait Circé fille du Soleil et de Persa. Le reste de son histoire est assez connu par le quatorzième livre des *Métamorphoses*, par le dixième livre de l'*Odyssée*, par le septième de l'*Énéide*. Tibulle dit dans son quatrième livre (*carm.* 1, v. 61) :

> Solum nec doctæ verterunt pocula Circes :
> Quamvis illa foret Solis genus, apta vel herbis,
> Aptaque vel cantu veteres mutare figuras.

Cicéron, dans le troisième livre *de la Nature des Dieux*, lui donne pour sœur Pasiphaé.

15. *Sit procul omne nefas : ut ameris, amabilis esto* (v. 107). Bernard a rendu ainsi ce vers d'Ovide :

> Sans Canidie, et tout l'enfer armé,
> Soyez aimable et vous serez aimé.

Et M. de Saint-Ange :

> Le secret d'être aimé, c'est de se rendre aimable.

16. *Sis licet antiquo Nireus adamatus Homero* (v. 109). En effet, Homère en parle ainsi, liv. II, v. 671 et suivans de l'*Iliade* :

> Νιρεὺς δ' αὖ Σύμηθεν ἄγεν τρεῖς νῆας ἐΐσας,
> Νιρεὺς Ἀγλαΐης θ' υἱός, χαροποιό τ' ἄνακτος·
> Νιρεὺς, ὃς κάλλιστος ἀνὴρ ὑπὸ Ἴλιον ἦλθε,
> Τῶν ἄλλων Δαναῶν, μετ' ἀμύμονα Πηλείωνα·
> Ἀλλ' ἀλαπαδνὸς ἔην, παῦρος δέ οἱ εἵπετο λαός.

Lucien (*Dialogues des morts*, XXIV) met en scène Thersite et Nirée se disputant aux enfers : Thersite, qui passait de son vivant pour le plus laid et le plus difforme des Grecs, prétend être aussi beau que Nirée, tant vanté par Homère, et celui-ci, indigné de cette prétention, prend Ménippe pour juge :

ΝΙΡΕΥΣ. Ἰδοὺ δὴ Μένιππος οὑτοσὶ δικάσει, πότερος εὐμορφώτερός ἐστιν. Εἰπὲ, ὦ Μένιππε, οὐ καλλίων σοι δοκῶ; — ΜΕΝΙΠΠΟΣ. Τίνες δὲ καὶ ἐστέ; πρότερον, οἶμαι, χρὴ γὰρ τοῦτο εἰδέναι. — ΝΙΡΕΥΣ. Νιρεὺς καὶ Θερσίτης. — ΜΕΝΙΠΠΟΣ. Πότερος οὖν ὁ Νιρεύς, καὶ πότερος ὁ Θερσίτης; οὐδέπω γὰρ τοῦτο δῆλον — ΘΕΡΣΙΤΗΣ. Ἓν μὲν ἤδη τοῦτ' ἔχω, ὅτι ὅμοιός εἰμί σοι, καὶ οὐδὲν τηλικοῦτον διαφέρεις, ἡλίκον σε Ὅμηρος ἐκεῖνος ὁ τυφλὸς ἐπῄνεσεν, ἁπάντων εὐμορφώτατον προσειπών· ἀλλ' ὁ φοξὸς ἐγὼ, καὶ ψεδνὸς, οὐδὲν χείρων ἐφάνην τῷ δικαστῇ. Ὅρα σὺ δὲ, ὦ Μένιππε, ὅν τινα καὶ εὐμορφότερον ἡγῇ. — ΝΙΡΕΥΣ. Ἐμέ γε τὸν Ἀγλαΐας καὶ Χάροπος, ὃς κάλλιστος ἀνὴρ ὑπὸ Ἴλιον ἦλθον. — ΜΕΝΙΠΠΟΣ. Ἀλλ' οὐχὶ καὶ ὑπὸ γῆν, ὡς οἶμαι, κάλλιστος ἦλθες· ἀλλὰ τὰ μὲν ὀστᾶ ὅμοια. κ. τ. λ.

17. *Naïadumque tener crimine raptus Hylas* (v. 110). L'aventure d'Hylas ravi par les Nymphes est assez connue : *Cui non dictus Hylas puer?* a dit Virgile, dans ses *Géorgiques*. Théocrite l'a racontée dans sa XIIIe idylle, Apollonius dans son livre II, et Valerius Flaccus, liv. III, v. 563.

18. *Cura sit; et linguas edidicisse duas* (v. 122). A l'époque où vivait Ovide, l'étude de la langue grecque était devenue indispensable pour tout homme bien élevé. La Grèce n'était plus, il est vrai, qu'une province de l'empire romain; mais elle restait toujours la mère-patrie des lettres et des sciences : aussi presque tout ce qu'il y avait à Rome d'hommes distingués par leurs connaissances, avaient-ils étudié sous des maîtres grecs. Le complément naturel de toute éducation libérale était alors de faire un voyage en Grèce; et l'on visitait cette terre classique des beaux-arts, comme on visite aujourd'hui l'Italie.

19. *Non formosus erat, sed erat facundus Ulixes* (v. 123). Voici la traduction de ce passage par M. Pirault-des-Chaumes ; je pense que le lecteur me saura gré de lui offrir ce fragment d'un ouvrage trop peu connu, et qui prouve dans son auteur une profonde étude de la langue latine et un talent très-remarquable pour la poésie :

> Ulysse fut-il beau ? Non. Instruit, éloquent,
> Des déesses des mers il fut l'heureux amant.
> Que de fois Calypso, tremblante, épouvantée,
> Le retint à l'aspect de la mer agitée !
> Sur Ilion sans cesse elle l'interrogeait ;
> Son récit varié toujours l'intéressait.
> Elle voulut, un jour, au bord de l'onde assise,
> Que de Rhésus encore il contât l'entreprise.
> Ulysse obéissant, une verge à la main,
> Sur le sable traça le rivage troyen.
> — Troie était là, dit-il : (il en marque les portes);
> Ici, le Simoïs ; là, mes nobles cohortes.
> Dans ce camp j'immolai Dolon : l'audacieux,
> Sur les coursiers d'Achille osait porter ses vœux.
> Rhésus campait ici. Ce fut à cette place
> Que je pris ses coursiers qu'avait nourris la Thrace. —
> Il esquissait encore.... un flot impétueux
> Détruit Troie et Rhésus, et les camps belliqueux.
> — Voyez, et fiez-vous, lui dit-elle, à cette onde :
> Elle vient d'effacer les plus beaux noms du monde !

Cette dernière pensée, si frappante et si inattendue, qui fait oublier au lecteur la frivolité du sujet que traite Ovide, et le force à réfléchir à l'instabilité des choses humaines, me semble rendu par M. Pirault, avec autant de bonheur que de concision. La traduction de ce passage par M. de Verninac est bien inférieure :

> Eh bien, dit Calypso, crois à cet élément :
> Tu vois quels noms sa rage efface en un moment.

Celle de M. de Saint-Ange n'est guère plus heureuse :

> Crains, disait Calypso, ce terrible élément :
> Vois de quels noms le flot se joue en un moment.

Crains, dans le premier vers, ainsi séparé du reste de la phrase par ces mots, *disait Calypso*, est du plus mauvais effet; et *vois de quels noms le flot se joue*, ne rend nullement le vers d'Ovide :

> Perdiderint undæ nomina quanta vides!

20. *Litore constiterant : illic quoque pulchra Calypso* (v. 129). Le nom de Calypso est devenu populaire, grâce au *Télémaque*, cette admirable épopée en prose, que l'on relit toujours avec un plaisir nouveau, surtout depuis que le secret de ce style sublime à la fois et simple semble perdu parmi nous. Mais comme l'étude de la mythologie est passée de mode, quoiqu'elle soit indispensable pour la lecture des auteurs, et surtout des poètes anciens, je pense qu'il n'est pas inutile d'entrer ici dans quelques détails sur l'origine de cette déesse des eaux. Selon Hésiode, elle était fille de l'Océan et de Téthys. Toutefois Homère la fait fille d'Atlas; et c'est pour cela que Tibulle, dans son IVe livre (*carm.* 1, v. 77), dit, en parlant de Calypso :

> Non amor, et fecunda Antlantidos arva Calypsos;

et ailleurs :

> Hic legimus Circen, Atlantiademque Calypso.

Elle habitait le long des côtes de l'Afrique, auprès des Syrtes, dans une île qu'Homère appelle *Ogygie*. Quelques géographes ont prétendu que c'était l'île de *Gozo*, ou l'île de *Malte*; mais cette assertion n'est appuyée d'aucune preuve. On voit, dans les livres XI et XII de l'*Odyssée*, qu'Ulysse y fit un long séjour, et que, retenu par les charmes et les artifices de Calypso, il n'en sortit qu'au bout de sept ans. Virgile en parle en vers admirables dans le IVe livre de l'*Énéide*; et Properce, dans sa 15e élégie du livre I, dit :

> At non sic Ithaci digressu mota Calypso;

dans la 21e élégie du livre II :

> Sic a Dulichio juvene est elusa Calypso;

et dans la 12e du livre III :

> Et thalamum Æææ flentis fugisse puellæ.

Selon Hyginus et Mela, l'île d'*Æa* est la même qu'*Ogygie*; mais il est plus probable que par ce mot *Æœa*, Properce désigne l'île d'*Æa*, située autrefois dans la mer de Toscane et séparée du continent par un bras de mer : aujourd'hui elle tient à la terre; mais, environnée des marais Pontins, elle paraît de loin comme une île. C'était la demeure de Circé; et, selon toute apparence, c'est de cette dernière que Properce a voulu parler dans ce vers.

Ovide, dans la 17e élégie du livre II des *Amours*, dit encore :

> Creditur et Nymphæ mortalis amore Calypso
> Captæ, recusantem detinuisse virum.

21. *Fallaci timide confide figuræ* (v. 143). Ce vers rappelle celui de la IIe *Églogue* de Virgile :

> O formose puer, nimium ne crede colori.

22. *Quasque colat turres Chaonis ales habet* (v. 150). Par l'oiseau de Chaonie, Ovide désigne la colombe. La Chaonie est une partie de l'Épire qui reçut ce nom de Chaon, prince troyen dont Virgile parle en ces termes, liv. III, v. 334 de l'*Énéide* :

> . . . . Qui Chaonios cognomine campos
> Chaoniamque omnem Trojano a Chaone dixit.

Dans cette contrée était située la forêt de Dodone, au sein de laquelle était un temple consacré à Jupiter Dodonéen, où des colombes rendaient des oracles en langage humain. Cette fable est venue de ce que *Peliades*, en langue thessalienne, signifiait à la fois *prophète* et *colombe*, selon Servius, dans sa glose sur ces vers de la IXe *Églogue* de Virgile :

> ....Sed carmina tantum
> Nostra valent, Lycida, tela inter Martia, quantum
> Chaonias dicunt, aquila veniente, columbas.

Pausanias rapporte, dans ses *Achaïques*, que ce n'était pas les chênes de Dodone, mais les colombes perchées sur ces chênes qui rendaient des oracles. Hérodote, dans son *Euterpe*, dit que ces colombes étaient des femmes prophétesses. Sur quoi Béroalde a fait des observations fort savantes, mais aussi fort longues, dont je ferai grâce à mes lecteurs.

23. *Quid fuit asperius Nonacrina Atalanta* (v. 185)? Il y eut deux Atalantes : celle dont Ovide parle ici, et qu'il appelle *Nonacrina*, de Nonacre, montagne d'Arcadie, c'est-à-dire *Arcadienne*; et l'autre Atalante, qui fut si célèbre à la course, et que vainquit Hippomène. D'Atalante l'Arcadienne naquit Parthénopée, qui fut le plus jeune et le plus beau des sept capitaines qui se rendirent à la guerre de Thèbes. (*Voyez* ce qu'en dit Stace en plusieurs endroits de sa *Thébaïde*.) Hylée et Mélanion furent tous deux épris de cette Atalante; mais Mélanion fut l'amant heureux : ce ne fut pas toutefois sans avoir beaucoup à souffrir de la dureté et des caprices de sa farouche maîtresse, comme Ovide le dit ici. Musée en parle aussi vers 153 de son poëme :

> Παρθένος οὐ σὲ λέληθεν ἀπ' Ἀρκαδίης Ἀταλάντη,
> Ἥ ποτε Μειλανίωνος ἐρασσαμένου φύγεν εὐνήν.

24. *Fac modo, quas partes illa jubebit* (v. 198). Bernard a rendu ce passage presque littéralement dans le chant IV de son *Art d'aimer* :

> Ris, si l'on rit; pleure, si l'on soupire;
> Près d'une folle, imite son délire :
> Pour une Muse, orne ce que tu dis.
> Est-on dévot? sois dévot, et médis.
> Fuis ce qu'on hait; encense ce qu'on loue;
> Gai, si l'on chante, et dupe, si l'on joue.

25. *Seu ludet, numerosque manu jactabit eburnos* (v. 203). J'ai

traduit par *dés d'ivoire* ces mots *numeros eburnos*, que Mérula explique ainsi : *Tesseras quæ alio nomine quadrantalia, græce vero* κύϐους, *appellamus*. Par ces *cubes*, on ne peut entendre que des dés marqués, sur chaque surface, de nombres différens. Il faut avouer toutefois qu'il n'y a rien de plus difficile que de bien entendre les jeux des anciens, surtout dans leurs rapports avec ceux qui sont aujourd'hui en usage.

26. *Seu jacies talos* (v. 205). Je crois qu'il faut rendre le mot *talos* par *osselets*, d'après la description que Pline en fait, quand il dit : *Talus rectus est in articulo pedis, ventre eminens, in vertebra ligatus*. Les Grecs nommaient les osselets ἀστράγαλοι, et Pline appelle *astragalizontes* ceux qui y jouent. Platon dit que *Teuth*, qui fut un des anciens dieux des Égyptiens, fut l'inventeur de ce jeu, comme de la supputation des nombres de la géométrie et de l'astronomie. Toutefois Hérodote attribue aux Lydiens l'invention des osselets ainsi que celle des dés et de la balle forcée.

« Le jeu des osselets était très-célèbre dans l'antiquité. Avec des osselets on était roi du festin, on gagnait un procès, on interrogeait Hercule en Achaïe, Cérion à la fontaine d'Apone, et les magiciennes partout. Ah ! si j'avais le savant traité *de Ludis Græcorum* de Meursius, ou le *Palamède* de Daniel Soutérius, je remettrais en honneur la magie des osselets ! Chacun aurait son *fritellus :* c'est le nom qu'on donnait au cornet d'où sortaient les osselets prophétiques, qui annonçaient l'avenir. Les belles dames qui consultent les cartes auraient des osselets d'or, comme ceux que Phraate, roi des Parthes, envoya à Demetrius, roi de Syrie; et avec ces osselets elles connaîtraient à point nommé tout ce qui doit leur arriver. Il leur suffirait d'amener à propos *le coup de Vénus*, que les anciens nommaient *basilicus*, c'est-à-dire le coup du roi; elles seraient sûres de leur fait. » (*Extrait d'un article du Journal de Paris*, attribué à M. Villeterque).

27. *Damnosi facito stent tibi sæpe canes* (v. 206). Il y avait dans les osselets, outre le coup de Vénus dont nous venons de parler, un côté qui était marqué d'un petit chien, et qui tenait lieu de l'as parmi nous. Sur un des autres côtés étaient représentés des vautours; deux autres côtés s'appelaient *chius* et *senio*, celui-ci valait six, et l'autre trois. Le *chien* faisait toujours

perdre : c'est pour cela qu'Ovide l'appelle *damnosus* ; mais le *sénion* était heureux, comme l'a remarqué Isidore sur le mot *tessera*, et Perse dans sa satire III, où il dit :

> ....Quid dexter senio ferret
> Scire, erat in voto; damnosa canicula quantum
> Raderet; angustæ collo non fallier orcæ.

M. Courtaud Diverneresse, dans les notes de sa traduction de Perse, dit que le *senio*, ou coup de six, était le même que le coup de Vénus.

Martial, dans la 1re épigramme du livre XIII, en parle ainsi :

> Senio nec nostrum cum cane quassat ebur ;

et Properce, dans sa 8e élégie du livre IV :

> Me quoque per talos Venerem quærente secundos,
> Semper damnosi subsiluere canes.

Ovide donne encore l'épithète de *damnosus* au coup du chien dans le livre II des *Tristes*, v. 474 :

> Quid valeant tali; quo possis plurima jactu
> Fingere, damnosos effugiasve canes.

J'ai donc cru devoir traduire *canes* par *ambesas* ou double as, qui est, comme on sait, le coup le plus malheureux du jeu de dés. *Voyez* d'ailleurs, au sujet de ce jeu, le commentaire de Delrio, sur l'*Hercule furieux* de Sénèque; JUNIUS, au chapitre 4 du livre II; TURNÈBE, au livre XXVII; CASAUBON sur Suétone; et RADERUS sur les 11 et 12e épigrammes du livre XIV de Martial.

28. *Sive latrocinii sub imagine calculus ibit* (v. 207). Par *latrocinii*, il faut entendre le jeu d'échecs, dont les anciens appelaient les pièces *latrones* ou *latrunculi*, et en latin vulgaire *scacchus* ou *scacchi*, d'où est venu notre mot *échecs*. (*Voyez* POLYDORE, dans son livre *des Inventeurs des choses*, chapitre XIII, et le poëme de Jérôme Vida, intitulé : *Scacchi* ou *les Échecs*.) Chez les anciens, les personnes de qualité, et surtout les dames, se plaisaient beaucoup à ce jeu, comme le témoignent Cicéron, Quintilien, et les deux Plines : Pline l'Ancien va même jusqu'à raconter que des singes ont joué aux échecs avec Mutianus. Ces échecs étaient

faits de verre, de pierres précieuses ou d'autres matières rares, pourvu qu'ils fussent toujours de deux couleurs différentes, afin de ne pas se confondre les uns avec les autres. Aussi Ovide dit-il, dans le vers suivant :

> Fac pereat vitreo miles ab hoste tuus;

et Martial, dans son livre xiv, épigramme 20 :

> Insidiosorum si ludis bella latronum,
> Gemmeus iste tibi miles, et hostis erit.

Lucain, dans son *Panégyrique adressé à Pison* :

> Te si forte juvat bellorum pondere fessum
> Non languere tamen, lususque movere per artem
> Callidiore modo, tabula variatur aperta
> Calculus, et *vitreo peraguntur milite bella ;*
> Ut *niveus nigros*, nunc et *niger* alliget *albos*.

On voit en outre, par ce passage, que les échecs des anciens étaient comme les nôtres, noirs et blancs. Il ne sera pas hors de propos de rapporter ici l'origine du jeu d'échecs, qui a, dit-on, été inventé par un brachmane, il y a plus de trois mille ans : Cerutti a composé sur cette matière un poëme, qui est une véritable partie d'échecs jouée en vers; il explique ainsi pourquoi les pièces de ce jeu sont noires et blanches :

> Les noirs, les blancs jadis se disputaient la terre.
> Deux peuples de leur race éternisaient la guerre.
> Opposés d'intérêt, ainsi que de couleur,
> Égaux par le génie, égaux par la valeur,
> Depuis quatre mille ans, ils se battent sans cesse.
> Ils sont jaloux de gloire et non pas de richesse;
> L'avidité jamais n'a terni leurs lauriers :
> Une pauvreté noble honore des guerriers.
> Deux monarques fameux, chargés de les conduire,
> Triomphent tour-à-tour sans vouloir se détruire;
> A mesurer leur force, ils bornent leurs desseins :
> Mesure délicate entre deux souverains.

Cependant Prosper, dans son livre *de la Gloire des saints*, écrit que les échecs étaient quelquefois blancs et rouges, *can-*

didi et purpurei : ils étaient quelquefois aussi d'or et d'argent. Mais ce qu'il y a de constant, c'est qu'ils étaient toujours de couleur différente, comme le dit encore Martial, dans sa 34ᵉ épigramme du livre XII :

> Et si calculus omnis huc et illuc
> Diversus bicolorque digeratur :
> Vincet candida turba nigriorem.

Et l'on voit en outre, dans la 17ᵉ épigramme du livre XIV :

> Hic mihi bis seno numeratur tessera puncto :
> Calculus hic gemino discolor hoste perit.

Il a été remarqué, par plusieurs auteurs, que ce jeu offre une image exacte de la guerre, et plusieurs vont même jusqu'à prétendre que Pyrrhus, roi d'Épire, avait appris l'art stratégique par le jeu des échecs. Lucain, dans les vers à Pison déjà cités, fait ainsi le tableau d'une partie d'échecs :

> Sed tibi quis non terga dedit? Quis, te duce cessit
> Calculus, aut quis non, periturus, perdidit hostem ?
> Mille modis acies tua dimicat; ille petentem
> Dum fugit, ipse rapit; longo venit ille recessu
> Qui stetit in speculis : hic se committere rixæ
> Audet, et in prædam venientem decipit hostem.
> Ancipites subit ille moras, similisque ligato
> Obligat ipse duos, hic ad majora movetur,
> Ut citus et fracta prorumpat in agmine mandra,
> Clausaque dejecto populetur mœnia vallo.
> Interea sectis quamvis asperrima surgant
> Prœlia militibus, plena tamen ipse phalange,
> Aut etiam pauco spoliata milite vincis
> Et tibi captiva reserat manus utraque turba.

29. *Ipse tene distenta suis umbracula virgis* (v. 209). On voit que, comme les nôtres, les ombrelles ou parasols des anciens étaient faits d'étoffe tendue sur des petites baguettes, en guise de baleines. C'est le sujet de l'épigramme 28 du livre XIV de Martial :

> Accipe quæ nimios vincant umbracula soles,
> Sit licet et ventus, te tua vela tegent.

Quelquefois on faisait ces ombrelles de plumes, ainsi que les éventails.

30. *Paruit imperio dominæ Tirynthius heros* (v. 221). Ovide parle ici d'Hercule qui, pour l'amour d'Omphale, tint dans ses robustes mains la quenouille et même les petites corbeilles où les filles d'Ionie mettaient leur laine, comme le dit notre auteur deux vers plus haut :

> Inter Ioniacas calathum tenuisse puellas
> Creditur, et lanas excoluisse rudes.

Térence fait allusion à cette fable, dans la scène 7 du ve acte de *l'Eunuque*, par cette expression proverbiale : *Minus, quam Hercules servivit Omphalæ.*

31. *Nec grave te tempus sitiensve Canicula tardet* (v. 231). Par *grave tempus*, Mérula entend *l'hiver;* mais il en est question dans le vers suivant :

> Nec via per jactas candida facta nives.

Il n'est pas vraisemblable qu'Ovide ait dit en deux vers deux fois la même chose : il est donc plus naturel de croire qu'il a voulu parler des premières journées de septembre, lorsque finit l'été et que l'automne commence; de ces journées où l'air, chargé de pluie, est lourd et engendre de nombreuses maladies; ce temps dont Horace a dit, *Ode* 23 du liv. III, v. 5 et sqq. :

> Nec pestilentem sentiet Africum
> Fecunda vitis, nec sterilem seges
> Rubiginem, aut dulces alumni
> Pomifero *grave tempus* anno.

D'après cette autorité, j'ai cru devoir traduire *grave tempus* par *temps lourd;* ce sont de ces jours qui, selon l'expression de Béranger, notre Horace à nous, sont :

> Mêlés de pluie et de soleil.

32. Vers 239 :

> *Cynthius Admeti vaccas pavisse Pheræas*
> *Fertur, et in parva delituisse casa.*

Ce fut après avoir tué les Cyclopes qu'Apollon fut dépouillé de sa divinité et chassé de l'Olympe : il se réfugia en Thessalie, où il fut forcé, pour vivre, de garder pendant neuf ans les troupeaux d'Admète, roi de Phères. Apollon étant berger aima Issé, fille de Macarrée, et une nymphe nommée OEnone ; quelques auteurs disent même qu'il aima Alceste, fille de Pélias et femme d'Admète.

33. *Sæpe tua poteras, Leandre, carere puella* (v. 249). L'histoire d'Héro et Léandre est assez connue ; on sait que Léandre passait l'Hellespont à la nage pour se rendre auprès de son amante, qui allumait un phare pour lui servir de fanal : elle a inspiré un charmant poëme à Musée, disciple d'Orphée, selon les uns, et son fils, selon les autres ; elle fait le sujet d'une des *Héroïdes* d'Ovide, et elle est consacrée par une épigramme de l'*Anthologie*, traduite ainsi par Voltaire :

> Léandre, conduit par l'Amour,
> En nageant, disait aux orages :
> Laissez-moi gagner les rivages ;
> Ne me noyez qu'à mon retour.

Lord Byron se vante quelque part d'avoir renouvelé la natation miraculeuse de Léandre ; mais il paraît qu'elle n'eut pas pour lui un résultat aussi funeste que pour l'amant de Héro, qui finit par se noyer, tandis que Byron en fut quitte, je crois, pour un accès de fièvre.

34. *Qua pœnas luce pependit Lusa maritali Gallica veste manus* (v. 257). L'histoire à laquelle Ovide fait allusion ici est rapportée de diverses manières par les auteurs. Aristide de Milet, dans son ouvrage intitulé *de Rebus Italicis*, la raconte ainsi : « Atépomare, général des Gaulois, voyant les Romains fatigués d'un long siège, exigea que, pour obtenir leur salut, ils lui livrassent leurs femmes et leurs filles. Le sénat, par le conseil de la servante Rétana, envoya aux ennemis les servantes romaines, vêtues du costume de leurs maîtresses ; et, sur un signal convenu qu'elles donnèrent aux Romains, ceux-ci se précipitèrent sur le camp des Gaulois, engourdis par le vin et le sommeil, et les massacrèrent tous. Après cette victoire, les Romains, en mémoire du service rendu par les servantes, voulurent que tous les ans l'anniversaire de ce jour fût célébré par une fête solennelle. » Plutarque a répété cette histoire, et Polyœnus le Macédonien,

dans le livre VIII de ses *Stratagèmes*, la raconte à peu près de la même manière. Mais Macrobe, s'appuyant sans doute sur d'autres autorités, diffère en plusieurs points du récit d'Aristide; voici sa version, extraite du chapitre 11 du livre I de ses *Saturnales* : « Après la prise de Rome par les Gaulois, les peuples voisins voulant profiter de l'affaiblissement des Romains pour envahir leur territoire, envoyèrent des troupes sous les ordres du dictateur Posthumius Livius, de Fidènes, qui fit dire au sénat, que, s'il voulait conserver les restes de la république ébranlée, il eût à lui livrer les femmes et les filles des citoyens romains. Les sénateurs ne savaient quel parti prendre, lorsqu'une servante appelée *Tutèle*, d'autres disent *Philotis*, offrit d'aller au camp des ennemis avec les autres servantes, sous le nom et l'habit de leurs maîtresses. Ce stratagème arrêté, elles partirent accompagnées d'une foule de personnes qui les suivaient en pleurant pour rendre la chose plus vraisemblable, et se rendirent au camp des ennemis. Lorsque, par l'ordre de Livius, elles eurent été distribuées dans les différens quartiers, elles provoquèrent les soldats à boire, feignant que ce jour-là était pour elles un jour de fête. Puis, dès qu'elles les virent endormis, du haut d'un figuier sauvage qui était proche du camp, elles donnèrent aux Romains le signal convenu. Ceux-ci accoururent en toute hâte, et défirent sans peine l'armée ennemie. En reconnaissance d'un service aussi important, le sénat ordonna que toutes ces servantes seraient affranchies, et leur assigna une dot aux dépens du trésor public. Ce jour fut appelé les *Nones Caprotines*, et tous les ans, au mois de juillet, on en célébrait l'anniversaire sous un figuier sauvage, en latin *caprificus*. C'était la fête des servantes, qui, ce jour-là, avaient la permission de s'habiller comme les dames romaines, dont elles avaient porté les vêtemens dans cette circonstance mémorable. » Plutarque, en plusieurs endroits, parle des Νόννας Κάπρωτίνας, et prétend qu'elles reçurent ce nom du *marais de Caprée*, où Romulus fut assassiné; Varron (*de Lingua latina*, lib. v) dit : « Nonæ Caprotinæ, quod eo die in Latio Junoni Caprotinæ mulieres sacrificant, et sub caprifico faciunt, et e caprifico adhibent virgam. »

35. *Illa vel in Sacra sint licet emta via* (v. 266). Il paraît

qu'à Rome le marché des fruits se tenait dans la rue Sacrée, Varron le dit positivement dans son livre *de Rebus rusticis*, et Properce dans la 24ᵉ élégie du livre II :

> Quæque nitent Sacra vilia dona via.

Ovide lui-même a dit, dans la 8ᵉ élégie du livre I des *Amours* :

> Munera præcipue videat, quæ miserit alter.
> Si tibi nil dederit, Sacra roganda via est.

On trouve en outre dans une épigramme des *Priapées* :

> Hæc quæcumque tibi posui vernacula poma
> De Sacra nulli dixeris esse via.

Cette rue fut appelée *Sacrée*, parce que ce fut en ce lieu que Romulus fit alliance avec Tatius, roi des Sabins.

36. *Aut quas Amaryllis amabat ; At nunc castaneas non amat illa nuces* (v. 267). Allusion au vers 52 de la deuxième *Églogue* de Virgile :

> Castaneasque nuces, mea *quas Amaryllis amabat*.

Mais cette allusion devient très-piquante par la réflexion d'Ovide :

> At nunc castaneas non amat illa nuces.

« Mais maintenant Amaryllis n'aime plus les châtaignes. » Il est impossible de dire d'une manière plus délicate à la fois et plus plaisante, que les belles du temps d'Ovide étaient trop intéressées pour se contenter d'un présent de châtaignes

37. *Quin etiam turdoque licet, missaque corona* (v. 269). Vainement quelques commentateurs ont voulu substituer, dans ce vers, *columba* à *corona*, sous prétexte qu'il s'agit de dons simples et rustiques, et que la colombe, consacrée à Vénus, était un don parfaitement convenable de la part d'un amant : je me range entièrement de l'avis de Heinsius, qui pense qu'il s'agit ici d'une de ces *couronnes de grives* dont parle Martial dans l'épigramme 47 du livre III :

> Illic *coronam* pinguibus gravem *turdis*,
> Leporemque læsum Gallici canis dente ;

et dans l'épigramme 51 du livre XIII :

> Texta rosis fortasse tibi, vel divite nardo,
> At mihi de *turdis* facta *corona* placet.

Il paraît qu'on arrangeait en couronnes ces oiseaux dont les anciens faisaient grand cas, et que Martial estime parmi les plus délicats :

> Inter aves, turdus, si quis me judice certet.

38. *Turpiter his emitur spes mortis, et orba senectus* (v. 271). Il est question ici de ces gens qui flattaient les personnes riches et surtout les vieillards sans enfans pour être nommés parmi leurs légataires. Juvénal offre dans sa XIIe satire un tableau effrayant de l'avidité de ces coureurs de successions ; mais comme il est un peu long, nous préférons citer le passage suivant du ch. CXVI du *Satyricon* de Pétrone. C'est un homme de la campagne qui fait à des nouveaux débarqués la peinture des mœurs de la ville de Crotone dans laquelle ils vont entrer : « Mes bons messieurs, leur dit-il, si vous êtes négocians, cherchez fortune ailleurs, ou trouvez quelque autre moyen de gagner votre vie. Mais si vous êtes des personnes d'une classe plus distinguée, et que l'obligation de mentir du matin au soir ne vous effraie pas, vous êtes ici sur le chemin de la fortune. Car, dans cette ville, on ne fait aucun cas des belles-lettres ; l'éloquence en est bannie, la tempérance et les bonnes mœurs n'y obtiennent ni estime ni récompense. Tous ceux que vous rencontrerez dans Crotone se partagent en deux classes, des testateurs, et des coureurs de successions. Personne ici ne prend soin d'élever ses enfans, parce que tout homme qui a des héritiers légitimes n'est admis ni aux festins ni aux spectacles, et, privé de tous les agrémens de la vie, se voit relégué parmi la canaille. Mais ceux qui n'ont jamais été mariés, et qui n'ont point de proches parens, parviennent aux premiers honneurs. Au jugement des Crotoniates, eux seuls ont des talens militaires; eux seuls sont braves, eux seuls sont vertueux. Cette ville, en un mot, vous offrira l'image d'une campagne ravagée par la peste : on n'y voit que des cadavres exposés, et des corbeaux qui les déchirent. »

39. *Libertas alicui fuerit promissa tuorum* (v. 289). Les esclaves

obtenaient la liberté de diverses manières et à diverses conditions : par l'affranchissement régulier et complet, *manumissio justa*, ils jouissaient des droits civils dans leur entier ; mais l'affranchissement n'était pas complet, lorsque, par la loi *Julia Norbana*, ils devenaient seulement *Latini Juniani*, auxquels étaient encore inférieurs ceux qui, par la loi *Ælia Sentia*, se nommaient *liberti dedititii*. C'étaient ceux qui pour quelque crime avaient été marqués ignominieusement, ou avaient souffert quelque peine infamante. L'affranchissement régulier et complet se faisait de trois façons : ou par le sens, quand un esclave, suivant l'intention de son maître, était inscrit par le censeur sur le registre des citoyens ; ou par la baguette, *vindicta*. Lorsque l'esclave et son maître allaient trouver le préteur, le maître disait : « Je demande que cet homme soit libre comme les autres Romains. » Après cela le maître lui ayant donné un soufflet, le prenait par le bras, par les épaules ou autrement, le faisait tourner vivement de tout sens, et ensuite le lâchait brusquement, pour marquer qu'il avait la liberté d'aller où il voudrait. Enfin, la troisième manière d'affranchir était par testament. L'affranchissement régulier, mais incomplet, avait lieu en présence des amis du maître, ou en faisant mettre à table celui que l'on voulait affranchir, ou en lui écrivant une lettre. Les esclaves que l'on mettait en liberté se faisaient raser la tête, et recevaient un certain bonnet, *pileus*, qui était le signe de l'affranchissement. Les affranchis prenaient le prénom et le nom de leurs maîtres, et y ajoutaient pour surnom celui qu'ils portaient avant leur affranchissement : ainsi lorsque Cicéron eut affranchi *Tiron*, celui-ci s'appela *Marcus Tullius Tiron*. L'affranchi s'appelait *libertus*, par rapport à son maître, et *libertinus* à l'égard de tout autre ; mais, en général, un esclave affranchi était appelé *libertus*, son fils *libertinus*, et son petit-fils *ingenuus*, nom qui restait à l'arrière-petit-fils et à toute sa postérité.

40. *Et veniat, quæ lustret anus lectumque locumque* (v. 329). Apulée, dans le dernier livre de son *Ane d'or*, fait mention d'une semblable purification ; Juvénal en parle aussi, sat. VI, v. 516 :

.........Metuique jubet septembris et Austri
Adventum, nisi se centum lustraverit ovis ;

et Properce, dans la 8ᵉ élégie du livre IV :

> Terque meum tetigit sulfuris igne caput;

car, en toutes choses, le nombre trois avait un pouvoir magique et mystérieux. Quant au soufre, dont il est parlé dans le vers d'Ovide et dans celui de Properce, on le regardait comme d'une grande vertu pour les purifications. *Voyez*, à ce sujet, Pline, liv. XXXV, ch. 15; Ovide, au liv. IV des *Fastes*; Tibulle, liv. I, élég. 5, etc.

41. *Dum Menelaus abest, Helene ne sola jaceret* (v. 359). Ménélas était allé en Crète pour partager avec son frère les biens de la succession d'Atrée, leur père, lorsque Pâris enleva Hélène.

42. *Fertur, ut Aonii cornibus icta Dei* (v. 380). C'est-à-dire agitée de la fureur qu'inspire le dieu d'Aonie, ou Bacchus. L'Aonie se prend ici pour Thèbes, ville de Béotie, où était né Bacchus. Virgile a dit de même (*Énéide*, liv. IV, v. 300 et suiv.) :

> Sævit inops animi, totamque incensa per urbem
> Bacchatur : qualis commotis excita sacris
> Thyas, ubi audito stimulant trieterica Baccho
> Orgia, nocturnusque vocat clamore Cithæron.

Le mot *orgie*, dont on se servait pour désigner les fêtes de Bacchus, vient du grec ὀργή, qui signifie colère, à cause de l'espèce de fureur qu'inspirait aux Bacchantes le vin qu'elles buvaient avec excès.

43. *Altera dira parens, hæc est, quam cernis, hirundo* (v. 383). L'aventure de Progné, femme de Térée, est bien connue. On sait qu'elle servit dans un repas à son époux les membres de son propre fils Itys, qu'elle avait tué pour se venger de ce que Térée avait violé sa sœur Philomèle, qu'il retenait prisonnière dans une tour, après lui avoir coupé la langue. Sénèque, dans sa tragédie d'*Agamemnon*, v. 670, rappelle ainsi l'histoire tragique de Philomèle et de Progné :

> Non quæ verno mobile carmen
> Ramo cantat tristis Aedon,
> Ityn in varios modulata sonos;
> Non quæ tectis Bistonis ales
> Residens summis impia diri
> Furta mariti garrula deflet.

Gresset en parle aussi dans ces vers :

> Quand l'innocent Itys, à peine hors du berceau,
> De son père coupable eut le sein pour tombeau,
> Pour fuir ces lieux sanglans, Philomèle vengée,
> Prend un nouvel essor, en rossignol changée;
> Et le funeste auteur de tant de noirs forfaits
> S'envole et traîne au loin d'inutiles regrets.

44. *Sunt, qui præcipiant herbas, satureia, nocentes Sumere, etc.* (v. 415). On trouve dans Pétrone (*Satyricon*, ch. CXXXVIII) un remède à peu près semblable pour exciter les désirs amoureux : « Simulque profert OEnothea scorteum fascinum, quod, ut oleo et minuto pipere, atque urticæ trito circumdedit semine, paulatim cœpit inserere ano meo.... Nasturtii succum cum abrotono miscet. »

45. *Candidus, Alcathoï qui mittitur urbe Pelasga, Bulbus* (v. 421). Par *urbs Alcathoï*, Ovide désigne Mégare qui, au rapport de Pausanias, fut gouvernée par Alcathoüs, fils de Pélops, qui succéda à Nisus, son beau-père, et bâtit une forteresse à laquelle il donna son nom. Or, les ognons blancs que produisait le territoire de Mégare étaient renommés chez les anciens, et passaient pour avoir des propriétés aphrodisiaques. Columelle le dit en propres termes :

> Spargite : quæque viros acuunt, armantque puellas,
> Jam Megaris veniant genitalia semina bulbi ;
> Et quæ Sicca legit Getulis obruta glebis.

C'est ce qui a fourni à Martial l'idée de l'épigramme suivante :

> Quum sit anus conjux, et sint tibi mortua membra,
> Nil aliud bulbis quam satur esse potes.

Pour en revenir à Alcathoüs, qui donna son nom à la ville de Mégare, il passait, au rapport de Théognis, Παραίνες. 751, pour avoir bâti cette ville conjointement avec Apollon, qui l'aida dans cet ouvrage :

> Φοῖβε ἄναξ, αὐτὸς μὲν ἐπύργωσας πόλιν ἄκρην
> Ἀλκαθόῳ Πέλοπος παιδὶ χαριζόμενος.

Nous reviendrons, avec plus de détails sur ce sujet, dans les notes sur le *Remède d'amour*.

46. *Ovaque sumantur, sumantur Hymettia mella* (v. 423). Almanzor attribue aux œufs des propriétés très-échauffantes, surtout aux œufs de poule et de perdrix. Pline dit qu'ils sont très-nourrissans, sans charger l'estomac; et Horace, dans la satire 4 du livre II, préfère les œufs oblongs à ceux qui sont ronds:

> Longa quibus facies ovis erit, illa memento,
> Ut succi melioris, et ut magis alba rotundis
> Ponere; namque marem cohibent callosa vitellum.

47. *Quasque tulit folio pinus acuta nuces* (v. 424). Les pignons ou pommes de pin, et les pistaches sont, à ce que dit Pline, employés avec succès pour fortifier les reins et la vessie. C'est des pignons que Martial a dit, liv. XIII, épigr. 25 :

> Poma sumus Cybeles : procul hinc discede, viator,
> Ne cadat in miserum nostra ruina caput.

48. Vers 447 :

> *O quater, et quoties numero comprendere non est,*
> *Felicem, de quo læsa puella dolet!*

Tibulle (liv. 1, élég. 10, v. 64) a dit à peu près de même :

> ....Quater ille beatus
> Cui tenera irato flere puella potest.

M. Pirault-des-Chaumes me semble avoir reproduit élégamment ce passage dans sa traduction :

> Heureux ! cent fois heureux ! qui blessant la beauté,
> Lui fait verser des pleurs sur sa légèreté !
> Qui la voit, apprenant que sa flamme est trahie,
> Dans ses bras amoureux tomber évanouie !
> Puisse-t-elle pour moi s'arracher les cheveux,
> Ou porter sur son front un ongle injurieux !
> Peindre dans ses regards son courroux, sa tristesse,
> Me haïr.... et m'aimer avec plus de tendresse.

Cependant je regrette que M. Pirault n'ait pas rendu l'opposition qui existe dans ce vers d'Ovide :

> Quo sine non possit vivere ; posse velit !

M. de Saint-Ange a été plus exact ; mais c'est peut-être aux dépens de la poésie et de la clarté :

> ....Et que son désespoir
> Sans moi ne puisse vivre, et veuille le pouvoir.

Qu'est-ce qu'*un désespoir qui ne peut vivre sans moi?* Ovide a dit plus simplement : *Puissé-je être celui sans qui elle ne peut vivre, et voudrait le pouvoir!*

49. *Candida jamdudum cingantur colla lacertis*, etc. (v. 457). Ce tableau de la réconciliation de deux amans est plein de chaleur et de grâce : qui pourrait le reconnaître dans cette pâle copie de M. de Saint-Ange, qui, dans sa traduction de *l'Art d'aimer*, a été beaucoup moins heureusement inspiré que dans celle des *Métamorphoses?*

> Dans tes bras caressans serre-*la soupirante;*
> Sur ton sein amoureux renverse-*la pleurante :*
> Par d'avides baisers sèche ses yeux en pleurs,
> Et que *Vénus* par toi console ses douleurs.
> Tu la désarmeras, quand sa bouche cruelle
> T'aurait juré cent fois une haine éternelle.
> Mets le sceau du plaisir *aux sermens que tu fais,*
> Et *conclus* sur son lit *le traité de la paix.*
> C'est là que bannissant la guerre et la discorde,
> Dans son plus doux asile habite la concorde :
> C'est le berceau céleste où le *pardon est né.*
> Deux pigeons se battaient : un accord fortuné
> A réuni leurs becs, et leur tendre murmure
> Roucoule en leur langage une volupté pure.

Tout cela, sans doute, est assez fidèle pour une traduction en vers ; mais indépendamment de ces deux fins de vers trop semblables, *serre-la soupirante, renverse-la pleurante;* de cet hémistiche prosaïque, *aux sermens que tu fais ;* de cette expression qui n'est pas française, *le traité de la paix* pour *le traité de paix*, comment M. de Saint-Ange a-t-il pu terminer un vers par ces mots : *pardon est né*, que l'on est obligé de prononcer *pardo né né?* Cela ne rappelle-t-il pas un peu trop ce vers tant reproché à Voltaire :

> Non il n'est rien que Nanine n'honore?

DU LIVRE DEUXIÈME.

50. *Unaque erant facies sidera, terra, fretum* (v. 468). Ovide est revenu plusieurs fois sur cette idée. Ainsi, dans ses *Fastes* (liv. 1, v. 106), il dit :

> Ignis, aquæ, tellus, unus acervus erant;

et au livre 1 des *Métamorphoses*, v. 5 :

> Ante mare, et tellus, et quod tegit omnia cœlum,
> Unus erant toto naturæ vultus in orbe.

51. *Blanda truces animos fertur mollisse voluptas* (v. 477). Dans cette description, Ovide imite Hésiode, en y ajoutant les ornemens poétiques que lui inspire sa riche et brillante imagination. Hésiode, dans sa *Théogonie*, après avoir dit que l'Amour fut contemporain du Chaos, ajoute que ce fut lui qui présida à l'organisation de toutes choses. Je ne pense pas qu'il existe dans l'antiquité une fiction plus ingénieuse, sans même en excepter l'admirable allégorie de la boîte de Pandore.

52. *Cerva parem sequitur....... Tauro quoque læta juvenca est* (v. 483). Némésien, dans son églogue IV, v. 26, semble avoir imité ce passage :

> Cerva marem sequitur, taurum formosa juvenca.

53. *Illa Machaonios superant medicamina succos* (v. 491). Machaon fut un médecin célèbre, dont Homère parle au livre II de l'*Iliade* ; et Diodore écrit qu'Esculape laissa deux fils, médecins comme lui, Machaon et Podalire, qui accompagnèrent Agamemnon au siège de Troie, et qui furent d'un grand secours à l'armée des Grecs.

54. *Littera, cognosci quæ sibi quemque jubet* (v. 500). Allusion à la fameuse sentence de Chilon de Sparte, l'un des sept sages de la Grèce : ΓΝΩΘΙ ΣΕΑΥΤΟΝ, « *Connais-toi toi-même.* » Elle fut gravée en lettre d'or dans le temple de Delphes. Juvénal (sat. XI, v. 27) dit, en propres termes, que cette maxime était descendue des cieux :

> .....E cœlo descendit, Γνῶθι σεαυτόν.

Au surplus, on doit remarquer que malgré l'art avec lequel Ovide a rattaché à son sujet cette sentence philosophique et plusieurs autres semblables, elles semblent un peu dépaysées dans un ouvrage de cette nature.

55. *Quot lepores in Atho, quot apes pascuntur in Hybla* (v. 517). Le mont Athos est une montagne de Thrace, que Xerxès, à ce que dit Pline, sépara du continent de la longueur de mille cinq cents pas, et si haute qu'elle s'élève au dessus de la région des nues. Hérodote en parle dans son livre vii, et Stace dans ses *Silves :*

> .... Ingenti tellurem proximus umbra
> Vestit Athon, nemorumque obscurat imagine pontum.

L'Hybla, montagne de Sicile, où l'on recueillait d'excellent miel, qui rivalisait avec celui d'Hymette dans l'Attique.

56. *Perfer, et in nuda ponere corpus humo* (v. 524). On lit dans plusieurs manuscrits *immunda*, au lieu de *in nuda*; mais j'ai préféré cette dernière leçon, comme plus conforme à l'esprit délicat d'Ovide, qui ne peut conseiller à son disciple de se rouler dans la fange, ce qui assurément, loin de le rendre plus intéressant, ne pourrait inspirer que du dégoût à sa maîtresse. Ovide a dit à peu près de même, liv. iii, élég. ii, v. 9 des *Amours :*

> Ergo ego sustinui, foribus tam sæpe repulsus,
> Ingenuum dura ponere corpus humo.

57. *Effugere hunc non est, quare tibi possit amica Dicere* (v. 531)? Ce passage a été retourné de toutes les manières par les commentateurs. Mérula le lit ainsi :

> Effugere dehinc non est quare tibi possit amica
> Dicere, non omni tempore sensus obest.

D'autres lisent *adest*; d'autres *abest*; et Mycillus est d'avis qu'il faut lire ainsi ce distique :

> Effugere hinc non est quare tibi possit amica.
> Dicere.

J'ai adopté la leçon *effugere hunc non est*, comme la plus rationnelle.

DU LIVRE DEUXIÈME.

Au reste, cette formule, *effugere non est*, est très-fréquente dans les auteurs. Martial a dit, liv. XII, épigramme 83 :

> Effugere in thermis, et circa balnea non est
> Monogenen, omni tu licet arte velis;

et liv. XI, épigramme 98 :

> Effugere non est, Basse, basiatores.

58. *Fabula narratur toto notissima cœlo* (v. 561). Cet épisode des filets de Vulcain est le seul que La Harpe trouve analogue au sujet du poëme. Je partage son avis, mais sans blâmer toutefois Ovide, d'avoir introduit dans cet ouvrage des épisodes qui, bien que moins liés au plan de l'auteur, ne laissent pas de jeter dans son ouvrage beaucoup de charme et de variété.

59. *Disponit laqueos : lumina fallit opus* (v. 578). Imitation de ces vers d'Homère :

> Βῆ ῥ᾽ ἴμεν ἐς θάλαμον, ὅθι οἱ φίλα δέμνι᾽ ἔκειτο·
> Ἀμφὶ δ᾽ ἄρ᾽ ἑρμῖσιν χέε δέσματα κύκλῳ ἁπάντη·
> Πολλὰ δὲ καὶ καθύπερθε μελαθρόφιν ἐξεκέχυντο,
> Ἠΰτ᾽ ἀράχνια λεπτὰ, τά κ᾽ οὐ κέ τις οὐδὲ ἴδοιτο,
> Οὐδὲ θεῶν μακάρων, κ. τ. λ.
>
> (*Odyss.* lib. VIII, v. 277.)

60. Vers 585 :

> Hic aliquis ridens : in me, fortissime Mavors,
> Si tibi sunt oneri, vincula transfer, ait.

Homère, à l'endroit cité, v. 334 :

> Ἑρμῆν δὲ προσέειπεν ἄναξ, Διὸς υἱὸς, Ἀπόλλων·
> Ἑρμεία, Διὸς υἱὲ, διάκτορε, δῶτορ ἑάων,
> Ἦ ῥά κεν ἐν δεσμοῖς ἐθέλοις κρατεροῖσι πιεσθεὶς
> Εὕδειν, ἐν λέκτροισι παρὰ χρυσῇ Ἀφροδίτῃ ;
> Τὸν δ᾽ ἠμείβετ᾽ ἔπειτα διάκτορος Ἀργειφόντης·
> Αἲ γὰρ τοῦτο γένοιτο, ἄναξ ἑκατηβόλ᾽ Ἄπολλον·
> Δεσμοὶ μὲν τρὶς τόσσοι ἀπείρονες ἀμφὶς ἔχοιεν,
> Ὑμεῖς δ᾽ εἰσορόωτε θεοὶ, πᾶσαί τε θέαιναι,
> Αὐτὰρ ἐγὼν εὕδοιμι παρὰ χρυσῇ Ἀφροδίτῃ.

61. *Quod ante tegebant, Liberius faciunt* (v. 589). Notre auteur a recueilli de cette fable ce qui convenait le mieux à son

sujet. Mais Homère l'a traitée tout différemment, lorsqu'il introduit Démodocus racontant la même histoire aux Phéaciens. Car, s'il faut en croire Athénée (liv. ɪ et xɪɪ) : Ὁ δὲ παρὰ Φαίαξι Δημόδοκος ᾄδει Ἄρεος καὶ Ἀφροδίτης συνουσίαν, οὐ διὰ τὸ ἀποδέχεσθαι τὸ τοιοῦτον πάθος, ἀλλ' ἀποτρέπων αὐτοὺς παρανόμων ὀρέξεων, εἰδὼς ἐν τρυφερῷ τινι βίῳ τεθραμμένους, κἀντεῦθεν ὁμοιότατα τοῖς τρόποις αὐτῶν τὰ πρὸς ἀνάπαυσιν προφέρων.

62. *Quos faciunt justos ignis et unda viros* (v. 598). Le sens de ce passage est que si les lettres des amans peuvent être interceptées, c'est seulement par les époux légitimes, *justi viri*, qui par la cérémonie du feu et de l'eau en ont acquis le droit. Pour comprendre cela, il faut savoir que chez les Romains, dans les solennités nuptiales, on employait le feu et l'eau, que chacun des deux époux touchait de son côté, pour signifier qu'ainsi qu'ils touchaient en commun ces deux élémens, qui sont les plus nécessaires à la vie, de même ils devaient mettre en commun tout ce qui était nécessaire au bonheur de leur union. Peut-être aussi le rapprochement du feu et de l'eau, ces élémens si contraires, donnait-il à entendre aux nouveaux mariés que dans les liens de l'hymen devaient se concilier les caractères les plus opposés. Or, comme les époux n'observaient pas toujours cet engagement, c'est de là, je pense, qu'est venu le proverbe : *Ils sont comme le feu et l'eau*, c'est-à-dire comme mari et femme.

63. *Quis Cereris ritus ausit vulgare profanis* (v. 601). On connaît la formule ordinaire par laquelle on excluait des mystères sacrés tous ceux qui n'y étaient pas initiés : *Procul este profani!* Et chez les Grecs : Ἑκὰς ἑκὰς ἔστε βέβηλοι; et ἑκὰς ἑκὰς ὅστις ἀλιτρός. Aussi Horace dit-il, *Ode* 2 du liv. ɪɪɪ, v. 26 :

> .... Vetabo, qui Cereris sacrum
> Vulgarit arcanæ, sub isdem
> Sit trabibus, fragilemve mecum
> Solvat phaselum.

64. *Magnaque Threïcia sacra reperta Samo* (v. 602)? La Samothrace, où l'on célébrait les mystères de Cérès, comme le témoigne Diodore, liv. vɪ, était une île appelée précédemment *Dardanie*. Une reine des Amazones, nommée Myrrhine, après avoir échappé à une grande tempête, arriva dans cette île qui

était déserte ; et là, voulant rendre grâces de son salut à la mère des dieux, d'après l'avis qu'elle en reçut en songe, elle bâtit un temple à cette déesse, et célébra des fêtes en son honneur. Quelques historiens prétendent que cette île fut d'abord appelée *Samos* par ceux du pays, et ensuite *Samothrace* par les Thraces qui vinrent s'y établir.

65. *Garrulus in media Tantalus aret aqua* (v. 606)! L'exemple de Tantale est parfaitement choisi pour prouver qu'il ne faut pas révéler les secrets d'autrui. On sait que ce prince, fils de Jupiter et de la nymphe Ploté, régnait en Paphlagonie, au sein de la gloire et des richesses. Ayant mérité par la noblesse de son extraction d'être admis au banquet des dieux, il révéla aux mortels les secrets qu'il y avait appris, et, pour prix de son indiscrétion, fut précipité aux enfers, où il endure le supplice de la soif au milieu des eaux, et celui de la faim auprès des fruits qui pendent sur sa tête. Ovide dit ailleurs (*Ibis*, v. 179), en parlant de lui :

> Poma pater Pelopis præsentia quærit, et idem
> Semper eget, liquidis semper abundat aquis;

et Tibulle, liv. 1, élég. 3, v. 77 :

> Tantalus est illic, et circum stagna : sed acrem
> Jamjam poturi deserit unda sitim.

66. Vers 609 :

> *Condita si non sunt Veneris mysteria cistis,*
> *Nec cava vesanis ictibus æra sonant :*
> *Attamen inter nos medio versantur in usu ;*
> *Sed sic, inter nos ut latuisse velint.*

Le sens de ce passage est celui-ci : « Si les mystères de Vénus ne sont pas aussi secrets, aussi occultes que ceux de Cérès et d'autres divinités, cependant ils ne doivent pas être aussi publics et aussi bruyans que ceux de Cybèle, que l'on célébrait au son des tambours et des cymbales : mais on doit y observer un certain milieu ; et quoiqu'on les célèbre fréquemment et partout, ils doivent rester un secret entre ceux qui y participent, et ne pas parvenir à la connaissance des profanes. » Ovide termine cet avis par une image aussi vraie que gracieuse, celle de la *Vénus pudique*, qui, bien qu'elle se montre toute nue, cache de sa main gauche ses plus secrets appas.

67. Vers 657.

> *Nominibus mollire licet mala : fusca vocetur,*
> *Nigrior Illyrica cui pice sanguis erit.*
> *Si pæta est, Veneri similis : si flava, Minervæ.*
> *Sit gracilis, macie quæ male viva sua est.*
> *Dic habilem, quæcumque brevis; quæ turgida, plenam :*
> *Et lateat vitium proximitate boni.*

On a cru long-temps que ce passage avait été imité par Molière, acte II, scène 5 du *Misanthrope* :

> L'amour pour l'ordinaire est peu fait à ces lois;
> Et l'on voit les amans vanter toujours leur choix.
> Jamais leur passion n'y voit rien de blâmable,
> Et dans l'objet aimé, tout leur devient aimable;
> Ils comptent les défauts pour des perfections,
> Et savent y donner de favorables noms :
> La pâle est au jasmin en blancheur comparable;
> La noire à faire peur, une brune adorable;
> La maigre a de la taille et de la liberté;
> La grasse est dans son port pleine de majesté;
> La malpropre sur soi, de peu d'attraits chargée,
> Est mise sous le nom de beauté négligée.
> La géante paraît une déesse aux yeux;
> La naine, un abrégé des merveilles des cieux;
> L'orgueilleuse a le cœur digne d'une couronne;
> La fourbe a de l'esprit; la sotte est toute bonne;
> La trop grande parleuse est d'agréable humeur,
> Et la muette garde une honnête pudeur.
> C'est ainsi qu'un amant dont l'ardeur est extrême,
> Aime jusqu'aux défauts des personnes qu'il aime.

Mais Molière doit l'idée de ce morceau à Lucrèce, dont il avait fait une étude particulière, et qu'il se proposait de traduire en entier, sans doute à l'instigation du philosophe Gassendi, son maître et son ami. Ce fragment est d'autant plus précieux, que c'est le seul qui nous reste de cette traduction. Voici le texte de Lucrèce, liv. iv, v. 1146 et suivans :

> ....Hoc faciunt homines plerumque cupidine cæci ;
> Et tribuunt ea, quæ non sunt his commoda vere.
> ....
> Nigra, μελίχροος est : immunda et fœtida, ἄκοσμος :
> Cæsia, παλλάδιον : nervosa et lignea, δορκὰς :
> Parvola, pumilio, χαρίτων ἴα, tota merum sal :
> Magna, atque immanis, κατάπληξις, plenaque honoris :
> Balba, loqui non quit, τραυλίζει : muta, pudens est :
> At flagrans, odiosa, loquacula, λαμπάδιον fit.

68. *Ille munditiis annorum damna rependunt* (v. 677). N'est-ce pas à ce vers d'Ovide que Racine doit l'idée de celui-ci :

> Et réparait des ans l'irréparable outrage ?

Tertullien (*de Cultu Feminarum*, lib. II, c. 9) s'élève avec autant de force que d'éloquence contre les femmes qui emploient tous les secours de la coquetterie pour déguiser en elles les traces de l'âge : « Contra si forma deficit, adminiculum nitoris quasi de suo gratiam supplet. Ætates denique requietas jam, et in portum modestiæ subductas splendor et dignitas cultus avocant, et severitatem appetitionibus inquietant ; compensantibus scilicet habitus irritamentum pro frigore ætatis. » Je préférais, dans ce dernier membre de phrase : « Compensantibus scilicet habitus irritamento frigora ætatis. »

69. *Inveniat plures nulla tabella modos* (v. 680). Ovide parle ici des nudités et des postures lascives que les peintres de son temps se plaisaient à représenter. Celles que l'on a trouvées dans les ruines de Pompéies peuvent donner une idée du goût dépravé des anciens pour ces obscénités, renouvelées chez les modernes par la plume de Pierre Aretin et le pinceau de Carrache. Ce fut d'un ouvrage licencieux composé par Éléphantis, que Tibère tira le sujet des tableaux qui ornaient sa chambre à coucher. Une épigramme ancienne parle d'un tableau de cette nature, dont la courtisane Lalagé fit offrande au dieu de l'Hellespont :

> Obscenas rigido Deo tabellas
> Ducens ex Elephantidos libellis,

Dat donum Lalage, rogatque tentes
Si pictas opus edata figuras.

70. *Conscius ecce duos accepit lectus amantes* (v. 703). On a loué M. de Saint-Ange de la décence avec laquelle il a rendu ce passage. M. Pirault-des-Chaumes, dont nous avons déjà cité la traduction, a ambitionné un semblable éloge, et me semble l'avoir mérité :

> Mais elle sonne enfin l'heure de Cythérée :
> Ma muse, éloignez-vous de l'enceinte sacrée.
> Les deux amans sans vous sauront être éloquens,
> Ils sauront s'enlacer de leurs bras caressans.
> L'Amour qui les unit les suit et les observe ;
> Il sait où doit frapper le trait qu'il leur réserve.
> C'est ainsi qu'Andromaque enlaçait cet Hector,
> Grand aux champs phrygiens, en amour grand encor ;
> Que le fils de Thétys, brûlant pour son amie,
> De carnage lassé, pressait Hippodamie.
> Dans les rangs des Troyens ses bras de sang rougis
> Étaient plus caressans aux yeux de Briséis.
> Lorsqu'il reparaissait, conduit par la victoire,
> Ses baisers la rendaient compagne de sa gloire.
> Sans rien précipiter, irritez le désir ;
> Jouissez lentement, distillez le plaisir.
> Éveillez, la pudeur y souscrit, vous en presse,
> Éveillez de Vénus l'extase enchanteresse ;
> Et ses yeux brilleront, par l'ivresse adoucis,
> Comme les feux du jour sur le sein de Thétys.
> Bientôt vous l'entendrez à vos douces étreintes,
> Répondre par ses cris, ses murmures, ses plaintes.
> Surtout, n'arrivez pas avant elle au bonheur ;
> Qu'elle-même, à son tour, attende son vainqueur.
> Vers le même plaisir, heureux, marchez ensemble,
> Et que la volupté tous les deux vous rassemble.
> Amans, obéissez à mes conseils prudens,
> Si trop favorisés, vous disposez du temps ;
> Si sur vous est ouvert l'œil de la jalousie,
> Hâtez-vous, c'est Vénus qui tremble et vous en prie.

Forcé à plus d'exactitude dans une traduction en prose, je

regrette de n'avoir pas pu reproduire ce tableau avec la même décence.

71. *Finis adest operi: palmam date grata juventus* (v. 733). Il parait que, dans son premier plan, Ovide n'avait pas l'intention de donner plus de deux chants à cet ouvrage. Mais il a prévu l'objection qu'on lui ferait de n'avoir enseigné qu'aux hommes l'art d'aimer, et il a repris sa plume pour donner au beau sexe des préceptes de séduction qui annoncent dans le galant professeur une profonde connaissance des ruses auxquelles les dames de son temps avaient recours pour captiver leurs amans.

LIVRE TROISIÈME.

1. Vers 1 :

Arma dedi Danais in Amazonas : arma supersunt,
Quæ tibi dem, et turbæ, Penthesilea, tuæ.

Les Amazones, femmes guerrières de la Cappadoce, habitaient les bords du fleuve Thermodoon. Elles ne souffraient pas d'hommes parmi elles, ou du moins n'en souffraient qu'un très-petit nombre qu'elles obligeaient à remplir les soins du ménage, à filer de la laine, etc.; et pour les y contraindre, lorsqu'il leur naissait des enfans mâles, elles les faisaient mourir, ou leur tordaient les bras et les jambes pour les rendre infirmes et incapables de porter les armes. Au contraire, elles élevaient leurs filles dans tous les exercices guerriers, et leur brûlaient la mamelle droite pour qu'elles eussent plus de facilité à tirer de l'arc. C'est à cette coutume qu'on attribue l'étymologie de leur nom *Amazones* de α privatif, μαζὸς, mamelle. Cependant on pourrait aussi le faire venir des deux mots ἅμα, *ensemble*, et ζᾶν, *vivre*, parce qu'elles formaient une espèce de communauté guerrière, et vivaient en commun du fruit de leur chasse et des dépouilles conquises sur l'ennemi : dans ce sens, le mot *Amazone* serait synonyme de *cénobite*, qui vient de κοινὸς βίος, *vie commune* ou *en commun*.

A propos de ce mot *cénobite*, je le vois souvent employé par des hommes qui se piquent de parler correctement, dans le sens d'*ermite*, de *solitaire*; et je lis dans un livre, d'ailleurs purement écrit : « Le pieux cénobite s'était retiré dans une caverne, où il vivait seul, isolé du reste des hommes. » C'est une faute grossière qu'un homme instruit ne devrait jamais faire.

Pour en revenir aux Amazones, elles eurent plusieurs guerres à soutenir contre les Grecs. Attaquées et vaincues dans leur propre pays par Hercule et Thésée, elles portèrent à leur tour la guerre en Grèce, et, traversant le Bosphore Cimmérien, la Thrace, la Macédoine et la Thessalie, pénétrèrent jusqu'à la citadelle d'Athènes, dont elles s'emparèrent et qu'elles occupèrent quelque temps. Elles en furent cependant chassées par Thésée, comme le prouvent plusieurs monumens de leur défaite, qui existent encore dans l'Attique. Les restes de leurs tribus guerrières se réfugièrent sur les rives du Pont-Euxin, et y formèrent une espèce de république qui subsista jusqu'au temps de la guerre de Troie.

Penthésilée leur reine, fille de Mars, selon Diodore, marcha au secours des Troyens et livra aux Grecs plusieurs combats. *Voyez*, à ce sujet, QUINTUS CALABER, liv. I. Enfin Penthésilée périt, vers la fin de cette guerre, de la main d'Achille ou de Pyrrhus. Quelques auteurs prétendent qu'elle fut aimée d'Achille et en eut un fils nommé Caïstre. C'est d'elle que Virgile a dit, au livre I de l'*Énéide*, v. 490 :

> Ducit Amazonidum lunatis agmina peltis
> Penthesilea furens.

Properce fait aussi mention des Amazones dans sa 14e élégie du livre III :

> Qualis Amazonidum nudatis bellica mammis
> Thermodontiacis turba lavatur aquis ;

et Stace, dans la silve des *Calendes de décembre* :

> Credas ad Tanaïm, ferumque Phasim
> Thermodontiacas calere turmas.

2. *Quid virus in anguem Adjicis* (v. 7)? C'est une similitude pour dire que les femmes ont déjà par elles-mêmes assez de malice, et qu'Ovide n'a pas besoin de leur enseigner de nou-

velles ruses d'amour. Ce passage rappelle celui de Virgile, *Géorgiques*, liv. 1, v. 129 :

> Ille malum virus serpentibus addidit atris.

3. Vers 13 :

> *Si scelere OEclides Talaionidæ Eriphyles*
> *Vivus et in vivis ad Styga venit equis.*

Amphiaraüs, fils d'OEclus, ou, selon d'autres, d'Apollon et d'Hypermnestre, se cacha pour ne pas aller à la guerre de Thèbes, où son art (il était devin) lui avait révélé qu'il devait périr. Trahi par son épouse Eriphyle, fille de Talaion, roi d'Argos, que Polynice avait séduite par le don d'un collier, il fut forcé de partir avec ce prince, après avoir chargé son fils Alcméon du soin de sa vengeance. La veille de sa mort, étant à table avec les chefs de l'armée, un aigle fondit sur sa lance, l'enleva, puis la laissa tomber dans un endroit où elle se convertit en laurier. Le lendemain, au moment où il était monté sur son char, la terre s'entr'ouvrit et l'engloutit vivant avec ses chevaux.

Properce, faisant allusion à cette histoire, a dit :

> Delapsus nunquam Amphiaraus equis ;

et Stace, dans sa *Thébaïde* :

> Augur Apollineis modo dilectissimus aris,
> Ignibus OEclides visis ventura canebat.
> Conjugis impulsu fatales visere Thebas,
> Proditione sua (proh tristia fata!) ruentem
> Curribus et bigis hauserunt Tartara vatem.

4. *Vivus et in vivis ad Styga venit equis* (v. 14). Cette pensée est empruntée d'Euripide, *Suppliantes*, v. 925 :

> Καὶ μὴν τὸν Οἰκλέους γε γενναῖον τόκον,
> Θεοὶ ζῶντ' ἀναρπάσαντες εἰς μυχοὺς χθονὸς,
> Αὐτοῖς τεθρίπποις, εὐλογοῦσιν ἐμφανῶς.

5. *Respice Phyllaciden et quæ comes isse marito Fertur* (v. 17). Protésilas était petit-fils de Phylacus, d'où lui vint le surnom de *Phyllacides*. Or, ce Phylacus régnait dans la ville de Phylaca en

Thessalie, comme on le voit au livre I d'Apollodore et au livre IX de Strabon. De son fils Iphiclus naquit Protésilas, qui fut tué le premier des Grecs au siège de Troie, où il était allé avec quarante vaisseaux, comme le dit Homère (*Iliade*, liv. II, v. 695) :

> Οἱ δ' εἶχον Φυλάκην, καὶ Πύῤῥασον ἀνθεμόεντα,
> Δήμητρος τέμενος, Ἴτωνά τε μητέρα μήλων,
> Ἀγχίαλόν τ' Ἄντρων', ἠδὲ Πτελεὸν λεχεποίην.
> Τῶν αὖ Πρωτεσίλαος ἀρήϊος ἡγεμόνευε,
> Ζωὸς ἐών· τότε δ' ἤδη ἔχεν κατὰ γαῖα μέλαινα.
> Τοῦ δὲ καὶ ἀμφιδρυφὴς ἄλοχος Φυλάκῃ ἐλέλειπτο,
> Καὶ δόμος ἡμιτελής· τὸν δ' ἔκτανε Δάρδανος ἀνὴρ,
> Νηὸς ἀποθρώσκοντα πολὺ πρώτιστον Ἀχαιῶν.

Quand Laodamie, femme de Protésilas, eut appris la nouvelle de sa mort, elle souhaita violemment voir son ombre ; ce qui lui ayant été permis, elle s'y attacha si fortement, qu'elle périt dans ses embrassemens, comme nous l'apprenons de Servius sur le liv. VI de l'*Énéide*. Lucien raconte que la résurrection de Protésilas dura trois jours, Hyginus la réduit à trois heures. Quoi qu'il en soit, il mit si bien le temps à profit, que Laodamie mourut de plaisir entre ses bras. Ce qui donne lieu de croire que ce ne fut pas seulement l'ombre de son mari que les dieux lui rendirent, mais son mari lui-même en chair et en os. Properce en parle ainsi dans la 19e élégie de son livre I :

> Illic Phylacides jucundæ conjugis heros
> Non potuit cæcis immemor esse locis ;
> Sed cupidus falsis attingere gaudia palmis,
> Thessalis antiquam venerat umbra domum.

Protésilas était d'ailleurs fameux dans l'antiquité pour le nombre de ses exploits amoureux, et son nom était devenu proverbe en ce sens. Aussi Pétrone, ch. CXL, dit-il en parlant de lui : « Ut scias me gratiosiorem esse quam Protesilaum, an quemquam alium antiquorum. »

6. *Fata Pheretiadæ conjux Pagasæa redemit* (v. 19). Le dévoûment d'Alceste pour son époux est trop connu pour qu'il soit besoin de le rappeler. Ovide donne à cette héroïne le nom de *Pagasæa conjux*, parce qu'elle était fille de Pélias, roi de Thessalie, où se trouve l'ancienne ville de *Pagasa*, aujourd'hui *Volo*,

où fut construit le navire Argo. Il désigne aussi Admète par le nom de *Pheretiades*, parce qu'il était fils de Phérès.

7. *Accipe me, Capaneu; cineres miscebimur, inquit Iphias* (v. 21). Il y a trois Evadné : la première, fille de Neptune et de Pilane, qui fut élevée sur les rives de l'Eurotas; la deuxième, fille du roi Pélias, que Jason donna pour femme à Énée, fils de Céphale, roi des Phocéens; et la troisième, fille de Mars ou d'Iphis et de Thébé, et qui fut l'épouse de Capanée, l'un des chefs les plus distingués de la guerre de Thèbes, où il avait suivi Polynice. Ayant voulu le premier appliquer une échelle aux murs de cette ville pour la prendre d'assaut, il périt écrasé sous les pierres que lui lancèrent les assiégés; ou, selon d'autres, il fut tué d'un coup de foudre. Lorsqu'on lui rendit les honneurs funèbres, Evadné, ne pouvant survivre à la perte de son époux, se jeta sur son bûcher et y périt.

8. *Ipsa quoque et cultu est et nomine femina Virtus* (v. 23). Cette pensée délicate termine admirablement l'apologie des femmes, si bien placée dans cet ouvrage, et qui prouve qu'en cherchant à les séduire notre auteur ne cesse pas de les estimer. D'ailleurs, comme nous l'avons déjà dit plusieurs fois dans le cours de ces notes, Ovide, dans son *Art d'aimer*, n'a eu en vue que les femmes galantes ou d'une réputation équivoque; ce qu'il confirme ici de nouveau par ce vers :

Nec tamen hæ mentes (*conjuges fideles*) nostra poscuntur ab arte;

et plus loin :

Nil, nisi lascivi per me discuntur amores.

9. Vers 49 :

Probra Therapnææ qui dixerat ante maritæ,
Mox cecinit laudes prosperiore lyra.

Allusion au poète Stésichore. Il avait composé une satire virulente contre Hélène : Castor et Pollux, frères de cette princesse, lui crevèrent les yeux, pour venger leur sœur; et il ne recouvra la vue que lorsqu'il eut chanté la *palinodie* dans un poëme dont Platon, dans son *Phædrus*, rapporte le commencement.

Horace fait aussi mention de cette histoire dans ses *Épodes*, où il dit :

> Infamis Helenæ Castor offensus vice,
> Fraterque magni Castoris victi prece
> Adempta vati reddidere lumina.

Ovide appelle ici Hélène *Therapnæa marita*, de la ville de Therapné en Laconie, où naquit Hélène, comme Ovide le dit ailleurs : *Rure Therapnæa nata puella*. D'autres cependant prétendent qu'elle naquit à Amyclée, près de Sparte, comme nous l'avons dit précédemment.

Quant à Stésichore, il florissait entre les 37e et 56e olympiades, et parvint à une vieillesse très-avancée. Les historiens varient sur le lieu de sa naissance, que les uns placent à Catane et les autres à Himère ; ce qui parait certain, c'est qu'il fut Sicilien. Cicéron, en parlant de lui (*in Verr. de Signis*), dit : *Fuit tota in Græcia summo propter ingenium honore et nomine*. Aristote en fait aussi l'éloge dans sa *Rhétorique*, où il lui attribue l'invention de l'apologue du cheval implorant le secours de l'homme contre le cerf. Quintilien, dans ses *Institutions oratoires*, parle de lui comme d'un des poètes grecs les plus distingués. Suidas rapporte qu'il composa vingt-six livres de poésies ; et Athénée, livre XIII, dit qu'il fut très-adonné à l'amour : οὐ μετρίως ἐρωτικός.

10. *Dixit : et e myrto..... folium granaque pauca dedit* (v. 53). Allusion à Hésiode, qui, ayant cueilli sur l'Hélicon quelques feuilles de laurier, de berger devint poète : Αὐτίκα μάλα ποιητὴς ἐκ ποιμένος κατέστη. (LUCIAN. *Rhet. præcept.*)

11. *Hac mihi de spina grata corona data est* (v. 68). Théocrite a dit avec grâce, dans le même sens, idylle XXIII, v. 28 :

> Καὶ τὸ ῥόδον καλόν ἐστι, καὶ ὁ χρόνος αὐτὸ μαραίνει.
> Καὶ κάλλος καλόν ἐστι τὸ παιδικόν, ἀλλ' ὀλίγον ζῆ.

On trouve une imitation de cette pensée dans l'*Anthologie*, liv. I, ch. 90 :

> Τὸ ῥόδον ἀκμάζει βαιὸν χρόνον· ἢν δὲ παρέλθῃ,
> Ζητῶν εὑρήσεις οὐ ῥόδον, ἀλλὰ βάτον

12. Vers 71 :

> *Nec tua nocturna frangetur janua rixa;*
> *Sparsa nec invenies limina mane rosa.*

On trouve la même idée reproduite en d'autres termes dans l'*Ode* 25 du liv. 1 d'Horace :

> Parcius junctas quatiunt fenestras
> Ictibus crebris juvenes protervi ;
> Nec tibi somnos adimunt, amatque
> Janua limen;

et dans Lucrèce, liv. IV, v. 1170 :

> At lacrymans exclusus amator limina sæpe
> Floribus et sertis operit, postesque superbos
> Unguit amaracino, et foribus miser oscula figit.

L'élégie 16 du liv. 1 de Properce roule presque tout entière sur ce sujet :

> Quæ fueram magnis olim patefacta triumphis,
> Janua.

Ovide lui-même, dans l'élégie 6 du liv. 1 des *Amours*, a dit :

> At tu, non lætis detracta corona capillis,
> Dura super tota limina nocte jace;

et au vers 31 du *Remède d'Amour* :

> Effice nocturna frangatur janua rixa;
> Et tegat ornatas multa corona fores.

Tibulle, dans l'élégie 2 du livre 1, adresse à la porte de sa maîtresse, cette prosopopée :

> Janua difficilis dominæ, te verberet imber,
> Te Jovis imperio fulmina missa petant.
> Janua, jam pateas uni mihi victa querelis,
> Neu furtim verso cardine aperta sones.
> Et mala si qua tibi dixit dementia nostra,
> Ignoscas; capiti sint, precor, illa meo.
> Te meminisse decet, quæ plurima voce peregi
> Supplice, quum posti florea serta darem.

13. *Nec faciunt cervos cornua jacta senes* (v. 78). Les cerfs renouvellent leur bois tous les ans au printemps, et lorsqu'ils les ont perdus par la mue, on ne saurait juger de leur âge; mais lorsqu'ils ne marquent plus par le nombre de leurs andouillers, on connaît par leurs dents s'ils sont vieux, ou par leur bois quand il n'a plus de branches par le bas. Cet animal peut, dit-on, vivre cent ans et au delà.

14. *Carpite florem; Qui, nisi carptus erit, turpiter ipse cadet* (v. 79). Ces idées de la brièveté de la vie, et de la nécessité de jouir du temps si court de la jeunesse, ont été mille fois reproduites par les poètes anciens et modernes, mais jamais, ce me semble, avec plus de grâce que par M. de Guerle, dans l'élégie 2 du livre II des *Amours* :

> Usons de l'instant
> Que le ciel nous laisse;
> Ainsi qu'un ruisseau
> Qui coule sans cesse,
> L'aimable jeunesse
> S'enfuit, et bientôt
> La triste vieillesse
> Nous mène au tombeau.
> . . . .
> Lorsque la vieillesse
> Aura sur nos fronts,
> En triple sillons,
> Gravé la tristesse,
> Et que la sagesse,
> Aux discours pesans
> De prônes fréquens,
> Reviendra sans cesse
> Bercer nos vieux ans;
> Sous la faux tranchante
> Alors nous ploierons;
> D'une voix tremblante,
> Alors nous dirons :
> O saison fleurie,
> Printemps de la vie,
> Tu n'es plus, hélas !
> Qu'est-ce qui nous reste ?
> Un hiver funeste,

D'éternels frimas.
Mais, dans l'heureux âge
Où l'on sait jouir,
Tout présente au sage
Un riant ombrage,
Un léger Zéphyr,
Un ciel sans nuage,
Un doux avenir.

15. *Lathmius Endymion non est tibi, Luna, rubori* (v. 83). On a dit qu'Endymion était aimé de Diane, qui venait souvent le visiter en secret sur le mont Lathmos, qui est en Carie; parce qu'Endymion fut le premier astronome qui étudia les mouvemens de la lune. On trouve une fort belle explication de cette allégorie dans le poëme astronomique de Buchanan.

16. *Unde habet Æneam, Harmonienque suos* (v. 86)? Harmonie ou Hermione (car elle se trouve appelée indifféremment par l'un ou l'autre de ces deux noms, dans les bons auteurs) était fille de Mars et de Vénus, et fut mariée à Cadmus. Diodore la fait fille de Jupiter et d'Électre; mais Coluthus dit positivement : Καὶ Ἁρμονίη Ἀφροδίτης.

17. *Cui tegimen septem terga fuere boum* (v. 112)? Homère, dans le livre VII de l'*Iliade*, décrit le bouclier d'Ajax, fils de Télamon, et dit que Tychius, qui l'avait fabriqué, lui avait donné la forme d'une tour, et l'avait renforcé de sept cuirs de bœuf; et Ovide, dans ses *Métamorphoses* (liv. XIII, v. 346), fait dire à Ulysse, parlant d'Ajax :

> Quæ nisi fecissem ; frustra Telamone creatus
> Gestasset læva taurorum tergora septem.

Virgile, dans le livre XII de l'*Énéide*, vers la fin, décrit de même le bouclier de Turnus.

18. *Adspice, quæ nunc sunt Capitolia, quæque fuerunt* (v. 115). Cette comparaison de Rome, au temps de sa splendeur avec ce qu'elle était à son berceau, se rencontre fréquemment chez les poëtes. *Voyez* TIBULLE, liv. II, élégie 5 :

> Romulus æternæ nondum firmaverat Urbis
> Mœnia, consorti non habitanda Remo.
> Sed tunc pascebant herbosa palatia vaccæ,
> Et stabant humiles in Jovis arce casæ.

> Lacte madens illic suberat Pan ilicis umbræ ;
> Et facta agresti lignea falce Pales :
> Pendebatque vagi pastoris in arbore votum,
> Garrula silvestri fistula sacra Deo ;

Properce, liv. IV, élégie 1 :

> Hoc, quodcumque vides, hospes, qua maxima Roma est,
> Ante Phrygem Æneam collis et herba fuit;
> Atque ubi Navali stant sacra Palatia Phœbo,
> Evandri profugæ concubuere boves.
> Fictilibus crevere Deis hæc aurea templa ;
> Nec fuit opprobrio facta sine arte casa ;
> Tarpeiusque pater nuda de rupe tonabat,
> Et Tiberis nostris advena bubus erat.
> Qua Gradibus domus ista Remi se sustulit, olim
> Unus erat fratrum maxima regna focus.
> Curia, prætexto quæ nunc nitet alta senatu,
> Pellitos habuit, rustica corda, patres.
> Buccina cogebat priscos ad verba Quirites ;
> Centum illi in prato sæpe senatus erat ;

et surtout Virgile, *Énéide*, liv. VIII, v. 347 :

> Hinc ad Tarpeiam sedem, et Capitolia ducit,
> Aurea nunc, olim silvestribus horrida dumis.
> Jam tum relligio pavidos terrebat agrestes
> Dira loci : jam tum silvam saxumque tremebant.
> . . . .
> Talibus inter se dictis ad tecta subibant
> Pauperis Evandri, passimque armenta videbant
> Romanoque Foro et lautis mugire Carinis.

19. Vers 121 :

> *Prisca juvent alios : ego me nunc denique natum*
> *Gratulor : hæc ætas moribus apta meis.*

Voltaire, dans une pièce charmante intitulée *le Mondain*, a visiblement imité ce distique d'Ovide :

> Regrettera qui veut le bon vieux temps,
> Et l'âge d'or et le règne d'Astrée,
> Et les beaux jours de Saturne et de Rhée,
> Et le jardin de nos premiers parens :

> Moi, je rends grâces à la nature sage,
> Qui, pour mon bien, m'a fait naître en cet âge,
> Tant décrié par nos tristes frondeurs;
> Ce temps profane est tout fait pour mes mœurs.

20. *Lectaque diverso litore concha venit* (v. 124). Ce vers rappelle ceux-ci du poëme de la *Guerre civile* de Pétrone, *Satyricon*, ch. CXIX :

> Assyriæ concham laudarat miles; in Inda
> Quæsitus tellure nitor certaverat ostro.

21. *Adjicit ornatus proxima quæque dies* (v. 153). Ce passage nous montre que les élégans de Rome inventaient chaque jour des modes nouvelles, et que, sous ce rapport, la grave antiquité n'était pas moins frivole que l'époque où nous vivons. Bien avant Ovide, Plaute avait dit dans son *Epidicus*, v. 211 :

> Quid? istæ quæ vesti quotannis nomina inveniunt nova?

22. *Sic capta vidit in urbe Alcides Iolen* (v. 155). Iole, fille d'Eurytus, qui gouvernait en OEchalie. Hercule l'enleva de vive force, parce que son père ne voulait pas la lui accorder lorsqu'il revint d'Étolie, où il avait épousé Déjanire.

23. *Femina canitiem Germanis inficit herbis* (v. 163). Les peuples de la Germanie se servaient de certaines herbes pour changer la couleur de leurs cheveux; et les Gaulois, selon César, au livre V de ses *Commentaires*, employaient pour cet usage une herbe qu'on appelle *guesde* ou *pastel*. Tibulle (liv. 1, élégie 8, v. 43) dit que pour les noircir on employait l'écorce de noix :

> Tum studium formæ; coma tum mutatur, ut annos
> Dissimulet, viridi cortice tincta nucis.

24. *Femina procedit densissima crinibus emtis* (v. 165). L'usage des chevelures postiches était devenu général à Rome du temps d'Ovide: Tibulle, Properce et Gallus en font foi comme notre auteur. Martial, dans ses épigrammes, a critiqué amèrement ceux qui portaient perruque. Tantôt il les appelle « tête chaussée, » *calceatum caput* (liv. XII, épigr. 45); tantôt il dit, avec une bonhomie caustique (liv. VI, épigr. 12) :

> Jurat capillos esse, quos emit, suos
> Fabulla : numquid illa, Paulle, pejerat? nego;

qu'on peut traduire ainsi, en parodiant l'épigramme de Boileau contre l'abbé Pochette :

> On dit que le jeune Alette
> Porte les cheveux d'autrui :
> Moi qui sais qu'il les achette,
> Je soutiens qu'ils sont à lui.

Plus loin (liv. XII, épigr. 23), Martial dit encore :

> Dentibus, atque comis, nec te pudet, uteris emtis :
> Quid facies oculo, Lælia? non emitur.

On lit, dans le *Messager des relations extérieures*, du 3 messidor an VI, une paraphrase assez heureuse de ces vers; la voici :

> Cydalise achète
> Ses dents, ses cheveux;
> Et si la coquette
> N'a pas de beaux yeux,
> De bouche mignonne,
> Ni de plus beaux bras,
> Faut-il qu'on s'étonne?
> C'est qu'on n'en vend pas.

25. *Venire videmus Herculis ante oculos, Virgineumque chorum* (v. 167). Ovide parle ici du temple d'Hercule Musagète ou conducteur des Muses, bâti par le censeur M. Fulvius Nobilior dans le *forum Boarium*, ou marché aux Bœufs, trois ans après son triomphe sur les Étoliens : il plaça dans ce temple les statues des Muses qu'il avait transportées à Rome, après la prise d'Ambracie. Marcius Philippus, beau-père d'Auguste, releva cet édifice qui tombait en ruines. (*Voyez* SUÉTONE, *Vie d'Auguste*, ch. VIII.) Il paraît que c'était près de ce temple que se tenaient les marchands de perruques.

26. *Quis furor est, census corpore ferre suos* (v. 172)? C'est ainsi que Properce a dit (liv. III, élég. 13, v. 11) :

> Matrona incedit *census induta* nepotum;

et Tertullien (*de Cultu feminarum*, lib. I, c. 9) : « Saltus et insulas tenera cervix circumfert : graciles aurium cutes calendarium expendunt, et sinistra per singulos digitos de saccis singulis ludit; »

c'est ainsi que Sully se moquait de ces courtisans chamarrés d'or de la cour de Louis XIII, *qui*, disait-il, *portaient sur leurs épaules leurs bois de haute-futaie.*

27. Vers 175 :

> Ecce tibi similis, qui quondam Phryxon et Hellen
> Diceris Inoïs eripuisse dolis.

Le bélier qui, selon la Fable, enleva Phryxus et Hellé dans les airs, pour les soustraire à la fureur d'Ino, leur belle-mère; ce bélier, dis-je, avait une toison d'or, célèbre dans l'antiquité par l'expédition des Argonautes. La couleur dont parle ici Ovide doit donc être le jaune doré ou le vert pâle que les Latins appelaient *galbinus*.

Eusèbe explique la fable dont nous venons de parler, en disant que ce prétendu *bélier* était un vaisseau, ainsi nommé, parce qu'il y avait à la poupe une figure de cet animal.

28. *Hic purpureas amethystos* (v. 181). C'est l'améthyste pourpré ou violet que les commentateurs appellent à tort hyacinthe. Martial parle ainsi de cette couleur, épigr. 97 du liv. 1 :

> Qui coccinatos non putat viros esse,
> Amethystinasque mulierum vocat vestes.

29. *Scitis et inducta candorem quærere cera* (v. 199). Peut-être faut-il lire ici *creta* au lieu de *cera*, comme dans l'épigr. 33 du liv. VIII de Martial :

> Crassior in facie vetulæ stat *creta* Fabullæ ;

et dans l'épigramme 41 du liv. II :

> Quam *cretata* timet Fabulla nimbum.

On lit aussi dans Pétrone (*Satyricon*, ch. XXIII) : « Inter rugas malarum *tantum erat cretæ*, ut putares detectum parietem nimbo laborare. » Un ancien poète a spirituellement raillé cette manie de se farder, dans le distique suivant :

> Dum sumit cretam in faciem Sertoria, cretam
> Perdidit illa simul perdidit et faciem.

Au reste, les coquettes modernes n'ont pas laissé tomber en

désuétude cet usage antique, comme le prouvent ces vers de Lebrun :

> Églé, belle et poète, a deux petits travers :
> Elle fait son visage et ne fait pas ses vers.

30. *Arte, supercilii confinia nuda repletis* (v. 201). Pline (liv. XXVIII, ch. 46) nous apprend comment s'y prenaient les anciens pour corriger les sourcils trop rares ou trop peu marqués : « Ursinus adeps.... emendat raritatem superciliorum, *cum fungis lucernarum, ac fuligine, quæ est in rostris earum*.... Sicuti carnis cinere ex oleo illito supercilia nigrescunt. » Pline ajoute (liv. XXX, ch. 46) : « Ovis formicarum supercilia denigrari cum muscis tristis tradunt. » Tertullien dit aussi (*de Cultu feminarum*, lib. II, c. 5) : « In Deum enim delinquunt qui cutem medicaminibus urgent, genas rubore maculant, oculos fuligine porrigunt. » Les interprètes de Tertullien entendent ces mots, *oculos fuligine porrigunt*, de la mode de prolonger les sourcils au moyen d'une poudre noire, ou de la mouchure des lampes, comme Pline le dit plus haut; ce que confirme un autre passage de ce même Tertullien, liv. I, ch. 2 de l'ouvrage cité : « Et illum ipsum pulverem, quo oculorum exordia producunt. » En effet, nous lisons dans Pétrone (*Satyricon*, ch. CXXVI), que les anciens regardaient comme une grande beauté le rapprochement des sourcils, qui ne devaient être séparés que par un très-léger intervalle. Notre goût, à cet égard, diffère totalement de celui des anciens; car si nous aimons les sourcils bien marqués et bien arqués, nous regarderions comme un défaut qu'ils se joignissent presque au milieu du front.

31. Vers 213 :

> *OEsypa quid redolent, quamvis mittatur Athenis,*
> *Demtus ab immundo vellere succus ovis?*

L'*OEsype*, du mot grec οἴσυπος, οἰσύπη et οἴσυπις, ὁ τῆς αἰγὸς ῥύπος, était une pommade blanche faite avec les sucs huileux, fétides, et excrémentiels, extraits des toisons des brebis avant qu'elles fussent lavées. Les Grecs en composaient un cosmétique que les dames employaient pour donner plus d'éclat à leur teint.

Hesychius le dit positivement : Οἰσύπειον, ἔριον ῥυπαρὸν προβάτων· et Pline (liv. xxix, ch. 10) entre à cet égard dans de longs détails : « Quin ipsæ sordes pecudum, sudorque feminum, et alarum, adhærentes lanis (*œsipum* vocant) innumeros prope usus habent. In atticis ovibus genito palma....... Lana ab his partibus recenti concerpta, aut, quibuscumque sordibus succidis primum collectis, ac lento igni in æneo subfervefactis, et refrigeratis, pinguique quod supernatet, collecto in fictili vase, iterumque decocta priori materia : quæ pinguitudo utraque frigida aqua lavatur, et in linteo saccatur, ac sole torretur, donec candida fiat et translucida....... Probatio autem, ut sordium virus oleat, et manu fricante ex aqua non liquetur, sed albescat ut cerussa. »

Pour que l'œsype fût réputée bonne, il fallait donc qu'elle conservât son odeur excrémentielle, qu'elle fût transparente, ne devînt point liquide, et que, frottée dans les mains, elle les blanchît comme de la céruse. Ce qui nous reste à savoir, c'est le moyen que les dames employaient pour neutraliser la mauvaise odeur que cette drogue devait leur communiquer. P. D. C.

32. *Quæ nunc nomen habent operosi signa Myronis* (v. 219). Pline écrit qu'il y a eu deux célèbres sculpteurs de ce nom : l'un de Lycie, élève de Polyclète, qui florissait dans la 87ᵉ olympiade ; l'autre d'Éleuthère, élève d'Agéladis, et qui fut l'auteur d'un grand nombre d'ouvrages fameux, et entre autres de cette vache de bronze dont les anciens ont tant parlé, et sur laquelle il existe dans l'*Anthologie*, liv. iv, ch. 7, trente-une épigrammes, dont nous ne citerons que la suivante, qui est de Julianus Ægyptius :

Πόρτιν τήνδε Μύρωνος ἰδὼν, τάχα τοῦτο βοήσεις·
Ἡ φύσις ἄπνοός ἐστιν, ἢ ἔμπνοος ἔπλετο τέχνη.

Voyez aussi l'épigramme lvii d'Ausone.

33. *Nuda Venus madidas exprimit imbre comas* (v. 224). Ce vers désigne peut-être la statue de *Vénus sortant de la mer*, laquelle était dans la galerie d'Octavie, qui joignait le temple de Jupiter. Pline (liv. xxxvi, ch. 5) la décrit sortant des flots avec ses cheveux mouillés, et l'attribue à Scopas, en ajoutant qu'elle surpassait celle de la même déesse, faite par Praxitèle. Quoi qu'il

en soit, ce vers rappelle une charmante ode d'Anacréon, la LIe, *Sur un disque représentant Vénus sur les flots*.

M. Pirault-des-Chaumes a rendu ce passage avec son élégance accoutumée :

> Du célèbre Myron, les chefs-d'œuvre fameux,
> Bronze informe jadis, font le charme des yeux.
> L'or brille : il sortit brut des mains de la nature ;
> Ce tissu précieux fut une laine impure ;
> Vénus nue, exprimant l'eau de ses longs cheveux,
> Noble fruit du ciseau, fut un bloc sourcilleux.
> Livrée à tous ces soins, qu'on vous dise endormie ;
> Et paraissez enfin quand l'œuvre est accomplie.
> Je veux de votre teint admirer la blancheur,
> Mais je veux ignorer d'où vient tant de fraicheur.
> Voilant donc ces apprêts des ombres du silence,
> A nos dégoûts certains opposez la prudence.

34. Vers 231 :

> *Aurea quæ pendent ornato signa theatro,*
> *Inspice, quam tenuis bractea ligna tegat.*
> *Sed neque ad illa licet populo, nisi facta, venire.*

Cette comparaison des apprêts de la toilette d'une belle, qu'on ne doit voir que lorsqu'ils sont terminés, avec les décorations de théâtre que le public ne voit que de loin et lorsqu'elles sont placées dans une perspective convenable, semble avoir inspiré à Panard l'idée du couplet suivant :

> Le petit-maître est sémillant,
> Badin, brillant
> Et folâtre ;
> Mais il est semblable à peu près
> A nos palais
> De théâtre :
> Quoiqu'ils soient aux flambeaux
> Beaux,
> L'on n'y rencontre
> Qu'oripeau, que clinquant,
> Quand
> Le jour se montre.

DU LIVRE TROISIÈME.   293

35. Vers 251 :

Non mihi venistis, Semele, Ledeve, docendæ;
Perque fretum falso, Sidoni, vecta bove.

Allusion aux amours de Jupiter avec Sémélé, Léda et Europe. Ovide donne ici à Europe le surnom de *Sidonienne*, de la ville *Sidon*, bâtie par les Phéniciens. Anacréon appelle aussi Europe Σιδωνίην γυναῖκα dans son ode XXXV :

ΕΙΣ ΕΥΡΩΠΗΣ ΕΙΚΟΝΑ.

Ὁ ταῦρος οὗτος, ὦ παῖ,
Ζεύς μοι δοκεῖ τις εἶναι.
Φέρει γὰρ ἀμφὶ νώτοις
Σιδωνίην γυναῖκα·
Περᾷ δὲ πόντον εὐρὺν,
Τέμνει τε κῦμα χηλαῖς.
Οὐκ ἂν δὲ ταῦρος ἄλλος
Ἐξ ἀγέλης ἐλασθεὶς
Ἔπλευσε τὴν θάλασσαν,
Εἰ μὴ μόνος γ᾿ ἐκεῖνος.

Pétrone, dans le chapitre CXXVI du *Satyricon*, rappelle aussi les métamorphoses amoureuses de Jupiter. Voici l'imitation de ce passage par M. de Guerle :

Qu'as-tu fait de ta foudre, ô souverain des cieux?
   Près de Junon, là-haut tu te reposes :
   Ton sot amour est la fable des dieux.
As-tu donc oublié tant de métamorphoses?
   C'est maintenant qu'il faut, galant taureau,
   Armer ton front de cornes menaçantes;
Ou bien, cygne amoureux, d'un plumage nouveau
Couvrir de tes cheveux les boucles grisonnantes.
     Moins belle fut ta Danaé.
Touche de ce beau corps les formes bondissantes,
Et soudain, de désirs et d'amour consumé,
Le tien éprouvera le sort de Sémélé.

36. *Pallida purpureis tingat sua corpora virgis* (v. 269). J'ai suivi pour ces mots, *purpureis virgis*, l'interprétation que rejette Mérula, et ne trouvant rien de mieux, je les ai traduits par *ver-*

millon. Mérula interprète ce passage par *vaccinium*, le vaciet qui porte des baies noires propres à la teinture. Comme le mot de vermillon se prend en français pour toute espèce de fard, j'ai pu traduire ainsi sans m'écarter du sens d'Ovide.

37. *Nigrior, ad Pharii confuge piscis opem* (v. 270). Le poisson de Pharos désigné par Ovide, est le crocodile. Les dames faisaient usage, pour se blanchir la peau, du blanc tiré des entrailles, d'autres disent des excrémens de cet animal amphibie, selon le témoignage de Pline : « Potes etiam de stercore crocodili intelligere, quo puellæ utebantur ad cutis nitorem ; » et Horace dit à ce sujet, dans l'*Épode* XII :

>Jam manet humida creta, colorque
>Stercore fucatus crocodili.

Élien, dans ses *Histoires diverses*, dit, en parlant du crocodile, que, pour éviter d'en être dévorés, les chiens du Nil, quand ils sont altérés, boivent à la hâte quelques *lapées*, puis courent plus loin recommencer à boire. Cela rappelle l'excellent trait d'Octave contre Antoine, après la bataille de Modène : *Il ressemble aux chiens du Nil : il fuit et boit.*

38. *Conveniunt tenues scapulis analectrides altis* (v. 273). Les *analectrides* ou plutôt *analectides*, du mot grec ἀναλεκτίς, étaient de petits coussinets dont les dames se servaient pour sauver la difformité de leurs épaules. Le poète comique Alexis en parle dans un passage cité par Athénée, liv. XIII; et Capitolin, ch. XIII de la *Vie d'Antonius Pius*, dit de ce prince : *Fasciabatur tiliaceis tabulis in pectore positis, ut rectus incederet.* Quel dommage que les Romains n'aient pas connu les procédés *orthopédiques* par lesquels on fait de nos jours tant de cures merveilleuses sur les bossus, les bancales et les pieds bots, et auxquels on pourrait souvent appliquer ce couplet d'une chanson sur les miracles opérés par le bienheureux Pâris :

>Un décroteur à la royale,
>Du talon gauche estropié,
>Obtint par grâce spéciale
>D'être boiteux de l'autre pié !

39. *Quid ? quum legitima fraudatur littera voce* (v. 293). Les

dames romaines avaient, comme on le voit, de l'antipathie pour certaines lettres de l'alphabet, qu'elles retranchaient dans la prononciation des mots. Perse (sat. 1, v. 32) dépose aussi de ce travers :

> Hic aliquis, cui circum humeros hyacinthina læna est,
> Rancidulum quiddam balba de nare locutus,
> Phyllidas, Hypsipylas, vatum et plorabile si quid,
> Eliquat, et *tenero supplantat verba palato.*

Supplantare aliquem signifie proprement, *donner à quelqu'un le croc en jambe*; par analogie, *supplantare verba* doit signifier *écourter, estropier* les mots, afin d'en rendre la prononciation plus douce et plus moelleuse.

Je me souviens d'avoir vu cette afféterie en vogue parmi les petits-maîtres du temps de l'empire. La lettre *r* avait été par eux proscrite du langage, et ils disaient *une femme adoable, c'est chamant, ma paole d'honneu*. Le bon sens public a fait promptement justice de cette mode absurde.

40. *Illa, velut conjux Umbri rubicunda mariti* (v. 303). L'Ombrie, contrée habitée par les Marses, le peuple le plus brave de l'Italie, mais dont les mœurs étaient dures et grossières. Ovide reproche aux femmes de ce pays de faire de grandes enjambées en marchant ; c'est du moins ainsi que j'entends ce vers :

> Ambulat, ingentes varica fertque gradus.

Ce passage de Quintilien (liv. xi, ch. 31) vient à l'appui de mon interprétation : *Varicare supra modum, et in stando, deforme est; et, accedente motu* (ce qui indique la manière de marcher) *prope obscenum.* Cependant quelques commentateurs expliquent ce mot *varica* par *marcher les jambes et les pieds en dedans,* comme le font souvent les habitans de la campagne.

41. *Pars humeri tamen ima tui, pars summa lacerti, Nuda sit* (v. 307). Ferrarius (*de Re vestiaria,* lib. iii, c. 23) et Binæus (*de Calceis,* lib. ii, c. v, § 6) nous apprennent que ces nudités n'étaient en usage à Rome que parmi les courtisanes et les femmes de mauvaise vie.

42. *Monstra maris Sirenes erant* (v. 311). Les Sirènes, filles d'Acheloüs et de Calliope, sont représentées, par les pein-

tres et les sculpteurs, moitié femmes, moitié poissons ; mais cette imagination, qui ne vient que de l'ignorance de la Fable, est démentie par les poètes et les prosateurs anciens les plus recommandables, qui s'accordent à dépeindre les Sirènes moitié femmes et moitié oiseaux. Pline les place parmi les oiseaux fabuleux, et notre auteur (*Métamorphoses*, liv. v) leur donne des visages de jeunes filles avec des plumes et des pieds d'oiseaux. Ces monstres, dit-on, chantaient avec tant de mélodie, qu'ils attiraient les passans et ensuite les dévoraient. Ulysse se garantit de leurs pièges en bouchant les oreilles de ses compagnons avec de la cire et en se faisant attacher lui-même au mât de son vaisseau. Les Sirènes étaient trois sœurs, Parthénope, Leucosie et Ligie. Il faudrait les représenter comme de belles femmes dans la partie supérieure du corps, *mulieres formosæ superne*, comme dit Horace, et le reste du corps couvert de plume. L'une d'elles tiendrait à la main des tablettes, la deuxième une flûte, et la troisième une lyre. *Voyez*, à ce sujet, les liv. vi et xiv des *Métamorphoses*.

43. *His sua Sisyphides auditis pœne resolvit Corpora* (v. 313). Ulysse, selon quelques auteurs, était le petit-fils, d'autres disent le fils de Sisyphe. Ces derniers prétendent que Sisyphe ayant fait violence à Autolica, femme de Laërte, en eut Ulysse. Aussi Ajax, dans sa querelle avec Ulysse, au sujet des armes d'Achille, au livre xiii des *Métamorphoses*, v. 31, lui reproche-t-il la bassesse et l'illégitimité de sa naissance :

> . . . . Quid sanguine cretus
> Sisyphio, furtisque, et fraude simillimus illi ;
> Inserit Æacidis alienæ nomina gentis ?

44. *Et modo Niliacis carmina lusa modis* (v. 318). Ces airs égyptiens étaient des espèces de sarabandes dont les mouvemens étaient très-dissolus et qui ressemblaient aux danses espagnoles de nos jours. Martial en parle ainsi :

> Cantica qui Nili, qui Gaditana susurrat ;

et ailleurs :

> Edere lascivos, et Betica crusmata gestus
> Et Gaditanis ludere docta modis.

Par *crusmata*, on doit entendre cette espèce de castagnettes dont il est parlé dans la satire xi de Juvénal :

> ....Audiat ille
> Testarum crepitus cum verbis.

45. *Disce etiam duplici genialia naulia palma Verrere* (v. 327). En traduisant *naulia* par psaltérion, je sens bien que cet instrument ne rend pas parfaitement l'idée que nous donne Ovide du *naulium;* mais il fallait en trouver un qui se jouât des deux mains, comme le dit notre poète, et le psaltérion m'a semblé se rapprocher le plus de celui qu'il désigne et qui nous est inconnu.

46. Vers 329 :

> Sit tibi Callimachi, sit Coi nota poetæ,
> Sit quoque vinosi Teia Musa senis.

Callimaque, selon l'observation de Quintilien, est le premier poète grec qui ait composé des élégies. Il était fils de Battus, qui bâtit la ville de Cyrène; aussi est-il souvent appelé, par les poètes, *Battiades*, comme dans la 15ᵉ élégie du livre 1 *des Amours* :

> Battiades semper toto cantabitur orbe;
> Quamvis ingenio non valet, arte valet.

Properce, dans la 34ᵉ élégie du livre ii, fait l'éloge de son style naturel et exempt d'enflure :

> Tu satius memorem Musis imitere Philetam,
> Et non inflati somnia Callimachi.

Pétrone en fait aussi l'éloge dans ces vers du ch. cxxxv du *Satyricon* :

> Qualis in Actæa quondam fuit hospita terra,
> Digna sacris Hecales, quam Musa loquentibus annis
> Battiadæ veteris mirando tradidit ævo.

Vers ainsi imités dans ma traduction de cet auteur :

> Telle fut, Hecalès, ta paisible retraite,
>   Qui jadis, dans ses humbles murs,
> Reçut le grand Thésée; Hecalès dont l'histoire
>   Célébra l'hospitalité,
>   Et dont le nom, couvert de gloire,
> Fut transmis par la Muse à la postérité.

Par ces mots : *sit Coi nota poetæ..... Musa*, Ovide désigne le poète Philétas, né dans l'île de Cos, auquel Quintilien assigne le second rang parmi les élégiaques grecs : il est presque toujours cité avec Callimaque, comme dans le passage de Properce que j'ai cité plus haut, et dans cet autre du même auteur, élégie 1 du livre III :

> Callimachi manes, et Coi sacra Philetæ,
> In vestrum, quæso, me sinite ire nemus;

et dans Ovide (*Remède d'amour*, v. 759) :

> Callimachum fugito; non est inimicus Amori;
> Et cum Callimacho tu quoque, Coë, noces.

Stace les joint ensemble dans son épithalame de *Stella et de Violentile* :

> ....Hunc ipse choro plaudente Philetas
> Callimachusque senex.

Quant à ces mots : *Vinosi teia Musa senis*, qui désignent Anacréon de Téos, je regrette de n'avoir pu rendre la force de cette épithète *vinosi*; peut-être, plus hardi dans une traduction en vers, aurais-je dit : *Anacréon et sa muse vineuse*.

47. *Cuive pater vafri luditur arte Getæ* (v. 332). Quelques commentateurs pensent que ce vers fait allusion à Térence; mais je crois plutôt qu'il désigne Ménandre, qui figure mieux dans cette nomenclature des poètes grecs. Broukhusius l'a doctement prouvé, en s'appuyant sur ces vers de Properce, liv. IV, élég. 5, v. 43 :

> Sed potius mundi Thais pretiosa Menandri,
> Quum ferit astutos comica mœcha Getas.

Mais cela importe peu, puisque Térence a imité presque mot pour mot les comiques grecs, et surtout Ménandre. Ainsi, dans *Phormion*, il introduit les vieillards Chrémès et Démiphon, qui sont trompés par un fourbe de valet nommé Géta. On voit aussi par là que les anciens donnaient à leurs valets des noms tirés du pays où ils étaient nés, comme *Lydus*, *Syrus*, *Davus*, c'est-à-dire Lydien, Syrien, du pays des *Daves*, ancien nom de la

Dacie; et *Géta* du pays des *Gètes*. C'est ainsi que dans nos auteurs comiques les valets sont appelés *Champagne*, *Picard*, *Germain*, *Bourguignon*, etc.

48. *Dictaque Varroni fulvis insignia villis Vellera* (v. 335). Il ne s'agit pas ici de *Marcus Terentius Varron*, philosophe et poète, que Quintilien appelait le plus savant des Romains, et qui, de son vivant, eut l'honneur de voir son portrait placé dans la bibliothèque d'Asinius Pollion ; mais de *Publius Terentius Varron Atacinus*, poète né dans la Gaule Narbonnaise, qui, à l'âge de trente-cinq ans ayant appris la langue grecque, fit une traduction latine des quatre livres des *Argonautiques* d'Apollonius de Rhodes. Aussi Quintilien ne lui reconnaît-il d'autre mérite que d'avoir mis en latin l'ouvrage d'un autre. Il avait célébré une femme qu'il aimait, appelé Leucadie, dans une élégie dont parle Properce, liv. II, élég. 34, v. 85 :

    Hæc quoque perfecto ludebat Iasone Varro,
      Varro Leucadiæ maxima flamma suæ.

49. *Artifices lateris, scenæ spectacula, amantur* (v. 351). Ces mots *artifices lateris* désignent admirablement bien les comédiens qui font une étude particulière des poses les plus gracieuses. Les Romains en faisaient un cas particulier, et sans parler de Roscius Amerinus, qui fut le Talma de son temps, et pour lequel Cicéron fit un si beau discours, il y en eut plusieurs qui s'enrichirent prodigieusement par cette profession, comme ce Clodius Ésopus dont Pline fait mention, et qui ne fut pas moins célèbre par son luxe que par ses talens dramatiques. Horace (liv. II, *Sat.* 3) parle du fils de cet Æsopus, qui, dans une débauche, avala une perle d'un très-grand prix :

    Filius Æsopi detractam ex aure Metellæ,
      Scilicet ut decies solidum exsorberet, aceto
      Diluit insignem baccam.

50. *Et modo tres jactet numeros : modo cogitet, apte Quam subeat partem* (v. 355). Il est fort difficile d'expliquer ces différens jeux, qui ne sont plus maintenant en usage ou qui se jouent différemment. J'avoue que je n'entends rien à l'explication qu'en donne Mérula, et je ne vois pas que Mycillus y ait rien compris, non

plus que tous les autres commentateurs et interprètes d'Ovide. Je laisse à un plus savant le soin de les expliquer. J'ai traduit au hasard en donnant à chacun de ces jeux le nom moderne qui m'a paru avoir le plus d'analogie avec ce qu'en dit Ovide.

51. *Reticuloque pilæ leves fundantur aperto* (v. 361). Ovide désigne évidemment ici le jeu de balle ou de paume, ou encore cette espèce de balle que les anciens appelaient *trigonale* et qui avait quelque rapport avec notre *ballon*, comme nous l'apprenons de Martial, épigramme 31 du livre VII :

Non pila, non follis, non te paganica ;

et d'Horace, *Sat.* 2 du livre II :

................Seu pila velox,
Molliter austerum studio fallente laborem,
Seu te discus agit.

52. Vers 363 :

Est genus in totidem tenui ratione redactum
Scriptula, quot menses lubricus annus habet.

Ce jeu me semble être une espèce de trictrac que Cicéron désigne par ces mots : *Scriptorum duodecim ludus.*

53. *Nudaque per lusus pectora nostra patent; Ira subit, etc.* (v. 372). Horace dit à ce sujet, liv. I, *Épître* 19, v. 48 :

Ludus enim genuit trepidum certamen, et iram ;
Ira, truces inimicitias et funebre bellum.

Un poète moderne a ainsi développé la pensée d'Ovide :

Pour connaître l'humeur d'un homme,
On n'a qu'à le faire jouer :
L'avare crie à s'enrouer,
Sitôt qu'il perd la moindre somme ;
Le libéral, au gain faiblement attaché,
Des coups les plus fâcheux ne paraît point touché ;
Le tracassier toujours conteste ;
Le têtu ne veut rien céder.
On veut en vain se posséder,
Le naturel au jeu toujours se manifeste.

54. *Sunt illis celeresque pilæ, jaculumque, trochique* (v. 383). J'ai suivi le torrent des traducteurs en traduisant *trochi* par *disques*. J'avoue qu'il me reste quelques doutes à cet égard, et que ce mot pourrait bien aussi désigner le sabot que les enfans font pirouetter en le frappant avec une lanière, comme l'explique Acron sur Horace, prétendant que c'est ainsi qu'il doit s'entendre dans l'épigramme 168 du livre xiv de Martial :

> Inducenda rota est : das nobis utile munus.
> Iste trochus pueris, at mihi canthus erit;

et dans la suivante :

> Garrulus in laxo cur annulus orbe vagatur?
> Cedat ut argutis obvia turba trochis.

Cependant Raderus, reprenant Acron sur Horace, Mérula sur Ovide, et quelques autres encore d'avoir interprété *trochus* par le sabot dont jouent les enfans, observe que le mot *trochus* est grec et vient de τρόχος, dérivé lui-même de τρέχω, *courir*, qui signifie *un cercle* ou *une roue*, comme l'indique le lexicon : *Trochus rotæ genus ad ludum* ou *ludentum rota*; ce qui semblerait désigner le jeu vulgairement appelé *cerceau*.

Pour plus de lumière, *voyez*, si bon vous semble, le *Commentaire* de Raderus; Ammien Marcellin, liv. xxv; Turnèbe, liv. xxvii, ch. 33; Mercurialis, dans ses *Gymnastes*, liv. iii, ch. 8; et Horace, dans son *Art poétique*, v. 378, où il dit :

> Ludere qui nescit, campestribus abstinet armis :
> Indoctusque pilæ, discive, trochive quiescit.

Ce qui démontre clairement que le *trochus* n'est pas la même chose que le *disque*, puisque Horace les désigne séparément.

55. *Nec vos Campus habet, nec vos gelidissima Virgo* (v. 385). La fontaine Virginale était ainsi nommée, parce que la source en avait été enseignée par une vierge, comme nous l'apprenons de Frontin. Toutefois Pline, au livre xxxi, dit que ce nom lui vient de ce qu'approchant du ruisseau d'Hercule, elle s'en éloigne aussitôt, comme si elle en redoutait l'atteinte. Quoi qu'il en soit, cette fontaine était située dans le Champ-de-Mars, et ceux qui venaient s'exercer en cet endroit à la course ou à la lutte se lavaient ensuite dans ses eaux pour se nettoyer de la

sueur et de la poussière dont ils étaient couverts. L'épithète de *gelidissima* indique que son eau était très-froide, et de semblables ablutions devaient être fort dangereuses pour les hommes d'une constitution délicate.

56. Vers 389 :

> *Visite laurigero sacrata Palatia Phœbo :*
> *Ille Parætonias mersit in alta rates.*

Par ces vers notre poète désigne le temple qu'Auguste, vainqueur d'Antoine et de Cléopâtre à la bataille d'Actium, avait élevé à Apollon Actiacus sur le mont Palatin. Ce temple fut orné des offrandes les plus splendides, et Auguste y fit placer les statues d'or et d'argent qu'on avait érigées en son honneur. C'était un édifice magnifique, dont les portes étaient d'ivoire et enrichies d'or et de peintures. Properce, dans le liv. II, élégie 31, en fait une pompeuse description :

> Quæris cur veniam tibi tardior? aurea Phœbi
> Porticus a magno Cæsare aperta fuit.
> Tota erat in speciem Pœnis digesta columnis,
> Inter quas Danai femina turba senis.
> Hic equidem Phœbo visus mihi pulchrior ipso
> Marmoreus tacita carmen hiare lyra;
> Atque aram circum steterant armenta Myronis,
> Quatuor artifices, vivida signa, boves.
> Tum medium claro surgebat marmore templum,
> Et patria Phœbo carius Ortygia.
> Auro Solis erat supra fastigia currus ;
> Et valvæ, Libyci nobile dentis opus,
> Altera dejectos Parnassi vertice Gallos,
> Altera mœrebat funera Tantalidos.
> Deinde inter matrem Deus ipse interque sororem
> Pythius in longa carmina veste sonat.

Ovide appelle les vaisseaux égyptiens *Parætonias rates*, de Parétone, ville d'Égypte, sur le bord de la mer.

57. Vers 391 :

> *Quæque soror conjuxque ducis monumenta pararunt,*
> *Navalique gener cinctus honore caput.*

Par *soror conjuxque ducis*, Ovide désigne Octavie, sœur d'Auguste, et Livie son épouse, qui, toutes deux, avaient fait élever à Rome de superbes portiques qui portaient leurs noms.

Par *gener cinctus caput honore navali*, il désigne Marcus Agrippa, qui avait épousé Julie, fille d'Auguste, et qui, après sa victoire sur la flotte de Sextus Pompée, fut décoré par cet empereur de la couronne navale, que l'on accordait à celui qui s'élançait le premier les armes à la main sur un vaisseau ennemi. Agrippa fit élever à Rome plusieurs beaux édifices, parmi lesquels on remarquait des thermes qu'il avait ornés d'un grand nombre de tableaux, et dont Pline parle avec éloge dans les livres xxxiv, xxxv et xxxvi de son *Histoire Naturelle;* il avait en outre fait construire, auprès du Panthéon, un portique auquel plusieurs historiens donnent le nom de Πρόθυρον. Consultez à cet égard les auteurs qui ont écrit sur les antiquités romaines. On doit encore à ce même Agrippa plusieurs aqueducs dont Pline fait mention liv. xxxvi.

58. *Tu licet et Thamyram superes, et Amœbea cantu* (v. 399). Thamyras, fils de Philamon, revenant d'une ville d'Étolie, rencontra, dit-on, les Muses; et, fier de la gloire qu'il avait acquise par ses chants, il eut la vanité de les provoquer à un combat musical, se flattant de les vaincre, si elles acceptaient le défi. Les Muses en furent tellement indignées, qu'elles s'en vengèrent en lui faisant perdre l'esprit et le jugement, selon le témoignage d'Homère au liv. II de l'*Iliade*. Toutefois, Diodore dit qu'il ne fût privé que de la voix et de la science de la musique. Les auteurs latins se bornent à dire qu'il perdit la vue.

Amébée fut un célèbre joueur de lyre d'Athènes, dont Athénée parle, liv. xiv. Plutarque le fait contemporain de Zénon dans son ouvrage intitulé : Περὶ τῆς ἠθικῆς ἀρετῆς; Clément d'Alexandrie (liv. III de ses *Stromates*), Élien (*Histoire des Animaux*, liv. VI, ch. 1, et *Histoires diverses*, liv. III, ch. 30), font aussi l'éloge d'Amébée.

59. *Non erit ignotæ gratia magna lyræ* (v. 401). Allusion à ce proverbe grec si connu : Τῆς λανθανούσης μουσικῆς οὐδεὶς λόγος.

60. *Si Venerem Cous nusquam posuisset Apelles* (v. 402). Ovide fait naître Apelles dans l'île de Cos; d'autres néanmoins, comme Strabon, lui donnent la ville d'Éphèse pour patrie. Il peignit

cette Vénus *Anadyomène*, ou sortant des eaux, que l'empereur Auguste plaça dans le temple consacré à Jules César. Mais le temps détruisit ce chef-d'œuvre, que Néron remplaça par un autre tableau de la même déesse fait par le peintre Dorothéus. Apelles avait commencé, pour les habitans de l'île de Cos, une autre Vénus qui devait surpasser la première; mais la mort de ce grand artiste l'empêcha d'achever cet ouvrage, que depuis aucun peintre n'eut la hardiesse de terminer, comme nous l'apprenons de Pline. Mérula rapporte au sujet de la Vénus d'Apelles une excellente épigramme d'Ausone, qu'il dit avoir été trouvée de son temps à Milan. La voici :

> Emersam pelagi nuper genialibus undis
> Cyprin, Apellei cerne laboris opus.
> Ut complexa manu madidos salis æquore crines,
> Humidulis spumas stringit utraque comis.
> Jam tibi nos, i præ, Juno inquit et innuba Pallas,
> Cedimus, et formæ præmia deperimus.

61. Vers 409 :

> *Ennius emeruit, Calabris in montibus ortus,*
> *Contiguus poni, Scipio magne, tibi.*

Ennius, né à *Rudiæ*, en Calabre, a le premier chanté en vers héroïques les guerres des Romains, et en particulier la guerre punique. Il était l'ami de Scipion l'Africain, et Cicéron nous apprend, dans son discours *pour Archias*, que les cendres du poète furent mises dans le tombeau de ce grand homme, qui était situé sur la voie Appienne. Tite-Live (liv. XXXIII, ch. 56) rapporte qu'il y avait trois statues sur le monument de Scipion : celles de P. et de L. Scipion, et celle de Q. Ennius. Silius Italicus a dit de lui :

> Miserunt Calabri, Rudiæ genuere vetustæ;

et Horace nous donne à entendre qu'Ennius s'inspirait avec le jus de la treille :

> Ennius ipse pater nunquam nisi potus ad arma
> Prosiluit dicenda.

Aussi mourut-il dans sa soixante-dixième année, cruellement affligé dans sa vieillesse de la goutte, qu'il devait à l'excès de la boisson, comme nous l'apprend Eusèbe.

62. *Annulus in digitis alter et alter erit* (v. 446). On voit par ce passage qu'à Rome les petits-maîtres et les galans de profession ornaient leurs doigts d'une grande quantité d'anneaux, ce qui était regardé comme une preuve de mollesse et de libertinage. Pétrone vient à l'appui de cette assertion dans le chap. LVIII du *Satyricon*, où un des convives de Trimalchion dit à Ascylte, jeune homme efféminé : *Nisi, si me judicas annulos luxeos curare, quos amicæ tuæ involasti.* « Peut-on, s'écrie Juvénal, se refuser à la satire, lorsqu'on voit un échappé des bourbiers de l'Égypte, un Crispinus, autrefois esclave dans Canope, rejeter nonchalamment sur ses épaules la pourpre tyrienne, et, les doigts en sueur, agiter en l'air ses bagues d'été, trop délicat pour supporter des anneaux plus pesans? » Lampride remarque que personne à cet égard ne porta le luxe aussi loin qu'Héliogabale, qui ne mit jamais deux fois le même anneau.

63. Vers 451 :

Has, Venus, e templis multo radiantibus auro,
  Lenta vides lites, Appiadesque Deæ.

J'ai parlé précédemment du temple de Vénus, construit sur le forum de César, près de la fontaine Appienne. Par *Appiades Deæ*, Ovide désigne les temples de Vesta, de Pallas, de la Concorde et de la Paix, qui étaient proches de la même fontaine.

64. Vers 453 :

Sunt quoque non dubia quædam mala nomina fama
  Deceptæ a multis crimen amantis habent.

Ce passage est difficile, et le sens en paraît embrouillé. Si, avec Mérula, on fait rapporter *sunt quoque quædam mala nomina*, aux femmes, il signifierait qu'il y en a parmi elles dont la mauvaise réputation est notoire, et auxquelles on ne doit nullement se fier; parce qu'après avoir été trompées par un grand nombre d'hommes, elles veulent rendre la pareille aux autres, et imiter ceux qui les ont trompées : dans ce cas, ces mots *crimen amantis*, se rapportant à *deceptæ*, ne me satisfont point, et j'aimerais mieux lire, avec l'éditeur de Francfort : *crimen Amoris habent*. Mais ce qui suit me fait croire que ces mots *quædam mala no-*

mina se rapportent aux hommes, comme le prouvent les exemples cités par Ovide, d'Ariane trompée par Thésée, et de Phyllis abandonnée par Démophoon. Voici donc comme j'entends ce passage : *Sunt quoque quædam mala nomina* (id est *homines malo nomine*) *fama non dubia ; et puella* (non autem *puellæ*) *decepta a multis eorum habet crimen amantis ;* et je lis :

> Sunt quoque non dubia quædam mala nomina fama :
> Decepta a multis crimen amantis habet.

65. *Sed quoniam, quamvis vittæ careatis honore* (v. 483). Nous avons vu, dans les notes du premier livre, que par *vittæ* Ovide désignait les femmes encore non mariées ; mais il n'y avait que les filles de condition libre qui eussent le droit de porter cet ornement. Quant aux esclaves, aux étrangères ou aux femmes récemment affranchies, elles en étaient privées ; il fallait qu'il se fût écoulé deux générations pour qu'elles fussent *ingenuæ*, et qu'elles pussent jouir de cette prérogative. C'est donc, je le répète, aux femmes d'une naissance commune et d'une vertu douteuse qu'Ovide adresse ses conseils.

66. Vers 505 :

> *I procul hinc, dixit, non es mihi, tibia, tanti ;*
> *Ut vidit vultus Pallas in amne suos.*

Allusion à l'invention de la flûte par Minerve, qui se dégoûta bientôt de cet instrument en voyant dans un fleuve les grimaces qu'elle était obligée de faire pour en jouer. Ovide, dans le livre VI des *Fastes*, raconte cette histoire avec beaucoup de grâce et d'enjouement. On lira, je pense, avec plaisir, la traduction suivante de ce morceau par M. de Saint-Ange :

> C'est moi qui, la première, au buis percé de trous
> Appris à résonner en sons aigus et doux.
> Cet art me plut d'abord : il était mon ouvrage ;
> Mais lorsqu'au bord des eaux observant mon image,
> Je vis dans leur miroir et mes muscles enflés,
> Et ma joue et mes traits par le souffle gonflés,
> J'eus honte d'une gloire à ce prix achetée :
> De dépit loin de moi ma flûte est rejetée.
> Au bruit de mes accens, attiré sur ce bord,
> Un Satyre la trouve et l'admire d'abord.

Du nouvel instrument il ignorait l'usage ;
Mais il voit que son bec ouvre à l'air un passage :
Il l'applique à sa bouche, et des tons cadencés
Résonnent sous ses doigts ou levés ou baissés.
Il se plaît aux accords que son haleine enfante :
Et déjà son renom, dans les bois qu'il enchante,
Le rend superbe et vain des progrès de son art.
Puni de son orgueil, il s'en repent trop tard.
Il défie Apollon, et le dieu de la lyre
Fait écorcher vivant le malheureux Satyre.

67. *Dux bonus huic centum commisit vite regendos* (v. 527). Allusion au sarment de vigne que portaient les centurions comme signe de leur autorité. Juvénal, en parlant de Marius, satire VIII, v. 246, dit :

Nodosam post hæc frangebat vertice *vitem*.

68. *Nomen habet Nemesis : Cinthia nomen habet* (v. 536). Ce sont les noms des différentes belles célébrées par les poètes érotiques latins. La maîtresse de Catulle s'appelait Lesbie; celle de Tibulle, Némésis; celle de Properce, Cynthie; celle de Gallus, Lycoris, dont Virgile parle dans sa Xe *Églogue*; enfin celle d'Ovide, Corinne. Il y a eu deux Corinnes célèbres : l'une, Thébaine, qui a écrit des épigrammes et des poëmes lyriques; l'autre, Thespienne, et qui est quelquefois appelée *Corynthia*.

69. *Sedibus ætheriis spiritus ille venit* (v. 550). Tous les poètes lyriques se prétendent inspirés par le ciel; mais peu d'entre eux en ont donné des preuves aussi convaincantes que J.-B. Rousseau dans la strophe suivante :

Mais quel souffle divin m'enflamme ?
D'où naît cette soudaine horreur ?
Un dieu vient échauffer mon âme
D'une poétique fureur.
Loin d'ici, profane vulgaire !
Apollon m'inspire et m'éclaire;
C'est lui, je le vois, je le sens.
Mon cœur cède à sa violence;
Mortels, respectez sa présence,
Prêtez l'oreille à mes accens.

C'est pour cette raison que Cicéron a dit, liv. II de l'*Orateur* : « Sæpe enim audivi poetam bonum neminem sine inflammatione animorum existere posse, et sine quodam afflatu quasi furoris. »

70. *Qui tetigit calamos præda novella tuos* (v. 560). On lit, dans presque toutes les éditions, *thalamos* au lieu de *calamos*; mais les mots *præda novella* qui suivent, indiquent qu'il faut lire *calamos* dans le sens de *retia*, pour que la métaphore soit soutenue. C'est ainsi que Martial (liv. XIII, épigr. 68) a dit :

Galbula decipitur *calamis* et retibus ales.

71. *Non bene cum sociis regna Venusque manent* (v. 564). Sénèque a imité ce vers dans son *Agamemnon*, v. 259 :

Nec regna socium ferre, nec tædæ sciunt.

Lucain a dit dans le même sens, liv. I, v. 92 de la *Pharsale* :

.....................Omnisque potestas
Impatiens consortis erit.

72. *Obde forem; et duro dicat mihi janitor ore* (v. 587). Je ne sais pourquoi toutes les éditions que j'ai sous les yeux portent *tibi* au lieu de *mihi*. Dans ce livre III, Ovide donne ses instructions aux femmes; et, s'adressant à l'une d'entre elles, il ne peut pas lui dire : *Fermez votre porte, et que le portier vous dise rudement* : « *On n'entre pas!* » Mais le vers suivant prouve encore plus évidemment qu'il y a ici erreur grossière de la part des copistes qui ont écrit :

Non potes; exclusum *te* quoque tanget amor.

A qui se rapporte ce *te ?* ce ne peut être à l'amant : il n'en est pas question dans le vers précédent; et puis ce n'est pas à un amant qu'Ovide peut et doit dire *obde forem*, « ferme ta porte; » ce serait le monde renversé. Ce mot ne peut pas non plus se rapporter à une femme : il faudrait alors lire dans ce vers *exclusam* au lieu d'*exclusum*; et d'ailleurs une femme ne peut pas dire elle-même à son portier de lui fermer la porte au nez. Il faut donc absolument lire :

Non potes : exclusum *me* quoque tanget amor.

73. *Ut sis liberior Thaide, finge metus* (v. 604). La courtisane Thaïs, née à Alexandrie, vint se fixer à Athènes. Elle enchaîna à ses pieds tous les jeunes gens de l'Attique : le poète Ménandre lui fit une cour si assidue qu'elle en acquit le surnom de *Ménandréenne*. Il y eut une autre courtisane du même nom qui fut convertie au christianisme par les soins de saint Paphnuce.

Je crois cependant que ce passage fait plutôt allusion à celui de l'*Eunuque* de Térence où Thaïs fait semblant de chasser Phédria de chez elle, afin de recevoir du capitaine Thrason une fille appelée Pamphile, qu'elle veut prendre à son service. Ainsi Thaïs, dans ce vers d'Ovide, doit se prendre pour toute espèce de courtisane.

74. Vers 613 :

Nupta virum timeat : rata sit custodia nuptæ.
Hoc decet : hoc leges jusque pudorque jubent.

La loi civile autorisait, voulait même que la femme légitime, *matrona*, eût un gardien, un surveillant de sa bonne conduite et de sa pudeur. La jalousie, qui a d'autant plus de vivacité qu'on se trouve sous une latitude plus chaude, avait étendu le privilège de la loi, et l'on préposait un gardien à sa maîtresse, peut-être avec plus de rigueur encore qu'à son épouse. C'est contre cette dernière espèce de gardiens qu'Ovide dit qu'il enseigne l'art de tromper. P. D. C.

75. Vers 621 :

Conscia quum possit scriptas portare tabellas,
Quas tegat in tepido fascia lata sinu?

On trouve dans Nonius un passage de Turpilius qui se rapporte à ces vers : « Me miseram, quid agam? inter vias epistola excidit mihi : infelix! inter tunicam ac strophium collocaveram. »

76. Vers 627 :

Tuta quoque est, fallitque oculos e lacte recenti
Littera : carbonis pulvere tange; leges.

Les modernes ont fait des découvertes chimiques plus savantes

Les dissolutions de sel, les acides, ont donné dans ce genre des résultats dont ne se doutait pas l'antiquité, et les encres sympathiques se sont multipliées à l'infini.

77. Vers 641 :

> *Quum, quoties opus est, fallax ægrotet amica,*
> *Et cedat lecto quamlibet ægra suo.*

Martial a dit de même, liv. xi, épigr. 7 :

> Infelix, quid ages? ægram simulabis amicam?
> Hærebit dominæ vir comes ipse suæ.

78. *Et lepus hic aliis exagitandus erit* (v. 662). Locution proverbiale que nous retrouvons dans Pétrone, *Satyricon*, ch. cxxxi : « Vides, inquit, Chrysis mea, vides, quod *aliis leporem excitavi!* »

79. *Lemniasi gladios in mea fata dabo* (v. 672). *Lemniasi*, datif grec pour *Lemniadibus*, les femmes de Lemnos qui s'armèrent contre les hommes qu'elles égorgèrent pendant la nuit, sans même épargner leurs maris. Stace, liv. v, v. 50 de *la Thébaïde*, fait raconter cette aventure par Hypsipyle, fille de Thoas et reine de Lemnos.

80. *Quantum cito credere lædat, Exemplum vobis non leve Procris erit* (v. 685). Le poète ne pouvait choisir un exemple plus touchant des malheurs causés par la jalousie. Ovide a traité une seconde fois la fable de *Céphale et Procris* à la fin du liv. vii des *Métamorphoses*. Là, c'est Céphale lui-même qui, profondément affligé d'un malheur dont il gémit encore, raconte son aventure funeste : sa narration est plus touchante. Ici, c'est le poète qui parle : il embellit sa narration de descriptions fleuries, de comparaisons, enfin de tous les ornemens poétiques ; elle est plus brillante. Je vais en offrir la traduction par M. Pirault-des-Chaumes; on excusera la longueur de cette citation en faveur de l'intérêt qui règne dans ce récit :

> Au pied du mont Hymette est une source pure :
> D'un éternel printemps y brille la nature.
> L'herbe y croît à l'abri du léger arbousier;
> L'air doux est parfumé de myrte et de laurier.

Le buis sombre y verdit, et la bruyère frêle,
Et le faible cytise, et le pin de Cybèle.
Cet asile enchanteur est celui du Zéphyr;
Sous ce feuillage aimable il fixe le plaisir.
A la chasse livré dès l'aube matinale,
C'était là qu'au repos s'abandonnait Céphale.
Il chantait, accablé du poids de la chaleur :
« Aure, à mon sein brûlant ramène la fraîcheur! »
L'oreille d'un méchant de ces mots est frappée,
Et la tendre Procris apprend qu'elle est trompée.
« Aure est donc ma rivale!... » Et ce nom imposteur
A dans ses sens troublés répandu la terreur.
Elle tombe, et son teint, où se fondait la rose,
N'offre plus que des lis où la mort se repose;
Elle tombe, semblable aux feuilles que l'hiver
Détache de son souffle et rend jouets de l'air.
Ses yeux s'ouvrent enfin : de courroux transportée,
Elle égare sur soi sa main ensanglantée.
Furieuse, et semblable aux Bacchantes, soudain
Comme le trait lancé, franchissant le chemin,
Elle arrive.... et laissant ses compagnes loin d'elle,
Elle vole en secret où sa fureur l'appelle.
Pourquoi te cachais-tu? quel était ton dessein?
Quel était le désir qui dévorait ton sein?
Chaque instant te devait amener ta rivale :
Tantôt tu veux la voir dans les bras de Céphale,
Et craintive, tantôt, tu voudrais fuir : hélas!
L'amour livre ton âme à de cruels combats.
Ces inquiets soupçons d'un malheur qu'on redoute,
Le nom, le lieu, l'avis, tout aggravait son doute.
Mais l'herbe encor foulée a, dans son triste cœur,
De ses transports jaloux rallumé la fureur.

    Le soleil avait mis une égale distance
Entre l'ombre qui fuit et l'ombre qui s'avance,
Quand le fils de Cyllène, épuisé de chaleur,
Vint de l'onde limpide implorer la fraîcheur :
Procris est là. Couché sur la verte fougère,
Céphale alors s'écrie : « Oh! viens, Aure légère;
Venez, Zéphyrs!... » Procris reconnaît son erreur;
La joie a de son teint ranimé la couleur :
Elle se lève et court, écartant le feuillage,
Au sein de son époux expier son outrage.

Céphale croit entendre un hôte des forêts,
Et sur son arc tendu balance un de ses traits.
Imprudent!... Ah! retiens ta flèche criminelle!...
Hélas! il a frappé son épouse fidèle!
« Céphale, à moi! Ce trait perce mon sein jaloux :
Mon tendre cœur toujours fut le but de tes coups;
Je meurs avant le temps, mais je meurs sans rivale!
La terre me sera plus légère, ô Céphale!
Aure que j'accusais porte mon âme aux cieux;
J'expire!... Cher époux, daigne fermer mes yeux! »
Il presse sur son sein son épouse mourante,
Et baigne de ses pleurs sa blessure sanglante.
Par degrés le trépas sur elle vient peser;
Et son dernier soupir est un dernier baiser.

Le vers qui termine cette traduction est admirable, et rend, en l'embellissant, toute la pensée d'Ovide :

Excipitur miseri spiritus ore viri.

81. *Accipienda sinu, mobilis Aura, veni* (v. 698). Je n'ai pas cru devoir, comme presque tous mes devanciers, traduire le mot *Aura* par *Aure*, qui ne signifie rien en français : j'y ai substitué le mot *Brise*, vent doux et frais, qui peut aussi bien que le mot latin prêter à l'équivoque, d'ailleurs peu naturelle, qui cause l'erreur de Procris. Le lecteur jugera si j'ai eu tort ou raison. Dans tous les cas, je me serais bien gardé d'imiter le traducteur des œuvres complètes d'Ovide, qui rend ainsi ce passage : « Là souvent il répétait en chantant : « Viens sur mon sein, aimable « *Fraîcheur*, viens éteindre mes feux..... » *Dès que Procris eut entendu nommer Fraîcheur, comme une rivale*, elle tomba évanouie, etc. »

82. *Neve domi præsume dapes : et desine, citra Quam cupies* (v. 757). Ce passage est très-difficile. Quelques commentateurs lisent *neve diu præsume dapes*; d'autres *neve nimis*, et *capies* au lieu de *cupies*, ce qui semblerait être une recommandation aux belles de jauger leur estomac avant de se mettre à table : idée peu gracieuse et surtout peu digne du galant Ovide. En suivant le texte de M. Amar, j'ai cru devoir donner au mot *præsumere* sa signification naturelle, qui est *prendre d'avance*. C'est en ce

sens que Pline l'emploie, liv. XXXVI, ch. 42, dans cette phrase : « Theophrastus auctor est, potores in certamine bibendi *præsumere* farinam pumicum. » Plaute : *Præsumere cyathum ex liquore*; et Tacite : *Præsumere remedia*, prendre des remèdes de précaution. J'ai donc pensé que, par ces vers, Ovide blâmait l'usage suivi par certaines femmes, de prendre chez elles quelque nourriture avant de se rendre à un repas, afin de pouvoir faire à table la petite bouche en ne touchant qu'à peine aux mets qui leur sont offerts. C'est ce que font encore de nos jours bien des petites-maîtresses.

83. *Turpe jacens mulier, multo madefacta Lyæo* (v. 765). S'il est, en effet, un spectacle repoussant, c'est celui de l'ivresse chez les femmes. Dans cet état, privées de toutes les grâces de leur sexe, et réduites à l'état de la brute, elles se livrent alors à des excès dont rougirait une Messaline. Cependant notre poète approuverait plutôt dans une femme un peu de penchant pour le vin que pour la gloutonnerie, comme il le dit quatre vers plus haut :

> Aptius est, deceatque magis potare puellas :
> Cum Veneris puero non male, Bacche, facis ;

mais c'est à la condition expresse qu'elle ne s'enivrera pas, qu'elle ne perdra ni l'usage de sa raison ni celui de ses jambes, et qu'elle n'y verra pas double :

> Hoc quoque, qua patiens caput est, animusque pedesque
> Constent : nec, quæ sint singula, bina vide.

84. *Ulteriora pudet docuisse* (v. 769). Ovide entre ici dans des détails tellement érotiques, que, forcé de les traduire, je m'abstiendrai du moins de les commenter; mais si l'idée est souvent obscène, la décence est toujours observée dans l'expression. Ce passage et quelques autres, tant de *l'Art d'aimer* que des *Amours*, ont été le prétexte de l'exil d'Ovide. Voici comment il se justifie, dans un passage de l'élégie unique du livre II des *Tristes*, dont j'offre ici la traduction par M. Pirault-des-Chaumes :

> Mais suis-je donc le seul qui chanta les Amours,
> Et dois-je en être enfin seul puni pour toujours?
> Anacréon, déjà courbé par la vieillesse,
> Chantait, en s'enivrant, Bacchus et sa maîtresse.

Sapho n'a soupiré que des vers amoureux,
Et les dieux et les lois n'ont point tonné contre eux.
Paisible tu vécus, tendre amant de Lydie,
Et ses faveurs pourtant t'ont dicté l'élégie.
Ménandre en cent façons fait parler les Amours;
Vierges, femmes, enfans le lisent tous les jours.
Tes vers voluptueux pour ta fausse Lesbie,
Catulle, ne sont point proscrits dans l'Ausonie.
La volupté, Calvus, a conduit tes pinceaux,
Et dans Rome on n'a point rougi de tes tableaux.
. . . .
Et si de Lycoris on a noté l'amant,
Sa langue, et non ses vers, causa son châtiment.
A tromper son époux, à le tromper lui-même,
Tibulle, par ses vers, instruit celle qu'il aime.
On ne l'a point blâmé, l'on prise ses écrits,
Et César le compta parmi ses favoris, etc.

LE
REMÈDE D'AMOUR

TRADUCTION NOUVELLE

PAR M. HÉGUIN DE GUERLE

PROFESSEUR AU COLLÈGE ROYAL DE LOUIS-LE-GRAND.

P. OVIDII NASONIS
REMEDIORUM AMORIS

LIBER UNUS.

Legerat hujus Amor titulum nomenque libelli:
　Bella mihi, video, bella parantur, ait.
Parce tuum vatem sceleris damnare, Cupido;
　Tradita qui toties, te duce, signa tuli.
Non ego Tydides, a quo tua saucia mater
　In liquidum rediit æthera Martis equis.
Sæpe tepent alii juvenes: ego semper amavi;
　Et si, quid faciam nunc quoque, quæris; amo.
Quin etiam docui, qua possis arte parari:
　Et quod nunc ratio est, impetus ante fuit.
Nec te, blande puer, nec nostras prodimus artes;
　Nec nova præteritum Musa retexit opus.
Si quis amat, quod amare juvat, feliciter ardens
　Gaudeat, et vento naviget ille suo.
At, si quis male fert indignæ regna puellæ,
　Ne pereat, nostræ sentiat artis opem.

LE REMÈDE D'AMOUR

DE

P. OVIDE.

L'Amour avait lu le titre de cet ouvrage : « C'est la guerre, je le vois, c'est la guerre, dit-il, qu'on me déclare ! » Cesse, ô Cupidon ! d'accuser ton poète; moi qui tant de fois, sous tes ordres, ai porté l'étendard que tu m'avais confié ! Je ne suis point ce Diomède par qui fut blessée ta mère, quand les chevaux de Mars la transportèrent, sanglante, aux demeures éthérées. D'autres jeunes gens brûlent souvent d'un feu tiède; moi, j'ai toujours aimé; et si tu me demandes ce que je fais en ce moment : j'aime encore. Bien plus, j'ai enseigné l'art d'obtenir tes faveurs, et de remplacer par les préceptes de la raison les élans d'une passion aveugle. Non, on ne me verra point, parjure à mes leçons, te trahir, aimable enfant; et, chantant la palinodie, détruire mon propre ouvrage.

Que l'amant d'une beauté qui le paye de retour, jouisse avec ivresse de son bonheur, et livre sa voile aux vents propices ! Mais s'il est un infortuné qui gémisse dans les fers d'une indigne maîtresse, pour échapper à sa perte, qu'il reçoive les secours de mon art.

Cur aliquis, collum laqueo nodatus ab arcto,
  E trabe sublimi triste pependit onus?
Cur aliquis rigido fodit sua viscera ferro?
  Invidiam caedis, pacis amator, habes.
Qui, nisi desierit, misero periturus amore est,
  Desinat : et nulli funeris auctor eris.
Et puer es; nec te quidquam, nisi ludere, oportet :
  Lude; decent annos mollia regna tuos.
Nam poteras uti nudis ad bella sagittis;
  Sed tua letifero sanguine tela carent.
Vitricus et gladiis et acuta dimicet hasta;
  Et victor multa caede cruentus eat.
Tu cole maternas, tuto quibus utimur, artes :
  Et quarum vitio nulla fit orba parens.
Effice nocturna frangatur janua rixa;
  Et tegat ornatas multa corona fores.
Fac coeant furtim juvenes, timidaeque puellae,
  Verbaque dent cauto qualibet arte viro.
Et modo blanditias, rigido modo jurgia posti
  Dicat, et exclusus flebile cantet amans.
His lacrymis contentus eris, sine crimine mortis.
  Non tua fax avidos digna subire rogos.
Haec ego. Movit Amor gemmatas aureus alas;
  Et mihi : Propositum perfice, dixit, opus.
Ad mea, decepti juvenes, praecepta venite;

LE REMÈDE D'AMOUR.

Pourquoi souffrir que, suspendu par un nœud étroit à une poutre élevée, un amant périsse de cette triste mort? qu'un autre enfonce dans ses entrailles un fer homicide? Ami de la paix, Cupidon, tu as le meurtre en horreur. Tel, s'il ne cesse d'aimer, va mourir, victime d'un amour malheureux; qu'il cesse donc d'aimer : et tu n'auras causé la mort de personne. Tu es un enfant, tu ne dois connaître que les jeux ; sois donc le roi des plaisirs : ce doux empire convient à ton âge. Tu peux, je le sais, tirer de ton carquois des flèches acérées; mais ces flèches ne sont jamais teintes de sang. Laisse Mars, ton beau-père, brandir dans les batailles et la lance et l'épée; qu'il en sorte vainqueur et les bras ensanglantés de carnage : toi, ne livre d'autres combats que ceux où t'instruisit Vénus; ceux-là du moins sont sans danger, jamais ils n'ont réduit une mère à pleurer la mort de son fils. Fais que, dans une querelle nocturne, une porte soit brisée, qu'une autre soit ornée de nombreuses couronnes ; protège les secrets rendez-vous des jeunes gens et de leurs timides maîtresses ; inspire-leur des ruses pour duper un mari soupçonneux. Fais qu'un amant adresse tour-à-tour de tendres prières et de violentes imprécations à la porte inflexible de sa belle; et que, repoussé par elle, il chante ses tourmens sur un ton plaintif. Contente-toi de faire verser des pleurs, sans qu'on puisse t'accuser d'aucune mort : ton flambeau n'est point fait pour allumer les bûchers dévorans.

Je disais ; et l'Amour, agitant ses ailes diaprées : « Poursuis, me dit-il, ton nouvel ouvrage. » Accourez donc à mes leçons, jeunes gens trompés par vos maîtresses, et

Quos suus ex omni parte fefellit amor.
Discite sanari, per quem didicistis amare :
 Una manus vobis vulnus opemque feret.
Terra salutares herbas, eademque nocentes,
 Nutrit, et urticae proxima saepe rosa est.
Vulnus in Herculeo quae quondam fecerat hoste,
 Vulneris auxilium Pelias hasta tulit.
SED quaecumque viris, vobis quoque dicta, puellae,
 Credite : diversis partibus arma damus.
E quibus ad vestros si quid non pertinet usus,
 Attamen exemplo multa docere potest.
Utile propositum, saevas extinguere flammas;
 Nec servum vitii pectus habere sui.
Vixisset Phyllis, si me foret usa magistro;
 Et per quod novies, saepius isset iter.
Nec moriens Dido summa vidisset ab arce
 Dardanidas vento vela dedisse rates;
Nec dolor armasset contra sua viscera matrem,
 Quae socii damno sanguinis ulta virum est.
Arte mea Tereus, quamvis Philomela placeret,
 Per facinus fieri non meruisset avis.
Da mihi Pasiphaen; jam tauri ponet amorem :
 Da Phaedram; Phaedrae turpis abibit amor.
Redde Parin nobis; Helenen Menelaus habebit;
 Nec manibus Danais Pergama victa cadent.

qui n'avez trouvé que déceptions en amour. Je vous enseignai l'art d'aimer; apprenez de moi l'art de n'aimer plus. La main qui vous blessa saura vous guérir. Le même sol produit des plantes salutaires et des herbes nuisibles; et souvent l'ortie croît près de la rose. Télèphe, le fils d'Hercule, avait été blessé par la lance d'Achille; la lance d'Achille cicatrisa sa blessure.

Mais, jeunes beautés, je vous en avertis, toutes mes leçons ne s'adressent pas moins à vous qu'à vos amans : je donne à la fois des armes aux deux partis. Si, parmi mes préceptes, il en est dont vous ne pouvez faire usage, ils vous offriront du moins des exemples dont vous pourrez profiter. Mon but est utile : je veux éteindre des flammes cruelles, et affranchir les cœurs d'un honteux esclavage. Phyllis eût vécu plus long-temps, si j'eusse été son maître : elle se rendit neuf fois sur le bord de la mer; elle y fût retournée plus souvent. Didon, mourante, n'eût point vu, du haut de son palais, la flotte des Troyens livrer ses voiles aux vents; le désespoir n'eût point armé contre le fruit de ses entrailles cette mère cruelle qui versa son propre sang pour se venger d'un époux parjure. Grâce à mon art, Térée, bien qu'épris de Philomèle, n'eût point mérité par un crime d'être changé en oiseau. Donnez-moi Pasiphaé pour élève; elle cessera d'aimer un taureau : donnez-moi Phèdre; sa flamme incestueuse va s'éteindre. Que Pâris me soit rendu; Ménélas possèdera en paix son Hélène, et Pergame vaincue ne tombera pas sous la main des Grecs. Si l'impie Scylla eût lu mes vers, le cheveu de pourpre fût resté sur la tête de Nisus. Mortels, croyez-moi; renoncez à de

Impia si nostros legisset Scylla libellos,
  Hæsisset capiti purpura, Nise, tuo.
Me duce, damnosas, homines, compescite curas:
  Rectaque cum sociis, me duce, navis eat.
Naso legendus erat, tunc quum didicistis amare;
  Idem nunc vobis Naso legendus erit.
Publicus adsertor dominis oppressa levabo
  Pectora: vindictæ quisque favete suæ.
Te precor, o vates, adsit tua laurea nobis,
  Carminis, et medicæ, Phœbe, repertor opis.
Tu pariter vati, pariter succurre medenti;
  Utraque tutelæ subdita cura tuæ.
Dum licet, et modici tangunt præcordia motus;
  Si piget, in primo limine siste pedem.
Opprime, dum nova sunt, subiti mala semina morbi;
  Et tuus, incipiens ire, resistat equus.
Nam mora dat vires; teneras mora percoquit uvas;
  Et validas segetes, quod fuit herba, facit.
Quæ præbet latas arbor spatiantibus umbras,
  Quo posita est primum tempore, virga fuit.
Tum poterat manibus summa tellure revelli:
  Nunc stat in immensum viribus aucta suis.
Quale sit id, quod amas, celeri circumspice mente;
  Et tua læsuro subtrahe colla jugo.
Principiis obsta: sero medicina paratur,

funestes passions; prenez-moi pour pilote, votre barque et ses passagers vogueront sans danger vers le port. Vous avez dû lire Ovide, lorsque vous apprîtes à aimer : c'est encore Ovide qu'il vous faut lire aujourd'hui. Défenseur public, je veux délivrer vos cœurs de la servitude : que chacun de vous seconde les efforts que je fais pour l'affranchir.

Inventeur de la poésie et de la médecine, divin Phébus, je t'invoque ! sois-moi propice : poète et médecin à la fois, j'ai droit à ton puissant secours; n'es-tu pas le protecteur de ces deux arts ?

Si vous vous repentez d'aimer, arrêtez-vous dès les premiers pas, quand votre cœur n'est encore que faiblement ému; étouffez dans son germe ce mal naissant; et que, dès l'entrée de la carrière, votre coursier refuse d'avancer. Tout s'accroît par le temps; le temps mûrit les raisins; il change une herbe tendre en robustes épis. Cet arbre qui maintenant offre aux promeneurs son vaste ombrage, lorsqu'on le planta, n'était qu'un faible scion. Alors ses racines étaient à fleur de terre, et l'on pouvait l'arracher avec la main; maintenant qu'il a pris toute sa force, il s'enfonce profondément dans le sol.

Qu'un rapide examen vous apprenne quel est l'objet de votre amour; et secouez le joug qui doit un jour vous blesser. Combattez le mal dès son principe : il est trop

Quum mala per longas convaluere moras.
Sed propera; nec te venturas differ in horas.
Qui non est hodie, cras minus aptus erit.
Verba dat omnis amor, reperitque alimenta morando.
Optima vindictæ proxima quæque dies.
Flumina pauca vides de magnis fontibus orta :
Plurima collectis multiplicantur aquis.
Si cito sensisses, quantum peccare parares,
Non tegeres vultus cortice, Myrrha, tuos.
Vidi ego, quod primo fuerat sanabile, vulnus
Dilatum longæ damna tulisse moræ.
Sed, quia delectat Veneris decerpere flores,
Dicimus adsidue : Cras quoque fiet idem.
Interea tacitæ serpunt in viscera flammæ,
Et mala radices altius arbor agit.
Si tamen auxilii perierunt tempora primi,
Et vetus in capto pectore sedit amor;
Majus opus superest : sed non, quia serior ægro
Advocor, ille mihi destituendus erit.
Quam læsus fuerat partem Pæantius heros,
Certa debuerat præsecuisse manu :
Post tamen hic multos sanatus creditur annos
Supremam bellis imposuisse manum.
Qui modo nascentes properabam pellere morbos,
Admoveo tardam nunc tibi lentus opem.

tard pour y porter remède, lorsqu'il s'est fortifié par de longs délais. Hâtez-vous donc; et ne différez point d'heure en heure votre guérison. Si vous n'êtes pas prêt aujourd'hui, demain vous le serez encore moins. L'amour a toujours des prétextes pour gagner du temps, et trouve un aliment dans nos retards. Le jour le plus proche est toujours le plus convenable pour nous affranchir de ses liens. Vous voyez peu de fleuves larges dès leur source; la plupart se grossissent des ruisseaux qui se jettent dans leur sein. Si tu avais compris plustôt l'énormité du crime que tu te préparais à commettre, ton visage, ô Myrrha! ne serait point couvert d'écorce. J'ai vu des plaies qui d'abord étaient faciles à guérir, devenir incurables pour avoir été long-temps négligées. Mais on aime à cueillir les fleurs du plaisir, et l'on se dit chaque jour : Il sera temps demain! Cependant une flamme secrète circule dans nos veines, et l'arbre nuisible jette de profondes racines. Si le temps propice aux remèdes est une fois passé, si l'amour a vieilli dans le cœur dont il s'est emparé; la tâche du médecin est plus difficile. Mais, parce qu'on m'a appelé trop tard au chevet d'un malade, je ne dois point pour cela l'abandonner. Quand le héros, fils de Pæan, fut blessé, il eût dû couper d'une main hardie la partie malade; mais on dit cependant que, guéri plusieurs années après, il termina la guerre de Troie.

Je vous pressais tout-à-l'heure d'attaquer le mal à sa naissance; maintenant je ne vous offre que des secours

Aut nova, si possis, sedare incendia tentes;
　Aut ubi per vires procubuere suas.
Quum furor in cursu est, currenti cede furori :
　Difficiles aditus impetus omnis habet.
Stultus, ab obliquo qui quum descendere possit,
　Pugnat in adversas ire natator aquas.
Impatiens animus, nec adhuc tractabilis arte,
　Respuit, atque odio verba monentis habet.
Adgrediar melius tunc, quum sua vulnera tangi
　Jam sinet, et veris vocibus aptus erit.
Quis matrem, nisi mentis inops, in funere nati
　Flere vetet? non hoc illa monenda loco.
Quum dederit lacrymas, animumque expleverit ægrum,
　Ille dolor verbis emoderandus erit.
Temporis ars medicina fere est : data tempore prosunt,
　Et data, non apto tempore, vina nocent.
Quin etiam accendas vitia, irritesque vetando,
　Temporibus si non adgrediare suis.
Ergo, ubi visus eris nostræ medicabilis arti,
　Fac monitis fugias otia prima meis.
Hæc, ut ames, faciunt : hæc, ut fecere, tuentur :
　Hæc sunt jucundi causa cibusque mali.
Otia si tollas, periere Cupidinis arcus,
　Contemtæque jacent, et sine luce, faces.
Quam platanus vino gaudet, quam populus unda,

lents et tardifs : tâchez, si vous le pouvez, d'éteindre l'incendie qui commence; ou attendez qu'il succombe à sa propre violence. Quand un homme se livre aux élans de sa fureur, cédez à son emportement : il serait difficile d'en arrêter la fougue impétueuse. Insensé le nageur, qui peut descendre un fleuve en le traversant obliquement, et s'efforce de lutter contre le courant. Un esprit impatient, et rebelle encore aux secours de l'art, rejette et déteste les avis qu'on lui donne. Vous l'aborderez avec plus de succès, lorsqu'il vous permettra de toucher ses blessures, et sera disposé à écouter la raison. Peut-on, à moins d'avoir perdu l'esprit, défendre à une mère de pleurer aux funérailles de son fils? Ce n'est point le moment de l'engager à la résignation. Quand elle aura donné un libre cours à ses larmes et soulagé son cœur affligé, alors on pourra, par des paroles consolantes, modérer l'excès de sa douleur. La médecine n'est, pour ainsi dire, que l'art de bien prendre son temps. Donné à propos, le vin est salutaire; donné à contre-temps, il est nuisible : si vous ne combattez pas un défaut en temps utile, vous ne ferez, en voulant le réprimer, que l'irriter et l'enflammer davantage.

Lors donc que vous vous sentirez en état de profiter des secours de mon art, docile à mes conseils, fuyez d'abord l'oisiveté. L'oisiveté fait naître l'amour, et l'entretient une fois qu'il est né : elle est à la fois la cause et l'aliment de ce mal si doux. Otez l'oisiveté, et vous briserez les traits de l'Amour; son flambeau s'éteint et n'est plus qu'un objet de mépris. Autant le platane aime qu'on l'arrose de vin, le peuplier d'une onde pure; autant le roseau marécageux se plaît dans une

Et quam limosa canna palustris humo;
Tam Venus otia amat : qui finem quæris amoris,
 Cedit amor rebus, res age : tutus eris.
Languor, et immodici sub nullo vindice somni,
 Aleaque, et multo tempora quassa mero,
Eripiunt omnes animis sine vulnere nervos :
 Adfluit incautis insidiosus Amor.
Desidiam puer ille sequi solet : odit agentes.
 Da vacuæ menti, quo teneatur, opus.
Sunt fora : sunt leges; et, quos tuearis, amici :
 Vade per urbanæ candida castra togæ.
Vel tu sanguinei juvenilia munera Martis
 Suscipe : deliciæ jam tibi terga dabunt.
Ecce fugax Parthus, magni nova causa triumphi,
 Jam videt in campis Cæsaris arma suis.
Vince Cupidineas pariter, Parthasque sagittas,
 Et refer ad patrios bina tropæa Deos.
Ut semel Ætola Venus est a cuspide læsa,
 Mandat amatori bella gerenda suo.
Quæritis, Ægisthus quare sit factus adulter?
 In promtu causa est : desidiosus erat.
Pugnabant alii tardis apud Ilion armis :
 Transtulerat vires Græcia tota suas.
Sive operam bellis vellet dare, nulla gerebat;
 Sive foro, vacuum litibus Argos erat.

terre limoneuse : autant Vénus aime l'oisiveté. L'Amour fuit le travail : vous donc qui voulez le bannir de votre cœur, occupez-vous; et votre salut est assuré. La nonchalance, un sommeil que personne n'a le droit d'interrompre, le jeu, et de trop fréquentes libations, ébranlent le cerveau, et, sans faire à l'âme de profondes blessures, lui enlèvent toute son énergie; alors l'Amour, la trouvant sans défense, s'y introduit par surprise. Compagnon ordinaire de la fainéantise, l'Amour fuit les gens laborieux. Si votre esprit est vide, donnez-lui quelque travail qui le tienne occupé. Vous avez pour cela le barreau, les lois et des amis à défendre. Rendez-vous en ces lieux où les candidats se disputent l'honneur des dignités urbaines; ou, jeune volontaire, préludez aux jeux sanglans de Mars : bientôt les voluptés se retireront vaincues. Le Parthe fugitif vous offre à son tour l'occasion d'un brillant triomphe : déjà, dans son propre camp, les armes de César s'offrent à ses yeux épouvantés. Triomphez à la fois des traits de l'Amour et de ceux du Parthe, et rapportez ce double trophée aux dieux tutélaires de la patrie.

Dès que Vénus se sentit blessée par la lance du roi d'Étolie, elle laissa à son amant le soin de continuer la guerre. Vous me demandez pourquoi Égisthe devint adultère? la cause en est facile à deviner : il n'avait rien à faire. Les autres princes étaient retenus devant Troie par d'interminables combats : la Grèce avait transporté toutes ses forces en Asie. En vain Égisthe eût voulu s'occuper des travaux de la guerre, il n'en avait point à soutenir; des soins du barreau, il n'y avait point de procès à Argos. Ne voulant pas rester tout-à-fait inactif,

Quod potuit, fecit; ne nil ageretur, amavit.
  Sic venit ille puer : sic puer ille manet.

Rura quoque oblectant animos, studiumque colendi :
  Quælibet huic curæ cedere cura potest.
Colla jube domitos oneri supponere tauros;
  Sauciet ut duram vomer aduncus humum.
Obrue versata Cerealia semina terra,
  Quæ tibi cum multo fœnore reddat ager.
Adspice curvatos pomorum pondere ramos;
  Ut sua, quod peperit, vix ferat arbor onus.
Adspice jucundo labentes murmure rivos :
  Adspice tondentes fertile gramen oves.
Ecce petunt rupes, præruptaque saxa capellæ :
  Jam referent hædis ubera plena suis.
Pastor inæquali modulatur arundine carmen;
  Nec desunt comites, sedula turba, canes.
Parte sonant alia silvæ mugitibus altæ,
  Et queritur vitulum mater abesse suum.
Quid, quum suppositas fugiunt examina taxos,
  Ut relevent demti vimina torta favi?
Poma dat autumnus : formosa est messibus æstas :
  Ver præbet flores : igne levatur hiems.
Temporibus certis maturam rusticus uvam
  Deligit, et nudo sub pede musta fluunt :
Temporibus certis desectas adligat herbas;

il fit ce qu'il pouvait : il aima. C'est ainsi que vient l'Amour dans nos cœurs, ainsi qu'il y fixe son séjour.

Les plaisirs de la campagne et les travaux de la culture charment aussi nos esprits : il n'est pas de soins qui ne le cèdent à ces soins si doux. Domptez le taureau, forcez-le à courber son front sous le joug, pour fendre avec le tranchant du soc un sol endurci ; confiez aux sillons labourés les semences de Cérès, que bientôt un champ fertile va vous rendre avec usure. Voyez les branches courbées sous le poids des fruits, et vos arbres soutenant à peine les richesses qu'ils ont produites. Voyez ces ruisseaux qui coulent avec un doux murmure ; voyez ces brebis qui tondent un épais gazon ; là, les chèvres grimpent sur les montagnes et les rochers escarpés, et bientôt rapporteront à leurs petits des mamelles gonflées de lait ; ici, le pasteur module un chant rustique sur sa flûte aux tuyaux inégaux ; près de lui sont les chiens, ses fidèles compagnons, les gardiens vigilans de son troupeau. Plus loin, les forêts profondes retentissent des mugissemens de la génisse ; mère tendre, elle rappelle son veau qui s'est égaré. Que dirai-je des abeilles que met en fuite la fumée de l'if embrasé, tandis qu'on enlève les rayons de leurs ruches dépouillées ? L'automne vous donne ses fruits ; l'été s'embellit de ses moissons ; le printemps prodigue ses fleurs ; le feu charme les rigueurs de l'hiver. La même saison voit, chaque année, le vigneron cueillir les raisins mûrs, et sous ses pieds nus couler un vin nouveau ; la même saison voit le faneur lier l'herbe qu'il a fauchée, et promener sur la prairie tondue les râteaux aux larges dents. Vous pouvez vous-même garnir de plantes votre humide po-

Et tonsam raro pectine verrit humum.
Ipse potes riguis plantas deponere in hortis:
Ipse potes rivos ducere lenis aquæ.
Venerit insitio? fac ramum ramus adoptet,
Stetque peregrinis arbor operta comis.
Quum semel hæc animum cœpit mulcere voluptas,
Debilibus pennis irritus exit Amor.
VEL tu venandi studium cole : sæpe recessit
Turpiter a Phœbi victa sorore Venus.
Nunc leporem pronum catulo sectare sagaci :
Nunc tua frondosis retia tende jugis.
Aut pavidos terre varia formidine cervos;
Aut cadat adversa cuspide fossus aper.
Nocte fatigatum somnus, non cura puellæ,
Excipit, et pingui membra quiete levat.
Lenius est studium, studium tamen, alite capta,
Aut lino, aut calamis, præmia parva, sequi.
Vel, quæ piscis edax avido male devoret ore,
Abdere supremis æra recurva cibis.
Aut his, aut aliis, donec dediscis amare,
Ipse tibi furtim decipiendus eris.
Tu tantum, i, quamvis firmis retinebere vinclis,
I procul; et longas carpere perge vias.
Flebis, ut occurret desertæ nomen amicæ :
Stabit et in media pes tibi sæpe via;

tager, ou y conduire les ruisseaux d'une onde paisible. Le temps de la greffe est-il venu? insérez dans la branche une branche adoptive, et que l'arbre se pare d'un feuillage étranger. Quand une fois ces plaisirs commencent à charmer votre esprit, l'Amour, désormais sans pouvoir, s'enfuit d'un vol débile.

Vous pouvez encore vous livrer au goût de la chasse : plus d'une fois, vaincue par la sœur d'Apollon, Vénus a pris honteusement la fuite. Tantôt, accompagné d'un chien à l'odorat subtil, poursuivez le lièvre rapide ; tantôt dressez vos filets sur les coteaux boisés. Par mille stratagèmes épouvantez le cerf craintif, ou que le sanglier tombe percé des coups de votre épieu. Fatigué de ces exercices, vous donnerez la nuit au repos, sans vous soucier des belles, et un pesant sommeil délassera vos membres. Il est d'autres passe-temps, plus paisibles, mais non moins attachans : c'est de faire la guerre aux oiseaux, gibier de peu de valeur, et de les prendre soit aux filets, soit avec des roseaux enduits de glu. Vous pouvez aussi cacher l'hameçon recourbé sous l'appât trompeur qu'avale gloutonnement le poisson vorace. C'est par ces moyens ou d'autres semblables qu'il faut vous-même tromper vos secrets ennuis, jusqu'à ce que vous cessiez d'aimer.

Surtout fuyez au loin ; quelque forts que soient les liens qui vous retiennent, fuyez; entreprenez des voyages de long cours. Vous pleurerez au seul nom de votre maîtresse abandonnée; plus d'une fois, vos pas s'arrêteront au milieu du chemin; mais moins vous le

Sed quanto minus ire voles, magis ire memento :
   Perfer, et invitos currere coge pedes.
Nec pluvias vites; nec te peregrina morentur
   Sabbata, nec damnis Allia nota suis.
Nec quot transieris, sed quot tibi, quære, supersint
   Millia : nec, maneas ut prope, finge moras.
Tempora nec numera, nec crebro respice Romam;
   Sed fuge : tutus adhuc Parthus ab hoste fuga est.

DURA aliquis præcepta vocet mea : dura fatemur
   Esse; sed, ut valeas, multa dolenda feres.
Sæpe bibi succos, quamvis invitus, amaros
   Æger, et oranti mensa negata mihi.
Ut corpus redimas, ferrum patieris et ignes;
   Arida nec sitiens ora levabis aqua :
Ut valeas animo, quidquam tolerare negabis?
   At pretium pars hæc corpore majus habet.
Sed tamen est artis strictissima janua nostræ,
   Et labor est unus tempora prima pati.
Adspicis, ut prensos urant juga prima juvencos?
   Ut nova velocem cingula lædat equum?
Forsitan a Laribus patriis exire pigebit;
   Sed tamen exibis : deinde redire voles.
Nec te Lar patrius, sed amor revocabit amicæ,
   Prætendens culpæ splendida verba suæ.
Quum semel exieris, centum solatia curæ

voudrez, plus vous devez hâter votre fuite. Persistez ; forcez vos pieds rebelles à courir. Ne craignez ni la pluie, ni le sabbat que fête un peuple étranger, ni le fatal anniversaire du désastre de l'Allia : que rien ne vous arrête. Ne vous informez point du chemin que vous avez fait, mais de celui qui vous reste à faire ; n'inventez point des prétextes pour vous arrêter près de la ville. Ne comptez point les jours, ne tournez pas sans cesse vos regards vers Rome ; mais fuyez : le Parthe en fuyant sait encore se soustraire aux coups de son ennemi.

Mes préceptes, dira-t-on, sont durs : j'en conviens ; mais, pour recouvrer la santé, il faut savoir beaucoup souffrir. Malade, j'ai souvent, bien malgré moi, bu des potions d'une amertume repoussante ; et l'on m'a refusé les alimens que j'implorais. Quoi ! pour guérir votre corps, vous souffrirez et le fer et le feu ; vous n'oserez raffraîchir avec un peu d'eau votre bouche desséchée par la soif ; et pour guérir votre âme, vous ne voudrez rien endurer? Pourtant cette partie de vous-même est plus précieuse que votre corps. Dans l'art que j'enseigne, le début seul est difficile, et les premiers momens sont seuls pénibles à passer. Voyez comme le joug pèse au taureau qui le porte pour la première fois, comme le harnois blesse le cheval nouvellement dompté. Peut-être vous ne pourrez qu'avec douleur quitter vos lares paternels ; vous les quitterez cependant, mais bientôt vous voudrez les revoir. Ce ne sont point les lares de vos aïeux qui vous rappellent, c'est l'amour, colorant sa faiblesse d'un prétexte spécieux. Une fois parti, la campagne, vos compagnons de voyage, la longueur même de la route, apporteront mille consolations

Et rus, et comites, et via longa dabunt.
Nec satis esse puta discedere : lentus abesto,
  Dum perdat vires, sitque sine igne cinis.
Si nisi firmata properabis mente reverti,
  Inferet arma tibi sæva rebellis Amor.
Quid? quod, ut abfueris, avidus sitiensque redibis,
  Et spatium damno cesserit omne tuo?
VIDERIT, Hæmoniæ si quis mala pabula terræ,
  Et magicas artes posse juvare putat.
Ista veneficii vetus est via : noster Apollo
  Innocuam sacro carmine monstrat opem.
Me duce, non tumulo prodire jubebitur umbra :
  Non anus infami carmine rumpet humum;
Non seges ex aliis alios transibit in agros,
  Nec subito Phœbi pallidus orbis erit.
Ut solet, æquoreas ibit Tiberinus in undas :
  Ut solet, in niveis Luna vehetur equis.
Nulla recantatas deponent pectora curas;
  Nec fugiet vivo sulfure victus amor.
QUID te Phasiacæ juverunt gramina terræ,
  Quum cuperes patria, Colchi, manere domo?
Quid tibi profuerunt, Circe, Perseides herbæ,
  Quum sua Neritias abstulit aura rates?
Omnia fecisti, ne callidus hospes abiret :
  Ille dedit certæ lintea plena fugæ.

à vos regrets. Mais ne croyez pas qu'il suffise de vous éloigner : soyez long-temps absent, pour que vos feux s'éteignent et qu'aucune étincelle ne couve sous la cendre. Si, trop impatient, vous revenez avant que votre âme soit bien raffermie, l'Amour, rebelle à vos efforts, tournera de nouveau contre vous ses armes cruelles. Qu'aurez-vous gagné à votre absence? vous reviendrez plus ardent, plus passionné; et votre éloignement n'aura fait qu'aggraver votre mal.

Permis à d'autres de croire que les arts magiques et les herbes nuisibles de l'Hémonie puissent être en amour de quelque utilité. Les maléfices sont une ressource usée depuis long-temps : ma Muse, dans ses vers religieux, ne vous offrira que d'innocens secours. On ne verra point, à ma voix, les ombres sortir de leurs tombeaux; une vieille sorcière forcer par ses enchantemens infâmes la terre à s'entr'ouvrir; les moissons transplantées d'un champ dans un autre, et le disque du soleil pâlir tout à coup. Mais le Tibre, comme de coutume, ira se jeter dans la mer; et la Lune, traînée par ses blancs coursiers, suivra sa route ordinaire. Non, ce n'est point par des sortilèges que je bannirai les soucis de votre cœur; et l'Amour ne fuira pas vaincu par l'odeur du soufre allumé.

Princesse de Colchos, que t'ont servi les plantes cueillies sur les bords du Phase, quand tu désirais rester dans le palais de tes pères? que t'ont servi, Circé, les simples dont Persa t'enseigna l'usage, lorsqu'un vent favorable poussait vers Ithaque les vaisseaux d'Ulysse? Tu mets tout en œuvre pour retenir un hôte astucieux; il n'en poursuit pas moins à pleines voiles une fuite

Omnia fecisti, ne te ferus ureret ignis :
  Longus at invito pectore sedit amor.
Vertere quæ poteras homines in mille figuras,
  Non poteras animi vertere jura tui.
Diceris his etiam, quum jam discedere vellet,
  Dulichium verbis detinuisse ducem :
Non ego, quod primo, memini, sperare solebam,
  Jam precor, ut conjux tu meus esse velis.
Et tamen, ut conjux essem tua, digna videbar :
  Quod Dea, quod magni filia Solis eram.
Ne properes, oro! spatium pro munere posco.
  Quid minus optari per mea vota potest?
Et freta mota vides; et debes illa timere.
  Utilior velis postmodo ventus erit.
Quæ tibi causa fugæ? non hic nova Troja resurgit :
  Non alius socios Rhesus ad arma vocat.
Hic amor, hic pax est; in qua male vulneror una!
  Totaque sub regno terra futura tuo est.
Illa loquebatur : navem solvebat Ulixes;
  Irrita cum velis verba tulere Noti.
Ardet, et adsuetas Circe decurrit ad artes :
  Nec tamen est illis adtenuatus amor.
Ergo age, quisquis opem nostra tibi poscis ab arte,
  Deme veneficiis carminibusque fidem.
Si te causa potens domina retinebit in Urbe;

assurée ; tu mets tout en œuvre pour éteindre le feu cruel qui te dévore, et, malgré toi, l'Amour règnera longtemps encore sur ton cœur. Toi, qui pouvais changer les hommes en mille figures diverses, tu ne pus changer les lois de l'Amour qui régnait sur ton âme. On dit qu'au moment où le roi d'Ithaque se disposait à partir, pour le retenir près de toi, tu lui adressas ces paroles : « Je ne te conjure plus de devenir mon époux; pourtant, il m'en souvient, j'en avais d'abord conçu l'espérance : déesse, et fille du puissant dieu du jour, il me semblait que je n'étais pas indigne d'un tel hymen. Diffère ton départ, je t'en supplie! encore un peu de temps, c'est la seule grâce que j'implore. Mes vœux, sans doute, ne peuvent demander moins ! Vois ces flots agités; tu dois craindre leur furie : plus tard, les vents te seront plus favorables. Quel motif as-tu de fuir? tu ne vois point ici se relever une nouvelle Troie; un autre Rhésus appeler aux armes ses compagnons. Ici, règnent l'amour et la paix (seule, hélas ! en ces lieux je souffre d'une blessure incurable), et toute cette île sera soumise à ton empire. » Ainsi parla Circé : Ulysse leva l'ancre; et les vents emportèrent à la fois son vaisseau et les vaines plaintes de la déesse. Furieuse, Circé a recours à ses artifices ordinaires; mais ils ne peuvent diminuer la violence de sa passion. O vous donc qui cherchez dans mon art les secours dont votre cœur a besoin, n'ayez aucune confiance dans les enchantemens et les sortilèges.

Si quelque motif puissant vous retient à Rome, écou-

Accipe, consilium quod sit in urbe meum.
Optimus ille fuit vindex, lædentia pectus
  Vincula qui rupit, dedoluitque simul.
Si cui tantum animi est, illum mirabor et ipse;
  Et dicam : Monitis non eget ille meis.
Tu mihi, qui, quod amas, ægre dediscis amare;
  Nec potes, et velles posse, docendus eris.
Sæpe refer tecum sceleratæ facta puellæ,
  Et pone ante oculos omnia damna tuos.
Illud et illud habet; nec ea contenta rapina,
  Sub titulum nostros misit avara lares.
Sic mihi juravit : sic me jurata fefellit.
  Ante suam quoties passa jacere forem!
Diligit ipsa alios; a me fastidit amari.
  Institor heu noctes, quas mihi non dat, habet!
Hæc tibi per totos inacescant omnia sensus :
  Hæc refer : hinc odii semina quære tui.
Atque utinam possis etiam facundus in illis
  Esse! dole tantum; sponte disertus eris.

Hæserat in quadam nuper mea cura puella :
  Conveniens animo non erat illa meo.
Curabar propriis æger Podalirius herbis;
  Et, fateor, medicus turpiter æger eram.
Profuit adsidue vitiis insistere amicæ :
  Idque mihi factum sæpe salubre fuit.

tez les avis que je vais vous donner pour votre séjour à la ville. Il a bien du courage, celui qui sait conquérir sa liberté, et qui, en brisant les liens qui le blessent, perd aussitôt tout sentiment de douleur. S'il est un mortel doué de cette force d'âme, je serai le premier à l'admirer; et je dirai : Il n'a pas besoin de mes conseils. Mais vous qui ne pouvez qu'avec peine vous détacher d'un objet aimé, qui voulez être libre, et n'en avez pas le courage; c'est à vous que s'adressent mes leçons. Rappelez-vous souvent les perfidies de votre maîtresse, ayez sans cesse devant les yeux toutes les pertes qu'elle vous a fait éprouver. Dites-vous : Elle m'a ravi tel et tel objet, et, non contente de m'en dépouiller, elle m'a forcé, par sa cupidité, à vendre à l'encan la maison de mes pères. Que de sermens elle m'a faits! que de fois la parjure les a violés! que de fois elle m'a laissé coucher à sa porte! elle en aime tant d'autres! et moi, je suis l'objet de ses dédains. Hélas! un vil courtier obtient d'elle les nuits d'amour qu'elle me refuse! Que tant de sujets de plaintes aigrissent contre elle tous vos sentimens; rappelez-les sans cesse à votre esprit, et qu'ils y fassent germer des semences de haine. Plût au ciel qu'en les lui reprochant vous pussiez être éloquent! mais pour peu que le chagrin vous anime, vous serez éloquent sans chercher à l'être.

Il n'y a pas long-temps qu'une jeune beauté devint l'objet de mes soins : son caractère ne sympathisait point avec le mien. Nouveau Podalire, je voulus guérir mon mal avec mes propres remèdes; et, je dois l'avouer, jamais médecin n'eut à soigner un malade plus incurable. Je trouvai quelque soulagement à m'appesantir sans cesse sur les défauts de ma maîtresse : je répétai

Quam mala sunt nostræ, dicebam, crura puellæ!
  Nec tamen, ut vere confiteamur, erant.
Brachia quam non sunt nostræ formosa puellæ!
  Et tamen, ut vere confiteamur, erant.
Quam brevis est! nec erat: quam multum poscit amantem!
  Hinc odio venit maxima causa meo.
Et mala sunt vicina bonis; errore sub illo
  Pro vitio virtus crimina sæpe tulit.
Quam potes, in pejus dotes deflecte puellæ,
  Judiciumque brevi limite falle tuum.
Turgida, si plena est : si fusca est, nigra vocetur.
  In gracili macies crimen habere potest.
Et poterit dici petulans, quæ rustica non est :
  Et poterit dici rustica, si qua proba est.
Quin etiam, quacumque caret tua femina dote,
  Hanc moveat, blandis usque precare sonis.
Exige quod cantet, si qua est sine voce puella :
  Fac saltet, nescit si qua movere manum.
Barbara sermone est; fac tecum multa loquatur.
  Non didicit chordas tangere; posce lyram.
Durius incedit? face inambulet. Omne papillæ
  Pectus habent tumidæ? fascia nulla tegat.
Si male dentata est; narra, quod rideat, illi.
  Mollibus est oculis? quod fleat illa, refer.
Proderit et subito, quum se non finxerit ulli,

souvent la même épreuve, et je m'en trouvai bien. Que cette fille, disais-je, a les jambes mal faites! et, à dire vrai, il n'en était rien. Qu'il s'en faut, ajoutais-je, qu'elle ait de beaux bras! et cependant je dois avouer en conscience qu'ils étaient beaux. Qu'elle est petite! et elle ne l'était point. Que de cadeaux elle exige d'un amant! ce fut là le principal motif de mon aversion pour elle. Le mal est si voisin du bien, que souvent on les confond, et l'on condamne une qualité comme un défaut. Autant que vous le pourrez, envisagez sous un mauvais jour les qualités de votre maîtresse : et que l'étroite limite qui sépare le bien du mal trompe votre jugement. Dites-vous qu'elle est bouffie, si elle a de l'embonpoint; que son teint est noir, si elle est brune. Est-elle mince ; reprochez-lui sa maigreur. Ses manières n'ont rien de grossier; c'est, direz-vous, de l'effronterie : par hasard est-elle modeste ; c'est niaiserie de sa part. Faites plus, employez les paroles les plus persuasives pour la prier de déployer les talens dont elle est dépourvue. Exigez qu'elle chante, si elle n'a pas de voix; qu'elle danse, si elle ne sait pas mouvoir ses bras avec grâce. Son langage est commun ; prolongez à dessein la conversation avec elle. Elle n'a jamais appris à toucher les cordes d'un instrument; priez-la de jouer de la lyre. Sa démarche est pesante ; faites-la marcher. Sa gorge, trop volumineuse, lui couvre toute la poitrine; qu'aucune colerette ne vous en cache l'ampleur. Sa bouche est mal meublée; racontez-lui quelque histoire qui la fasse rire. A-t-elle les yeux faibles? tâchez par vos récits de la faire pleurer. Il sera bon aussi d'aller la voir le matin, avant qu'elle ait eu le temps de faire les apprêts de sa toilette. La parure nous séduit;

Ad dominam celeres mane tulisse gradus.
Auferimur cultu : gemmis auroque teguntur
　Omnia : pars minima est ipsa puella sui.
Sæpe, ubi sit, quod ames, inter tam multa requiras :
　Decipit hac oculos ægide dives Amor.
Improvisus ades; deprendes tutus inermem :
　Infelix vitiis excidet illa suis.
Nec tamen huic nimium præcepto credere tutum est;
　Fallit enim multos forma sine arte decens.
Tum quoque, quum positis sua collinet ora venenis,
　Ad dominæ vultus, nec pudor obstet, eas.
Pyxidas invenies, et rerum mille colores;
　Et fluere in tepidos œsypa lapsa sinus.
Illa tuas redolent, Phineu, medicamina mensas :
　Non semel hinc stomacho nausea facta meo.
Nunc tibi, quæ medio Veneris præstentur in usu,
　Eloquar : ex omni parte fugandus amor.
Multa quidem ex illis pudor est mihi dicere; sed tu
　Ingenio verbis concipe plura meis.
Nuper enim nostros quidam carpsere libellos,
　Quorum censura Musa proterva mea est.
Dummodo sic placeam, dum toto canter in orbe,
　Quod volet impugnent unus et alter opus.
Ingenium magni detrectat livor Homeri :
　Quisquis es, ex illo, Zoile, nomen habes.

l'or et les pierreries couvrent toutes les imperfections :
et ce qu'on voit d'une femme est la moindre partie
de sa personne. Au milieu de tant d'ornemens étrangers, vous avez peine à trouver les appas qui doivent
vous charmer. La richesse est une égide dont l'Amour
se sert pour fasciner nos yeux. Arrivez à l'improviste;
elle n'est pas encore sous les armes, et vous pourrez
sans crainte la surprendre : ses défauts suffiront alors
pour la perdre dans votre esprit. Il ne faut pas cependant trop se fier à ce précepte : une beauté négligée et
sans art séduit bien des amans ! Vous pouvez encore,
la décence le permet, vous présenter à sa toilette, lorsqu'elle se frotte le visage de pommades préparées. Vous
y trouverez des boîtes renfermant des pommades de
mille couleurs diverses; vous y verrez l'œsype couler en
flots huileux sur son sein. Toutes ces drogues, par leur
odeur nauséabonde, rappellent les mets de la table de
Phinée; et plus d'une fois elles m'ont soulevé le cœur.

Je vais maintenant vous apprendre comment vous devez agir au sein même de la jouissance : pour chasser
l'Amour, il faut l'attaquer de tous côtés. Il est des détails que m'interdit la pudeur ; mais votre imagination
suppléera à ce que je dois taire. Dernièrement, certains critiques ont diffamé mes écrits : à les entendre,
ma Muse est trop libertine. Mais pourvu que je plaise,
pourvu que mon nom soit célèbre dans tout l'univers,
que m'importe qu'un ou deux censeurs attaquent mon
ouvrage? L'envie a dénigré le sublime génie d'Homère :
qui que tu sois, Zoïle, ton nom est resté celui de l'envie.
Des langues sacrilèges n'ont-elles pas déchiré tes poëmes,
ô toi, dont la Muse conduisit sur nos bords Troie et

Et tua sacrilegæ laniarunt carmina linguæ,
 Pertulit huc victos quo duce Troja Deos.
Summa petit livor : perflant altissima venti :
 Summa petunt dextra fulmina missa Jovis.
At tu, quicumque es, quem nostra licentia lædit;
 Si sapis, ad numeros exige quidque suos.
Fortia Mœonio gaudent pede bella referri :
 Deliciis illic quis locus esse potest?
Grande sonant tragici; tragicos decet ira cothurnos :
 Usibus e mediis soccus habendus erit.
Liber in adversos hostes stringatur iambus;
 Seu celer, extremum seu trahat ille pedem.
Blanda pharetratos elegeia cantet Amores,
 Et levis arbitrio ludat amica suo.
Callimachi numeris non est dicendus Achilles :
 Cydippe non est oris, Homere, tui.
Quis ferat Andromaches peragentem Thaida partes?
 Peccat, in Andromache Thaida si quis agat.
Thais in Arte mea : lascivia libera nostra est.
 Nil mihi cum vitta : Thais in Arte mea est.
Si mea materiæ respondet Musa jocosæ,
 Vicimus, et falsi criminis acta rea est.
RUMPERE, livor edax; jam magnum nomen habemus!
 Majus erit; tantum, quo pede cœpit, eat.
Sed nimium properas : vivam modo! plura dolebis;

ses dieux vaincus? Les grands talens sont en butte à l'envie, comme les lieux élevés à la fureur des vents, comme les plus hautes montagnes aux foudres lancés par le bras de Jupiter. Mais toi, censeur inconnu, que blesse la licence de mes écrits, sache, si tu as le sens commun, apprécier chaque chose à sa juste valeur. C'est dans le mètre adopté par le chantre de Méonie qu'il faut chanter les guerres terribles : les délices de la volupté peuvent-elles y trouver place? La tragédie élève la voix : le cothurne grandiose convient aux fureurs de Melpomène. Le brodequin de Thalie ne doit point s'élever au dessus du langage ordinaire. L'ïambe, libre dans son allure, tantôt rapide, tantôt traînant le dernier pied, est un trait qu'on doit lancer à ses ennemis. Que la douce élégie chante les Amours armés d'un carquois : c'est une aimable maîtresse qu'il faut laisser folâtrer suivant son caprice. Le vers de Callimaque ne doit point célébrer Achille; et ta voix, sublime Homère, ne doit point chanter Cydippe. Qui pourrait souffrir Thaïs dans le rôle d'Andromaque? Andromaque dans le rôle de Thaïs? ce serait un contre-sens. Mais Thaïs est à sa place dans l'art que j'enseigne : je puis dans ce badinage me donner toute licence. Loin de moi le bandeau des vestales! Thaïs, sois l'héroïne de mes vers. Si ma Muse n'est point au dessous de son joyeux sujet, à moi la victoire! l'accusation intentée contre moi tombe d'elle-même.

Crève de dépit, mordante envie! mon nom est déjà fameux : il le sera plus encore, si je continue comme j'ai commencé. Mais tu te hâtes trop : que je vive! et tu

Et capiunt animi carmina multa mei.
Nam juvat, et studium famæ mihi crescit amore :
　Principio clivi vester anhelat equus.
Tantum se nobis elegi debere fatentur;
　Quantum Virgilio nobile debet epos.

HACTENUS invidiæ respondimus : adtrahe lora
　Fortius, et gyro curre, poeta, tuo.
Ergo ubi concubitus, et opus juvenile petetur,
　Et prope promissæ tempora noctis erunt;
Gaudia ne dominæ, pleno si corpore sumes,
　Te capiant; ineas quamlibet ante velim :
Quamlibet invenias, in qua tibi prima voluptas
　Desinat : a prima proxima segnis erit.
Sustentata Venus gratissima : frigore soles,
　Sole juvant umbræ : grata fit unda siti.
Et pudet, et dicam, Venerem quoque junge figura,
　Qua minime jungi, quamque decere putes.
Nec labor efficere est : raræ sibi vera fatentur;
　Et nihil est, quod se dedecuisse putent.
Tunc etiam jubeo totas aperire fenestras,
　Turpiaque admisso membra notare die.
At, simul ad metas venit finita voluptas,
　Lassaque cum tota corpora mente jacent;
Dum piget, et nullam malis tetigisse puellam,
　Tacturusque tibi non videare diu;

auras bien d'autres sujets de t'affliger ; car mon génie renferme encore plusieurs poëmes. J'aime la gloire, et mon zèle s'anime de plus en plus par cet amour de la gloire : mais ton cheval, pauvre censeur, perd haleine dès ses premiers pas sur la double colline. L'élégie avoue qu'elle ne m'est pas moins redevable que la noble épopée à Virgile.

Je viens de répondre à l'envie ; maintenant, poète, serre les rênes de tes coursiers, et renferme-toi dans le cercle que tu t'es tracé. Lorsque vous serez appelé à goûter ces plaisirs si doux pour la jeunesse ; lorsque la nuit promise à vos désirs approchera, de peur de vous laisser captiver par la jouissance dans les bras de votre maîtresse, en vous y livrant dans la plénitude de vos forces ; je veux qu'avant elle vous cherchiez, vous trouviez quelque autre femme, avec laquelle vous goûterez les prémices de la volupté. Le plaisir qui succède à un plaisir en a moins de charmes ; mais, différé, le plaisir en a plus de prix. Nous aimons le soleil, quand il fait froid ; l'ombre, quand le soleil est brûlant : la soif nous rend l'eau un breuvage agréable. Je rougis de le dire, mais je le dirai : prenez dans vos amoureux ébats la posture qui est la moins favorable à votre maîtresse. Rien de plus facile : il est peu de femmes qui ne se déguisent la vérité, et elles se figurent être belles sous tous les aspects. Je vous prescris encore de faire ouvrir toutes grandes les fenêtres de votre belle, et d'observer au grand jour les imperfections de son corps. Mais, lorsque vous avez atteint le terme du plaisir, lorsque la lassitude abat à la fois votre corps et votre âme ; quand viennent les regrets ; quand vous voudriez n'avoir jamais touché une femme, et qu'il vous semble que vous n'en aurez de long-temps

Tunc animo signa quodcumque in corpore mendæ est;
　Luminaque in vitiis illius usque tene.
Forsitan hæc aliquis, nam sunt quoque, parva vocabit;
　Sed, quæ non prosunt singula, multa juvant.
Parva necat morsu spatiosum vipera taurum :
　A cane non magno sæpe tenetur aper.
Tu tantum numero pugna; præceptaque in unum
　Contrahe : de multis grandis acervus erit.
Sed quoniam mores totidem, totidemque figuræ,
　Non sunt judiciis omnia danda meis.
Quo tua non possunt offendi pectora facto,
　Forsitan hoc, alio judice, crimen erit.
Ille, quod obscenas in aperto corpore partes
　Viderat, in cursu qui fuit, hæsit amor :
Ille, quod, a Veneris rebus surgente puella,
　Vidit in immundo signa pudenda toro.
Luditis, o, si quos potuerunt ista movere :
　Adflarant tepidæ pectora vestra faces.
Adtrahat ille puer contentos fortius arcus :
　Saucia majorem turba petetis opem.
Quid? qui clam latuit, reddente obscena puella,
　Et vidit, quæ mos ipse videre vetat?
Di melius, quam nos moneamus talia quemquam!
　Ut prosint, non sunt experienda tamen.
Hortor et, ut pariter binas habeatis amicas :

l'envie; alors, notez dans votre esprit tous les défauts que vous remarquerez en elle; et que vos yeux restent long-temps fixés sur ses imperfections. Peut-être dira-t-on, ces moyens sont futiles : ils le sont, j'en conviens; mais si, isolés, ils sont sans effet; réunis, ils seront efficaces. La morsure d'une petite vipère tue un énorme taureau; et souvent un chien de taille médiocre tient un sanglier en arrêt. Seulement, rassemblez tous ces remèdes en un seul, formez-en un faisceau; et vous triompherez par le nombre.

Mais comme il y a autant de caractères que de figures différentes, il ne faut pas vous en rapporter aveuglément à mes décisions. Telle action, qui ne blessera pas votre conscience, pourra paraître condamnable aux yeux d'un autre. L'un a vu son amour s'arrêter tout à coup au milieu de sa course, parce qu'il aperçut dans toute leur nudité ces parties que la pudeur doit voiler; l'autre, parce qu'au moment où sa maîtresse quittait le lit, théâtre de leurs plaisirs, il a aperçu les traces immondes de la jouissance. O vous, que de si légers motifs ont pu changer, votre amour n'était qu'un jeu, votre flamme n'était qu'une étincelle! Mais que l'enfant ailé tende plus fortement son arc, alors, blessés plus grièvement, vous viendrez en foule réclamer des remèdes plus puissans. Que dirai-je de l'amant immodeste qui se cache pour épier sa maîtresse, au moment où elle satisfait un besoin naturel, et voit ce que le simple usage défend de voir? Me préservent les dieux de conseiller à personne de semblables turpitudes! Fussent-elles utiles, il ne faudrait pas même les tenter.

Je vous conseille encore d'avoir en même temps deux

Fortior est, plures si quis habere potest.
Secta bipartito quum mens discurrit utroque,
  Alterius vires subtrahit alter amor.
Grandia per multos tenuantur flumina rivos,
  Cassaque seducto stipite flamma perit.
Non satis una tenet ceratas anchora puppes :
  Non satis est liquidis unicus hamus aquis.
Qui sibi jam pridem solatia bina paravit,
  Jam pridem summa victor in arce fuit.
At tibi, qui dominæ fueris male creditus uni,
  Nunc saltem novus est inveniendus amor.
Pasiphaës Minos in Procride prodidit ignes :
  Cessit ab Idæa conjuge victa prior.
Amphilochi frater, ne Phegida semper amaret,
  Callirhoe fecit parte recepta tori.
Et Parin OEnone summos tenuisset ad annos,
  Si non OEbalia pellice læsa foret.
Conjugis Odrysio placuisset forma tyranno;
  Sed melior clausæ forma sororis erat.
Quid moror exemplis, quorum me turba fatigat?
  Successore novo vincitur omnis amor.
Fortius e multis mater desiderat unum,
  Quam cui flens clamat, Tu mihi solus eras.
Ac ne forte putes nova me tibi condere jura;
  Atque utinam inventi gloria nostra foret!

maîtresses : si vous pouviez en avoir un plus grand nombre, cela vaudrait encore mieux. Lorsque le cœur se partage ainsi entre un double objet, ces deux amours s'affaiblissent l'un par l'autre. Les plus grands fleuves diminuent lorsqu'on les divise en plusieurs ruisseaux; la flamme s'éteint dès qu'on en retire le bois qui l'alimentait; une seule ancre ne suffit pas pour arrêter plusieurs vaisseaux; et, pour pêcher, il faut jeter dans l'eau plus d'un hameçon. Celui qui, de longue main, s'est préparé une double consolation, s'est dès-lors ménagé tous les honneurs d'un triomphe assuré. Mais vous, qui avez imprudemment livré votre cœur à une seule maîtresse, maintenant, du moins, cherchez de nouvelles amours. Minos, infidèle à ses premiers feux, trahit Pasiphaé pour Procris : cette seconde épouse lui fit oublier la première; le frère d'Amphiloque cessa d'aimer la fille de Phégée, dès que Callirhoé l'eut admis à partager sa couche; OEnone eût pour toujours enchaîné Pâris, si la reine adultère de Sparte ne lui eût ravi son cœur; le tyran de Thrace fût resté toujours épris des charmes de son épouse, si Philomèle, qu'il tenait prisonnière, n'eût été plus belle que sa sœur.

Mais pourquoi m'arrêter à des exemples, dont le nombre est fatigant à citer? Toujours un nouvel amour triomphe de celui qui l'a précédé. Une mère qui a plusieurs enfans, supporte avec plus de courage la perte de l'un d'eux, que celle qui s'écrie en pleurant : « O mon fils! je n'avais que toi! » Et ne croyez pas que je prêche ici de nouvelles maximes : plût au ciel que je pusse m'at-

Vidit id Atrides : quid enim non ille videret,
   Cujus in arbitrio Græcia tota fuit?
Marte suo captam Chryseida victor amabat :
   At senior stulte flebat ubique parens.
Quid lacrymas, odiose senex? bene convenit illis :
   Officio natam lædis, inepte, tuo.
Quam postquam reddi Calchas, ope tutus Achillis,
   Jusserat, et patria est illa recepta domo;
Est, ait Atrides, illi quam proxima forma;
   Et, si prima sinat syllaba, nomen idem.
Hanc mihi, si sapiat, per se concedat Achilles :
   Si minus, imperium sentiat ille meum.
Quod si quis vestrum factum hoc incusat, Achivi,
   Est aliquid valida sceptra tenere manu.
Nam, si rex ego sum, nec mecum dormiet illa,
   In mea Thersites regna, licebit, eat.
Dixit; et hanc habuit solatia magna prioris;
   Et prior est cura cura sepulta nova.
ERGO adsume novas, auctore Agamemnone, flammas,
   Ut tuus in bivio detineatur amor.
Quæris, ubi invenias? Artes, i, perlege nostras.
   Plena puellarum jam tibi navis eat.
Quod si quid præcepta valent mea; si quid Apollo
   Utile mortales perdocet ore meo;
Quamvis infelix media torreberis Ætna,

tribuer la gloire de cette invention ! Le fils d'Atrée la connut avant moi ; et que ne se permit pas ce prince qui disposait à son gré du sort de toute la Grèce ? Il aimait sa captive, Chryséis, doux prix de la victoire ; mais le père de cette jeune fille faisait retentir tout le camp des Grecs de ses plaintes douloureuses. Pourquoi pleurer, vieillard importun ? ces deux amans s'entendent si bien ! insensé, tu perds ta fille en voulant la servir. Enfin, fort du secours d'Achille, Calchas ordonne qu'elle soit rendue à la liberté : elle rentre sous le toit paternel. « Il est, dit alors Agamemnon, une autre beauté comparable à Chryséis ; et dont, à l'exception de la première syllabe, le nom est presque le même. Qu'Achille, s'il est sage, me la cède de lui-même ; autrement il sentira le poids de mon pouvoir. Que si quelqu'un de vous, ô Grecs, osait blâmer ma conduite, il apprendra ce qu'est le sceptre dans des mains vigoureuses. Car, si, étant roi, je n'obtiens pas qu'elle partage mon lit, autant vaut que Thersite monte sur le trône à ma place. » Il dit ; reçut cette esclave en dédommagement de celle qu'on lui avait ravie, et dans les bras de Briséis oublia son premier amour.

Suivez donc l'exemple d'Agamemnon ; comme lui, livrez-vous à de nouvelles flammes ; et que votre amour flotte incertain entre deux maîtresses. Mais où les trouver ? direz-vous. Où ? guidé par mon art, voguez sans crainte, et bientôt votre nacelle se remplira de jeunes beautés. Si mes préceptes ont quelque valeur ; si par ma voix Apollon donne aux mortels des instructions utiles : quand votre cœur au désespoir serait brûlé d'un feu plus ardent que celui de l'Etna, faites en sorte

Frigidior glacie fac videare tuæ.
Et sanum simula; ne, si quid forte dolebis,
Sentiat; et ride, quum tibi flendus eris.
Non ego te jubeo medias abrumpere curas :
Non sunt imperii tam fera jura mei.
Quod non es, simula; positosque imitare furores :
Sic facies vere, quod meditatus eris.
Sæpe ego, ne biberem, volui dormire videri :
Dum videor, somno lumina victa dedi.
Deceptum risi, qui se simulabat amare;
In laqueos auceps decideratque suos.
INTRAT amor mentes usu; dediscitur usu.
Qui poterit sanum fingere, sanus erit.
Dixerit, ut venias pacta tibi nocte? venito.
Veneris, et fuerit janua clausa? feras.
Nec dic blanditias, nec dic convicia posti,
Nec latus in duro limine pone tuum.
Postera lux aderit : careant tua verba querelis;
Et nulla in vultu signa dolentis habe.
Jam ponet fastus, quum te languere videbit :
Hoc etiam nostra munus ab arte feres.
Te quoque falle tamen, dum sit tibi finis amandi :
Propositis frenis sæpe repugnat equus.
Utilitas lateat; quod non profitebere fiet.
Quæ nimis adparent retia, vitat avis.

que votre maîtresse vous croie plus froid que glace. Feignez d'être guéri ; et, si votre cœur saigne encore, que du moins elle ne s'en doute pas ; riez enfin, lorsque vous avez sujet de pleurer. Je ne vous ordonne point de rompre avec elle dans le fort de votre passion ; non, je ne vous impose point des lois si sévères. Dissimulez ; affectez les dehors de la tranquillité : et bientôt vous serez réellement aussi calme que vous semblez l'être. Souvent, pour éviter de boire, j'ai fait semblant de dormir ; et, tout en feignant de dormir, j'ai fini par succomber au sommeil. J'ai bien ri de voir se tromper lui-même un homme qui contrefaisait l'amant passionné : chasseur mal habile, il était tombé dans ses propres filets.

L'amour s'introduit dans nos cœurs par l'habitude ; mais l'habitude aussi nous le fait oublier. Si vous pouvez feindre d'être guéri, vous le serez en effet. Votre maîtresse a promis de vous recevoir telle nuit ? allez-y. En y arrivant, vous trouvez la porte fermée ? patientez. Ne proférez ni menaces, ni prières ; mais ne vous couchez point sur le seuil inflexible. Le lendemain, point de reproches dans vos paroles, point de signes de douleur sur votre visage. En voyant votre tiède indifférence, elle oubliera ses superbes dédains : c'est encore un des bienfaits que vous devrez à mon art. Cherchez toutefois à vous tromper vous-même, jusqu'à ce que vous cessiez entièrement d'aimer : souvent le coursier repousse le mors qu'on lui présente. Cachez-vous à vous-même l'utilité de vos desseins, et vous arriverez sans y penser à votre but : l'oiseau fuit les filets quand ils sont trop visibles. Pour empêcher votre belle de pousser l'amour-propre jusqu'au mépris, soyez fier avec

Ne sibi tam placeat, quo te contemnere possit;
  Sume animos, animis cedat ut illa tuis.
Janua forte patet? quamvis revocabere, transi.
  Est data nox? dubita nocte venire data.
Posse pati facile est, tibi ni sapientia desit;
  Promptius e facili gaudia ferre licet.

Et quisquam præcepta potest mea dura vocare?
  En etiam partes conciliantis ago.
Nam, quoniam variant animi, variamus et artes.
  Mille mali species, mille salutis erunt.
Corpora vix ferro quædam sanantur acuto:
  Auxilium multis succus et herba fuit.
Mollior es, nec abire potes, vinctusque teneris,
  Et tua sævus Amor sub pede colla premit?
Desine luctari; referant sine carbasa venti;
  Quoque vocant fluctus, hac tibi remus eat.
Explenda est sitis ista tibi, qua perditus ardes:
  Cedimus: a medio jam licet amne bibas.
Sed bibe plus etiam, quam quod præcordia poscunt;
  Gutture fac pleno sumta redundet aqua.
Perfruere usque tua, nullo prohibente, puella:
  Illa tibi noctes auferat, illa dies.
Tædia quære; malis facient et tædia finem.
  Jam quoque, quum credas posse carere, mane.
Dum bene te cumules, et copia tollat amorem,

elle, et son orgueil pliera devant le vôtre. Sa porte se trouve-t-elle ouverte comme par hasard? quoiqu'on vous appelle à plusieurs reprises, passez outre. Vous donne-t-on un rendez-vous nocturne? « Je doute, répondrez-vous, de pouvoir m'y trouver. » Il est facile de s'imposer de semblables privations, pour peu qu'on ait de raison; vous pouvez d'ailleurs vous en consoler sur-le-champ dans les bras d'une beauté facile.

Qui pourrait trouver mes préceptes trop sévères, quand je montre à concilier la raison et le plaisir? Comme les caractères varient à l'infini, sachons aussi varier nos préceptes : à mille espèces de maladies opposons mille remèdes divers. Il est des maux que guérit à peine le tranchant du fer; d'autres que soulage le suc des herbes. Trop faible pour vous éloigner, n'osez-vous secouer vos chaînes; et le cruel Amour vous tient-il le pied sur la gorge? cessez de lutter en vain. Laissez les vents ramener votre barque, et secondez avec la rame le mouvement des flots qui vous entraînent. Il faut assouvir cette soif ardente qui vous dévore : j'y consens : buvez à longs traits au beau milieu du fleuve; mais buvez au delà de ce que peut supporter votre estomac, buvez jusqu'à regorger l'eau que vous avez avalée. Jouissez, sans obstacle, jouissez sans interruption de votre maîtresse : consacrez-lui vos nuits, consacrez-lui vos jours; jouissez-en jusqu'à satiété : la satiété vous guérira de vos maux. Restez auprès d'elle, quand même vous croiriez pouvoir vous en éloigner ; et ne quittez cette maison, objet de vos dégoûts, que fatigué de ces plaisirs, dont l'excès a chassé l'amour de votre cœur. L'amour subsiste long-temps, lorsqu'il est nourri par la jalousie : voulez-vous le bannir, bannissez la défiance. Celui qui

E fastidita non juvet isse domo.
Fit quoque longus amor, quem diffidentia nutrit:
　Hunc tu si quæres ponere, pone metum.
Qui timet, ut sua sit, neu quis sibi detrahat illam,
　Ille Machaonia vix ope sanus erit.
Plus amat e natis mater plerumque duobus,
　Pro cujus reditu, quod gerit arma, timet.
Est prope Collinam templum venerabile portam:
　Imposuit templo nomina celsus Eryx.
Est illic Lethæus Amor, qui pectora sanat;
　Inque suas gelidam lampadas addit aquam.
Illic et juvenes votis oblivia poscunt;
　Et si qua est duro capta puella viro.
Is mihi sic dixit (dubito, verusne Cupido
　An somnus fuerit; sed puto somnus erat):
O qui sollicitos modo das, modo demis amores,
　Adjice præceptis hoc quoque, Naso, tuis.
Ad mala quisque animum referat sua; ponet amorem:
　Omnibus illa Deus plusve minusve dedit.
Qui Puteal Janumque timet, celeresque Kalendas,
　Torqueat hunc æris mutua summa sui.
Cui pater est durus, votis ut cetera cedant,
　Huic pater ante oculos durus habendus erit.
Hic male dotata pauper cum conjuge vivit:
　Uxorem fato credat obesse suo.

craint de perdre sa maîtresse ou qu'un rival ne la lui enlève, tout l'art de Machaon pourrait à peine le guérir. Une mère a deux fils, dont l'un porte les armes : celui dont l'absence l'inquiète, est celui qu'elle aime le plus.

Il est, près de la porte Colline, un temple vénéré auquel le mont Éryx a donné son nom. Là, règne un dieu nommé *l'Oubli d'Amour*, qui guérit les cœurs malades : il plonge son flambeau dans les froides eaux du Léthé. C'est là que les jeunes gens et les jeunes femmes, épris d'un objet insensible, portent leurs vœux pour obtenir l'oubli de leurs peines. Ce dieu (était-ce un dieu réel ou l'illusion d'un songe? mais je crois plutôt que c'était un songe), ce dieu me parla ainsi : « O toi, qui tour-à-tour allumes ou éteins les flammes inquiètes de l'amour, Ovide, ajoute ce précepte à tes leçons. Qu'un amant se retrace tous les maux qui le menacent, et il cessera d'aimer. Tous, tant que nous sommes, nous avons reçu de la divinité plus ou moins de maux en partage. Que celui, par exemple, qui a emprunté de l'argent qu'il doit rendre à l'échéance, redoute le Putéal, et Janus, et le trop prompt retour des calendes. Que celui qui a un père dur, quand tout d'ailleurs réussirait au gré de ses vœux, ait sans cesse devant les yeux ce père inflexible. Celui-ci, mari d'une épouse sans dot, vit avec elle dans la pauvreté; qu'il pense à cette épouse, l'auteur de son triste sort. Vous possédez dans un bon terroir une vigne fertile en raisins excellens; craignez que la grappe ne

Est tibi rure bono generosæ fertilis uvæ
  Vinea : ne nascens uva sit usta, time.
Ille habet in reditu navim : mare semper iniquum
  Cogitet, et damno litora fœda suo.
Filius hunc miles, te filia nubilis angant;
  Et quis non causas mille doloris habet?
Ut possis odisse tuam, Pari, funera fratrum
  Debueras oculis substituisse tuis.
Plura loquebatur; placidum puerilis imago
  Destituit somnum : si modo somnus erat.
QUID faciam? media navim Palinurus in unda
  Deserit : ignotas cogor inire vias.
Quisquis amas, loca sola nocent, loca sola caveto.
  Quo fugis? in populo tutior esse potes.
Non tibi secretis, augent secreta furores,
  Est opus : auxilio turba futura tibi est.
Tristis eris, si solus eris : dominæque relictæ
  Ante oculos facies stabit, ut ipsa, tuos.
Tristior idcirco nox est, quam tempora Phœbi :
  Quæ relevet luctus, turba sodalis abest.
Nec fuge colloquium; nec sit tibi janua clausa;
  Nec tenebris vultus flebilis abde tuos.
Semper habe Pyladen, qui consoletur Oresten;
  Hic quoque amicitiæ non levis usus erit.
Quid nisi secretæ læserunt Phyllida silvæ?

soit brûlée en naissant. Cet autre attend le retour d'un vaisseau; qu'il pense nuit et jour aux caprices de la mer, qu'il voie les rivages couverts des débris de son naufrage. Que l'un tremble pour son fils qui est sous les drapeaux; vous, pour votre fille nubile; qui de nous n'a pas mille sujets d'inquiétude? Pour haïr ton Hélène, ô Pâris, il fallait te représenter l'horrible spectacle de la mort de tes frères. » Le dieu parlait encore, quand son image enfantine s'évanouit avec mon songe; si pourtant ce n'était qu'un songe.

Que ferai-je? abandonnée sans pilote au milieu des ondes, ma nef erre à l'aventure sur des mers inconnues. Amant, qui que vous soyez, évitez la solitude : la solitude est dangereuse pour vous. Pourquoi fuir? vous serez plus en sûreté au milieu de la foule. Vous n'avez pas besoin de vous isoler, l'isolement aggrave les tourmens de l'amour : vous trouverez plus de soulagement dans une nombreuse réunion. Si vous restez seul, vous serez triste; et l'image de votre maîtresse délaissée viendra s'offrir à vos yeux : vous croirez la voir en personne. Voilà pourquoi la nuit est plus triste que la clarté du jour. On n'a point alors près de soi une troupe joyeuse d'amis pour se distraire de ses peines. Ne fuyez point la conversation; ne fermez point votre porte; ne cachez point dans les ténèbres votre visage baigné de larmes. Que Pylade soit toujours là pour consoler Oreste; dans de telles circonstances, les soins de l'amitié sont d'un puissant secours. N'est-ce pas la solitude des forêts qui aggrava les maux de Phyllis? La cause certaine de sa mort, c'est

Certa necis causa est : incomitata fuit.
Ibat, ut Adonio referens trieterica Baccho
Ire solet fusis barbara turba comis;
Et modo, qua poterat, longum spectabat in æquor;
Nunc in arenosa lassa jacebat humo.
Perfide Demophoon, surdas clamabat ad undas;
Ruptaque singultu verba dolentis erant.
Limes erat tenuis, longa subnubilus umbra,
Quo tulit illa suos ad mare sæpe pedes.
Nona terebatur miseræ via : Videris, inquit :
Et spectat zonam pallida facta suam.
Adspicit et ramos : dubitat, refugitque quod audet;
Et timet, et digitos ad sua colla refert.
Sithoni, tunc certe vellem non sola fuisses;
Non fleres positis Phyllida, silva, comis!
Phyllidis exemplo nimium secreta timete,
Læse vir a domina, læsa puella viro.
PRÆSTITERAT juvenis, quidquid mea Musa jubebat;
Inque suæ portu pæne salutis erat.
Reccidit, ut cupidos inter devenit amantes;
Et, quæ condiderat, tela resumsit Amor.
Si quis amas, nec vis, facito contagia vites :
Hæc etiam pecori sæpe nocere solent.
Dum spectant oculi læsos, læduntur et ipsi;
Multaque corporibus transitione nocent.

qu'elle était seule. Elle courait, les cheveux épars, comme la foule désordonnée des Bacchantes, qui, tous les trois ans, sur les monts d'Aonie, renouvelle les fêtes de Bacchus. Tantôt elle promenait ses regards sur la mer, le plus loin qu'elle pouvait ; tantôt, épuisée de fatigue, elle se couchait sur la grève sablonneuse : « Perfide Démophoon ! » criait-elle aux flots insensibles ; et ses plaintes douloureuses étaient entrecoupées de sanglots. Par un étroit sentier, couvert d'un épais ombrage, elle se rendait fréquemment au rivage de la mer. Malheureuse, elle venait de le parcourir pour la neuvième fois : « Le sort en est jeté! » dit-elle. Et, pâlissante, elle jette les yeux sur sa ceinture. Elle regarde aussi les arbres qui l'entourent; elle hésite; elle repousse le projet hardi qu'elle a conçu; elle frémit, et porte plusieurs fois les mains à son cou. Pauvre Phyllis! plût au ciel qu'alors tu n'eusses pas été seule! la forêt, déplorant ton trépas, ne se fût point dépouillée de son feuillage! Et vous, amant offensé par votre maîtresse, jeune beauté trahie par votre amant, instruits par l'exemple de Phyllis, redoutez une trop profonde solitude.

Un jeune homme avait suivi fidèlement les conseils de ma Muse; il touchait au port; il était sauvé, quand la rencontre imprévue de quelques amans passionnés fut cause de sa rechute. L'Amour n'avait fait que cacher ses traits, il les reprit. O vous qui voulez cesser d'aimer, évitez la contagion de l'exemple : la contagion vous est aussi nuisible qu'aux troupeaux. Tel, en contemplant les blessures d'autrui, se sent blessé lui-même; bien des maux se gagnent ainsi de proche en proche. Souvent un champ sec et aride est arrosé tout à coup par l'eau

In loca nonnunquam siccis arentia glebis,
  De prope currenti flumine manat aqua.
Manat amor tectus, si non ab amante recedas;
  Turbaque in hoc omnes ingeniosa sumus.
Alter item jam sanus erat : vicinia læsit.
  Occursum dominæ non tulit ille suæ.
Vulnus in antiquum rediit male firma cicatrix,
  Successumque artes non habuere meæ.
PROXIMUS a tectis ignis defenditur ægre :
  Utile finitimis abstinuisse locis.
Nec, quæ ferre solet spatiantem porticus illam,
  Te ferat; officium neve colatur idem.
Quid juvat admonitu tepidam recalescere mentem?
  Alter, si possis, orbis habendus erit.
Non facile esuriens posita retinebere mensa,
  Et multam saliens incitat unda sitim.
Non facile est visa taurum retinere juvenca :
  Fortis equus visæ semper adhinnit equæ.

HÆC ubi præstiteris, ut tandem litora tangas,
  Non satis est ipsam deseruisse tibi.
Et soror, et mater valeant, et conscia nutrix,
  Et quidquid dominæ pars erit ulla tuæ.
Nec veniat servus : nec flens ancillula fictum,
  Suppliciter dominæ nomine dicat, Ave!
Nec, si scire voles, quid agat tamen illa, rogabis.

qui se détourne d'un fleuve voisin ; de même l'amour se glisse à notre insu dans nos âmes, si nous ne nous éloignons pas de ceux qui aiment : mais nous sommes tous à cet égard ingénieux à nous tromper. L'un était déjà guéri, un funeste voisinage l'a perdu de nouveau ; un autre n'a pu supporter la rencontre de sa maîtresse. Encore mal cicatrisée, son ancienne blessure s'est rouverte, et tous les secours de mon art sont restés sans effet.

On se garantit difficilement du feu qui brûle une maison voisine : vous ferez prudemment d'éviter le voisinage de votre belle. Abstenez-vous de fréquenter le portique où elle a coutume de se promener, et de la rencontrer dans ces visites que prescrit la politesse. Pourquoi rallumer le feu qui couve sous la cendre ? Vous ferez mieux, s'il est possible, d'habiter un autre hémisphère. Si nous sommes à jeun, nous avons peine à maîtriser notre appétit devant une table bien servie ; si nous sommes altérés, le bruit d'une source jaillissante augmente encore notre soif. Il n'est pas facile de contenir un taureau, quand il voit une génisse, et toujours le coursier vigoureux hennit à l'aspect d'une cavale.

Lorsqu'à force de lutter, vous toucherez enfin au port ; ce n'est pas assez d'abandonner votre maîtresse : il faut renoncer encore à sa sœur, à sa mère, à la nourrice, sa confidente ; enfin à tout ce qui tient à sa personne. Craignez qu'un esclave, ou une soubrette ne vienne, les yeux mouillés de larmes feintes et d'un air suppliant, vous souhaiter le bonjour de sa part ; et n'allez point, par une dangereuse curiosité, demander de ses nouvelles. Contenez-vous : votre discrétion aura sa ré-

Profer : erit lucro lingua retenta suo.
Tu quoque, qui causam finiti reddis amoris,
　Deque tua domina multa querenda refers;
Parce queri : melius sic ulciscere tacendo,
　Dum desideriis effluat illa tuis.
Et malim taceas, quam te desisse loquaris.
　Qui nimium multis, Non amo, dicit, amat.
Sed meliore fide paulatim extinguitur ignis,
　Quam subito : lente desine; tutus eris.
Flumine perpetuo torrens solet acrius ire;
　Sed tamen hæc brevis est : illa perennis aqua.
Fallat, et in tenues evanidus exeat auras,
　Perque gradus molles emoriatur amor.
Sed modo dilectam scelus est odisse puellam :
　Exitus ingeniis convenit iste feris.
Non curare sat est : odio qui finit amorem,
　Aut amat, aut ægre desinet esse miser.
TURPE, vir et mulier. juncti modo. protinus hostes :
　Non illas lites Appias ipsa probat.
Sæpe reas faciunt, et amant : ubi nulla simultas
　Incidit, admonitu liber aberrat amor.
Forte aderam juveni : dominam lectica tenebat :
　Horrebant sævis omnia verba minis.
Jamque vadaturus; Lectica prodeat : inquit.
　Prodierat : visa conjuge, mutus erat.

compense. Et vous, qui énumérez les motifs que vous avez eus de rompre avec votre maîtresse, et les nombreux sujets de plainte qu'elle vous a donnés; cessez de l'accuser : vous vous vengerez mieux en gardant le silence, jusqu'à ce qu'elle n'excite plus même vos regrets. Il vaut mieux vous taire, que de répéter que vous avez cessé d'aimer. Celui qui dit à tout le monde, « Je n'aime plus, » aime encore. On arrête plus sûrement un incendie en l'éteignant peu à peu qu'en l'étouffant d'un seul coup. Éloignez lentement l'amour, et votre guérison est certaine. Un torrent, d'ordinaire, est plus impétueux qu'un fleuve : mais le cours de l'un a peu d'étendue et de durée, l'autre coule loin et toujours. Que, pareil au nuage qui s'évanouit insensiblement dans les airs, votre amour s'éteigne doucement et par degrés. C'est un crime de haïr aujourd'hui la femme qu'on adorait hier : une transition aussi brusque ne convient qu'à des âmes féroces. Il suffit de cesser de lui rendre des soins : celui dont l'amour se termine par la haine, ou aime encore, ou ne se guérira que difficilement d'une passion qui fait son malheur.

Il est honteux qu'un amant et sa maîtresse, naguère si tendrement unis, deviennent tout à coup ennemis déclarés. Thémis elle-même n'approuve point ces querelles odieuses. Tel souvent intente un procès à une femme qu'il aime encore : lorsque le ressentiment ne survit pas à l'amour, celui-ci, libre de toute contrainte, s'éloigne promptement. Un jour je servais de témoin à un jeune homme : sa maîtresse était près de là dans sa litière : il éclatait contre elle en reproches sanglans, en paroles menaçantes. Au moment où il allait l'assigner : « Qu'elle sorte donc

Et manus, et manibus duplices cecidere tabellæ :
  Venit in amplexus; atque ita, Vincis, ait.
[Tutius est, aptumque magis, discedere pace,
  Quam petere a thalamis litigiosa fora.]
Munera quæ dederis, habeat sine lite jubeto :
  Esse solent magno damna minora bono.

QUOD si vos aliquis conducet casus in unum,
  Mente memor tota, quæ damus arma, tene.
Nunc opus est armis : hic, o fortissime, pugna :
  Vincenda est telo Penthesilea tuo.
Nunc tibi rivalis, nunc durum limen, amanti :
  Nunc mediis subeant irrita verba Deis.
Nec compone comas, quia sis venturus ad illam :
  Nec toga sit laxo conspicienda sinu.
Nulla sit ut placeas alienæ cura puellæ :
  Jam facito e multis una sit illa tibi.
SED quid præcipue nostris conatibus obstet,
  Eloquar; exemplo quemque docente suo.
Desinimus tarde, quia nos speramus amari :
  Dum sibi quisque placet, credula turba sumus.
At tu nec voces, quid enim fallacius illis !
  Crede, nec æternos pondus habere Deos.
Neve puellarum lacrymis moveare caveto :
  Ut flerent, oculos erudiere suos.
Artibus innumeris mens oppugnatur amantum,

de sa litière, » dit-il. Elle en sort : à l'aspect de son amante, il reste muet; les bras lui tombent, les tablettes accusatrices s'échappent de ses mains : il se précipite sur son sein en s'écriant : « Tu l'emportes ! » Se retirer paisiblement est un parti plus sûr et plus convenable, que de passer du lit aux clameurs du barreau. Laissez-la sans litige garder les présens que vous lui avez faits : souvent on gagne beaucoup à faire un léger sacrifice.

Surtout, si le hasard vous réunit dans le même lieu, n'oubliez pas alors de faire usage des armes que je vous ai données! Courage donc! Combattez vaillamment : Penthésilée doit tomber sous vos coups. Rappelez à votre mémoire, et votre heureux rival, et la porte inflexible à votre amour, et ces vains sermens dont l'infidèle prit les dieux à témoin. N'allez pas, parce que vous devez la voir, arranger avec plus de soin vos cheveux, ou disposer avec plus d'art les plis onduleux de votre robe. Ne prenez pas tant de peine pour plaire à une femme qui désormais vous est étrangère : faites en sorte qu'elle ne soit pour vous qu'une femme ordinaire.

Savez-vous ce qui s'oppose le plus au succès de nos efforts ? Le voici : chacun peut là dessus consulter sa propre expérience. Nous cessons trop tard d'aimer, parce que nous nous flattons toujours qu'on nous aime encore. Séduits par notre amour-propre, nous sommes une race crédule. Ne croyez donc pas aux sermens, ils sont si trompeurs ! le nom même des dieux immortels ne peut donner aucun poids au parjure. N'allez pas surtout vous laisser toucher par les larmes de l'infidèle : ses yeux ont appris à pleurer avec art. Le cœur des amans est en butte à mille artifices, comme le galet du rivage ballotté

Ut lapis æquoreis undique pulsus aquis.
Nec causas aperi, quare divortia malis :
  Nec dic, quid doleas; clam tamen usque dole.
Nec peccata refer, ne diluat : ipse favebis;
  Ut melior causa causa sit illa tua.
Qui silet, est firmus; qui dicit multa puellæ
  Probra, satisfieri postulat ille sibi.
NON ego Dulichio furiales more sagittas,
  Nec rapidas ausim tingere in amne faces.
Nec nos purpureas pueri resecabimus alas;
  Nec sacer arte mea laxior arcus erit.
Consilium est quodcumque cano : parete canenti;
  Utque facis, cœptis, Phœbe saluber, ades!
Phœbus adest : sonuere lyræ; sonuere pharetræ :
  Signa Deum nosco per sua : Phœbus adest.
CONFER Amyclæis medicatum vellus ahenis
  Murice cum Tyrio : turpius illud erit.
Vos quoque formosis vestras conferte puellas :
  Incipiet dominæ quemque pudere suæ.
Utraque formosæ Paridi potuere videri;
  Sed sibi collatam vicit utramque Venus.
Nec solam faciem; mores quoque confer et artes :
  Tantum judicio ne tuus obsit amor.
EXIGUUM est, quod deinde canam; sed profuit illud
  Exiguum multis, in quibus ipse fui.

en tous sens par les flots de la mer. Ne dites point quels sont les motifs qui vous font préférer une rupture; et, continuant de souffrir en secret, ne parlez pas du sujet de vos douleurs. Ne rappelez pas ses torts, de peur qu'elle ne s'en justifie : au contraire, laissez-lui beau jeu; dût sa cause en paraître meilleure que la vôtre. Le silence annonce la force : se répandre en invectives contre une infidèle, c'est lui demander une explication satisfaisante.

Je ne prétends point imiter le roi d'Ithaque : je n'oserais point comme lui plonger dans un fleuve les flèches rapides et le flambeau brûlant de l'Amour : je ne couperai point ses ailes purpurines : le but de mes leçons n'est pas non plus de détendre son arc divin. Mes chants se bornent à donner des avis : amans, suivez mes conseils; et toi, dieu de la santé, Phébus, continue, comme tu l'as fait jusqu'ici, de seconder mon entreprise! je l'entends, j'entends retentir sa lyre et son carquois : à ces signes certains je reconnais le dieu. Voici Phébus!

Comparez avec la pourpre de Tyr une laine teinte à Amyclée; cette dernière vous paraîtra hideuse : que chacun de vous compare de même sa maîtresse aux plus belles femmes; et il rougira de l'objet de son amour. Junon et Pallas purent d'abord sembler belles à Pâris; mais, comparées à Vénus, l'une et l'autre furent vaincues. Ne bornez pas ce parallèle à la figure, mettez aussi dans la balance le caractère et les talens; surtout que l'amour n'offusque pas votre jugement.

Le remède que je vais indiquer maintenant est peu de chose; mais, malgré son peu d'importance, il a été utile

Scripta cave relegas blandæ servata puellæ :
  Constantes animos scripta relecta movent.
Omnia pone feros, pones invitus, in ignes;
  Et dic : Ardoris sit rogus iste mei.
Thestias absentem succendit stipite natum :
  Tu timide flammæ perfida verba dabis!
Si potes, et ceras remove : quid imagine muta
  Carperis? hoc periit Laodamia modo.
Et loca multa nocent : fugito loca conscia vestri
  Concubitus; causas mille doloris habent.
Hic fuit; hic cubuit; thalamo dormivimus isto :
  Hic mihi lasciva gaudia nocte dedit.
Admonitu refricatur amor; vulnusque novatum
  Scinditur : infirmis causa pusilla nocet.
Ut, pæne extinctum cinerem si sulfure tangas,
  Vivet, et e minimo maximus ignis erit :
Sic, nisi vitaris quidquid renovabit amorem,
  Flamma redardescet, quæ modo nulla fuit.
Argolides cuperent fugisse Capharea puppes;
  Teque, senex, luctus ignibus ulte tuos.
Præterita cautus Niseide navita gaudet :
  Tu loca, quæ nimium grata fuere, cave.
Hæc tibi sint Syrtes; hæc Acroceraunia vita :
  Hinc vomit et potat dira Charybdis aquas.
Sunt, quæ non possint aliquo cogente juberi;

à plus d'un amant, et à moi tout le premier. Gardez-vous de conserver et de relire les billets doux de votre maîtresse : l'esprit le plus ferme serait ému d'une semblable lecture. Jettez, quoi qu'il vous en coûte, jetez au feu toutes ses lettres, et dites : « Puisse ce brasier consumer aussi mon amour ! » La fille de Thestius, à l'aide d'un fatal tison, brûla son fils absent; et vous, vous hésiteriez à livrer aux flammes ces perfides écrits ! Éloignez aussi de vos yeux, si vous en avez le courage, la cire qui reproduit ses traits : pourquoi rester épris d'une muette image ? Ce fut ce qui perdit Laodamie. Il est aussi des lieux dont la vue est nuisible. Fuyez surtout ceux qui furent le théâtre de vos plaisirs : ils vous rappelleraient mille souvenirs douloureux. « Elle était là; c'est là que je la vis couchée; voici le lit où je dormis dans ses bras : c'est ici que, dans une nuit voluptueuse, elle m'enivra de plaisirs. » Ces souvenirs réveillent l'amour; la blessure mal fermée se rouvre : la moindre imprudence est nuisible aux convalescens. Si vous approchez le soufre d'une cendre à peine éteinte, le feu se rallume, et l'étincelle devient un incendie. De même, si vous n'évitez avec soin tout ce qui peut réveiller votre amour, vous verrez se rallumer la flamme que vous croyez éteinte. La flotte des Grecs eût bien voulu fuir le promontoire de Capharée et le fanal trompeur qu'alluma le vieux Nauplius pour venger la mort de son fils ! Le nautonnier prudent se réjouit quand il a franchi le détroit de Scylla : vous, gardez-vous des lieux vers lesquels vous entraîne un trop doux penchant : qu'ils soient pour vous les Syrtes; évitez ces rochers Acrocérauniens, et cette cruelle Charybde, qui revomit sans cesse les flots qu'elle engloutit.

Il est encore d'autres remèdes dont on ne peut

Sæpe tamen casu facta juvare solent.
Perdat opes Phædre; parces, Neptune, nepoti:
Nec faciet pavidos taurus avitus equos.
Gnosida fecisses inopem; sapienter amasset.
Divitiis alitur luxuriosus amor.
Cur nemo est, Hecalen; nulla est, quæ ceperit Iron?
Nempe quod alter egens, altera pauper erat.
Non habet, unde suum paupertas pascat amorem:
Non tamen hoc tanti est, pauper ut esse velis.
At tibi sit tanti, non indulgere theatris;
Dum bene de vacuo pectore cedat amor.
Enervant animos citharæ, lotosque, lyræque;
Et vox, et numeris brachia mota suis.
Illic adsidue ficti saltantur amantes.
. . . .

Quid caveas auctor, quid juvet, arte docet.
Eloquar invitus: teneros ne tange poetas.
Submoveo dotes impius ipse meas.
Callimachum fugito; non est inimicus Amori;
Et cum Callimacho tu quoque, Coë, noces.
Me certe Sappho meliorem fecit amicæ;
Nec rigidos mores Teia Musa dedit.
Carmina quis potuit tuto legisse Tibulli,
Vel tua, cujus opus Cynthia sola fuit?
Quis potuit lecto durus discedere Gallo?
Et mea nescio quid carmina dulce sonant.

ordonner l'emploi, mais qui, lorsqu'ils sont l'effet du hasard, sont souvent d'un puissant secours. Que Phèdre devienne pauvre; et Neptune épargnera les jours de son petit-fils; et il n'enverra pas ce monstre marin qui épouvanta les chevaux d'Hippolyte. Réduisez Pasiphaé à l'indigence; elle aimera sans emportement. Le luxe et les richesses alimentent l'amour. Pourquoi nul amant ne séduisit-il Hécalès; pourquoi nulle femme ne captiva-t-elle Irus? c'est que tous deux étaient pauvres. La pauvreté n'a pas de quoi nourrir l'amour : ce n'est pas toutefois une raison suffisante pour désirer d'être pauvre. Mais ce qui vous importe, du moins, c'est de ne pas fréquenter les théâtres, jusqu'à ce que l'amour soit entièrement banni de votre cœur. Les sons des cithares, des flûtes et des lyres, les voix mélodieuses, les mouvemens cadencés de la danse énervent l'âme. Chaque jour on y voit représenter de fictives amours. . . . .
. . . .

Forcé par mon art de vous enseigner ce que vous devez fuir et ce qui peut vous être utile, je le dis à regret : ne touchez point aux poètes érotiques. Père dénaturé, c'est proscrire mes propres enfans. Fuyez Callimaque; il n'est point ennemi de l'amour; et toi, poète de Cos, tu n'es pas moins nuisible que Callimaque. Oui, Sapho m'a rendu plus tendre pour mon amie; et la Muse du vieillard Téos n'a pas rendu mes mœurs bien sévères. Qui pourrait sans danger lire les vers de Tibulle, ou ceux du poète qui consacra tous ses chants à sa chère Cynthie? Quel cœur de roche ne serait attendri après avoir lu Gallus? Et je ne sais quelle douceur contagieuse respire aussi dans mes vers.

Quod, nisi dux operis vatem frustratur Apollo,
 Æmulus est nostri maxima causa mali.
At tu rivalem noli tibi fingere quemquam :
 Inque suo solam crede jacere toro.
Acrius Hermionen ideo dilexit Orestes,
 Esse quod alterius cœperat illa viri.
Quid, Menelae, doles? ibas sine conjuge Creten;
 Et poteras nupta lentus abesse tua.
Ut Paris hanc rapuit, nunc demum uxore carere
 Non potes : alterius crevit amore tuus.
Hoc et in abducta Briseide flebat Achilles,
 Illam Plisthenio gaudia ferre toro.
Nec frustra flebat, mihi credite : fecit Atrides :
 Quod si non faceret, turpiter esset iners.
Certe ego fecissem, nec sum sapientior illo.:
 Invidiæ fructus maximus ille fuit.
Nam sibi quod nunquam tactam Briseida jurat
 Per sceptrum, sceptrum non putat esse Deos.
Di faciant, dominæ possis transire relictæ
 Limina; proposito sufficiantque pedes.
Et poteris : modo velle tene : nunc fortiter ire,
 Nunc opus est celeri subdere calcar equo.
Illo Lotophagos, illo Sirenas in antro
 Esse puta : remis adjice vela tuis.
Hunc quoque, quo quondam nimium rivale dolebas,

Si le dieu qui me sert de guide, Apollon, n'abuse point son poète, un rival est la principale cause de nos maux. N'allez donc pas vous figurer que vous avez un rival; et croyez pieusement que votre belle couche seule dans son lit. Ce qui rendit plus ardent l'amour d'Oreste pour Hermione, c'est qu'elle était devenue la maîtresse d'un autre. Pourquoi te lamenter ainsi, Ménélas? Tu te rendais en Crète sans ton épouse; et tu pouvais rester long-temps éloigné d'elle. Mais, depuis que Pâris l'a enlevée, tu ne peux plus vivre sans ton Hélène : l'amour d'un autre a stimulé le tien. Ce qui surtout faisait couler les larmes d'Achille, lorsque Briséis lui fut ravie; c'était de la voir porter ses charmes dans le lit du fils de Plisthène. Et, croyez-moi, il ne pleurait pas sans raison : Agamemnon fit... ce qu'il ne pouvait se dispenser de faire, à moins de rester dans une honteuse inaction; il fit ce que j'aurais fait à sa place; car je ne suis pas plus sage que lui. Ce fut le plus doux fruit de la jalousie qui régnait entre ces deux chefs. Car, lorsqu'Agamemnon jure par son sceptre qu'il n'a jamais touché Briséis, il ne pense point que son sceptre soit une divinité.

Fassent les dieux que vous puissiez passer le seuil de la maîtresse que vous avez abandonnée, sans vous arrêter, sans que vos pieds trahissent votre résolution! Et vous le pouvez, si vous le voulez fortement; mais alors il faut de la fermeté, alors il faut redoubler le pas, et enfoncer l'éperon dans les flancs de votre coursier. Figurez-vous que sa maison est peuplée de Lotophages, que c'est l'antre des Sirènes : déployez les voiles et faites force de rames. Je voudrais même que ce rival, qui

Vellem desineres hostis habere loco.
At certe, quamvis odio remanente, saluta:
  Oscula quum poteris jam dare, sanus eris.

Ecce cibos etiam, medicinæ fungar ut omni
  Munere, quos fugias, quosve sequare, dabo.
Daunius, an Libycis bulbus tibi missus ab oris,
  An veniat Megaris, noxius omnis erit.
Nec minus erucas aptum vitare salaces;
  Et quidquid Veneri corpora nostra parat.
Utilius sumas acuentes lumina rutas,
  Et quidquid Veneri corpora nostra negat.
Quid tibi præcipiam de Bacchi munere, quæris?
  Spe brevius monitis expediere meis.
Vina parant animum Veneri, nisi plurima sumas,
  Et stupeant multo corda sepulta mero.
Nutritur vento, vento restinguitur ignis:
  Lenis alit flammam, grandior aura necat.
Aut nulla ebrietas, aut tanta sit, ut tibi curas
  Eripiat: si qua est inter utramque, nocet.
Hoc opus exegi: fessæ date serta carinæ;
  Contigimus portum, quo mihi cursus erat.
Postmodo reddetis sacro pia vota poetæ,
  Carmine sanati femina virque meo.

naguère vous causait des chagrins si vifs, vous en vinssiez à ne plus le regarder comme un ennemi. Du moins, si vous conservez contre lui un levain de haine, vous devrez le saluer : lorsque vous pourrez enfin l'embrasser, vous serez guéri.

Maintenant, pour accomplir tous les devoirs d'un bon médecin, je vais vous enseigner les alimens dont vous devez vous abstenir et la diète que vous devez suivre. Toute plante bulbeuse est également nuisible, soit qu'elle vienne de la Daunie, ou de Mégare, ou des rivages de l'Afrique. Il est prudent de s'abstenir de la roquette stimulante et de tout ce qui nous excite aux plaisirs de l'amour. Vous vous trouverez bien de faire usage de la rue qui rend l'œil plus vif et qui éteint dans nos sens le feu des désirs. Vous me demandez ce que je vous prescris à l'égard du jus de la treille? je vais, surpassant votre espérance, vous satisfaire en peu de mots. Le vin dispose notre âme aux plaisirs, à moins que nous n'en prenions assez pour plonger nos esprits dans un profond engourdissement. Le vent entretient le feu, le vent peut aussi l'éteindre : léger, il alimente la flamme; trop violent, il l'étouffe. Point d'ivresse donc, ou qu'elle soit assez complète pour noyer tous vos chagrins. Rien de plus nuisible que de garder un milieu entre l'ivresse et la sobriété.

Mon œuvre est achevée; je touche enfin au port où je voulais aborder : couronnez de guirlandes ma nef fatiguée. Amans, jeunes beautés, bientôt guéris par mes vers, vous rendrez à votre poète de pieuses actions de grâces.

NOTES

DU REMÈDE D'AMOUR.

1. *Legerat hujus Amor titulum nomenque libelli* (v. 1). Presque tous les traducteurs de cet ouvrage l'ont divisé en deux chants; mais l'ancienne édition de la Bibliothèque royale n'offre pas cette coupure : elle a aussi été rejetée par Daniel Heinsius, par Burmann, par Schrévélius, et en dernier lieu par M. Amar, dans les Classiques latins de Lemaire : j'ai suivi leur exemple. Ovide lui-même, dans le premier vers de ce poëme, semble déclarer qu'il n'admet pas cette division.

2. *Parce tuum vatem sceleris damnare, Cupido* (v. 3). Ovide, en parlant de soi, peut avec raison dire à l'Amour, *tuum vatem;* car il est vraiment le poète de l'Amour, dont il a chanté le pouvoir et les charmes dans ses trois livres *des Amours*, dans son *Art d'aimer* et dans ses *Héroïdes;* sans compter qu'un grand nombre de fables de ses *Métamorphoses* roulent aussi sur l'Amour. Toute sa vie semble donc avoir été consacrée à sentir ou chanter l'Amour; aussi dit-il :

> . . . . Ego semper amavi ;
> Et si, quid faciam nunc quoque, quæris; amo.

Cupidon aurait donc tort de s'effaroucher du titre de ce livre; car bien loin d'être, comme il l'annonce, un *remède contre l'amour*, ce petit poëme devrait être intitulé : *Conseils pour devenir infidèle;* et c'est surtout contre les dangers d'une trop grande constance qu'Ovide cherche à prémunir ses disciples. Or, comme l'a très-bien dit un de ses commentateurs, si ce poëme est un remède contre l'amour, c'est un remède pire que le mal.

3. *Non ego Tydides, a quo tua saucia mater* (v. 5). Allusion à Diomède, fils de Tydée, qui, pendant la guerre de Troie, blessa

Vénus à la main, et la força à se réfugier dans l'Olympe sur le char de Mars. — Voyez *Iliade*, liv. v.

4. Vers 15 :

> *At, si quis male fert indignæ regna puellæ,*
> *Ne pereat, nostræ sentiat artis opem.*

On voit, comme je viens de le dire, que le but de ce poëme est d'empêcher les jeunes gens de prendre l'amour au sérieux.

5. *Vitricus et gladiis et acuta dimicet hasta* (v. 27). Le poète fait un parallèle ingénieux entre les doux combats que livre l'Amour et les sanglans exploits de Mars. L'un, dit-il, se plaît au sein du carnage, l'autre n'a jamais fait porter le deuil à personne. C'est sans doute ce passage d'Ovide qui a fourni à M. De Guerle l'idée de ces jolis vers intitulés : *La moderne Spartiate :*

> Quel démon t'entraîne au carnage?
> Ton sexe aimable est peu guerrier ;
> Sa gloire est de plaire : à ton âge
> Le myrte efface le laurier.

> J'aime ta mine douce et fière,
> Et tu ressembles tour-à-tour,
> Sous le casque, au dieu de la guerre,
> Sans casque aux sœurs du jeune Amour.

> Mais la tête la plus mignonne
> N'est point à l'abri du canon ;
> La mort ne respecte personne :
> Peu de femmes sont des Éon.

> Quel dieu te servirait d'égide
> Contre un Diomède cruel?
> Vénus, sous un fer déicide,
> Vit jaillir son sang immortel.

> La poudre flétrirait tes charmes
> Faits pour les amoureux débats ;
> L'Amour, pour étrenner tes armes,
> T'appelle à de plus doux combats.

> Vainqueur humain, il met sa gloire
> A guérir les maux qu'il a faits :
> Peu de sang scelle ses victoires,
> Ses blessures sont des bienfaits.

> S'il t'est doux d'arracher la vie,
> Ta défaite fera mourir,
> Et mes rivaux de jalousie,
> Et moi, ton amant, de plaisir.

6. *Et modo blanditias, rigido modo jurgia posti Dicat* (v. 35). On voit un exemple de ces prosopopées que les amans adressaient à la porte de leur maîtresse dans la scène 2 de l'acte 1 du *Curculio* de Plaute, et dans Tibulle, élégie 2 du liv. 1 :

> Janua difficilis dominæ, te verberet imber.

On trouve encore de semblables imprécations *contre une porte inflexible* dans Properce et dans Catulle.

7. Vers 47 :

> *Vulnus in Herculeo quæ quondam fecerat hoste,*
> *Vulneris auxilium Pelias hasta tulit.*

Ovide, par une comparaison aussi juste qu'ingénieuse, assimile le *Remède d'Amour*, qu'il offre aux cœurs que son *Art d'aimer* a pu blesser, à la lance d'Achille, qui guérissait les blessures qu'elle avait faites. On sait d'ailleurs que Télèphe était un roi de Mysie, fils d'Hercule et d'Augé, qui voulut s'opposer au passage des Grecs qui se rendaient au siège de Troie; mais il fut blessé par Achille. L'oracle, consulté par lui, ayant déclaré que sa blessure ne pouvait être guérie que par la lance qui l'avait faite, il se réconcilia avec Achille, qui le guérit avec la rouille de cette même lance. Diodore de Sicile, dans son liv. v, raconte cette histoire avec de longs détails dont je ferai grâce au lecteur.

8. *Sed quæcumque viris, vobis quoque dicta, puellæ, Credite* (v. 49). Ovide, toujours ami des belles, déclare que, dans les conseils qu'il donne aux hommes, il a également en vue les femmes; et que, si les artifices qu'il enseigne à ceux-ci peuvent tourner contre elles, elles doivent néanmoins en profiter pour se tenir en garde contre l'usage qu'ils en pourraient faire.

9. *Redde Parin nobis; Helenen Menelaus habebit* (v. 65). Le jugement des trois déesses et l'enlèvement d'Hélène sont des histoires trop connues, pour qu'il soit nécessaire de les répéter ici;

mais ce qu'on sait moins généralement, c'est que Pâris, avant
de se rendre au siége de Troie, quand il vivait encore parmi les
bergers, épousa la nymphe OEnone, qui lui prédit les maux dont
il serait un jour la cause. Lorsque les Grecs prirent Ilion, après
dix ans de siége, Pâris, blessé à mort par Pyrrhus, se fit porter
sur le mont Ida, auprès d'OEnone, pour qu'elle le guérit, car elle
avait une parfaite connaissance de la médecine; mais OEnone,
indignée de ce que Pâris l'avait abandonnée, ne voulut point lui
donner les secours de son art. Ce prince étant mort de sa blessure, OEnone se pendit de désespoir. Ovide a composé sur ce
sujet une Héroïde, qui a fourni à M. De Guerle le sujet et quelques détails d'un poëme élégiaque intitulé *OEnone et Pâris*,
dont il n'a publié que les deux premiers chants, et que la mort
ne lui a pas permis de terminer.

10. *Publicus adsertor dominis oppressa levabo Pectora* (v. 73).
Publicus adsertor a ici le même sens que *publicus liberator*, et par
ces mots Ovide désigne le préteur qui donnait la liberté aux
esclaves en les frappant de sa baguette appelée *vindicta*. Les Latins se servaient du mot *adserere* dans le même sens que *vindi-
care*, et disaient *adserere in servitutem*, et *adserere in liberta-
tem*; c'est de là qu'est venu le mot *adsertor*. On lit dans Tite-
Live, liv. III : « Claudio clienti negotium dat ut virginem *in
servitutem adsereret*. »

11. Vers 75 :

> Te precor, o vates adsit tua laurea nobis,
> Carminis, et medicæ, Phœbe, repertor opis.

On sait qu'Apollon était à la fois le dieu de la poésie, de la
médecine et de la musique. Ovide, dans ses *Métamorphoses*,
liv. I, v. 521, lui fait dire :

> Inventum medicina meum est; Opiferque per orbem
> Dicor; et herbarum subjecta potentia nobis.

Dans le partage qu'il fit de ses talens entre ses enfans, en bon
père de famille, il dota Orphée, un de ses fils qu'il avait eu de
Calliope, du don de la musique; Phémonoé, sa fille, eut en partage la poésie héroïque; et Esculape l'art de guérir.

12. Vers 91 :

> *Principiis obsta : sero medicina paratur,*
> *Quum mala per longas convaluere moras.*

Ces vers sont devenus proverbe, et sont un axiome de sagesse aussi bien que de médecine.

13. *Qui non est hodie, cras minus aptus erit* (v. 94). Racine le fils, dans son poëme de *la Grâce*, fait dire à saint Augustin :

> Une voix me criait : Sors de cette demeure;
> Et moi je répondais : Un moment, tout-à-l'heure.
> Mais ce fatal moment ne pouvait point finir,
> Et cette heure toujours différait à venir.

14. Vers 111 :

> *Quam læsus fuerat partem Pæantius heros,*
> *Certa debuerat præsecuisse manu :*
> *Post tamen hic multos sanatus creditur annos*
> *Supremam bellis imposuisse manum.*

Pæantius heros. Philoctète, fils de Pæan, fut le compagnon d'Hercule. Celui-ci, en mourant, lui laissa ses flèches trempées dans le sang de l'Hydre de Lerne, et le pria instamment de ne révéler à personne le lieu de sa sépulture. Les Grecs ayant appris de l'oracle qu'on ne prendrait jamais Troie sans les flèches d'Hercule, Philoctète, pour n'être point parjure, frappa du pied à l'endroit où était déposée la dépouille mortelle de ce demi-dieu. Quoiqu'il n'eût point parlé, il avait trahi son serment. Voici comment il en fut puni. Lorsqu'il se fut embarqué avec les Grecs pour aller au siège de Troie, il laissa tomber une des flèches d'Hercule sur celui de ses pieds dont il avait frappé la terre, et se fit une plaie dont l'infection devint si grande, que les Grecs, ne pouvant la supporter, l'abandonnèrent dans l'île de Lemnos. Mais, après la mort d'Achille, ils furent obligés de recourir à Philoctète, qui, indigné de l'injure qu'on lui avait faite, résista long-temps à leurs prières. Ulysse parvint enfin à l'y décider; et l'on dit que Philoctète eut beaucoup de part à la mort de Pâris, l'auteur de cette longue et sanglante guerre. M. De Guerle, à la fin du second chant de son poëme d'*OEnone et Pâ-*

ris, dont j'ai parlé plus haut, suppose que ce fut Pyrrhus dont les soins guérirent Philoctète de sa blessure, si long-temps regardée comme incurable. Devenu l'ami de Philoctète, Pyrrhus le prie de lui prêter une des flèches d'Hercule pour atteindre Pâris, qui se dérobait à sa vengeance par la fuite :

> Las de poursuivre en vain son rapide adversaire,
> Pyrrhus enfin s'arrête ; et, bouillant de colère,
> Au moment où Vénus s'enfuyait dans les cieux,
> Sur le fils de Pæan il a jeté les yeux :
> « O compagnon d'Hercule ! ô digne ami d'Achille !
> Vois Pâris m'échapper, vois mon glaive inutile.
> Par pitié, Philoctète, ah ! prête à mon courroux,
> Prête ces traits ailés dont la mort suit les coups,
> Ces traits sous qui tomba l'Hydre en vain renaissante,
> Et dont un noir poison teint la pointe sanglante.
> Donne ; et bientôt Pâris, atteint du fer vainqueur,
> Tombe comme l'oiseau sous le dard du chasseur.
> — Tiens, mon fils, le voilà cet arc, noble héritage
> Dont Hercule mourant honora mon courage.
> Hélas ! moi-même un jour, de sa flèche effleuré,
> Dieux, quels maux j'ai soufferts ! Hideux, défiguré,
> Fui des Grecs, qu'infectait ma livide blessure,
> Seul, aux hôtes des bois disputant leur pâture,
> Dix ans Lemnos m'a vu, dans les cris, dans les pleurs,
> Traîner, faible et rampant, mes horribles douleurs.
> J'expirais ; tu parus. Qu'il fut doux ton langage !
> « Le ciel fléchi t'arrache à ton antre sauvage ;
> « La gloire et la santé, sous les murs d'Ilion,
> « T'attendent, le front ceint d'un immortel rayon ;
> « Viens. » Je suivis tes pas. Oh ! du dieu d'Épidaure,
> Art puissant, art divin ! le mal qui me dévore
> S'apaise ; et, dans mon sein, un baume bienfaiteur
> Fait, avec la santé, renaître la vigueur.
> De ta pitié, mon fils, reçois la récompense :
> Périsse au loin le lâche atteint par ta vengeance !
> Et de Laomédon que l'infâme cité
> Une seconde fois sente Hercule irrité. »

15. *Temporis ars medicina fere est : data tempore prosunt* (v. 131). L'efficacité d'un remède dépend de son opportunité. Sé-

nèque a dit à ce sujet : « Nihil est in morbis magis periculosum quam immatura medicina : sicut e contrario nihil salutarius medicina tempestiviter data. »

16. *Vade per urbanæ candida castra togæ* (v. 152). Par *candida castra togæ urbanæ*, Ovide désigne les assemblées des citoyens pour l'élection des magistrats : on sait que ceux qui aspiraient aux honneurs civils étaient nommés *candidats* à cause de la robe blanche, *candida toga*, dont ils étaient revêtus.

17. *Ecce fugax Parthus, magni nova causa triumphi* (v. 155). Allusion à la guerre contre les Parthes, dont Auguste avait confié la conduite au jeune Caïus, fils d'Agrippa, comme nous l'avons dit précédemment dans la note 30 du liv. 1 de *l'Art d'aimer*.

18. *Rura quoque oblectant animos, studiumque colendi* (v. 169). Les anciens sont admirables dans les descriptions qu'ils font de la vie rustique. Virgile a consacré un poëme entier à chanter les travaux de la campagne, et Horace fait un tableau ravissant du bonheur des champs dans son *Épode* II :

> Beatus ille, qui procul negotiis, etc.

et dans ce passage de la *Sat.* 6 du livre II, v. 60 :

> O rus, quando ego te aspiciam ?

Claudien, dans son *Vieillard de Vérone* ; Properce, dans son élégie 18 du liv. II, et surtout Tibulle, dans son élégie 3 du liv. II, en font aussi l'éloge.

19. *Stetque peregrinis arbor operta comis* (v. 196). Ovide a dit à peu près de même dans *l'Art d'aimer*, liv. II, v. 652 :

> Firmaque adoptivas arbor habebit opes.

Mais jamais l'opération de la greffe n'a été décrite plus poétiquement que par Virgile dans le chant II des *Géorgiques*, v. 73 :

> Nec modus inserere atque oculos imponere simplex.
> Nam qua se medio trudunt de cortice gemmæ,
> Et tenues rumpunt tunicas, angustus in ipso
> Fit nodo sinus; huc aliena ex arbore germen
> Includunt, udoque docent inolescere libro.
> Aut rursum enodes trunci resecantur, et alte

> Finditur in solidum cuneis via; deinde feraces
> Plantæ immittuntur, nec longum tempus, et ingens
> Exiit ad cœlum ramis felicibus arbos,
> Miraturque novas frondes, et non sua poma.

Ce derniers vers, et surtout ces mots *non sua poma*, sont admirables. Delille a rendu ainsi cette pensée dans son poëme des *Trois Règnes de la Nature*, chant VI :

> L'arbre adopté s'élève : il se couvre de fruits
> Que le tronc paternel n'aurait jamais produits;
> Et l'arbre hospitalier, où la greffe prospère,
> De ces enfans nouveaux s'étonne d'être père.

20. Vers 199 :

> *Vel tu venandi studium cole : sæpe recessit*
> *Turpiter a Phœbi victa sorore Venus.*

Dans le chant VI du poëme de l'*Imagination*, Delille a imité ce passage d'Ovide :

> Par des distractions dont s'amuse votre âme,
> De ses feux dévorans amortissez la flamme :
> La flèche de Diane, ainsi que ses filets,
> Souvent de Cythérée affaiblirent les traits.

21. *Forsitan a Laribus patriis exire pigebit* (v. 237). Les Lares étaient aussi appelés Pénates et dieux domestiques. Ils étaient enfans de Jupiter ou de Mercure, et de Larunde. C'étaient de petites statues qu'on honorait dans les maisons, et dont on avait un soin particulier. Elles étaient ordinairement accompagnées de la figure d'un petit chien, qu'on honorait lui-même sous le nom de *Lar familiaris*. Outre ces Lares particuliers, il y en avait aussi de publics, dont les uns présidaient aux chemins, *Viales*, les autres aux carrefours, *Compitales* : chaque ville avait les siens qu'on nommait *Urbani*. Énée est célèbre pour avoir sauvé ceux de Troie. Enfin il y en avait qu'on adorait sous les noms de *Hostilii* et de *Præstites*; les premiers pour obtenir l'éloignement de ses ennemis, et les autres pour être secouru dans les conjonctures fâcheuses. On leur immolait des porcs. Les Égyptiens en révéraient quatre, qu'ils appelaient *Anachys, Dymon, Tychis* et

Héros. Le *Laraire* était, chez les Romains, une petite chapelle dans l'endroit de la maison où chaque famille mettait les statues de ses dieux Lares.

22. *Nec fugiet vivo sulfure victus amor* (v. 260). Allusion aux cérémonies religieuses dans lesquelles, pour purifier les amans, on employait une torche enflammée, du soufre et des œufs. Tibulle (liv. 1, élég. 2, v. 63) a dit :

> Et me lustravit tædis, et nocte serena.

On s'en servait aussi pour purifier la chambre des malades. Ovide, liv. II, v. 329 de *l'Art d'aimer :*

> Et veniat, quæ lustret anus lectumque locumque;
> Præferat et tremula sulphur et ova manu.

23. *Non ego, quod primo, memini, sperare solebam* (v. 273). M. Pirault-des-Chaumes, auteur d'une traduction de *l'Art d'aimer*, dont j'ai cité plusieurs fragmens dans mes notes, a aussi traduit *le Remède d'amour*. Voici comment il rend cette allocution de Circé à Ulysse :

> Je ne demande plus, cher Ulysse, de toi
> Que tu serres des nœuds que méritait ma foi.
> Et pourtant, du Soleil puisqu'on la fait descendre,
> Peut-être à ton hymen Circé pouvait prétendre !
> J'ai banni cet espoir; je borne tous mes vœux
> A te garder encor quelques jours en ces lieux.
> Veux-tu donc affronter une mer courroucée ?
> Attends du moins, cruel, qu'elle soit apaisée;
> Une seconde Troie a-t-elle armé ton bras ?
> Contre un autre Rhésus cours-tu donc aux combats?
> La paix est dans ces lieux : seule, hélas ! j'y soupire;
> Et tu vas loin de moi chercher un autre empire !...

24. *Sub titulum nostros misit avara lares* (v. 302). Par ces mots *sub titulum mittere*, j'entends « vendre à l'encan; » *titulus* était une affiche, un écriteau qui indiquait qu'une propriété était à vendre. Tibulle (liv. II, élég. 4, v. 53) a dit dans le même sens :

> Quin etiam sedes jubeat si vendere avitas :
> Ite sub imperium, sub titulumque, Lares.

NOTES.

25. *Quam potes, in pejus dotes deflecte puellæ* (v. 325). Ce passage est la contre-partie de celui de *l'Art d'aimer* (liv. II, v. 657), où Ovide dit :

> Nominibus mollire licet mala : fusca vocetur,
> Nigrior Illyrica cui pice sanguis erit.

26. *Fallit enim multos forma sine arte decens* (v. 350). Pensée aussi vraie que bien exprimée, et qu'un poète français a rendue ou cru rendre par ce vers :

> Rien n'est plus séduisant qu'un galant négligé ;

M. de Saint-Ange par celui-ci :

> L'art séduit quelquefois moins que la négligence ;

et M. Pirault-des-Chaumes :

> Sans apprêts quelquefois une femme est charmante.

27. *Illa tuas redolent, Phineu, medicamina mensas* (v. 355). Phinée, roi de Thrace, fils d'Agénor et mari de Cléopâtre, fille de Borée, après l'avoir répudiée, épousa une autre femme, qu'il condamna à perdre la vie, parce qu'on l'accusa d'avoir des intelligences avec ses beaux-fils, auxquels ce barbare père fit crever les yeux. Mais Borée vengea l'innocence de ses petits-fils en rendant Phinée aveugle. Un autre malheur vint se joindre à sa cécité : les Harpies, oiseaux immondes et faméliques, moitié femmes, moitié vautours, dévoraient tous les mets servis sur sa table. Elles étaient trois sœurs : Aëllo, Ocypète et Céléno, filles de Typhée et de la Terre. Enfin Zethès et Calaïs, fils de Borée et d'Orytie, pour prix de l'hospitalité que Phinée avait donnée aux Argonautes, le délivrèrent de ces monstres impurs. Voici la description que Virgile en a faite au liv. III, v. 214 de l'*Énéide* :

> Tristius haud illis monstrum, nec sævior ulla
> Pestis, et ira Deum Stygiis sese extulit undis.
> Virginei volucrum vultus, fœdissima ventris
> Proluvies, uncæque manus, et pallida semper
> Ora fame.

Delille a paraphrasé en dix vers ce tableau hideux, qui a été rendu d'une manière, sinon plus élégante, du moins plus littérale et plus concise, par M. de la Tresne :

> Jamais monstres pareils ne souillèrent le jour;
> Et des marais du Styx, la colère céleste
> Ne fit jamais sortir un fléau plus funeste.
> Ces oiseaux d'une vierge ont l'aspect et la voix,
> Et d'un ventre hideux traînent l'énorme poids;
> Leurs bouches de la Faim offrent les traits livides,
> Et des ongles crochus arment leurs mains avides.

Pétrone (*Satyricon*, ch. cxxxvi) en parle ainsi :

> Tales Herculea Stymphalidas arte coactas
> Ad cœlum fugisse reor, sanieque fluentes
> Harpyias, quum Phinei maduere veneno
> Fallaces epulæ. Tremuit perterritus æther
> Planctibus insolitis, confusaque regia cœli
> Visa suas moto transcurrere cardine metas.

Voici comment ces vers sont imités dans ma traduction :

> Tel le Stymphale a vu, d'un vol rapide,
> Ses oiseaux regagner les cieux,
> Redoutant du vaillant Alcide
> Le stratagème ingénieux;
> Des sœurs de Céléno, telle la troupe avide,
> Du venin de son souffle infect,
> Souillait le banquet de Phinée,
> Quand Calaïs parut.... A son aspect,
> Les trois monstres ont fui la table empoisonnée :
> L'air retentit au loin de leurs longs hurlemens,
> Et l'Olympe en trembla jusqu'en ses fondemens.

28. Vers 365 :

> *Ingenium magni detrectat livor Homeri :*
> *Quisquis es, ex illo, Zoïle, nomen habes.*

Allusion à un passage de Vitruve (*de Architectura*, lib. vii), qui raconte qu'un certain Zoïle, né à Amphipolis en Thrace, ayant composé un livre satirique contre les poëmes d'Homère, se rendit à Alexandrie, où il le lut en présence du roi Ptolémée. Ce

prince, indigné qu'on osât critiquer un si grand poète, au lieu
d'en dire son avis, garda le silence du mépris. Dans la suite, ce
Zoïle, réduit à l'indigence, vint de nouveau trouver le roi, et
réclama de lui quelques secours; mais Ptolémée lui répondit :
« Puisque Homère, qui est mort il y a plus de mille ans, fait
vivre par ses ouvrages tant de milliers d'hommes, toi qui es vivant, et qui te prétends beaucoup plus habile qu'Homère, tu
dois non-seulement te nourrir, mais en nourrir encore un grand
nombre d'autres par tes talens. » Les historiens varient sur la fin
de Zoïle, qui fut tragique : les uns disent qu'ayant été accusé de
parricide, il fut mis en croix; d'autres qu'il fut lapidé; d'autres
enfin qu'il fut brûlé vif à Smyrne. Quoi qu'il en soit, Zoïle se
rendit fameux par la virulence de ses critiques contre Homère,
Platon et Isocrate. Il s'était lui-même donné le surnom d'*Homéromastix*, ou fléau d'Homère. On a depuis donné son nom aux
critiques injustes, et méchans. Aulu-Gelle écrit, qu'à l'exemple
de Zoïle, un mauvais écrivain composa contre Cicéron une diatribe qu'il intitula *Cicéromastix*.

Martial (liv. xi, épigr. 92) a tourné en épigramme la pensée
d'Ovide :

> Mentitur, qui te vitiosum, Zoïle, dixit.
> Non vitiosus homo es, Zoïle, sed vitium.

On pourrait traduire ainsi ce distique :

> Zoïle vicieux ! jugement erroné !
> Il n'est point vicieux, c'est le vice incarné.

29. *Pertulit hic victos quo duce Troja Deos* (v. 368). Allusion
à une satire de Carvilius Picto contre l'*Énéide*, intitulée : *Æneïdomastix*. — *Voyez*, à ce sujet, Pseudo-Donatus, dans sa *Vie de
Virgile*.

30. *Summa petit livor* (v. 369). L'envie ne s'attache qu'aux
grandes choses. Velleius Paterculus, ch. xl : *Nunquam eminentia
invidia carent*. Ovide, dans le liv. ii de ses *Métamorphoses*,
offre, v. 775 et suiv., une admirable peinture de l'Envie personnifiée :

> Pallor in ore sedet; macies in corpore toto, etc.

et Voltaire, dans le chant vii de la *Henriade*, v. 144 et suiv., en fait ainsi le portrait :

> Là gît la sombre Envie, à l'œil timide et louche,
> Versant sur des lauriers les poisons de sa bouche ;
> Le jour blesse ses yeux dans l'ombre étincelans ;
> Triste amante des morts, elle hait les vivans.
> Elle aperçoit Henri, se détourne, et soupire.
> Auprès d'elle est l'Orgueil, qui se plaît et s'admire ;
> La Faiblesse au teint pâle, aux regards abattus,
> Tyran qui cède au crime et détruit les vertus ;
> L'Ambition sanglante, inquiète, égarée,
> De trônes, de tombeaux, d'esclaves entourée ;
> La tendre Hypocrisie, aux yeux pleins de douceur
> (Le ciel est dans ses yeux, l'enfer est dans son cœur);
> Le Faux-Zèle étalant ses barbares maximes;
> Et l'Intérêt enfin, père de tous les crimes.

31. *Fortia Mœonio gaudent pede bella referri* (v. 373). Cette poétique abrégée des différens genres rappelle presque mot pour mot ces vers de l'*Art poétique* d'Horace :

> Res gestæ regumque ducumque et tristia bella,
> Quo scribi possent numero, monstravit Homerus.

32. *Liber in adversos hostes stringatur iambus* (v. 377). Horace, dans ce vers de l'*Art poétique* :

> Archilochum proprio rabies armavit iambo,

attribue à Archiloque l'invention de ce mètre dont il fit usage contre Lycambe, qui lui refusa dédaigneusement la main de sa fille qu'il lui avait promise. Mais il semble hésiter entre Archiloque et Hipponax dans ces autres vers de l'*Épode* vi, *contre Cassius Severus* :

> Cave, cave : namque in malos asperrimus
>   Parata tollo cornua :
> Qualis Lycambæ spretus infido gener,
>   Aut acer hostis Bupalo.

On prétend, en effet, que le poète Hipponax, d'Éphèse, fut le véritable inventeur de l'ïambe, dont il fit, le premier, usage contre les sculpteurs Bupalus et Athenis, qui avaient fait des caricatures contre lui : on ajoute qu'ils se pendirent tous deux de désespoir; mais Pline assure que cette catastrophe est de pure invention.

33. Vers 383 :

> *Quis ferat Andromaches peragentem Thaida partes?*
> *Peccat, in Andromache Thaida si quis agat.*

Ces deux vers semblent être le développement du 89ᵉ de l'*Art poétique* d'Horace :

Versibus exponi tragicis res comica non vult.

Ils font d'ailleurs allusion à l'*Andromaque* d'Euripide, et à la *Thaïs* de Ménandre : la première de ces deux pièces est parvenue jusqu'à nous; l'autre a été perdue.

34. *Principio clivi vester anhelat equus* (v. 394). Expression proverbiale pour désigner un homme faible et énervé. On en trouve un autre exemple dans le ch. CXXXIV du *Satyricon* de Pétrone : « Nec a puero quidem te vindicasti : sed mollis, debilis, lassus, *tanquam caballus in clivo*, et operam, et sudorem perdidisti. »

35. *A prima proxima segnis erit* (v. 404). Juvénal a imité cette locution dans sa satire X, v. 125 :

> ....Conspicuæ, divina Philippica, famæ,
> Volveris a prima quæ proxima.

36. Vers 441 :

> *Hortor et, ut pariter binas habeatis amicas :*
> *Fortior est, plures si quis habere potest.*

Ces vers justifient complètement l'opinion de ceux qui ont prétendu que *le Remède d'amour était pire que le mal*; car, au lieu de prêcher à ses disciples l'oubli de l'amour, Ovide leur donne ici des leçons d'inconstance dignes d'un Lovelace.

37. *Pasiphaës Minos in Procride prodidit ignes* (v. 453). Les divers textes que j'ai sous les yeux offrent différentes versions sur ce vers : les uns portent *in Prognide*, d'autres *in Plotide*, d'autres enfin *in Procride*. Ainsi la femme qui consola Minos des adultères de Pasiphaë fut Prognis, ou Plotide, ou Procris. Hyginus écrit que Procris donna des soins à Minos dans une maladie dangereuse dont il guérit. Sans doute il prit alors de

l'amour pour celle qui lui avait rendu la santé; et l'histoire, qui nous dit que Procris fut jalouse, ne nous dit pas qu'elle fut cruelle. On sait que Céphale, métamorphosé par l'Aurore en un autre homme, fut sur le point de triompher de la vertu de Procris, son épouse, qui cependant ne le reconnut point : pourquoi n'aurait-elle pas succombé en faveur d'un roi, et surtout d'un roi tel que Minos? Les uns, avec Ovide, font cette Procris fille d'Érechtée; d'autres la disent fille de Pandion. Selon Servius, sur le v. 445 du liv. VI de l'*Énéide*, elle était fille d'Iphiclus; selon Tzetzès, elle devait le jour à Érechtée et Praxithéa. Un grand nombre d'écrivains attestent que Procris se réfugia en Crète auprès de Minos, qu'elle le guérit d'un ulcère dont il souffrait, et que ce prince reconnaissant lui donna son cœur et un chien de chasse d'une vitesse prodigieuse : tous s'accordent à dire que Minos en devint amoureux. *Voyez*, à ce sujet, HYGINUS, déjà cité; PALÆPHATUS, I, περὶ μυθῶν; ANTONIUS LIBERALIS, vers la fin de ses *Métamorphoses;* APOLLODORE, dans sa *Bibliothèque;* et TZETZÈS, *Chiliade*, I, fable 20. L'interprète de Pindare, cité par Mérula, dit que cette maîtresse de Minos s'appelait Plotis, que c'était une fort belle femme, et qu'elle fut cause que le roi de Crète fit divorce avec Pasiphaë, ce qui entraina cette malheureuse princesse dans les affreux déréglemens et les goûts extraordinaires qu'on lui prête. — Moi, je penche fortement pour Procris, ne fût-ce que pour la faire survivre à la blessure qu'elle reçut de son mari, et pour consoler les âmes tendres qui ont pleuré sur le sort de cette pauvre Procris, *si maladroitement mise à mort par Céphale,* qui la prenait pour une bête féroce : bête, je ne dis pas, il fallait bien qu'elle le fût un peu pour s'imaginer que cette *aure* ou cette *brise*, dont son mari invoquait le souffle rafraîchissant, était une rivale; mais pour féroce, à coup sûr elle ne l'était pas, du moins avec Minos; à moins pourtant qu'on ne veuille révoquer en doute les imposans témoignages des savans en *us*, en *ès* et *is* que je viens de citer.

38. Vers 455 :

Amphilochi frater, ne Phegida semper amaret,
Callirhoe fecit parte recepta tori.

Allusion à l'histoire un peu confuse d'Alcméon, frère d'Amphiloque et fils d'Amphiaraüs et d'Ériphyle. J'ai déjà dit, dans les notes de *l'Art d'aimer*, que cette princesse, séduite par un collier que lui avait donné Polynice, découvrit la retraite où son époux s'était caché pour ne point aller à la guerre de Thèbes, ce qui fut cause qu'Amphiaraüs périt sous les murs de cette ville. Alcméon, par l'ordre de son père, tua sa mère. Mais obsédé par les Furies et par l'ombre d'Ériphyle, ou plutôt par ses remords, pour s'en délivrer, il se rendit à Psophis, en Arcadie, pour y faire des expiations entre les mains de Phégée, dont il épousa la fille Arsinoë, d'autres disent Alphésibée, à laquelle il donna le fatal collier qui avait déjà causé la perte de sa mère. Ces premières expiations ayant été sans succès, Alcméon, par le conseil de l'oracle de Delphes, alla en faire d'autres chez Achéloüs, père de Callirhoë, dont il devint le gendre, au mépris de ses engagemens avec Arsinoë, à qui même il alla reprendre le collier qu'il lui avait donné, pour en faire présent à sa nouvelle épouse. Les frères d'Arsinoë, Téménus et Axion, irrités de cet affront, poursuivirent Alcméon et le poignardèrent. Callirhoë, instruite de sa mort, en fut si affligée, qu'elle obtint de Jupiter, à force de prières, que les deux fils qu'elle avait eus d'Alcméon, Acharnanès et Amphotérus, qui étaient encore en bas âge, devinssent tout à coup hommes faits pour venger la mort de leur père : ce qu'ils firent, en tuant non-seulement Téménus et Axion, mais encore Phégée et Arsinoë. Après quoi ils consacrèrent à Apollon le collier, cause première de ces sanglans désastres.

Properce, un des auteurs qui donnent à la fille de Phégée le nom d'Alphésibée, dit que ce fut elle-même qui tua ses frères pour venger sur eux l'assassinat de son mari, tout infidèle qu'il était :

Alphesibœa suos ulta est pro conjuge fratres.

Pausanias, dans le liv. VII de ses *Histoires*, confirme ce dénoûment. Voltaire a composé sur cette fable sa tragédie d'*Ériphyle;* mais cette pièce, une des faibles de son auteur, n'obtint aucun succès à la représentation : il la refondit plus tard dans sa *Sémiramis*, qui roule à peu près sur le même fonds : un fils qui tue sa mère pour venger son père. C'est aussi le sujet de l'*Hamlet* de Shakespeare, imité par Ducis.

39. Vers 457 :

Et Parin OEnone summos tenuisset ad annos,
Si non OEbalia pellice læsa foret.

Par ces mots, *pellex OEbalia*, Ovide désigne Hélène. L'*OEbalie*, comme on sait, était le même pays que la Laconie : elle fut ainsi nommée d'OEbalus, un de ses premiers rois. J'ai déjà cité l'Héroïde d'*OEnone et Pâris*, que M. De Guerle a imitée dans le chant 1 de son poëme sur le même sujet ; voici comment il exprime les plaintes et les reproches d'OEnone abandonnée par Pâris, dont depuis neuf années elle attend en vain le retour, et ses imprécations contre Hélène, son heureuse rivale :

> Quel fut mon désespoir, quand sur les mers profondes
> Je vis, du roc altier qui domine les ondes,
> Revenir, ceint de pourpre et de fleurs couronné,
> Le vaisseau qui partit de son deuil seul orné;
> Dans les bras de l'ingrat l'impudique étrangère,
> Et mon chiffre effacé sous un chiffre adultère!
> Pompe infâme! Aux accens des matelots joyeux
> La lyre mariait ses sons voluptueux ;
> Des Amours sur la proue ondoyaient les images ;
> L'or enlaçait les mâts; et du sein des cordages,
> Élevé dans les airs, un nuage d'encens
> Se perdait dans les cieux et parfumait les vents.
> Vous le savez, témoins des tourmens d'une épouse,
> Divinités des eaux! Dans ma fureur jalouse,
> J'invoquai la tempête; et l'invoquant en vain,
> J'arrachai mes cheveux, je déchirai mon sein.
> Trois fois du haut d'un roc, sur vos gouffres penchée,
> Je voulus.... Mais d'un dieu trois fois la main cachée,
> M'arrêtant sur l'abime, enchaina mes douleurs.
> Aux antres de l'Ida j'allai porter mes pleurs,
> Et m'y plaindre du sort dont la bonté cruelle
> Disputait à la mort une faible mortelle.
> Oh! puisse Hélène un jour ainsi que moi gémir,
> Gémir abandonnée et ne pouvoir mourir !
> Et toi, dors sur la foi d'une beauté parjure,
> Pâris! va, ton réveil expiera mon injure.
> Une épouse, une reine, insigne honneur pour toi!
> Immole à ta beauté Sparte, un époux, un roi.

Mais de ces vains attraits vante moins la victoire;
D'une pudeur éteinte on triomphe sans gloire.
Que pour l'heureux Pâris Hélène brûle, hélas!
Hélène aussi brûlait pour l'heureux Ménélas;
Et Ménélas, aux nuits seul racontant sa peine,
Veuf, en son lit désert cherche en vain son Hélène.
Insensé! qui croyait fixer l'onde en son cours;
Et comptant comme toi sur de frêles amours,
Oubliait qu'avant lui Léda désabusée
Ravit trop tard sa fille aux transports de Thésée!
Crains d'Hélène, à ton tour, la constance aux abois :
Un autre encor peut vaincre un cœur vaincu trois fois.
Ne vois-tu pas déjà sourire l'infidèle
Au jeune essaim d'amans qui s'empresse autour d'elle?
Papillons attirés par l'éclat d'une fleur,
Sans cesse lui vantant sa grâce, sa fraîcheur,
De ses longs cheveux d'or l'ondoyante mollesse,
Et ses regards de flamme, et son port de déesse.
Quels rivaux! Déiphobe, Hélénus, Anténor,
Aussi brillans que toi, presqu'aussi grands qu'Hector!
Tremble! demain peut-être aux ombres du mystère,
Tu confieras, trahi, ta douleur solitaire;
Et, regrettant alors mes attraits délaissés,
Au souvenir tardif de nos beaux jours passés,
Tu diras en pleurant : « OEnone était moins belle,
Mais OEnone, du moins, OEnone était fidèle!»

40. *Conjugis Odrysio placuisset forma tyranno* (v. 459). Allusion à Térée, qui régnait dans cette partie de la Thrace qu'on appelait l'*Odrysie*, de la ville d'Odrysa, sa capitale. La fable de Térée, Philomène et Progné est assez connue par le livre VI des *Métamorphoses*.

41. *Fortius e multis mater desiderat unum* (v. 463). Quelques manuscrits portent *parcius*, au lieu de *fortius*; mais il est facile de voir que cette dernière leçon est la meilleure : elle est confirmée, dit Heinsius, par ce passage de Sénèque, lettre LXXXVIII : « Cogitavi enim, non quam *fortiter* ego mori possem; sed quam ille *fortiter* desiderare me possit. » C'est ainsi que Muret lit ce passage.

42. *Marte suo captam Chryseida victor amabat* (v. 469). Le

véritable nom de Chryséis était Astynomé; elle était, comme on sait, fille de Chrysès, prêtre d'Apollon. Elle échut en partage à Agamemnon, après le siège de Thèbes, en Cilicie. Il la préférait, dit-on, à Clytemnestre, à cause de sa beauté et de son adresse à travailler la laine : il l'emmena au siège de Troie. Mais Chrysès vint, revêtu des ornemens sacerdotaux, redemander sa fille, qui lui fut refusée par Agamemnon. Apollon, pour venger l'injure qu'on avait faite à son pontife, frappa de la peste l'armée des Grecs, ce qui dura jusqu'à ce qu'on rendît Chryséis à son père, par l'ordre de Calchas. Agamemnon, pour s'indemniser de la perte de sa belle captive, enleva Briséis à Achille, ce qui causa une si grande querelle entre ces deux rois, qu'Achille ne voulut plus combattre pour les Grecs, jusqu'à la mort de Patrocle. La colère d'Achille est, comme on sait, le sujet de l'*Iliade*.

43. *In mea Thersites regna, licebit, eat* (v. 482). Ce Thersite était le plus laid, le plus bavard et le plus lâche des Grecs : voici le portrait qu'en fait Homère au livre II de l'*Iliade*, v. 212 :

Θερσίτης δ' ἔτι μοῦνος ἀμετροεπὴς ἐκολῴα,
Ὅς ῥ' ἔπεα φρεσὶν ᾗσιν ἄκοσμά τε πολλά τε ᾔδη,
Μάψ, ἀτὰρ οὐ κατὰ κόσμον, ἐριζέμεναι βασιλεῦσιν,
Ἀλλ', ὅ, τι οἱ εἴσαιτο γελοίϊον Ἀργείοισιν
Ἔμμεναι· αἴσχιστος δὲ ἀνὴρ ὑπὸ Ἴλιον ἦλθε·
Φολκὸς ἔην, χωλὸς δ' ἕτερον πόδα· τὼ δέ οἱ ὤμω
Κυρτὼ, ἐπὶ στῆθος συνοχακότε· αὐτὰρ ὕπερθε
Φοξὸς ἔην κεφαλὴν, Ψεδνὴ δ' ἐπενήνοθε λάχνη.

Juvénal fait mention de Thersite dans sa satire VIII, v. 269 :

Malo pater tibi sit Thersites, dummodo tu sis
Æacidæ similis ;

et dans la XIe, v. 30 :

.........Nec enim loricam poscit Achillis
Thersites, in qua se transducebat Ulixes.

44. *Ut tuus in bivio detineatur amor* (v. 486). Le manuscrit de la Bibliothèque du roi porte *destineatur*, un autre *destituatur*, qui ne signifie rien, et l'édition de Lemaire *detineatur*, qui offre un sens assez bon ; mais je préfère *distineatur* : *distinere*, diviser, séparer, tirer en sens contraire, exprime parfaitement la position d'un homme partagé entre deux passions.

45. *Frigidior glacie fac videare tuæ* (v. 492). Quelques manuscrits portent *dominæ*, au lieu de *glacie;* mais cette dernière leçon est la bonne. Sans cela, l'opposition serait incomplète entre ce vers et le précédent :

> Quamvis infelix media torreberis Ætna.

C'est ainsi qu'Ovide (*Héroïdes*, épit. 1, v. 22) a dit :

> Frigidius glacie pectus amantis erat.

D'ailleurs *dominæ* n'est point nécessaire pour le sens; le mot *tuæ* suffit pour exprimer : *à ta maîtresse*. On voit de même, dans Tibulle, liv. iv, élég. 7, v. 6 :

> Dicetur si quis non habuisse *suam*.

46. *Et tua sævus Amor sub pede colla premit* (v. 530)? Properce a dit de même, liv. 1, élég. 1 :

> Et caput impositis pressit Amor pedibus.

47. *Dum bene te cumules, et copia tollat amorem* (v. 541). Un proverbe dit : *Aux grands maux les grands remèdes;* c'est d'après ce principe qu'Ovide conseille à son élève l'abus des plaisirs, comme un remède contre l'amour. En effet, la satiété engendre le dégoût. Panard a dit :

> Le plaisir est fils de l'Amour;
> Mais c'est un fils ingrat qui fait mourir son père;

et un poète anglais dont le nom m'échappe :

> Above measure
> Is the pleasure
> That Friendship supplies;
> Love is a bubble,
> Gain'd with trouble,
> And in possessing dies.

« Les plaisirs que donne l'Amitié sont sans mesure; l'Amour est une bulle de savon, que l'on n'atteint qu'avec peine, et qui se dissipe dès qu'on la touche. »

C'est pour cela que les anciens représentaient la Volupté couchée sur un lit de fleurs et tenant dans sa main une boule de verre qui avait des ailes : image trop fidèle de l'inconstance de l'amour, dont on peut dire avec Corneille :

> Et comme il a l'éclat du verre,
> Il en a la fragilité.

48. Vers 549 :

> *Est prope Collinam templum venerabile portam :*
> *Imposuit templo nomina celsus Eryx.*
> *Est illic Lethæus Amor, qui pectora sanat ;*
> *Inque suas gelidam lampadas addit aquam.*

La porte Colline, par laquelle on se rendait au mont Quirinal, s'appelait aussi *Salaria* : tout près était le temple de Vénus Érycine, ainsi nommée du mont Éryx (aujourd'hui *Catafalna*), en Sicile, où elle avait un temple fameux. Celui de cette déesse à Rome était l'objet d'une grande vénération, surtout parmi les femmes, qui s'y rendaient en foule à des jours fixes. Autour de ce temple régnait une galerie dont Ovide parle livre IV, v. 871 des *Fastes* :

> Templa frequentari Collinæ proxima portæ
> Nunc decet : a Siculo nomina colle tenent.

Cette allégorie de *l'Oubli d'Amour*, qu'Ovide représente trempant son flambeau dans une eau glacée, est on ne peut plus ingénieuse. Je ne sais pourquoi plusieurs traducteurs ont traduit ces mots *Lethæus Amor* par *l'amour d'oubli*, qui ne signifie rien ou exprime tout autre chose que la pensée d'Ovide. M. de Saint-Ange a cru éluder la difficulté en traduisant ces mots par *l'amour innocent*; c'est, selon moi, un véritable contre-sens. Pourquoi ne pas personnifier l'Oubli d'Amour comme on personnifie l'Indifférence, la Jalousie, etc. ?

49. Vers 561 :

> *Qui Puteal Janumque timet, celeresque Kalendas,*
> *Torqueat hunc æris mutua summa sui.*

Le *Puteal* ou *Puits de Libon* était ainsi nommé parce que, selon

Porphyrion, Libon, dans le temps de sa préture, y avait fait creuser un puits dans l'emplacement occupé depuis par le prétoire, auprès du cirque Flaminien. Acron, sur Horace, dit que les changeurs, courtiers et gens d'affaires se réunissaient en ce lieu, espèce de bourse, où était aussi établi le tribunal où se jugeaient les affaires d'intérêt. Horace en parle dans son *Épître* 19 du livre I, vers 8 :

>............Forum, Putealque Libonis
>Mandabo siccis, adimam cantare severis;

et dans la *Sat.* 6, v. 34 du livre II :

>...................Ante secundam
>Roscius orabat sibi adesses ad Puteal cras.

Perse a dit aussi (sat. IV, v. 49) :

>Si Puteal multa cautus vibice flagellas.

M. Courtaud-Diverneresse, à qui nous devons une bonne traduction de Perse, dit, dans sa note sur ce vers : « Le mot *Puteal* est formé de *puteus*, puits. En voici l'origine. Au lieu où l'augure Névius coupa une pierre avec un rasoir, on éleva un autel, et le rasoir fut enfoui dans un trou ou puits pratiqué sous cet autel ; d'où la place prit le nom de *Putéal.* »

Quant à ces mots *Janumque timet*, ils indiquent ou que c'était au mois de janvier qu'on faisait appeler en jugement les débiteurs retardataires, ou bien que le tribunal où se jugeaient ces sortes d'affaires était situé près du temple de Janus. C'est du moins ce que donne à entendre ce passage de la 3ᵉ *Satire* d'Horace, liv. II, v. 18 :

>...........Postquam omnis res mea Janum
>Ad medium fracta est, aliena negotia curo.

Sur quoi les commentateurs disent que sur la place où se rassemblaient les marchands et les usuriers s'élevait une statue de Janus.

Celeres Kalendas, indique le retour des calendes, trop prompt au gré des débiteurs, qui étaient obligés de payer dans les premiers jours du mois l'intérêt ou le capital de l'argent qu'ils avaient emprunté. Horace (liv. 1, *Sat.* 3, v. 86) fait allusion à cet usage dans ces vers :

> Odisti et fugis, ut Rusonem debitor æris,
> Qui, nisi, quum tristes misero venere Kalendæ,
> Mercedem aut nummos unde extricat, amaras
> Porrecto jugulo historias, captivus ut, audit;

et dans les derniers vers de l'*Épode* II :

> Hæc ut locutus fœnerator Alfius,
> Jam jam futurus rusticus,
> Omnem redegit Idibus pecuniam :
> Quærit Kalendis ponere.

C'est pour cette raison qu'Auguste, au rapport de Suétone, lorsqu'il avait résolu de ne point payer une somme qu'on réclamait de lui, disait plaisamment : *Je vous paierai aux calendes grecques.* Or, on sait que les Grecs ne divisaient pas leurs mois comme les Romains, et n'avaient point de calendes. Ce mot d'Auguste revient exactement pour le sens à cette locution triviale parmi nous : *Je vous paierai la semaine des quatre jeudis.* D'ailleurs ce mot *calendes* était dérivé du verbe grec καλέω, *j'appelle*, parce que, le 1er de chaque mois, le pontife convoquait le peuple au Capitole pour lui annoncer la division de ce mois en calendes, ides et nones. C'est de *calendes* qu'est venu notre mot *calendrier*.

50. *Filius hunc miles, te filia nubilis angant* (v. 571). Lucien, dans son *Toxaris*, dit que ce n'est pas un léger souci que d'avoir une fille bonne à marier : Μάλιστα δὲ αὐτὸν ἠνία θυγάτηρ αὐτή, ἐπίγαμος ἤδη καὶ ὀκτωκαιδεκάτις οὖσα.

51. *Ibat, ut Adonio referens trieterica Baccho* (v. 593). Il s'agit ici des sacrifices que l'on faisait à Bacchus tous les trois ans, comme l'a observé Servius sur les vers 301 et suivans du livre IV de l'*Énéide*, où Virgile parle des agitations de Didon :

> ....Qualis commotis excita sacris
> Thyas, ubi audito stimulant *trieterica Baccho*
> Orgia, nocturnusque vocat clamore Cithæron.

J'ai parlé ailleurs des orgies nocturnes en l'honneur de ce dieu.

52. Vers 613 :

*Si quis amas, nec vis, facito contagia vites :
Hæc etiam pecori sæpe nocere solent.*

Juvénal dit à peu près dans le même sens :

..........Dedit hanc contagio labem,
Et dabit in plures, sicut grex totus in agris
Unius scabie cadit, et porrigine porci.

53. *Qui nimium multis, Non amo, dicit, amat* (v. 648). Les poètes érotiques et les romans sont remplis de ces sermens de ne plus aimer que font ceux qui sont trahis par une maîtresse; mais une larme, une caresse, un mot désarment leur fureur, et ils sont plus épris que jamais. M. de Guerle, dans l'élégie 5 du livre IV des *Amours*, a ainsi exprimé ces sentimens qui se combattent dans le cœur d'un amant :

O souvenir cruel de mes plaisirs passés !
O perfide Thaïs !... dis, réponds-moi, traîtresse,
Pourquoi me berçais-tu dans ma crédule ivresse ?
Pourquoi couronnais-tu mes désirs insensés ?
Regarde où m'a plongé ta barbare tendresse !
Que ne m'as-tu haï ! suis-je assez aveuglé !
Vénus ! ah ! rends le calme à mon esprit troublé.
Descends. Viens, viens détruire un trop funeste charme.
Toujours de ma douleur gémirai-je accablé ?
Fais du moins que l'ingrate un instant se désarme ;
Quelle me plaigne.... Hélas ! seulement une larme,
Un soupir de Thaïs !... et je suis consolé.

54. *Lente desine; tutus eris* (v. 650). Cela revient exactement au proverbe italien si connu : *Qui va piano, va sano*.

55. *Non illas lites Appias ipsa probat* (v. 660). Dans ce vers, *Appias* ne signifie pas *Vénus*, comme l'ont cru les commentateurs; car il serait trop naïf de dire que Vénus, la déesse des Amours, n'approuve pas la haine subite qui s'élève entre deux amans. *Appias* est pris ici pour *Thémis*, parce que la fontaine Appienne était située près du forum de César, où se plaidaient ces sortes d'affaires. Le pronom *ipsa*, *elle-même* indique clairement ce sens; car, encore une fois, il serait absurde de sup-

poser qu'Ovide ait voulu dire que Vénus *elle-même* n'approuve pas les procès entre amans. *Voyez*, à ce sujet, les notes 14 du livre I, et 63 du livre III de *l'Art d'aimer*.

56. Vers 681 :

> *Nulla sit ut placeas alienæ cura puellæ :*
> *Jam facito e multis una sit illa tibi.*

Les traducteurs n'ont pas compris ce passage, qui cependant n'offre rien que de bien simple et de bien facile. La seule difficulté, s'il y en a une, porterait sur le second vers, et elle disparaît en faisant la construction de la phrase : *Facito illa sit jam tibi una e multis :* « Fais en sorte qu'elle ne soit plus pour toi qu'une femme comme une autre; qu'elle ne te semble ni plus belle ni plus remarquable que les autres femmes. » Conçoit-on que le traducteur des œuvres complètes d'Ovide ait rendu ainsi cette phrase : « Ne vous occupez pas du soin de plaire *à une autre femme. Ne voyez qu'elle au milieu de mille autres ?* » C'est non-seulement un contre-sens, mais encore un contre bon sens; car *alienæ* ne signifie pas une *autre femme*, mais *une femme qui t'est* devenue étrangère, et à laquelle tu ne dois pas faire plus d'attention qu'à tout autre.

57. Vers 735 :

> *Argolides cuperent fugisse Capharea puppes ;*
> *Teque, senex, luctus ignibus ulte tuos.*

Les roches *Capharées* étaient situées sur le bord d'un promontoire de l'île d'Eubée (aujourd'hui Négrepont), du côté de la mer, où elles présentaient un écueil très-dangereux. C'est là que Nauplius, père de Palamède, allumait toutes les nuits un phare, afin d'attirer les vaisseaux des Grecs qu'il voulait faire périr pour se venger de la mort de son fils, dont ils étaient la cause. Virgile en parle au vers 260 du livre XI de l'*Énéide* :

> ....Et Euboicæ cautes, ultorque Caphareus.

Properce, dans le livre III, élég. 7, v. 39 :

> Saxa triumphales fregere Capharea puppes,
> Naufraga quum vasto Græcia tracta est ;

et dans le livre IV, élég. 1, v. 113 :

> Nec rediere tamen Danai. Tu diruta fletum
> Supprime, et Euboicos respice, Troja, sinus.
> Nauplius ultores sub noctem porrigit ignes,
> Et natat exuviis Græcia pressa suis.

Horace fait allusion à cette histoire dans l'*Épode* x :

> Nec sidus atra nocte amicum appareat,
> Qua tristis Orion cadit ;
> Quietiore nec feratur æquore,
> Quam Graia victorum manus,
> Quum Pallas usto vertit iram ab Ilio
> In impiam Ajacis ratem ;

et Pacuvius, dans son *Dulorestes*, cité par Priscien, dit à ce sujet :

> Pater Achæos in Caphareis sanis plerosque perdidit.

58. *Hæc tibi sint Syrtes; hæc Acroceraunia vita* (v. 739). Les Syrtes sont deux golfes sur la côte d'Afrique, de profondeur inégale, mais également dangereux. La Grande Syrte, *Syrtis Major*, aujourd'hui golfe de la Sidra, baignait à l'orient la *Cyrénaïque*, et à l'occident la *Tripolitaine*. Au fond de ce golfe étaient les autels des frères *Philænes*, qui consentirent à être enterrés tout vivans pour étendre jusque là le domaine de Carthage, leur patrie. La Petite Syrte, *Syrtis Minor*, plus voisine de Carthage, s'appelle aujourd'hui *golfe de Capes* ou *de Gabes*, à cause de la ville de *Tacapa*, qui était au fond de ce golfe, à l'embouchure du fleuve et du marais *Triton*. Les Syrtes sont ainsi appelées du verbe grec σύρω, *traho*, non-seulement parce que la mer y jette sans cesse une grande quantité de limon, de sable et de pierres, mais encore parce que les vagues semblent y entraîner les vaisseaux, qui, une fois engagés dans les sables, ne peuvent recevoir que des chaloupes. Ce qui en augmente le danger, c'est que la situation des bancs de sables n'est pas fixe, et que le golfe est semé d'écueils comme la côte qui le borne.

Acroceraunia ou *Ceraunii montes*. Ces monts étaient ainsi nommés de deux mots grecs ἄκρον, *sommet, cime*, et κεραυνός, *foudre*, parce qu'en raison de leur hauteur, ils sont souvent frappés de la foudre. Ils commencent auprès d'*Oricum*, sur le bord de la mer Adriatique, par une pointe qui en resserre l'entrée, et qui rapproche l'Épire de l'Italie. Cette pointe est appelée *Linguetta* par les Italiens, et *Glossa* par les Grecs. Le château de la *Chimœra*, bâti sur le bord de la mer du temps de Pline, a donné son nom à la contrée voisine et aux monts eux-mêmes, qu'on appelle aujourd'hui *monts de la Chimère*. Les gens de mer redoutaient l'approche des monts Cérauniens. Horace (livre 1, *Od.* 3) dit :

> Qui siccis oculis monstra natantia,
>   Qui vidit mare turgidum, et
> Infames scopulos Acroceraunia?

et Virgile (*Géorgiques*, liv. 1, v. 332) :

> .... Ille flagranti
> Aut Atho, aut Rhodopen, aut *alta Ceraunia* telo
> Dejicit : ingeminant austri, et densissimus imber.

59. *Hinc vomit et potat dira Charybdis aquas* (v. 740). Nous apprenons de Servius que Charybde fut une femme gloutonne qui, pour avoir dérobé les bœufs d'Hercule, fut foudroyée par Jupiter, et précipitée dans la mer, où elle garde encore son ancien naturel, puisqu'elle engloutit dans son gouffre tout ce qui en approche.

Voilà pour la fable : voici maintenant la réalité. Sur la côte de Sicile, à l'entrée du détroit de Messine, à l'opposite de l'ancienne ville de Zancle, est un gouffre très-dangereux, qui a fait longtemps la terreur des gens de mer. Aujourd'hui même on ne passe ce gouffre qu'avec des précautions. Le danger vient de la mer agitée en forme de tourbillon, ou de tournant d'eau qui attire tout ce qui se trouve sur ses bords. Par suite de ce mouvement, les eaux décrivent des cercles, ou plutôt des spirales qui les rapprochent continuellement du centre, où elles semblent se précipiter avec grand bruit, engloutissant tout ce qu'elles ont entraîné. L'agitation est toujours plus grande lorsque règnent les vents du midi et du sud-est. Ce qui a été ainsi englouti, est rejeté du fond du gouffre, et l'on voit flotter à vingt lieues de là les débris des vaisseaux qui y ont péri. Quoiqu'il y ait beaucoup à rabattre de ce que les anciens, toujours timides sur mer, nous ont raconté du gouffre de Charybde, on ne peut assurer que ce passage soit sans danger. Un voyageur moderne, Jouvin de Rochefort, qui, par curiosité, voulut reconnaitre ce gouffre, rapporte que la barque qu'il montait étant parvenue sur les bords, fut aussitôt entraînée, et qu'après avoir fait plusieurs grands tours, elle arriva au milieu du tourbillon, qui lui parut un peu plus bas que les bords; que néanmoins elle n'y fut point engloutie, mais qu'on ne put s'en échapper qu'à force de rames; enfin, qu'un matelot qui se jeta dans l'abîme, ne reparut qu'après un demi-quart d'heure, et eut beaucoup de peine à remonter, à cause de la rapidité de l'eau, qui, en tournoyant, s'engouffre dans un grand trou.

On sait ce que rapporte à ce sujet le P. Kircker, d'après les *Archives du royaume de Naples* : Un plongeur habile, surnommé le *Poisson Colas*, se jeta dans le gouffre de Charybde, pour satisfaire la curiosité de Frédéric, roi de Naples. Il en revint tout hors de lui-même, rapportant néanmoins une coupe d'or que le roi y avait fait jeter. Interrogé sur ce qu'il y avait vu, et qui l'avait si fort effrayé, il répondit que du fond de la mer sortait un courant d'eau très-fort, et auquel l'homme le plus robuste aurait peine à résister; que le fond est plein de rochers qui présentent leurs pointes aiguës, du milieu desquels s'élancent des torrens rapides, dont les courans opposés causent un tournoiement violent dans les eaux; enfin, que le creux de ces rochers était plein de poissons d'une grandeur monstrueuse. Colas ayant plongé une seconde fois dans le gouffre, à la prière du roi, n'en revint pas.

Cette disposition du fond du détroit, jointe à celle des côtes d'Italie et de Sicile, peut fournir la raison physique du mouvement circulaire des eaux, qu'on remarque dans le gouffre de Charybde et que Virgile a décrit ainsi dans le livre III de l'*Énéide*, v. 419 et suiv. :

> Dextrum Scylla latus, lævum implacata Charybdis
> Obsidet, atque imo barathri ter gurgite vastos
> Sorbet in abruptum fluctus, rursusque sub auras
> Erigit alternos, et sidera verberat unda.

60. *Cur nemo est, Hecalen; nulla est, quæ ceperit Iron* (v. 747)? Nous avons déjà parlé d'*Hécalès* dans la note 46 du livre III de l'*Art d'aimer*, page 297. C'était une vieille femme qui, malgré sa pauvreté, recevait les voyageurs du mieux qu'elle pouvait. Elle donna l'hospitalité à Thésée, lorsqu'il passa pour la première fois par l'Attique. Thésée, à son retour dans cette con-

trée, n'ayant point retrouvé Hécalès, qui était morte pendant son absence, institua en son honneur une fête nommée *Hécalésion*. L'hospitalité d'Hécalès était célèbre chez les anciens. Apulée, dans le livre I de *l'Ane d'or*, en parle ainsi : *Si contentus lare parvulo Thesei illius...... virtutes œmulaveris, qui non est aspernatus Hecales anus hospitium tenue.*

Quant à *Irus*, c'était un mendiant qui, à l'instigation des poursuivans de Pénélope, se battit contre Ulysse, avant que ce prince se fût fait reconnaître, et qui fut battu par le roi d'Ithaque, comme on le voit dans l'*Odyssée*. Ovide en a aussi parlé dans son *Héroïde* I, v. 95 :

> Irus egens, pecorisque Melanthius actor edendi ;

et dans son *Ibis*, v. 417 :

> Qualis erat nec non fortuna binominis Iri.

Properce (liv. III, élég. 5, v. 17) oppose la richesse de Crésus à la pauvreté d'Irus :

> Lydus Dulichio non distat Crœsus ab Iro ;

et Martial (liv. VI, épigr. 77) :

> Quum sis tam pauper, quam nec miserabilis Irus.

Les anciens, pour désigner un homme très-pauvre, disaient : *Gueux comme Irus.*

61. Vers 753 :

> *Enervant animos citharæ, lotosque, lyræque ;*
> *Et vox, et numeris brachia mota suis.*

Les moralistes anciens, aussi bien que les modernes, ont fulminé des anathèmes contre les théâtres, qu'ils regardaient comme des lieux de perdition pour les mœurs. Mais ce à quoi on devait le moins s'attendre, c'était à trouver parmi les détracteurs du théâtre, Ovide et Properce, ces chantres passionnés de l'amour. Aussi faut-il avouer que la jalousie, bien plus que la morale, a dicté les invectives qu'ils ont lancées contre les spectacles. *Voyez* plutôt ce qu'en dit Properce, liv. II, élég. 22, v. 4 :

> O nimis exitio nata theatra meo !
> Sive aliquis molli diducit candida gestu
> Brachia, seu varios incinit ore modos.

et Ovide, élégie unique du livre II des *Tristes*, v. 279 :

> Ut tamen hoc fatear : ludi quoque semina præbent
> Nequitiæ : tolli tota theatra jube.

62. *Quid caveas auctor, quid juvet, arte docet* (v. 756). L'édition de Lemaire porte :

> Quid caveas actor, quid juvet arte docet.

Mais, dit Burmann, si l'acteur enseigne aux amans ce qu'ils doivent éviter et ce qui peut leur être utile, notre auteur ne devrait pas défendre à son malade de fréquenter les théâtres. Heinsius a senti l'objection et propose cette correction :

> Quas caveas actor, qua juvet arte docet ;

et par *caveas*, dit-il, il faut entendre les spectateurs assis dans cette partie de l'amphithéâtre que l'on appelait *cavea* (*voyez* la note 27 du livre I de *l'Art d'aimer*). Avec tout le respect que je porte au docte Heinsius, cette conjecture ne me paraît nullement fondée : d'abord parce que c'était la populace qui se tenait dans les *caveas* ou loges du rez-de-chaussée, et que ce n'est pas à la populace qu'Ovide adresse ses conseils ; ensuite, parce qu'en donnant cette signification au mot *caveas*, on n'arrive pas à un sens raisonnable et satisfaisant.

Une lecture attentive de ce passage m'a conduit à penser qu'il y avait ici une lacune de deux vers ; car le vers qui fait l'objet de cette note n'a aucun rapport avec celui qui précède :

> Illic adsidue ficti saltantur amantes.

Fort de cette idée, je lis *auctor* au lieu de *actor*, et alors le sens devient clair et facile à saisir :

> Quid caveas auctor (*Ovidius*), quid juvet arte docet.
> Eloquar invitus : teneros ne tange poetas.

« L'auteur de ce poëme vous enseigne ce que vous devez fuir et ce qui peut vous être utile : je le dis à regret, ne touchez point aux poètes érotiques, etc. »

C'est qu'en effet il en coûte beaucoup à Ovide de défendre cette lecture ; il proscrit par là ses propres enfans :

> Submovea dotes impius ipse meas ;

mais il a promis d'enseigner à son élève ce qui peut hâter ou retarder sa guérison; et tout cède à cette considération, même son propre intérêt.

63. *Illo Lotophagos, illo Sirenas in antro Esse puta* (v. 789). J'ai déjà parlé des Syrènes dans la note 42 du livre III de *l'Art d'Aimer;* quant aux *Lotophages,* ainsi nommés parce qu'ils faisaient leur principale nourriture des fruits d'un arbre appelé lotos, c'était un peuple qui habitait les îles de *Zerbi* ou *Gerbes,* sur la côte d'Afrique : Strabon donne à l'une de ces îles le nom de *Meninx* ou *Lotophagitis.* On n'y trouve ni le fruit fabuleux du lotos, ni arbre, ni verdure. Mais les poètes ont le privilège de tout embellir; aussi Homère raconte-t-il, dans l'*Odyssée,* que les compagnons d'Ulysse, ayant goûté des fruits du lotos, les trouvèrent si délicieux, qu'ils leur firent oublier et leur roi et leur patrie. Quoi qu'il en soit, si le lotos a jamais existé, il paraît que c'était une espèce de jujubier fort commun dans la Syrtique, sur les rivages de laquelle on place les Lotophages. Pline dit que cet arbre est grand comme un poirier, que son fruit est gros comme une fève, couleur de safran, et d'une extrême douceur; mais que, transporté en Italie, il dégénère.

LES COSMÉTIQUES

TRADUCTION NOUVELLE

PAR M. HÉGUIN DE GUERLE

PROFESSEUR AU COLLÈGE ROYAL DE LOUIS-LE-GRAND.

P. OVIDII NASONIS
MEDICAMINA FACIEI.

FRAGMENTUM.

Discite, quæ faciem commendet cura, puellæ;
   Et quo sit vobis forma tuenda modo.
Cultus humum sterilem Cerealia pendere jussit
   Munera : mordaces interiere rubi.
Cultus et in pomis succos emendat acerbos;
   Fissaque adoptivas accipit arbor opes.
Culta placent : auro sublimia tecta linuntur;
   Nigra sub imposito marmore terra latet.
Vellera sæpe eadem Tyrio medicantur aheno :
   Sectile deliciis India præbet ebur.
Forsitan antiquæ, Tatio sub rege, Sabinæ
   Maluerint, quam se, rura paterna coli;
Quum matrona, premens altum rubicunda sedile,
   Adsiduo durum pollice nebat opus;
Ipsaque claudebat, quos filia paverat, agnos :
   Ipsa dabat virgas, cæsaque ligna foco.

LES COSMÉTIQUES

DE

P. OVIDE.

FRAGMENT.

Apprenez, jeunes femmes, quels sont les soins qui embellissent le visage, et par quels moyens vous pouvez conserver votre beauté. La culture force le sol le plus stérile à se parer des dons de Cérès; par elle disparaissent les ronces piquantes. La culture adoucit l'amertume des fruits sauvages; et l'arbre greffé s'enrichit de produits adoptifs. L'art embellit tout : les superbes lambris se couvrent de dorures; la terre disparaît sous le marbre de nos parvis. La pourpre tyrienne est plongée plus d'une fois dans l'airain des chaudières; et l'ivoire de l'Inde est scié en morceaux pour satisfaire aux raffinemens de notre luxe.

Peut-être, sous le règne de Tatius, les antiques Sabines, peu soigneuses de leur toilette, préféraient cultiver les champs de leurs pères. Alors la matrone, haute en couleur, était assise sur un siège élevé, et ses doigts laborieux filaient sans relâche; elle-même, elle renfermait au bercail les troupeaux que sa fille avait fait paître; elle entretenait elle-même le foyer en y jetant

At vestræ teneras matres peperere puellas :
  Vultis inaurata corpora veste tegi ;
Vultis odoratos positu variare capillos ;
  Conspicuam gemmis vultis habere manum :
Induitis collo lapides Oriente paratos,
  Et quantos oneri est aure tulisse duos.
Nec tamen indignum, si vobis cura placendi,
  Quum comtos habeant sæcula nostra viros.
Feminea vestri poliuntur lege mariti :
  Et vix ad cultus nupta, quod addat, habet.
Proin se quæque parent ; nec quo venentur amores,
  Refert : munditiæ crimina nulla merent.
Rure latent, finguntque comas ; licet arduus illas
  Celet Athos ; cultas altus habebit Athos.
Est etiam placuisse sibi quotacumque voluptas :
  Virginibus cordi grataque forma sua est.
Laudatas homini volucris Junonia pennas
  Explicat, et forma muta superbit avis.

Sic potius nos uret amor, quam fortibus herbis,
  Quas maga terribili subsecat arte manus.
Nec vos graminibus, nec mixto credite succo :
  Nec tentate nocens virus amantis equæ.
Nec mediæ Marsis fiduntur cantibus angues ;
  Nec redit in fontes unda supina suos.

des broussailles et du bois fendu. Mais vous, que vos mères ont mises au monde frêles et délicates, il vous faut, pour vous vêtir, des robes brochées d'or; vous aimez à varier l'élégant édifice de vos cheveux odorans; à orner vos doigts de bagues scintillantes. Vous couvrez votre cou de perles venues de l'Orient, et vos oreilles ont peine à supporter le poids des pierreries dont vous les chargez. Toutefois les soins que vous prenez pour nous plaire, nous ne devons pas vous les reprocher, car les hommes de ce siècle soignent aussi leur parure. Vos époux suivent les modes des femmes, et une jeune mariée pourrait à peine ajouter quelque chose à leur toilette.

Ainsi donc que chacune de vous se pare de son mieux : peu importe par quels moyens vous captivez les amours : une élégante propreté est à l'abri de tous reproches. Il est des femmes qui, enfouies au fond d'une campagne, ajustent leur chevelure; fussent-elles confinées sur les sommets de l'Athos, l'Athos les verrait parées. Elles éprouvent un certain plaisir à se trouver agréables; et il n'est pas de jeune fille indifférente à ses propres attraits. L'oiseau de Junon, sensible à l'éloge qu'on fait de son plumage, en déploie toutes les richesses, et, quoique muet, s'énorgueillit de sa beauté.

Pour nous embraser des feux de l'amour, la parure est un plus sûr moyen que l'art redouté des sorcières et les herbes magiques cueillies par leurs mains. Ne vous fiez ni à la vertu des simples, ni aux philtres composés de leurs sucs mélangés; et gardez-vous d'avoir recours à l'hippomanès d'une cavale en chaleur. On ne voit plus de serpens coupés en deux par les chants des Marses;

Et quamvis aliquis Temesæa removerit æra,
 Nunquam Luna suis excutietur equis.
Prima sit in vobis morum tutela, puellæ :
 Ingenio facies conciliante placet.
Certus amor morum est : formam populabitur ætas,
 Et placitus rugis vultus aratus erit.
Tempus erit, quo vos speculum vidisse pigebit,
 Et veniet rugis altera causa, dolor.
Sufficit, et longum probitas perdurat in ævum ;
 Fertque suos annos : hinc bene pendet amor.

Disce, age, quum teneros somnus dimiserit artus,
 Candida quo possint ora nitere modo.
Hordea, quæ Libyci ratibus misere coloni,
 Exue de palea tegminibusque suis.
Par ervi mensura decem madefiat ab ovis :
 Sed cumulent libras hordea nuda duas.
Hæc ubi ventosas fuerint siccata per auras,
 Lenta jube scabra frangat asella mola.
Et, quæ prima cadunt vivaci cornua cervo,
 Contere : in hæc solidi sexta face assis eat.
Jamque ubi pulvereæ fuerint confusa farinæ,
 Protinus in cribris omnia cerne cavis.
Adjice Narcissi bis sex sine cortice bulbos,
 Strenua quos puro marmore dextra terat;

ni l'eau des ruisseaux remonter à sa source. Vainement on frapperait à coups redoublés l'airain de Témèse, jamais la Lune ne descendrait de son char. Que votre premier soin, jeunes beautés, soit donc de veiller sur vos mœurs : votre visage plaira toujours à la faveur d'un bon caractère. La pureté des mœurs est l'attrait le plus sûr : le temps détruira votre beauté, un jour ce charmant visage sera sillonné de rides. Un temps viendra où vous n'oserez qu'avec peine vous regarder dans un miroir ; mille chagrins encore se graveront en plis nombreux sur votre front. Mais la probité survit au jeune âge, et se prolonge jusqu'au terme de l'existence; elle supporte le poids des ans : la durée de l'amour en dépend.

Venez donc apprendre de moi l'art de donner à votre teint une blancheur éclatante, lorsque se dissipe le sommeil qui enchaînait vos membres délicats. Dépouillez de sa paille et de son enveloppe l'orge que nos vaisseaux apportent des champs de la Libye. Prenez deux livres de cet orge mondé : ajoutez-y une égale quantité d'ers, et détrempez-la dans une dizaine d'œufs. Quand ces ingrédiens auront été séchés à l'air, faites les broyer par une ânesse sous la meule rocailleuse. Râpez de la corne de cerf, de celle qui tombe au printemps : il faut deux onces de cette poudre. Quand vous aurez réduit le tout en farine bien menue, faites passer ce mélange dans un tamis creux. Ajoutez-y douze ognons de Narcisse, dépouillés de leur écorce, et qu'une main vigoureuse pilera dans un mortier de marbre. Il doit encore y entrer deux onces de gomme et d'épeautre de Toscane, et neuf fois autant de miel. Toute femme qui enduira son visage

Sextantemque trahat gummi cum semine Thusco.
  Nec novies tanto plus tibi mellis eat.
Quæcumque adficiet tali medicamine vultum,
  Fulgebit speculo levior ipsa suo.
Nec tu pallentes dubita torrere lupinos,
  Et simul inflantes corpora frige fabas.
Utraque sex habeant, æquo discrimine, libras :
  Utraque da nigris comminuenda molis.
Nec cerussa tibi, nec nitri spuma rubentis
  Desit, et Illyrica quæ venit iris humo.
Da validis juvenum pariter subigenda lacertis :
  Sed justum tritis uncia pondus erit.
Addita de querulo volucrum medicamina nido
  Ore fugant maculas : Halcyonea vocant.
Pondere, si quæris, quo sim contentus in illis ;
  Quod trahit in partes uncia secta duas.
Ut coëant, apteque lini per corpora possint,
  Adjice de flavis Attica mella favis.
Quamvis tura Deos, irataque numina placent ;
  Non tamen accensis omnia danda focis.
Tus ubi miscueris radenti tubera nitro,
  Ponderibus justis fac sit utrimque triens.
Parte minus quarta dereptum cortice gummi,
  Et modicum e myrrhis pinguibus adde cubum.
Hæc ubi contriris, per densa foramina cerne :

de ce cosmétique, le rendra plus uni, plus brillant que son miroir.

Vous ferez bien encore de broyer les pâles lupins et les fèves qui engendrent dans le corps des flatuosités : employez six livres de ces deux légumes par portion égale; et que le tout soit écrasé sous la meule. Ne manquez pas d'y joindre de la céruse, de l'écume de nitre rouge et de l'iris venu d'Illyrie, que vous ferez pétrir à force de bras par de jeunes servantes; et qu'ainsi triturés, le poids exact de ces ingrédiens ne dépasse pas une once. En y ajoutant de la matière dont les oiseaux cimentent leur nid, et qu'on appelle alcyonée, vous aurez un excellent remède pour faire disparaître les taches de la peau. Si vous voulez en savoir la dose, une once divisée en deux parties est le poids que je prescris. Pour lier ce mélange et en faire une pommade onctueuse pour le corps, ajoutez-y du miel brut de l'Attique.

Quoique l'encens soit agréable aux dieux et apaise leur courroux, il ne faut pas tout brûler sur les brasiers de leurs temples : mêlez donc de l'encens avec du nitre qui enlève les bourgeons de la peau, et employez quatre onces de chaque à poids égal. Ajoutez-y un quart moins de gomme arrachée à l'écorce des arbres et la grosseur d'un dé de myrrhe grasse. Après avoir broyé le tout, passez-le au tamis, et délayez cette poudre en y versant du miel. Il y a des femmes qui se sont bien trouvées

Pulvis ab infuso melle premendus erit.

Profuit et marathros bene olentibus addere myrrhis;
    Quinque trahant marathri scrupula : myrrha, novem;
Arentisque rosæ quantum manus una prehendat,
    Cumque ammoniaco mascula tura sale.
Hordea quem faciunt illis adfunde cremorem :
    Æquent expensas cum sale tura rosas.
Tempore sis parvo molles licet illita vultus,
    Hærebit toto multus in ore color.
Vidi quæ gelida madefacta papavera lympha
    Contereret, teneris illineretque genis.

. . . .

(Reliqua desunt.)

d'ajouter du fenouil à la myrrhe odorante : neuf scrupules de myrrhe en exigent cinq de fenouil. Joignez-y une poignée de roses sèches, du sel ammoniac et de l'encens mâle; versez-y une infusion d'orge, et que le poids du sel et de l'encens égale celui des roses. Très-peu de temps suffira pour que, frotté de ce cosmétique, votre visage brille du coloris le plus agréable.

J'ai connu une dame qui mettait tremper des pavots dans de l'eau froide, les pilait ensuite et s'en frottait les joues . . . .

(Le reste manque.)

NOTES

DES COSMÉTIQUES.

1. MEDICAMINA FACIEI. Je ne vois pas qu'il y ait lieu de douter que cet opuscule soit d'Ovide, quoique plusieurs savans l'aient tenu pour suspect. Il n'est point indigne, par son style, de l'auteur des *Métamorphoses;* mais l'aridité du sujet ne lui a pas permis d'y déployer les richesses de son imagination. D'ailleurs Ovide en parle d'une manière positive dans le livre III de *l'Art d'aimer,* v. 205 :

> Est mihi, quo dixi vestræ medicamina formæ,
> Parvus, sed cura grande libellus opus.
> Hinc quoque præsidium læsæ petitote, puellæ :
> Non est pro vestris ars mea rebus iners.

Quant au titre de cet ouvrage, les éditeurs ne sont pas d'accord : celui que nous avons adopté, et qui est le plus généralement suivi, paraît uniquement fondé sur ces mots d'Ovide : « Est mihi quo dixi vestræ *medicamina formæ.* » Les manuscrits de ce fragment ne portent aucun titre, excepté celui du Vatican, qui est intitulé : *de Ornatu faciei;.* l'édition princeps porte : *Medicata facies.* Heinsius proposait : *Ars medicandæ faciei.*

2. *Fissaque adoptivas accipit arbor opes* (v. 6). Ovide a employé plusieurs fois cette métaphore dans ses ouvrages : dans *l'Art d'aimer,* liv. II, v. 652, il la reproduit presque dans les mêmes termes :

> Firmaque adoptivas arbor habebit opes ;

et dans le *Remède d'amour,* v. 196 :

> Stetque peregrinis arbor operta comis.

3. *Forsitan antiquæ, Tatio sub rege, Sabinæ* (v. 11). Le tableau que fait ici Ovide de la vie rustique et laborieuse des matrones sabines, sous le règne de Tatius, opposée à la politesse raffinée des dames romaines de son temps, est on ne peut plus piquant, et peint admirablement la simplicité des mœurs antiques. Notre poète parle aussi de la chasteté des Sabines à cette époque, dans l'élégie 8, livre 1 des *Amours*, v. 39 :

> Forsitan immundæ, Tatio regnante, Sabinæ
> Noluerint habiles pluribus esse viris.

4. *Ipsaque claudebat, quos filia paverat, agnos* (v. 15). Tel était donc l'emploi des plus riches Sabines, semblables à la Phyllis et à l'Alcippe dont parle Virgile, *Églogue* VII, v. 14 :

> .....Neque ego Alcippen, nec Phyllida habebam,
> Depulsos a lacte domi quæ *clauderet* agnos.

Juvénal fait allusion à cette vie pastorale des anciens Romains, sat. VI, v. 4 :

> Et pecus et dominos communi *clauderet* umbra;

et Horace, dans l'*Ode* 6 du livre III, v. 37 :

> Sed rusticorum mascula militum
> Proles, Sabellis docta ligonibus
> Versare glebas, et severæ
> Matris ad arbitrium recisos
> Portare fustes.

5. *Et quantos oneri est aure tulisse duos* (v. 22). On voit, par ce passage, que les dames romaines portaient des boucles d'oreilles d'un très-grand poids, comme cela est encore la mode de nos jours. Claudien a dit à ce sujet (VIe *consulat d'Honorius*, v. 528) :

> ......Baccis *onerat* candentibus *aures;*

et Tertullien, *Apologétique*, ch. VI : *Nunc in feminis* præ auro nullum *est leve membrum.*

6. *Et quamvis aliquis Temesæa removerit æra* (v. 41). Témèse était une ville d'Italie dans le pays des Brutiens, dont l'airain était

aussi estimé des Romains que celui de Corinthe. Ovide en parle encore dans le livre v des *Fastes* :

Rursus aqua tangit, Temesæaque concrepat æra ;

et Stace, dans sa première *Silve*, décrivant la statue équestre de Domitien, qui était de bronze :

Et quis se totis Temese dedit hausta metallis.

On sait d'ailleurs que les anciens croyaient que les éclipses de lune étaient causées par les enchantemens des sorcières, et que, pour la soulager dans ce pénible moment, ils frappaient à coups redoublés sur des vases de cuivre ou d'airain.

7. *Hordea, quæ Lybici ratibus misere coloni, Exue de palea, etc.* (v. 53). Je n'entrerai dans aucune explication au sujet des différens cosmétiques dont Ovide donne ici la recette; j'avoue ma profonde ignorance de cette matière, pour laquelle je renvoie mes lecteurs à MM. Laboullée, Naquet, Guerlain, et autres célébrités de ce genre.

FIN DU TOME TROISIÈME.

TABLE

DES MATIÈRES DU TOME TROISIÈME.

Pages.

L'Art d'aimer.

    Avertissement du traducteur. . . . . vij

    Livre Ier. 1

        II. 67

        III. 129

    Notes des livres I-III. 196

Le Remède d'amour. 315

    Notes. 382

Les Cosmétiques. 413

    Notes. 424

www.ingramcontent.com/pod-product-compliance
Lightning Source LLC
Chambersburg PA
CBHW051827230426
43671CB00008B/865